Handbibliothek

für das

Deutsche Genossenschaftswesen.

Herausgegeben

von

Dr. Hans Crüger,

Anwalt des Allgemeinen Verbandes der auf Selbsthilfe beruhenden deutschen Erwerbs- und Wirtschaftsgenossenschaften.

Zehnter Band:

Rechtsbuch für Genossenschaften.

Berlin 1908.

J. Guttentag, Verlagsbuchhandlung,

G. m. b. H.

Rechtsbuch

für

Genossenschaften.

Von

Dr. E. Scholz, und Paul Donath,

Beigeordnetem und Kämmerer der Stadt Wiesbaden,

Amtsrichter in Gummersbach,

früher Sekretäre des Allgemeinen Verbandes der auf Selbsthilfe beruhenden deutschen Erwerbs- und Wirtschaftsgenossenschaften.

Berlin 1908.

J. Guttentag, Verlagsbuchhandlung,

G. m. b. H.

Vorwort.

Schon seit längerer Zeit bestand die Absicht, die Bände 5 und 7 der „Handbibliothek für das deutsche Genossenschaftswesen", das „Bürgerliche Gesetzbuch für Genossenschaften" von Dr. Alberti und „Das Reichshypothekenrecht" von Dr. Scholz in einen Band zu verschmelzen. Inzwischen tauchte der Gedanke auf, dem neuen Werk durch Hinzuziehung der für die genossenschaftliche Praxis wesentlichen Bestimmungen des Wechsel-, Konkurs-, Prozeß-, Steuer-, Gewerbe- und Versicherungsrechts eine erweiterte Grundlage zu geben. So entstand das vorliegende Buch, das den Genossenschaften in den hauptsächlich für sie in Betracht kommenden Rechtsmaterien ein Berater sein will.

Leider konnte Herr Justizrat Dr. Alberti als Mitarbeiter nicht gewonnen werden. Doch ist mit seiner Genehmigung sein erwähntes Werk in weitem Umfange benutzt worden. Der erste und letzte Abschnitt: das Bürgerliche und Handelsrecht, sowie das Versicherungsrecht sind von Dr. Scholz, der zweite bis sechste Abschnitt: Wechsel-, Konkurs-, Prozeß-, Steuer- und Gewerberecht von Amtsrichter Donath bearbeitet worden. Der Zusammenhang mit dem die „Musterformulare für den Geschäftsverkehr der Genossenschaften" enthaltenden achten Bande der Handbibliothek ist dadurch gewahrt, daß überall auf das entsprechende Formular besonders hingewiesen ist.

Kein Buch dürfte im stande sein, alle Rechtsfragen des in dauernder Entwicklung begriffenen Genossenschaftswesens zuverlässig zu beantworten. Die Verfasser würden völlig zufrieden sein, wenn das vorliegende Werk im allgemeinen den Ansprüchen genügt, die billigerweise an einen Führer auf des Rechts vielfach verschlungenen Pfaden gestellt werden können.

Wiesbaden und Gummersbach, im März 1908.

Dr. Scholz. Paul Donath.

Inhaltsverzeichnis.

Erster Abschnitt.

Das Bürgerliche und Handelsrecht.

Erster Teil. Allgemeine Vorschriften.

Zweiter Teil. Die einzelnen Schuldverhältnisse.

Zweiter Abschnitt.

Das Wechselrecht.

Dritter Abschnitt.

Das Konkursrecht.

A. Einleitung.

B. Materielles Konkursrecht.

C. Formelles Konkursrecht.

Konkursverfahren.

D. Besondere Arten des Konkursverfahrens.

E. Das Konkursverfahren über das Vermögen einer eingetragenen Genossenschaft.

Vierter Abschnitt.

Das Zivilprozeßrecht.

Erster Teil. Einleitung.

Zweiter Teil. Das Verfahren.

A. Allgemeines.

B. Das ordentliche Verfahren.

I. Verfahren in erster Instanz.

a) Verfahren vor den Landgerichten.

b) Verfahren vor den Amtsgerichten.

II. Rechtsmittel.

III. Wiederaufnahme des Verfahrens.

C. Besondere Prozeßarten.

Dritter Teil. **Zwangsvollstreckung.**

I. Einleitung.

II. Voraussetzungen der Zwangsvollstreckung.

III. Einwendungen im Zwangvollstreckungsverfahren. Einstellung und Einschränkung der Zwangsvollstreckung.

IV. Verschiedene Arten der Zwangsvollstreckung.

A. Einleitung.

B. Zwangsvollstreckung wegen Geldforderungen.

a) Zwangsvollstreckung in bewegliches Vermögen.

C. Zwangsvollstreckung zur Erwirkung der Herausgabe von Sachen sowie zur Erwirkung von Handlungen und Unterlassungen.

V. Offenbarungseid und Haft.

VI. Die Sicherung der zukünftigen Zwangsvollstreckung durch Arrest und einstweilige Verfügung.

Fünfter Abschnitt.

Gewerberechtliche Bestimmungen.

Sechster Abschnitt.

Siebenter Abschnitt.

Die Invaliditäts-, Kranken- und Unfallversicherung.

Erster Abschnitt.

Das Bürgerliche und Handelsrecht.

Erster Teil.

Allgemeine Vorschriften.

§ 1.
Einleitung.

Das bürgerliche Recht des Deutschen Reiches findet seine Regelung im Bürgerlichen Gesetzbuche vom 18. August 1896, das Handelsrecht im Handelsgesetzbuch vom 10. Mai 1897. Beide Gesetze sind am 1. Januar 1900 in Kraft getreten.

Die eingetragenen Genossenschaften gelten gemäß § 17 des Genossenschaftsgesetzes als Kaufleute im Sinne des Handelsgesetzbuches, soweit nicht besondere abweichende Bestimmungen getroffen sind. Hieraus folgt zweierlei:

a) Alle von der Genossenschaft als solcher — nicht von ihren Mitgliedern — innerhalb ihres Geschäftsbetriebes vorgenommenen Rechtsgeschäfte gelten als Handelsgeschäfte (§ 343 HGB.); daß die von ihr vorgenommenen Rechtsgeschäfte zum Geschäftsbetriebe gehören, wird im Zweifel angenommen (§ 344 HGB.). Zur Beurteilung eines genossenschaftlichen Rechtsgeschäftes ist somit in erster Linie das Handelsrecht und erst subsidiär das bürgerliche Recht heranzuziehen. Im folgenden ist daher die Darstellung des bürgerlichen Rechtes und des Handelsrechtes in der Weise verbunden worden, daß bei der Besprechung der einzelnen im genossenschaftlichen Leben vorkommenden Rechtsverhältnisse beide Arten von Rechtsnormen, je nachdem sie zur Anwendung gelangen, erörtert werden.

b) Die besonderen Vorschriften des Kaufmannsrechtes gelten auch für die Genossenschaften. Im einzelnen ist hervorzuheben:

1. Die Firma der Genossenschaft — deren Bezeichnung § 3 des GenG. regelt — ist gemäß §§ 30, 37 HGB. geschützt. Jede neue

Firma muß sich von allen an demselben Orte bereits bestehenden und in das Register eingetragenen Firmen deutlich unterscheiden. Der unbefugte Gebrauch einer Firma kann vom Registergericht durch Ordnungsstrafen geahndet und von dem Verletzten durch Klage auf Unterlassung bekämpft werden.

2. Die Genossenschaft ist verpflichtet, **Handelsbücher** zu führen, aus denen ihre Geschäfte und die Lage ihres Vermögens nach den Grundsätzen ordentlicher Buchführung ersichtlich sind. Die empfangenen, sowie eine Abschrift (Kopie) der abgesandten Geschäftsbriefe sind aufzubewahren (§ 38 HGB.). Bei Beginn des Geschäftsbetriebes und ferner für den Schluß jedes Geschäftsjahres ist ein Inventar und eine Bilanz nach näheren Bestimmungen der §§ 39—41 HGB. aufzustellen. Die Handelsbücher sind in einer lebenden Sprache und den Schriftzeichen einer solchen zu führen; sie sollen gebunden und mit Seitenzahlen versehen sein; Durchstreichungen, Rasuren und leere Zwischenräume müssen vermieden werden (§ 43 HGB.). Inventare, Bilanzen, Handelsbücher, Korrespondenz sind zehn Jahre, von der letzten Eintragung an gerechnet, aufzubewahren (§ 44 HGB.).

Über die Frage der Statthaftigkeit sogenannter „**Loser Konten**" vergl. „Mitteilungen über den 48. Allgemeinen Genossenschaftstag zu Leipzig", S. 310 ff.

3. Die Bestimmungen des Handelsrechts über **Prokura** kommen überhaupt nicht, diejenigen über **Handlungsvollmacht** nur in beschränktem Maße zur Anwendung (§ 42 GenG.).

§ 2.
Zwingendes und nichtzwingendes Recht.

Es ist eine Frage von eminent praktischem Werte, ob im gegebenen Falle eine positive Rechtsregel durch Vereinbarung der Parteien abänderlich ist. Nicht immer ist die Frage leicht zu lösen. Insbesondere tritt dies hervor gegenüber einer neuen Kodifikation, deren technische Behandlung des Stoffes, deren Ausdrucksweise naturgemäß der Juristenwelt noch nicht völlig in Fleisch und Blut übergegangen ist.

Die Abgrenzung des jus cogens und jus dispositivum, des zwingenden und nichtzwingenden — wie Windscheid sagt, „nachgiebigen" — Rechtes kann vom Gesetzgeber auf verschiedene Weise behandelt werden. Entweder er überläßt es der Auslegung, aus Natur und Zusammenhang der einzelnen Rechtsregeln zu bestimmen, welcher der genannten Kategorien sie angehört. Oder aber er verfährt kasuistisch und stempelt jede Rechtsnorm dadurch zu einer zwingenden oder nichtzwingenden, daß er einen entsprechenden Zusatz der einen Art hinzufügt, bei der anderen wegläßt; gebräuchlich sind Zusätze wie „im Zweifel", „soweit nicht ein Anderes vereinbart ist" bei Dispositivgesetzen.

Das römische und gemeine Recht sind nach der ersteren Weise verfahren. Nur ganz allgemein sprechen sie aus, daß in der Regel das öffentliche Recht zwingenden Charakter trägt. Allein auch dieser Grundsatz ist vielfach durchbrochen. Auch das öffentliche Recht kennt nichtzwingende Normen. Im Privatrecht sind sie naturgemäß häufiger. Irgend welche Regeln über die Beurteilung der Privatrechtssätze in dieser Beziehung stellt das römische Recht nicht auf.

Das Bürgerliche Gesetzbuch hat sich in einer vom rein logischen Standpunkt vielleicht nicht ganz einwandsfreien Weise mit der Frage abgefunden. Eine große Zahl seiner Bestimmungen kennzeichnet sich als nachgiebigen Rechtes dadurch, daß durch besondere Zusätze auf das Vorgehen der Parteivereinbarung verwiesen ist. Als solche Zusätze kommen vor: „wenn (soweit, sofern) nicht ein Anderes bestimmt (vereinbart) ist" (vergl. z. B. §§ 24, 101, 103, 181); „wenn (sofern) sich nicht ein Anderes ergibt" (z. B. § 48); „soweit nicht aus dem zu Grunde liegenden Rechtsverhältnis sich ein Anderes ergibt" (§ 183); „soweit (es sei denn, daß) nicht ein anderer Wille anzunehmen ist" (§§ 127, 153). Auslegungsregeln sind an den beigefügten Worten „im Zweifel" erkennbar (vergl. z. B. §§ 30, 154 Abs. 2).

Es läge nahe, anzunehmen, daß alle übrigen Vorschriften, die eines Hinweises auf ihre dispositive Natur entbehren, zwingenden Rechtes seien. Dem ist jedoch bei weitem nicht so. Das Bürgerliche Gesetzbuch wollte offenbar nur da Klarheit schaffen, wo besonders leicht Zweifel über die Natur des Rechtssatzes entstehen können, wollte aber im allgemeinen auch wiederum es der Auslegung überlassen, den Charakter der einzelnen Norm festzustellen.

Eine stets gültige Maxime, nach der die Auslegung sich zu richten hätte, wird nicht aufgestellt werden können. Dagegen werden im allgemeinen folgende Sätze zutreffen:

1. Die zwingenden Rechtsnormen überwiegen im Sachen-, Familien- und Erbrecht; der Hauptsitz der Dispositivgesetze ist das Obligationenrecht.

2. Formvorschriften — Erfordern gerichtlicher oder notarieller Beurkundung oder Beglaubigung, Erfordernis eigenhändiger Nieder- und Unterschrift, Erfordernis einfacher Schriftlichkeit — sind zwingenden Rechtes; es ergibt sich dies ohne weiteres aus ihrem Zweck.

3. Vorschriften, welche direkt aus den Grundprinzipien eines Rechtsgeschäftes resultieren, sind als zwingenden Rechtes insofern anzusehen, als eine Veränderung derselben den Charakter des Rechtsgeschäftes überhaupt verändern würde. So ist z. B. die Vorschrift des ersten Satzes des § 767 BGB.:

„Für die Verpflichtung des Bürgen ist der jeweilige Bestand der Hauptverbindlichkeit maßgebend"

als zwingend anzusehen, da sie das Grundprinzip der Bürgschaft, ihre akzessorische Natur, zum Ausdruck bringt. Eine Abänderung dieser Bestimmung durch Parteivereinbarung würde dem Geschäft den Charakter der Bürgschaft nehmen und §§ 765—778 BGB. nicht anwendbar erscheinen lassen. Dem gegenüber ist jedoch nicht ausgeschlossen, daß jemand sich für eine bestehende Schuld nur bis zu einer gewissen Höhe verbürgt; in dieser Höhe aber existiert auch nur im Verhältnis zur Bürgschaft die Hauptverbindlichkeit. Dies will offenbar der Achillessche Kommentar zum Ausdruck bringen, wenn er bei § 767 anmerkt:

„Die Haftung des Bürgen kann jedoch vertragsmäßig beschränkt werden."

4. Als nichtzwingenden, „nachgiebigen" Rechtes werden im Zweifel diejenigen Normen zu betrachten sein, welche ein verzichtbares Recht einer bestimmten Person statuieren, durch dessen Aufgabe ein Eingriff in die Rechtssphäre Dritter nicht erfolgt. Hier muß es dem Berechtigten unbenommen sein, durch Abmachung mit seinem Kontrahenten auf sein Recht zu verzichten und somit durch Parteivereinbarung die ihn berechtigende Norm abzuändern. Dies geht schon daraus hervor, daß eine privatrechtliche Befugnis nicht gleichzeitig die Verpflichtung in sich trägt, von dieser Befugnis Gebrauch zu machen. Es erscheint hiernach zweifelsfrei, daß z. B. der Bürge vertragsmäßig auf das ihm in § 771 BGB. gewährte Recht — die Einrede der Voraus-

klage — verzichten kann, ja daß er dies auch dann könnte, wenn § 773 nicht ausdrücklich vorschriebe:

„Die Einrede der Vorausklage ist ausgeschlossen:

1. wenn der Bürge auf die Einrede verzichtet . . . . ."

Streng genommen ist daher die Bestimmung des § 773 Ziff. 1 überflüssig.

Aus dem gleichen Grunde wird man das Vorhandensein einer dispositiven Rechtsnorm annehmen können, wenn die Befreiung einer Person von einer Verpflichtung ausgesprochen ist, deren Erfüllung nicht in der Rechtssphäre Dritter eingreifen würde. In diese Kategorie gehört unter anderen § 776 BGB.:

„Gibt der Gläubiger ein mit der Forderung verbundenes Vorzugsrecht, eine für sie bestehende Hypothek, ein für sie bestehendes Pfandrecht oder das Recht gegen einen Mitbürgen auf, so wird der Bürge insoweit frei, als er aus dem aufgegebenen Recht nach § 774 hätte Ersatz erlangen können."

Gerade bei Anwendung dieser Vorschrift im wirtschaftlichen Leben hat es sich gezeigt, wie außerordentlich praktisch wichtig die Frage nach dem zwingenden oder dispositiven Charakter einer Rechtsregel sein kann. Banken, überhaupt Geldinstitute, sehen sich nämlich unter Umständen durch den zitierten Paragraphen in eine mißliche Lage versetzt. Dies möge folgender Fall zeigen:

Ein Kunde einer Bank genießt gegen Bürgschaft einen Kredit von 100000 M., nimmt denselben zunächst nur in Höhe von 50000 M. in Anspruch und schickt gleichzeitig 20000 M. Wertpapiere für sein Depot. Diese haften nunmehr neben der Bürgschaft für seine Schuld. Darauf nimmt er die weiteren 50000 M. Kredit in Anspruch und verlangt gleichzeitig Rückgabe seines Depots. Letzteres wird ihm nicht vorenthalten werden, da ja die Schuld voll durch die Bürgschaft gedeckt ist; mit dem Augenblick der Rückgabe aber vermindert sich die Bürgschaft um den Wert des zurückgegebenen Depots, also, zum Nominalwert gerechnet, um 20000 M. und besteht nur noch in Höhe von 80000 M.

Um derartige Folgen zu vermeiden, haben bereits einige große Banken, unter Annahme des dispositiven Charakters des § 776, denselben für die zwischen ihnen und ihren Kunden schwebenden Rechtsgeschäfte vertragsmäßig ausgeschlossen. Die Deutsche Bank hat dies durch folgenden Zusatz zu ihren Bürgschaftsurkunden getan:

„Alle Maßnahmen und Vereinbarungen, welche Sie bei Geltendmachung der Forderung für nützlich erachten, erkenne ich als für mich verbindlich an und entbinde Sie von jeglicher Haftung für die Höhe des Ausfalles, insbesondere bleibt meine Bürgschaft unverändert auch in dem Falle in Kraft, wenn Sie Sicherheiten, welche Ihnen für die von mir verbürgte Forderung anderweitig bestellt sind oder künftig bestellt werden, freigeben."

Eine andere Vorschrift, die Geldinstituten aller Art im Wege ist und deren Beseitigung wiederum von der Bejahung oder Verneinung ihrer Dispositivnatur abhängt, findet sich in § 777 der Zivilprozeßordnung, dessen grundlegender Satz lautet:

„Hat der Gläubiger eine bewegliche Sache des Schuldners in Besitz, in Ansehung deren ihm ein Pfandrecht oder ein Zurückbehaltungsrecht für seine Forderung zusteht, so kann der Schuldner der Zwangsvollstreckung in sein übriges Vermögen nach § 766 widersprechen, soweit die Forderung durch den Wert der Sache gedeckt ist."

Ob eine Abänderung dieser Norm durch Privatvereinbarung möglich ist, muß schon gewichtigeren Zweifeln unterliegen, wenn man bedenkt, daß sie der Zivilprozeßordnung, also öffentlichem Recht, und überdies einem Abschnitt derselben entstammt, der sich mit Regelung der Zwangsvollstreckung, eines Ausflusses des staatlichen Hoheitsrechtes, befaßt. Allerdings wurde schon hervorgehoben, daß auch das öffentliche Recht nichtzwingende Bestimmungen kennt; immerhin wird man so auch hier aus den oben unter 4. hervorgehobenen Gründen den vertragsmäßigen Verzicht des Schuldners auf das ihm in § 777 ZPO. gewährte Recht zulassen können. Die gebräuchliche Form hierfür in den Formularen der Geldinstitute für Verpfändung von Effekten ist:

„Die Bank ist berechtigt, sich wegen ihrer Forderungen sofort an mein übriges Vermögen zu halten, und begebe ich mich ausdrücklich der Befugnis, sie zunächst an das Unterpfand zu verweisen."

Die wenigen, aus der Praxis entnommenen Beispiele zeigen, wie tief die Frage der zwingenden oder dispositiven Natur der Rechtssätze in das praktische, wirtschaftliche Leben einschneiden kann. Daß bei der Erwägung der Abänderungsmöglichkeiten der angezogenen Gesetzesnormen im Wege der privaten Vereinbarung erhebliche Zweifel in den beteiligten Kreisen auftauchten, beweist weiter, daß eine Erörterung der Frage keine wertlose Zeitvergeudung ist. Auch die Kreditgenossenschaften werden ihr Interesse entgegenbringen; sind doch die im Vorstehenden berührten praktischen Konsequenzen der Art, daß sie in deren bankmäßig entwickelten Verkehr tief einschneiden. Insbesondere äußern sie naturgemäß ihre Wirkung auf die Gestaltung der Bürgschafts- und Verpfändungsformulare.

§ 3.
Vereine.

Das Genossenschaftsgesetz läßt außer natürlichen Personen, Handelsgesellschaften und Genossenschaften auch Korporationen und Personenvereine als Mitglieder der Genossenschaften zu (GenG. § 43). Voraussetzung hierbei ist aber selbstverständlich, daß eine Korporation und ein Verein überhaupt Rechtsfähigkeit habe. Wann dies der Fall ist, entscheidet sich nach Landesrecht und konnte daher in dem Genossenschaftsgesetze nicht erörtert werden.

Das Bürgerliche Gesetzbuch kennt den Begriff der Korporation überhaupt nicht mehr. Was bisher darunter fiel, wird nach dem Bürgerlichen Gesetzbuche auch als Verein angesehen, so daß jetzt hier nur noch Vereine in Betracht kommen.

Für die rechtliche Behandlung unterscheidet das Bürgerliche Gesetzbuch zwischen Vereinen, deren Zweck auf einen wirtschaftlichen Geschäftsbetrieb gerichtet, und solchen, bei denen er nicht hierauf gerichtet ist. Erstere können in Ermangelung besonderer reichsgesetzlicher Vorschriften Rechtsfähigkeit durch staatliche Verleihung erlangen (BGB. § 22). Letztere dagegen, die Vereine mit sogenannten idealen Tendenzen, erlangen Rechtsfähigkeit durch Eintrag in das Vereinsregister des zuständigen Amtsgerichts (BGB. § 21). Hiermit können sie Rechte erwerben und Verpflichtungen übernehmen, mithin auch die Mitgliedschaft bei den Genossenschaften erlangen. Erfolgt eine Anmeldung seitens eines Vereins, so muß sich der Vorstand der Genossenschaft die Bescheinigung über den erfolgten Eintrag in das Vereinsregister und bei Vereinen mit wirschaftlichem Geschäftsbetrieb die Verleihungsurkunde vorlegen lassen. Vertreten wird ein solcher Verein durch den Vorstand (BGB. § 26). Es bedarf daher weiter auch des Nachweises, wer den Vorstand bildet und endlich der Vorlage der Satzung (Statuten). Der Vorstand hat nämlich die Stellung eines gesetzlichen Vertreters und ist damit an sich zur Vertretung des Vereins in jeder Richtung ermächtigt. Zulässig ist aber, daß die Satzung den Umfang seiner Vertretungsmacht mit Wirkung gegen Dritte beschränkt.

Nicht rechtsfähig sind Gesellschaften, die nach BGB. §§ 705 ff. gebildet sind. Dies sind Personenvereinigungen, die als solche keine Rechte und Pflichten haben; diese knüpfen sich vielmehr an die einzelnen Gesellschafter. Die Aufnahme einer derartigen Gesellschaft als Mitglied in eine Genossenschaft kann naturgemäß nicht stattfinden.

§ 4.
Geschäftsfähigkeit.

Unser Erwerbsleben stellt sich vom juristischen Standpunkt aus als eine fortgesetzte Reihe von Rechtsgeschäften dar, d. h. von Willenserklärungen, die auf die Hervorbringung eines rechtlichen Erfolgs gerichtet sind. Solche Willenserklärungen können einseitig sein, wenn nämlich zur Erreichung eines rechtlichen Erfolgs die Erklärung einer anderen Person nicht nötig ist, z. B. bei dem Erwerbe des Eigentums an einer herrenlosen Sache durch Ergreifung des Besitzes an derselben. Weit wichtiger sind aber für das geschäftliche Leben diejenigen Willenserklärungen, welche einer anderen Person gegenüber abgegeben werden, sei es nun, daß eine Annahmeerklärung derselben zur Erreichung eines rechtlichen Erfolgs nötig ist, wie beim Kaufe, sei es, daß eine solche Erklärung entbehrlich ist, wie bei der Kündigung.

Die Fähigkeit, derartige Handlungen mit rechtlicher Wirkung vorzunehmen, bezeichnet das Bürgerliche Gesetzbuch als Geschäftsfähigkeit. Geschäftsfähig muß also jeder sein, der Rechtsgeschäfte abschließen will. Zu diesen Rechtsgeschäften gehört auch der Eintritt in eine Genossenschaft und ebenso die Aufgabe der Mitgliedschaft. Meldet sich daher jemand zur Aufnahme oder kündigt ein Mitglied seine Mitgliedschaft, so hat der Vorstand vor allem zu prüfen, ob der Betreffende geschäftsfähig ist. Fehlt ihm die Geschäftsfähigkeit, so sind seine Handlungen vollkommen wirkungslos; er wird also trotz der Aufnahme durch den Vorstand, des Eintrags in die Mitgliederliste und der Zahlung seines Eintrittsgeldes und des Geschäftsanteils nicht Mitglied. Infolgedessen übernimmt er keinerlei Haftbarkeit und das, was er in irgend welcher Form an den Verein gezahlt hat, kann von seinem gesetzlichen Vertreter jederzeit als ohne rechtfertigenden Grund gezahlt zurückverlangt werden. Ebenso bleibt der Geschäftsunfähige trotz seiner Kündigung Mitglied, auch wenn er in der Liste gelöscht und sein Geschäftsguthaben zurückerhalten hat.

Bei den Bestimmungen über die Geschäftsfähigkeit geht nun das Bürgerliche Gesetzbuch davon aus, daß dieselbe an sich die Regel bildet, daß also jeder geschäftsfähig ist, der nicht in dem Gesetze ausdrücklich als geschäftsunfähig bezeichnet wird. Geschäftsunfähig ist aber nach § 4 des BG.:

1. wer nicht das 7. Lebensjahr vollendet hat,
2. wer sich in einem die freie Willensbestimmung ausschließenden Zustande krankhafter Störung der Geistestätigkeit befindet, sofern nicht der Zustand seiner Natur nach ein vorübergehender ist,
3. wer wegen Geisteskrankheit entmündigt ist.

Alle unter diese Bestimmungen fallenden Personen können keinerlei Rechtshandlungen vornehmen.

Das Bürgerliche Gesetzbuch kennt dann aber auch eine beschränkte Geschäftsfähigkeit. Dieser unterliegen insbesondere minderjährige Personen, die das 7. Lebensjahr vollendet haben (BGB. § 106). Diese Personen können zunächst Rechtshandlungen, durch die sie lediglich einen rechtlichen Vorteil erlangen, selbständig vornehmen (BGB. § 107). Welche Rechtshandlungen lediglich einen rechtlichen Vorteil bringen, entscheidet sich nach der juristischen Natur dieser Verträge und nicht nach dem ökonomischen Erfolge. Nicht hierunter fallen also Verträge, durch welche der Minderjährige für eine ihm gewährte oder noch zu gewährende Leistung eine Gegenleistung übernimmt, mag das Geschäft in seinem Erfolge für ihn auch noch so vorteilhaft sein. Es kommen darum wesentlich nur Schenkungen in Betracht.

Zu allen Willenserklärungen, durch die er nicht lediglich einen rechtlichen Vorteil erlangt, bedarf der Minderjährige der Einwilligung seines gesetzlichen Vertreters. Wird diese Einwilligung nicht vorher in Form des Auftrags oder der Vollmacht oder nachher in derjenigen der Genehmigung erteilt, so sind diese Handlungen nichtig.

Für die Genossenschaften ist hier namentlich zu denken an Erwerb und Verlust der Mitgliedschaft, Annahme eines Vorschusses, Übernahme einer Bürgschaft ꝛc.

Hat der Minderjährige ein derartiges Rechtsgeschäft ohne Einwilligung seines gesetzlichen Vertreters geschlossen, so ist dasselbe nicht ohne weiteres rechtlich bedeutungslos, da es nachträglich genehmigt werden kann.

Nicht zu verwechseln mit der beschränkten Geschäftsfähigkeit ist der Mangel der Fähigkeit, gewisse Rechtshandlungen vorzunehmen, der auf persönlichen Verhältnissen oder Beziehungen an sich geschäftsfähiger Personen beruht.

Hier kommt namentlich die Stellung der Ehefrau in Betracht. Diese ist im § 42, der Einfluß der elterlichen Gewalt und der Vormundschaft auf die Geschäftsfähigkeit sind in § 43 näher erörtert.

Besondere Rechtsverhältnisse greifen Platz bezüglich der sogenannten Analphabeten, d. h. der Schreibens- und Lesensunkundigen.

Das Vertragsrecht dieser Personen hat durch die Bestimmungen des Bürgerlichen Gesetzbuches, wenigstens gegenüber dem preußischen Landrecht, erhebliche Veränderungen erfahren. Während nach preußischem Landrecht (Teil I, Titel 5, §§ 172—184) gerichtliche oder notarielle Beurkundungen des Vertrages, und zwar nicht nur für diejenigen, welche überhaupt nicht lesen oder schreiben konnten, sondern auch für die, welche nur ihren Namen schreiben aber nicht lesen konnten, erforderlich war, verlangt das Bürgerliche Gesetzbuch lediglich gerichtliche oder notarielle Beglaubigung des Handzeichens, und nur bei denjenigen, die überhaupt nicht, nicht einmal ihren Namen, schreiben können. Dies ergibt § 126 BGB.

Wenn also für das frühere Recht darüber noch Zweifel bestehen konnten, ob die schriftliche Beitrittserklärung eines Mitgliedes einer Genossenschaft, welches weder lesen, noch außer seinem Namen etwas schreiben kann, als rechtswirksam anzusehen ist (das Reichsgericht hat die Frage bejaht, Urteil vom 17. Februar 1900), so müssen diese Zweifel im neuen Recht schwinden.

Auch im Wechselrecht kann es nicht fraglich sein, daß die Unterschrift einer Person, die im übrigen weder schreiben noch lesen kann, wechselrechtliche Gültigkeit hat. Schon für das alte Recht war dies überwiegend angenommen worden; doch wurde auch die gegenteilige Meinung vertreten (vergl. Staub, Kommentar z. WO. Art. 94 § 8; Rehbein, Art. 4 Ziffer 25; Bernstein, Art. 1 § 5 Ziffer 3). Für das Reichsrecht besteht ein Zweifel nicht mehr. Die Wechselerklärungen völlig Schreibensunkundiger werden gültig nach Art. 94 der Wechselordnung durch gerichtlich oder notariell beglaubigte Kreuze oder andere Zeichen vollzogen; die Beglaubigung muß sich auf dem Wechsel befinden.

Besondere Vorschriften über Analphabeten enthält das Bürgerliche Gesetzbuch beim Testament. „Wer Geschriebenes nicht zu lesen vermag", kann ein Testament nicht nach § 2231 Nr. 2 BGB. durch eine eigenhändig geschriebene und unterschriebene Erklärung errichten (§ 2247); er kann es auch vor Richter oder Notar nur durch mündliche Erklärung, nicht durch Übergabe einer Schrift errichten (§ 2238 Abs. 2).

Auch das Reichsgesetz über die Angelegenheiten der freiwilligen Gerichtsbarkeit vom 17. Mai 1898, sowie das preußische Gesetz über die freiwillige Gerichtsbarkeit vom 21. September 1899 enthalten Bestimmungen über Analphabeten. Das erstere besagt unter dem Abschnitt: „Gerichtliche und notarielle Urkunden" in § 177, daß das von Gericht oder Notar aufgenommene Protokoll verlesen werden und, falls ein Beteiligter erklärt, daß er nicht schreiben könne, diese Erklärung im Protokoll festgestellt, auch ein weiterer Zeuge zugezogen werden müsse. Artikel 41 des preußischen Gesetzes über die freiwillige Gerichtsbarkeit schreibt vor, daß, falls bei der gerichtlichen oder notariellen Beurkundung eines Rechtsgeschäfts ein tauber Analphabet beteiligt ist, zwecks Verständigung mit ihm eine Vertrauensperson zugezogen, und daß in dem Protokoll festgestellt werden soll, der Beteiligte habe nach der Überzeugung des Richters oder Notars die Vertrauensperson verstanden.

§ 5.

Vertragsabschluß. Form der Verträge.

Der Vertrag, ein zweiseitiges Rechtsgeschäft, erfordert Übereinstimmung beider Vertragschließenden. Er kommt zu stande durch Annahme des von einem Teil gemachten Antrags durch den anderen Teil. Die einschlägigen Bestimmungen des Bürgerlichen Gesetzbuches beruhen in ihren Grundzügen auf den Vorschriften des früheren Handelsgesetzbuches; die früher dem Handelsrecht eigentümliche besondere Begünstigung von Treu und Glauben im Geschäftsverkehr ist dadurch Allgemeingut des gesamten bürgerlichen Rechtes geworden.

Der Antrag auf Abschluß eines Vertrages (die Offerte) ist bindend, wenn nicht ausdrücklich die Gebundenheit ausgeschlossen ist; er erlischt, wenn er abgelehnt oder nicht rechtzeitig angenommen wird (§§ 145, 146 BGB.). Als rechtzeitig gilt die Annahme nur:

a) bei dem einem Anwesenden gemachten Antrage, wenn sie sofort erfolgt. Dasselbe gilt bei telephonischen Unterhaltungen;

b) bei dem einem Abwesenden gemachten Antrage, wenn sie erfolgt bis zu dem Zeitpunkte, in welchem der Antragende den Eingang der Antwort unter regelmäßigen Umständen erwarten darf. Die Gebundenheit an einen Antrag unter Abwesenden erstreckt sich also auf die Dauer:

1. der im regelmäßigen Verkehr erfolgten Beförderung des Antrags;
2. einer angemessenen Erledigungszeit für den Empfänger;
3. der im regelmäßigen Verkehr erfolgten Beförderung der Annahmeerklärung.

Die Bestimmung dessen, was als „regelmäßig" zu gelten hat, liegt im Ermessen des Richters;

c) für den Fall, daß der Antragende für die Annahme eine Frist bestimmt hat, wenn sie innerhalb dieser Frist erfolgt (§§ 147, 148 BGB.).

Die verspätete Annahme eines Antrages wird, wenn sie nicht auf außergewöhnlichen Umständen beruht (hierfür gelten die besonderen Vorschriften des § 149), als neuer Antrag, eine Annahme unter Änderungen (Erweiterungen, Einschränkungen) als Ablehnung, verbunden mit einem neuen Antrage, angesehen (§ 150). Nicht immer ist zum Zustandekommen eines Vertrages eine ausdrückliche Annahmeerklärung erforderlich: dann nämlich nicht, wenn nach der Verkehrssitte eine solche Erklärung nicht erwartet wird. Telegraphiert z. B. ein Mitglied seinem Vorschußverein: „Kaufen Sie für meine Rechnung 5000 M. $3^1/_2$-proz. Reichsanleihe", so ist eine besondere Annahmeerklärung bezüglich dieses Auftrags unnötig; er gilt als durch die Effektuierung bezw. die Nichtablehnung angenommen (§ 151).

Die grundlegende Bestimmung über die juristische Behandlung von Verträgen gibt § 157 BGB.:

„Verträge sind so auszulegen, wie Treu und Glauben mit Rücksicht auf die Verkehrssitte es erfordern."

Hiermit ist in wohldurchdachter Absicht dem richterlichen Ermessen ein weiter Spielraum gegeben; insbesondere können die im kaufmännischen Verkehr häufig vorhandenen Usancen im weitgehendsten Maße zur Vertragsauslegung herangezogen werden.

Bezüglich der Form der Verträge hat, wie früher das Handelsgesetzbuch, so jetzt auch das Bürgerliche Gesetzbuch das Prinzip aufgestellt, daß Rechtsgeschäfte zu ihrer Gültigkeit einer bestimmten Form nicht bedürfen. Hiervon gibt es jedoch Ausnahmen und darunter auch solche, die für den Geschäftsverkehr der Genossenschaften von erheblicher Bedeutung sind.

Zu erwähnen ist hier zunächst die Schriftlichkeit des Vertrags. Diese wird namentlich gefordert für

1. den Mietvertrag über ein Grundstück oder über Räume, der für längere Zeit als ein Jahr geschlossen wird (BGB. §§ 566, 580),
2. den Bürgschaftsvertrag (BGB. § 766), sofern nicht die Bürgschaft auf seiten des Bürgen ein Handelsgeschäft ist (HGB. § 350).
3. das Schuldversprechen und das Schuldanerkenntnis, doch ist die schriftliche Form entbehrlich, wenn das Schuldversprechen oder das Schuldanerkenntnis auf Grund einer Abrechnung oder im Wege des Vergleichs erteilt wird (BGB. §§ 780—782) und ebenso, wenn das Versprechen oder das Anerkenntnis auf seiten des Schuldners ein Handelsgeschäft ist, insbesondere also auch dann, wenn es von einem Kaufmann als Mitglied einer Genossenschaft dieser gegenüber abgegeben wird,
4. die Abtretung einer Hypothekenforderung, § 1154.

Soweit nur schriftliche Form verlangt wird, genügt auch telegraphische Übermittlung und Briefwechsel, doch kann nachträglich von jedem Teile die Errichtung einer Vertragsurkunde verlangt werden.

Gerichtliche oder notarielle Form wird verlangt für den Ehevertrag (BGB. § 1434) und für den Vertrag über Übertragung des Eigentums an einem Grundstücke (BGB. § 313).

Ein Rechtsgeschäft, welches der durch Gesetz vorgeschriebenen Form ermangelt, ist nach BGB. § 125 nichtig. Infolge dessen kann auch das, was auf Grund eines solchen der Form entbehrenden Vertrags geleistet ist, zurückgefordert werden. Dies gilt jedoch nicht überall, so namentlich nicht bei der Bürgschaft. Hat der Bürge die Hauptverbindlichkeit erfüllt, so wird damit der Mangel der Form geheilt und eine Rückforderung findet nicht statt (BGB. § 766). Ebenso wird ein ohne Beobachtung der Form geschlossener Vertrag über Übertragung des Eigentums an einem Grundstücke gültig, wenn die Auflassung und die Eintragung in das Grundbuch erfolgen (§ 313 Satz 2 BGB.).

Haben Personen, die einen Vertrag schließen wollen, ausgemacht, daß der Vertrag in einer bestimmten Form errichtet werde, so hat der Mangel dieser Form im Zweifel ebenfalls Nichtigkeit zur Folge. Derjenige, welcher behauptet, daß der Vertrag trotzdem gültig sei und daß die erwähnte Form nur als Beweismittel dienen sollte, hat den Nachweis zu führen, daß dies die Absicht der Parteien war.

Häufig wird die Frage auftauchen, welche Bedeutung Verabredungen haben, die neben einem schriftlichen Vertrag mündlich getroffen wurden. Hierüber ist der Wille der Parteien entscheidend. Diesen Willen hat derjenige zu beweisen, der sich darauf beruft. Jedenfalls wird im Zweifel angenommen, daß die Urkunde den Willen der Parteien vollständig enthält und daß alles, was nicht darin aufgenommen, auch nicht vereinbart ist. Es empfiehlt sich darum dringend, alle Vereinbarungen in die Urkunde hineinzubringen und für spätere Abmachungen einen Nachtrag zu der Urkunde zu errichten.

§ 6.
Die Vorstandsmitglieder der Genossenschaft und ihr Anstellungsverhältnis.

Die Genossenschaften gelten nach § 17 GenG. als Kaufleute im Sinne des Handelsgesetzbuchs. Demgemäß unterstehen auch die Beamten der Genossenschaften, soweit sie nicht dem Vorstande angehören, in ihrem Verhältnisse zur Genossenschaft dem Handelsgesetzbuche. Anders ist es aber mit den Vorstandsmitgliedern. Diese sind die gesetzlichen Vertreter der Genossenschaften und ihre Rechte und Pflichten werden durch das Genossenschaftsgesetz und nicht durch das Handelsgesetzbuch geregelt. Nach dem Bürgerlichen Gesetzbuch unterliegt ihr Verhältnis zu den Genossenschaften den Bestimmungen über den Dienstvertrag (BGB. §§ 611—630).

Für den Dienstvertrag ist eine bestimmte Form nicht vorgeschrieben. Er wird also namentlich auch ohne schriftlichen Abschluß bindend. Selbstverständlich sollte aber die Errichtung einer Urkunde über die von den Genossenschaften mit den Vorstandsmitgliedern geschlossenen Verträge nie versäumt werden [1]). Für die Kündigung eines solchen Vertrags ist zu bemerken, daß sie mangels abweichender Vereinbarung nach BGB. §§ 621 und 622 auf den Schluß eines Kalendervierteljahres zu erfolgen hat. Übrigens kann nach BGB. § 626 das Dienstverhältnis von jedem Teile ohne Einhaltung einer Kündigungsfrist gelöst werden, wenn ein wichtiger Grund vorliegt. Welche Gründe als wichtig anzusehen sind, ist der Beurteilung des Richters überlassen.

Hervorgehoben sei noch, daß nach BGB. § 618 und HGB. § 62 der Dienstberechtigte, also in unserem Falle die Genossenschaft, Räume, Vorrichtungen oder Gerätschaften, die zur Verrichtung der Dienste beschafft werden, so einzurichten und zu unterhalten hat, daß der Verpflichtete gegen Gefahr für Leben und Gesundheit soweit geschützt ist, als die Natur der Dienstleistung dies gestattet. Wird dies unterlassen und es tritt ein Schaden ein, so ist die Genossenschaft ersatzpflichtig. Dies kann namentlich für Genossenschaften mit Maschinenbetrieb nicht nur gegenüber Vorstandsmitgliedern, sondern gegenüber allen Personen, die, sei es dauernd, sei es vorübergehend, im Dienste der Genossenschaft stehen, von Bedeutung werden und sollte die Vereinsleiter veranlassen, die Frage der Haftpflichtversicherung eingehend zu prüfen.

Der zur Dienstleistung Verpflichtete wird seines Gehaltsanspruchs nicht dadurch verlustig, daß er für eine verhältnismäßig nicht erhebliche Zeit durch einen in seiner Person liegenden Grund ohne sein Verschulden an der Dienstleistung verhindert wird. Er muß sich jedoch den Betrag anrechnen lassen, welcher ihm für die Zeit der Verhinderung

---

[1]) S. Musterformulare S. 9: „Anstellungsvertrag mit Vorstandsmitgliedern“.

aus einer auf Grund gesetzlicher Verpflichtung bestehenden Kranken- oder Unfallversicherung zukommt (BGB. § 616). Der den Vorstandsmitgliedern gewährte Gehalt ist hiernach unter anderm fortzuzahlen im Falle unverschuldeter Krankheit, sowie bei etwaigen militärischen Übungen, vorausgesetzt, daß die Dauer der Verhinderung keine unverhältnismäßig große ist. Bei der Feststellung, ob die Verhinderung eine „verhältnismäßig nicht erhebliche" Zeit umfaßt, ist in erster Linie die Dauer des Vertragsverhältnisses in Rücksicht zu ziehen.

§ 7.
Die Angestellten der Genossenschaft.

Für die Dienstverträge [1]) zwischen der Genossenschaft und ihren Angestellten, die kaufmännische Dienste leisten, ohne zum Vorstand zu gehören, ist, wie schon erwähnt, das Handelsgesetzbuch maßgebend. Sie sind im Sinne des Handelsgesetzbuchs Handlungsgehilfen. Das neue Handelsgesetzbuch regelt die Stellung der Handlungsgehilfen in manchen Beziehungen anders, als das alte, und zwar in der Richtung, daß es den Handlungsgehilfen besser stellt, ohne jedoch über die Grenze hinaus zu gehen, welche das Interesse des Prinzipals erfordert.

Der Handlungsgehilfe darf ohne Einwilligung des Prinzipals weder ein Handelsgewerbe betreiben, noch in dem Handelszweige desselben, sei es für eigene, sei es für fremde Rechnung Geschäfte machen (HGB. § 60). Verletzt der Handlungsgehilfe diese Verpflichtung, so macht er sich schadensersatzpflichtig; anstatt seinen Schaden zu liquidieren, kann der Prinzipal auch verlangen, daß die Geschäfte als auf seine Rechnung geschlossen behandelt werden und daß der Handlungsgehilfe die verdiente Vergütung herausgibt (HGB. § 61). Hat der Handlungsgehilfe schon bei seiner Anstellung das Gewerbe betrieben und der Prinzipal hat hiervon Kenntnis, ohne dessen Aufgabe zu verlangen, so ist der Betrieb erlaubt. Diese Bestimmungen können namentlich bei den Konsumvereinen von Bedeutung sein.

Über die Verpflichtung des Prinzipals zu ordnungsmäßiger Einrichtung und Unterhaltung der Geschäftsräume, Gerätschaften 2c. ist das Erforderliche bereits in dem § 6 erörtert.

---

[1]) Formulare zum „Dienstvertrag mit Handlungsgehilfen" und „Lehrvertrag mit Lehrlingen" s. Musterformulare S. 10 und 12.

Anders, als im Bürgerlichen Gesetzbuch, ist der Fall geregelt, daß der Handlungsgehilfe an der Leistung der Dienste gehindert ist. Dann steht ihm ein Anspruch auf Gehalt und Unterhalt für 6 Wochen zu unter der Voraussetzung, daß die Verhinderung durch ein unverschuldetes Unglück eingetreten ist (HGB. § 63). Als Unglück sind nicht nur Ereignisse anzusehen, welche direkt seine Person betreffen, z. B. eigene Krankheit, sondern alle, die sich als ein Unglück für ihn darstellen, wie etwa Krankheitsfälle in der Familie. Natürlich entschuldigt hier nicht jedes Unglück, sondern nur ein solches, welches eine Verhinderung des Handlungsgehilfen notwendig zur Folge hat. Tritt die Verhinderung des Handlungsgehilfen aus anderen Gründen ein, so kommt der am Schlusse von § 6 erörterte § 616 BGB. zur Anwendung, wonach der Handlungsgehilfe Anspruch auf Gehalt hat, wenn die Verhinderung nur eine verhältnismäßig nicht erhebliche Zeit gedauert hat und durch einen in seiner Person liegenden Grund ohne sein Verschulden entstanden ist. Dies ist z. B. bei kurzen militärischen Übungen und Einziehung zum Geschworenendienste der Fall.

Ein Unterschied gegen das Bürgerliche Gesetzbuch ist hier noch der, daß sich der Handlungsgehilfe das, was ihm aus einer Kranken- oder Unfallversicherung zukommt, nicht anrechnen zu lassen hat (HGB. § 63 Abs. 2).

Die Zahlung des Gehalts hat am Schlusse des Monats zu erfolgen; eine Vereinbarung, wonach sie später erfolgen soll, ist nichtig (HGB. § 64).

Die Kündigung des Dienstverhältnisses ist nur auf den Schluß des Kalendervierteljahres zulässig und zwar mit Beobachtung einer Kündigungsfrist von 6 Wochen (HGB. § 66). Allerdings kann auch eine andere Kündigungsfrist vereinbart werden. Dieselbe muß aber mindestens einen Monat betragen und für beide Teile gleich sein. Auch kann die Kündigung in diesem Falle nur auf den Schluß eines Kalendermonats vorgenommen werden (HGB. § 67; vergl. aber auch § 68 Abs. 1).

Diese Vorschriften über die Kündigung sind nicht anwendbar, wenn der Handlungsgehilfe nur vorübergehend angenommen ist und das Dienstverhältnis nicht über 3 Monate fortgesetzt wird, doch muß auch in diesem Falle die Kündigung für beide Teile gleich sein.

Wenn ein wichtiger Grund vorliegt, kann von jedem Teile auch ohne Einhaltung der Kündigungsfrist gekündigt werden. Was hier als wichtiger Grund anzusehen ist, bestimmt das Handelsgesetzbuch in den §§ 70—72, auf welche hier verwiesen sei.

Bei der Beendigung des Dienstverhältnisses kann der Handlungsgehilfe ein Zeugnis über die Art und Dauer der Beschäftigung fordern, welches auf sein Verlangen auch auf die Führung und Leistungen auszudehnen ist (HGB. § 73). Gegen seinen Wunsch darf es also Bemerkungen über Führung und Leistungen nicht enthalten.

Bezüglich der Vereinbarungen zwischen Prinzipal und Handlungsgehilfe über Konventionalstrafen siehe §§ 74 und 75 des HGB.

Nicht dem Handelsgesetzbuche, sondern der Gewerbeordnung sind diejenigen Angestellten der Genossenschaften unterstellt, welche nur Dienste tatsächlicher Art leisten, also insbesondere Kassenboten und Hausdiener. Auf sie kommen die Bestimmungen der §§ 105 ff. der Reichsgewerbeordnung zur Anwendung.

Endlich können bei den Genossenschaften aber auch noch andere Angestellte vorkommen: sie sind nicht Handlungsgehilfen, weil sie keine kaufmännischen Dienste leisten, sie sind aber auch keine gewerblichen Arbeiter, weil sich ihre Dienste als solche höherer Art darstellen oder die Genossenschaft überhaupt kein Gewerbe im Sinne der Gewerbeordnung treibt. Dies kann z. B. der Fall sein, wenn ein Konsumverein einen Chemiker zur Untersuchung der Waren oder eine Baugenossenschaft einen Verwalter der Häuser anstellt. Auf das Verhältnis dieser Personen zur Genossenschaft kommen die in § 6 erörterten Grundsätze über den Dienstvertrag zur Anwendung; zu vergleichen ist hierfür auch § 627 BGB.

§ 8.

Die Bevollmächtigten.

Die Mannigfaltigkeit des geschäftlichen Lebens bringt es mit sich, daß nicht jeder alle seine Geschäfte selbst besorgen kann, sondern sich in vielen Fällen eines Bevollmächtigten bedienen muß, der für ihn handelt. In diesem Falle ist es für den anderen Teil, mit dem abgeschlossen werden soll, von Wichtigkeit, zu wissen, inwieweit die Handlungen des Vertreters als Handlungen des Vollmachtgebers anzusehen sind. Dies entscheidet sich zunächst durch den Umfang der Vollmacht. Dieselbe kann für ein einzelnes Geschäft, für eine Mehrheit von Geschäften und endlich auch für alle Geschäfte, in denen eine Vertretung zulässig ist (Generalvollmacht), erteilt sein. Sehr wichtig ist stets die Feststellung, in welchem Umfange die Vollmacht erteilt ist.

Die Erteilung erfolgt durch Erklärung gegenüber dem zu Bevollmächtigenden oder dem Dritten, dem gegenüber die Vertretung stattfinden soll. Sie bedarf im allgemeinen keiner Form, selbst nicht in dem Falle, daß für das Rechtsgeschäft, für welches sie bestimmt ist, eine gewisse Form erfordert wird (BGB. § 167). Natürlich bleibt es dem anderen, mit welchem der Bevollmächtigte verhandeln soll, unbenommen, seinerseits den Nachweis der Vollmacht in unzweideutiger Form, insbesondere durch Vorlage einer schriftlichen Vollmacht, zu verlangen. Den Vereinen ist auch dringend anzuraten, hierauf zu bestehen und in wichtigen Fällen eine Abschrift der Vollmachtsurkunde, wenn ihnen diese nicht selbst übergeben wird, bei den Akten zu behalten.

In gleicher Weise wie die Erteilung erfolgt auch der Widerruf der Vollmacht, also durch Erklärung an den Bevollmächtigten oder an den Dritten (BGB. § 168). Ist die Vollmacht durch Erklärung an den Dritten, also z. B. durch einen Brief des Vertretenen an den Verein erteilt, so bleibt sie diesem gegenüber auch so lange in Kraft, bis ihm das Erlöschen von dem Vollmachtgeber angezeigt wird (BGB. § 170). Als eine Mitteilung an den Dritten gilt es auch, wenn der Vollmachtgeber dem Vertreter eine Vollmachtsurkunde ausgehändigt hat und dieser sie dem Dritten vorlegt. Dann bleibt die Vollmacht bestehen, bis die Urkunde an den Vollmachtgeber zurückgegeben oder für kraftlos erklärt wird (BGB. § 172).

Eine Vollmacht kann endlich auch durch öffentliche Bekanntmachung gegeben werden. Die so erteilte Vertretungsvollmacht bleibt bestehen, bis die Kundgebung in derselben Weise, wie sie erfolgt ist, widerrufen wird. In allen diesen Fällen gelten bis zum Widerruf die Handlungen des Vertreters als solche des Vollmachtgebers, und letzteren, nicht den Dritten treffen sonach die Nachteile, wenn der Vertreter mit der Vollmacht Mißbrauch treibt, z. B. Geld einkassiert und unterschlägt.

Natürlich kann der Vollmachtgeber dem Vertreter die Vollmacht auch in anderer Weise, insbesondere durch ein mündliches oder schriftliches Verbot, weiter für ihn zu handeln, entziehen. Wird dies dem Dritten bekannt, bevor ihm das Erlöschen der Vollmacht in den oben angegebenen Formen mitgeteilt ist, so darf er nicht mehr mit dem Vertreter abschließen, widrigenfalls ihn der hieraus entstehende Schaden trifft (BGB. § 173).

Ist der Vollmachtgeber nicht in der Lage, die Vollmachtsurkunde zurück zu erhalten, so kann er sie für kraftlos erklären lassen. Diese Kraftloserklärung erfolgt ohne vorausgegangenes gerichtliches Verfahren durch eine Bekanntmachung, welche auf seinen Antrag von dem Amtsgerichte seines Wohnsitzes zu erlassen ist. Die Vollmacht gilt als erloschen mit Ablauf eines Monats nach der letzten Einrückung dieser Bekanntmachung in die öffentlichen Blätter (BGB. § 176).

Bevollmächtigte können nicht geschäftsunfähige Personen sein, also Kinder unter 7 Jahren, Geisteskranke und wegen Geisteskrankheit entmündigte Personen, wohl aber solche, die nur in der Geschäftsfähigkeit beschränkt sind, insbesondere Minderjährige, die das 7. Jahr vollendet haben (BGB. § 165) [1].

§ 9.

Die Verantwortlichkeit der Genossenschaft für Verschulden ihrer Vorstandsmitglieder und Angestellten.

a) Zivilrechtliche Verantwortlichkeit.

Nach BGB. § 278 hat der Schuldner ein Verschulden seines gesetzlichen Vertreters und der Personen, deren er sich zur Erfüllung seiner Verbindlichkeiten bedient, in gleichem Umfange zu vertreten wie sein eigenes Verschulden. Auf die Genossenschaften angewendet, bedeutet sie, daß dieselben für ein im geschäftlichen Verkehr unterlaufenes Verschulden ihres Vorstandes und ihrer Beamten aufzukommen haben. Der Vorstand ist der gesetzliche Vertreter und die Beamten sind im Sinne dieser Vorschrift die Personen, deren die Genossenschaft sich zur Erfüllung ihrer Verbindlichkeiten bedient. Voraussetzung der Haftbarkeit für das Verschulden der letzteren ist natürlich, daß sie gerade zu solchen Ge-

[1] Formular zur Vollmachtsurkunde s. Musterformulare S. 13.

schäften ermächtigt sind, wie dasjenige ist, bei welchem das Verschulden vorkam. Wenn also z. B. ein Beamter, der als Kassierer mit der Ermächtigung zum Geldempfange angestellt ist, von dem Mitgliede Geld empfängt und verliert, so hat der Verein dafür aufzukommen. War das Geld jedoch einem anderen Beamten übergeben, der gar nicht zum Geldempfang ermächtigt ist, so ist die Annahme des Geldes seitens dieses Beamten für die Genossenschaft nicht verbindlich, und der Schaden fällt dem zur Last, der das Geld an den Beamten gezahlt hat.

Bei dem Vorstande fällt diese Unterscheidung natürlich weg, denn er ist als gesetzlicher Vertreter des Vereins zu allen Handlungen für die Genossenschaft, also auch zum Geldempfange, selbst außerhalb des Geschäftslokals, befugt. Fraglich ist hier nur, inwieweit die Genossenschaft haftbar wird aus Geschäften, welche entgegen der Vorschrift des § 25 des GenG. nur von einem Mitgliede vorgenommen sind. Gesetzlicher Vertreter der Genossenschaft ist der Vorstand als solcher oder doch mindestens zwei Mitglieder desselben, nie aber ein Mitglied desselben für sich allein. Die Handlung eines einzelnen für sich allein ist darum für die Genossenschaft nicht verbindlich, und wer sich bei Verhandlungen und Abschlüssen mit dem Verein bei der Erklärung und Unterschrift eines Vorstandsmitgliedes beruhigt, tut dies auf seine Gefahr, nicht auf die des Vereins. Anders liegt es, wenn ein Vorstandsmitglied von dem Vorstande zur Vornahme von Rechtshandlungen für den Verein allein ermächtigt war und es für den Vorstand handelnd aufgetreten ist. Eine solche Ermächtigung hat die Rechtsprechung schon darin gefunden, daß ein Vorstandsmitglied mit Kenntnis der übrigen fortgesetzt solche Handlungen für den Verein vorgenommen, z. B. Spareinlagen eingenommen hat.

Bemerkt sei noch, daß, wenn ein Vorstandsmitglied oder ein Beamter einen Vertrag geschlossen hat, zu dem er nicht ermächtigt war, also z. B. die Gewährung eines Kredits zugesagt hat, er von dem anderen Teil nach dessen Wahl auf Erfüllung oder auf Ersatz des Schadens belangt werden kann, falls die Genossenschaft die Genehmigung des Geschäfts versagt (BGB. § 179).

Die Anwendbarkeit des § 278 setzt eine Verbindlichkeit und damit ein vertragliches oder gesetzliches Verhältnis zwischen der Genossenschaft und dem Dritten, welcher die Forderung an sie erhebt, voraus. Wie liegt es nun, wenn ein solches Verhältnis nicht besteht? Dies würde z. B. der Fall sein, wenn ein Kassierer Betrügereien verübt, insbesondere gegen von ihm gefälschte Quittungen des Vorstandes Geld erschwindelt, oder wenn das dem Vereine gehörige Gebäude von dem Vorstande nicht ordnungsmäßig im Stande gehalten wird und infolge dessen ein Vorübergehender, etwa durch Herabfallen eines Fensterladens, beschädigt wird. Dann ist der § 31 des BGB. maßgebend, welcher lautet:

§ 31. Der Verein ist für den Schaden verantwortlich, den der Vorstand, ein Mitglied des Vorstandes oder ein anderer verfassungsmäßig berufener Vertreter durch eine in Ausführung der ihm zustehenden Verrichtungen begangene, zum Schadensersatz verpflichtende Handlung einem Dritten zufügt.

Auch die Genossenschaften unterstehen der Vorschrift des § 31. Die Anwendbarkeit des § 31 setzt weder ein Verschulden des Vereins voraus noch seines Vorstands oder seiner Vertreter. Es ist für sie auch nicht erforderlich, daß die Handlung eine widerrechtliche ist, es genügt vielmehr, daß durch die Handlung nach den sonstigen Rechtsvorschriften eine Verpflichtung zum Schadensersatze begründet wird. Diese weitgehende Haftbarkeit greift aber nur Platz bei Handlungen des Vorstands oder anderer verfassungsmäßig bestellter Vertreter. Beauftragt dagegen der Vorstand jemand mit einer Verrichtung, z. B. mit der Reparatur des Hauses, so wird der Verein für einen durch Schuld dieses Beauftragten entstandenen Schaden nur haftbar, wenn der Vorstand bei der Auswahl des Beauftragten nicht die erforderliche Sorgfalt beobachtet hat (BGB. § 831).

Haftbar wird der Verein endlich auch dann nicht, wenn die schädigende Handlung von dem Vorstande nicht in Ausführung der ihm zustehenden Verrichtungen begangen ist. Hat also ein Vorstandsmitglied Geld erschwindelt, nicht auf den Namen des Vereins, sondern den eines Dritten, so wird der Verein nicht darum ersatzpflichtig, weil der Schwindler zufällig bei ihm die Stelle eines Vorstandsmitglieds inne hatte.

b) Strafrechtliche Verantwortlichkeit.

Wesentlich anders als mit der zivilrechtlichen steht es mit der strafrechtlichen Verantwortlichkeit des Vereins für Handlungen seines Vorstands. Selbstverständlich ist es, daß der Verein, d. h. seine sämtlichen Mitglieder, nicht für Vergehen des Vorstands zu Freiheitsstrafen verurteilt werden kann. Eher denkbar wäre schon, daß gegen die Genossenschaft Geldstrafen verhängt und in das Vereinsvermögen vollstreckt würden. Hier ist insbesondere an polizeiliche, Stempelsteuer- und Ordnungsstrafen zu denken. Aber auch diese können immer nur gegen die Vorstandsmitglieder persönlich, nie gegen die Genossenschaft in Ansatz kommen, da nach der jetzt wohl feststehenden Rechtsprechung Gesellschaften und Genossenschaften nicht Subjekt einer strafbaren Handlung sein können.

§ 10.
Fristen. Termine.

Bezüglich der in Gesetzen, gerichtlichen Verfügungen und Rechtsgeschäften enthaltenen Frist- und Terminsbestimmungen hat das Bürgerliche Gesetzbuch eine Reihe von Auslegungsvorschriften (§§ 187—193) erlassen.

1. Ist für den Anfang einer Frist ein Ereignis oder ein in den Lauf eines Tages fallender Zeitpunkt maßgebend, so wird bei Berechnung der Frist der Tag, in den das Ereignis oder der Zeitpunkt fällt, nicht mitgerechnet.

Beispiel: Ein verwaltungsgerichtliches Urteil wird am Donnerstag, den 14. November, mit dem Vermerk zugestellt, daß die Parteien „innerhalb zwei Wochen von Zustellung ab" Revision einlegen können. Bei Berechnung der Revisionsfrist wird der 14. November nicht mitgerechnet; sie läuft somit ab mit Beendigung des 28. November.

2. Ist dagegen der Beginn eines Tages für den Anfang einer Frist maßgebend, so wird der Tag mitgerechnet; ebenso wird stets eingerechnet der Tag der Geburt bei Berechnung des Lebensalters.

Beispiele: a) Ein Kreditverein mietet ein Geschäftslokal „vom 1. Januar 1908 ab auf 3 Jahre". Der 1. Januar 1908 wird mitgerechnet; die Frist endet somit am 31. Dezember 1910.

b) Ein am 1. September 1884 Geborener wird großjährig (21 Jahre alt) mit Ablauf des 31. August 1905.

3. Eine nach Tagen bestimmte Frist endigt mit dem Ablauf des letzten Tages der Frist; ist sie nach Wochen, Monaten, Viertel-, Halb-

oder Ganz-Jahren bestimmt, so endigt sie in den Fällen der Ziffer 1 mit dem Ablaufe desjenigen Tages der letzten Woche oder des letzten Monats, der durch Benennung oder Zahl dem Tage entspricht, in den das Ereignis oder der Zeitpunkt fällt, in den Fällen der Ziffer 2 mit Ablauf des vorhergehenden Tages. Fehlt im letzten Monat der für den Ablauf der Frist maßgebende Tag, so tritt an seine Stelle der letzte Tag des Monats.

Beispiele: a) Eine am Donnerstag, den 14. November 1907 bestimmte Frist von 3 Monaten endet im Falle der Ziffer 1 mit Ablauf des 14. Februar 1908, im Falle der Ziffer 2 mit Ablauf des 13. Februar 1908.

b) Eine am 30. November 1907 bestimmte Frist von 15 Monaten — oder einem und einem Viertel Jahre — endet am 28. Februar 1909.

4. Ein halbes Jahr gilt gleich 6, ein Vierteljahr gleich 3 Monate, ein halber Monat gleich 15 Tage (auch der halbe Monat Februar!). Handelt es sich um einen Zeitraum, der nicht zusammenhängend zu verlaufen braucht — ein Reisender ist z. B. mit der Bedingung angestellt, daß er mindestens 10 Monate im Jahr sich auf Reisen befinden muß —, so gilt der Monat zu 30, das Jahr zu 365 Tagen. Unter Anfang des Monats ist der erste, unter Mitte der fünfzehnte (auch im Februar), unter Ende der letzte Tag des Monats zu verstehen.

5. Ist für eine Willenserklärung oder eine Leistung ein bestimmter Tag oder eine Frist bezeichnet und fällt der Tag oder das Ende der Frist auf einen Sonntag oder gesetzlichen Feiertag, so tritt an Stelle desselben der nächstfolgende Werktag.

Beispiel: In einem Geschäftsbrief, der am Sonnabend, den 16. November eingeht, ist eine Frist von einem halben Monat für Annahme einer Offerte gesetzt. Die Frist (15 Tage) würde an sich mit Ablauf des Sonntag, 1. Dezember, endigen; die Annahme erfolgt jedoch gemäß vorstehender Vorschrift rechtzeitig noch bis zum Ablauf des 2. Dezember.

§ 11.
Die Verjährung.

Das Wesen der Verjährung besteht darin, daß nach ihrer Vollendung der Verpflichtete berechtigt ist, die Leistung zu verweigern (§ 222 BGB.).

Nicht etwa erlischt der Anspruch selbst; denn das zur Befriedigung eines verjährten Anspruchs einmal Geleistete kann nicht zurückgefordert werden, selbst dann nicht, wenn die Leistung in Unkenntnis der Verjährung bewirkt worden ist (§ 222 Abs. 2). Der Ablauf der Verjährungsfrist begründet somit eine Einrede im eigentlichsten Sinne.

Das Bürgerliche Gesetzbuch regelt die Verjährung im 5. Abschnitt des ersten Buches (§§ 194—225). Doch enthält es bei einer großen Anzahl anderer Materien ebenfalls Bestimmungen darüber. Außerdem gelten die zahlreichen, in Reichsgesetzen und den durch das BGB. aufrecht erhaltenen Landesgesetzen befindlichen Verjährungsvorschriften wie vordem. So ergibt sich eine große Mannigfaltigkeit insbesondere bezüglich der Verjährungsfristen. Im folgenden soll versucht werden, einige der für die Genossenschaften wichtigsten Vorschriften zusammenzustellen.

Die allgemeinen Bestimmungen des BGB. über Beginn, Hemmung und Unterbrechung der Verjährung sind, soweit in Spezialvorschriften nicht Gegenteiliges angeordnet ist, auf alle Verjährungen gleichermaßen anzuwenden.

Der Beginn der Verjährung erfolgt hiernach mit der Entstehung des Anspruches (§ 198). Wesentlich ist die Bestimmung des § 199, wonach, falls der Berechtigte die Leistung nur auf Kündigung verlangen kann, die Verjährung erst mit dem Zeitpunkte beginnt, von welchem an die Kündigung zulässig ist. Hat der Verpflichtete erst nach Ablauf einer bestimmten Frist nach Kündigung zu leisten, so wird der Beginn der Verjährung um die Dauer der Frist hinausgeschoben. Gibt z. B. ein Vorschußverein seinem Mitgliede am 1. Januar ein Darlehen auf dreimonatliche Kündigung, so beginnt die Verjährung am 1. April, denn die Kündigung ist zwar sofort zulässig, der Verpflichtete hat aber erst nach Ablauf von drei Monaten zu leisten.

Die Hemmung der Verjährung bewirkt, daß die Zeit derselben in die Verjährungsfrist nicht eingerechnet wird (§ 205). Sie tritt insbesondere ein, so lange die Leistung gestundet oder der Verpflichtete aus einem anderen Grunde vorübergehend zur Verweigerung der Leistung berechtigt ist (§ 202; Ausnahmen: Abs. 2).

Eine Unterbrechung der Verjährung mit der Folge, daß nach Beendigung der Unterbrechung eine neue Verjährung zu beginnen hat

(§ 217), entsteht durch Anerkennung des Anspruchs, die nicht nur ausdrücklich, sondern auch stillschweigend, z. B. durch Abschlagszahlung, Zinszahlung, Sicherheitsleistung erfolgen kann, sowie durch Klageerhebung und folgende derselben gleichgestellte prozessuale Akte:

1. Zustellung eines Zahlungsbefehls,
2. Anmeldung im Konkurse,
3. Aufrechnung im Prozeß,
4. Streitverkündung im Prozeß über den Anspruch,
5. Vornahme einer Vollstreckungshandlung oder Antrag auf Zwangsvollstreckung.

Die regelmäßige Verjährungs**frist** beträgt 30 Jahre (§ 195). Sie tritt überall da ein, wo Sonderbestimmungen fehlen. Ein **rechtskräftig festgestellter** Anspruch verjährt stets in dieser Frist, auch wenn er an sich einer kürzeren Verjährung unterliegt (§ 218). Kurzfristige Verjährung haben im allgemeinen die Geschäfte des täglichen Lebens. Insbesondere verjähren in zwei Jahren die Ansprüche der Kaufleute, Fabrikanten, Handwerker für Lieferung von Waren, sowie Ausführung von Arbeiten, es sei denn, daß die Leistung für den Gewerbebetrieb des Schuldners erfolgt (in diesem Falle in vier Jahren!). Die Ansprüche auf Rückstände von Zinsen, sowie von sonstigen regelmäßig wiederkehrenden Leistungen verjähren in vier Jahren. Zu bemerken ist, daß bei diesen kurzen Verjährungsfristen des BGB. (§§ 197, 198) die Verjährung erst mit dem Schlusse des zur Zeit der Entstehung des Anspruchs laufenden Jahres beginnt. Beispielsweise verjährt die Forderung eines Handwerkers für am 1. Januar 1907 gelieferte Arbeit ebenso wie die Forderung für am 31. Dezember 1907 gelieferte Arbeit am 31. Dezember 1909: d. i. zwei Jahre nach Schluß des zur Zeit der Entstehung der Forderung laufenden Jahres.

Für die Übergangszeit kommt der Art. 169 des Einführungsgesetzes zum BGB. in Betracht. Er bestimmt, daß die Vorschriften des BGB. über die Verjährung auf die vor dem Inkrafttreten des BGB. entstandenen, noch nicht verjährten Ansprüche Anwendung finden. Der Artikel bezieht sich somit auf die am 1. Januar 1900 laufenden Verjährungen. Der Beginn, sowie die Hemmung und Unterbrechung der Verjährung bestimmen sich jedoch für die Zeit vor dem Inkrafttreten des BGB. nach den bisherigen Gesetzen. Ist die Verjährungsfrist nach dem BGB.

kürzer als nach den bisherigen Gesetzen, so wird die kürzere Frist von dem Inkrafttreten des BGB. an berechnet. Läuft jedoch die in den bisherigen Gesetzen bestimmte längere Frist früher als die im BGB. bestimmte kürzere Frist ab, so ist die Verjährung mit dem Ablaufe der längeren Frist vollendet.

Außer den allgemeinen Vorschriften enthält das BGB. bei den einzelnen Titeln noch eine Reihe von besonderen Verjährungsbestimmungen. So bezeichnet es als unverjährbar: den Anspruch auf Aufhebung der Gemeinschaft (§ 758); auf Berichtigung des Grundbuches (§ 898); die Ansprüche aus im Grundbuche eingetragenen Rechten (§ 902); aus verschiedenen nachbarrechtlichen Verhältnissen (§ 924). In der kurzen Frist von sechs Monaten verjähren dagegen: der Anspruch auf Wandlung oder Minderung, sowie der Anspruch auf Schadensersatz wegen Mangel einer zugesicherten Eigenschaft beim Kauf (§ 477); die Ersatzansprüche des Vermieters wegen Veränderungen oder Verschlechterungen der Mietsache, sowie die Ansprüche des Mieters wegen Verwendungen (§ 558); ebenso die Ansprüche des Verleihers und Leihers (§ 606); der Anspruch des Bestellers wegen eines Mangels des Werkes beim Werkvertrag (§ 638); die Ersatzansprüche des Eigentümers gegen den Nießbraucher wegen Veränderung oder Verschlechterung der Sache und die Ansprüche des Nießbrauchers wegen Verwendungen (§ 1057); endlich die analogen Ansprüche des Verpfänders und Pfandgläubigers beim Pfandrecht an beweglichen Sachen (§ 1226).

Von den in Spezialgesetzen enthaltenen Verjährungsvorschriften sind naturgemäß für den Genossenschafter von größter Bedeutung die des Genossenschaftsgesetzes in der jetzt geltenden Fassung vom 20. Mai 1898. Die Klage des ausgeschiedenen Genossen auf Auszahlung des Geschäftsguthabens verjährt in zwei Jahren (§ 74); die Ansprüche gegen Mitglieder des Vorstandes und des Aufsichtsrates, welche ihre Obliegenheiten verletzen, verjähren in fünf Jahren; im Konkurse einer Genossenschaft mit unbeschränkter Haftpflicht verjährt die Klage der Gläubiger gegen die einzelnen Genossen in zwei Jahren und drei Monaten seit Vollstreckbarkeitserklärung der Nachschußberechnung, falls nicht nach Beschaffenheit der Forderung eine kürzere Verjährungsfrist gesetzlich eintritt (§§ 123, 122 Abs. 2).

Das Handelsgesetzbuch läßt die Ansprüche gegen den Spediteur, Lagerhalter (nicht zu verwechseln mit dem Lagerhalter eines Konsumvereins!) und Frachtführer wegen Verlustes, Minderung, Beschädigung oder verspäteter Ablieferung des Gutes in einem Jahre verjähren (§§ 414, 423, 439); in derselben Frist verjähren Ansprüche der Eisenbahn auf Nachzahlung zu wenig erhobener, sowie Ansprüche gegen die Eisenbahn auf Rückerstattung zu viel erhobener Fracht oder Gebühren (§ 470).

Wichtige Bestimmungen über die Verjährung enthält die Wechselordnung. Nach Art. 77 verjährt der wechselmäßige Anspruch gegen den Akzeptanten in drei Jahren, vom Verfalltage des Wechsels an gerechnet. Die Regreßansprüche des Inhabers bezw. des Indossanten gegen den Aussteller und die übrigen Vormänner verjähren nach Art. 78 bezw. 79, wenn der Wechsel zahlbar ist, bezw. der Regreßnehmer wohnt

1. in Europa mit Ausnahme von Island und den Faröern: in drei Monaten;
2. in den Küstenländern von Asien und Afrika längs des Mittelländischen und Schwarzen Meeres oder in den dazu gehörigen Inseln dieser Meere: in sechs Monaten;
3. in einem andern außereuropäischen Lande oder in Island oder den Faröern: in achtzehn Monaten.

Die Verjährung beginnt gegen den Inhaber mit dem Tage des erhobenen Protestes, gegen den Indossanten, wenn er, ehe eine Wechselklage gegen ihn angestellt worden, gezahlt hat, am Tage der Zahlung, in allen übrigen Fällen aber am Tage der ihm geschehenen Behändigung der Klage oder Ladung. Der wechselmäßige Anspruch gegen den Aussteller eines eignen Wechsels verjährt in drei Jahren, vom Verfalltage des Wechsels an gerechnet (Art. 100). Bei Sichtwechseln, gezogenen wie trockenen, beginnt, wenn der Aussteller keine Präsentationsfrist vorgeschrieben hat, mit Ablauf von zwei Jahren nach der Ausstellung die Versäumnis des Inhabers und damit die Verjährung (Art. 31). Für die Unterbrechung der Wechselverjährung gelten dieselben Bestimmungen wie für die Verjährung des bürgerlichen Rechts (oben S. 26). Ob Prolongation des Wechsels die Verjährung unterbricht oder hemmt, ist nicht unbestritten; vergl. darüber Blätter für Genossenschaftswesen, 1905, S. 325.

Aus der Konkursordnung sei die Vorschrift des § 41 hervorgehoben, nach welcher die Anfechtung von Rechtshandlungen nur binnen Jahresfrist seit der Eröffnung des Verfahrens erfolgen kann. Das Gesetz betreffend die Anfechtung von Rechtshandlungen eines Schuldners außerhalb des Konkursverfahrens setzt in § 12 die Frist zur Anfechtung auf 10 Jahre fest.

Es möge endlich noch bemerkt werden, daß das BGB. ganz allgemein die Erleichterung der Verjährung durch Vertrag, insbesondere Abkürzung der Verjährungsfrist, zuläßt. Dagegen kann regelmäßig die Verjährung durch Rechtsgeschäft weder ausgeschlossen, noch erschwert werden (§ 225).

§ 12.
Das Zurückbehaltungsrecht.

Der Schuldner, der aus demselben rechtlichen Verhältnis, auf dem seine Verpflichtung beruht, einen fälligen Anspruch gegen den Gläubiger hat, kann die von ihm geschuldete Leistung verweigern, bis die ihm gebührende Leistung bewirkt wird (§ 273 BGB.). Der Hauptfall ist naturgemäß der der gegenseitigen Verträge, welcher in §§ 320—322 BGB. seine besondere Regelung gefunden hat. Allein auch bei nicht gegenseitigen Verträgen, z. B. beim Auftrag (§§ 662 ff.), und selbst dann, wenn die beiderseitigen Ansprüche nicht auf Vertrag beruhen, z. B. bei der Geschäftsführung ohne Auftrag (§§ 677 ff.) tritt die erwähnte Bestimmung in Wirksamkeit. Zu berücksichtigen ist aber stets, daß kein Zurückbehaltungsrecht eintritt, falls sich aus dem Schuldverhältnisse etwas anderes ergibt. Die Rechenschaftslegung etwa, zu welcher der Beauftragte gemäß § 666 BGB. verpflichtet ist, kann nicht von ihm verweigert werden, bis ihm seine Aufwendungen ersetzt sind; denn die Feststellung der letzteren geschieht eben erst im Wege der Rechenschaftslegung.

Im Falle eines gegenseitigen Vertrages ist naturgemäß im allgemeinen das Zurückbehaltungsrecht ausgeschlossen für den Teil, der vorzuleisten verpflichtet ist (§ 320 BGB.). Allein selbst dieser kann es ausüben, wenn nach dem Abschlusse des Vertrages in den Vermögensverhältnissen des anderen Teiles eine wesentliche Verschlechterung eintritt, durch die der Anspruch auf die Gegenleistung gefährdet wird (§ 321).

Die Ausübung des Zurückbehaltungsrechtes kann durch Sicherheitsleistung, die jedoch nicht durch Bürgen geschehen darf, abgewendet werden. Gegenüber der Klage des einen Teils hat die Geltendmachung des Zurückbehaltungsrechtes nicht etwa die Wirkung, daß die Klage abzuweisen ist, sondern es hat Verurteilung zur „Erfüllung Zug um Zug", d. i. zur Leistung gegen Empfang der Gegenleistung zu erfolgen. Die Kosten werden allerdings dem Kläger aufzulegen sein, da der Beklagte zur Weigerung der Leistung berechtigt war.

Erheblich erweitert auf der einen, beschränkt auf der anderen Seite ist gegenüber dem geschilderten bürgerlichen Zurückbehaltungsrecht das Zurückbehaltungsrecht des Handelsgesetzbuches. Stets ist im Auge zu behalten, daß die diesbezüglichen Vorschriften der §§ 369—372 nur für zwischen zwei Kaufleuten geschlossene beiderseitige Handelsgeschäfte Platz greifen, sowie daß das Zurückbehaltungsrecht sich nur bezieht auf bewegliche Sachen und Wertpapiere des Schuldners, welche mit dessen Willen auf Grund von Handelsgeschäften in Besitz des anderen Teils gelangt sind und sich noch in seinem Besitze befinden oder seiner Verfügungsmacht unterstehen (§ 369). Andererseits ist nicht erforderlich, daß Anspruch und Gegenanspruch aus demselben rechtlichen Verhältnisse herrühren. Fälligkeit der Forderungen wird regelmäßig auch hier verlangt, doch kann auch wegen nichtfälliger Forderungen das Zurückbehaltungsrecht geltend gemacht werden:

1. wenn über das Vermögen des Schuldners der Konkurs eröffnet ist oder der Schuldner seine Zahlungen eingestellt hat;
2. wenn eine Zwangsvollstreckung in das Vermögen des Schuldners ohne Erfolg versucht ist (§ 370).

Während das bürgerliche Zurückbehaltungsrecht dem Berechtigten lediglich ein Mittel gibt, den Gegner zur Bewirkung der geschuldeten Leistung zu nötigen, ist der zur kaufmännischen Retention nach §§ 369 ff. des HGB. Befugte außerdem in der Lage, sich aus dem zurückbehaltenen Gegenstande für seine Forderung zu befriedigen (§ 371). Die Befriedigung erfolgt nach den für das Pfandrecht geltenden Vorschriften; der erhebliche Unterschied zwischen dem Pfandgläubiger und demjenigen, welcher das Zurückbehaltungsrecht ausübt, besteht jedoch darin, daß letzterer stets zum Verkauf eines vollstreckbaren Titels bedarf. Eventuell ist zu diesem Zwecke eine besondere Klage auf Gestattung der Befriedigung zu erheben (§ 371 Abs. 4).

Das kaufmännische Retentionsrecht schließt das bürgerliche nicht aus; der zu ersterem Befugte kann auch, wenn die Voraussetzungen dazu vorliegen, das letztere ausüben.

§ 13.
Die Aufrechnung.

„Schulden zwei Personen einander Leistungen, die ihrem Gegenstande nach gleichartig sind, so kann jeder Teil seine Forderung gegen die Forderung des andern Teiles aufrechnen, sobald er die ihm gebührende Leistung fordern und die ihm obliegende Leistung bewirken kann."

So definiert das Bürgerliche Gesetzbuch in § 387 das Wesen der Aufrechnung. Ihr Zweck ist ein vorwiegend wirtschaftlicher: das Hin- und Herschieben von Tilgungsmitteln wird vermieden und durch eine einfache Erklärung ersetzt. Diese Erklärung hat dem andern Teile gegenüber zu erfolgen; eine besondere Form ist für sie nicht vorgeschrieben. Doch kann sie nicht unter einer Bedingung oder Zeitbestimmung abgegeben werden (§ 388 BGB.).

Die Voraussetzungen der Aufrechnung ergeben sich aus der mitgeteilten Definition. Es sind im einzelnen folgende:

1. Gegenseitigkeit der Forderungen. Nur in einigen besonderen Fällen ist Aufrechnung seitens eines Dritten gestattet. So im Falle des § 268 BGB.: wenn ein Dritter durch die Zwangsvollstreckung des Gläubigers in einen dem Schuldner gehörenden Gegenstand Gefahr läuft, ein Recht an dem Gegenstand zu verlieren, so ist er befugt, den Gläubiger, eventuell auch durch Aufrechnung, zu befriedigen. Ferner ist der Eigentümer einer hypothekarisch belasteten Sache, welcher nicht zugleich der persönliche Schuldner ist, zur Befriedigung des Gläubigers auch im Wege der Aufrechnung berechtigt (§ 1142 BGB.). Endlich kann der Dritte, der durch Veräußerung eines Pfandes ein Recht an demselben verlieren würde, den Pfandgläubiger auch durch Aufrechnung, befriedigen (§ 1249 BGB.).

2. Gleichartigkeit der Gegenforderungen. Bei Geldforderungen, um die es sich meist handeln wird, ist diese Gleichartigkeit gegeben. Allein auch mit anderen Forderungen ist Aufrechnung zulässig, wobei dann die Frage der Gleichartigkeit näher zu prüfen sein wird. Daß für die Forderungen verschiedene Leistungs- oder Ablieferungsorte bestehen, verschlägt nichts; doch hat der aufrechnende Teil den Schaden zu ersetzen, den der andere Teil dadurch erleidet, daß er die Leistung nicht an dem bestimmten Orte erhält oder bewirken kann; hier werden insbesondere die Übersendungskosten nach diesem Orte in Frage kommen (§ 391 BGB.). Ist jedoch die Leistung für bestimmte Zeit und bestimmten Ort besonders vereinbart, so ist die Aufrechnung einer Forderung, für die ein anderer Leistungsort besteht, im Zweifel ausgeschlossen.

3. Die Forderung, mit der aufgerechnet werden soll, muß gültig und klagbar sein. Mit Einreden behaftete Forderungen können nicht aufgerechnet werden. Die Einrede der Verjährung hindert indes die Aufrechnung nicht, wenn die verjährte Forderung zu der Zeit, zu welcher sie gegen die andere Forderung aufgerechnet werden konnte, noch nicht verjährt war (§ 390 BGB.).

Die Wirkung der Aufrechnung äußert sich darin, daß die Forderungen, soweit sie sich decken, als in dem Zeitpunkt erloschen gelten, in welchem sie zur Aufrechnung geeignet einander gegenüber getreten sind. Hieraus folgt insbesondere, daß, soweit die Aufrechnung erfolgt, von dem bezeichneten Zeitpunkte keine Zinsen berechnet werden, ferner, daß keiner der beiden Schuldner von dieser Zeit ab in Verzug geraten kann.

Ausgeschlossen ist die Aufrechnung nach dem BGB. in folgenden Fällen:

1. Gegen eine beschlagnahmte Forderung:

a) wenn die ihr gegenüberstehende Forderung erst nach der Beschlagnahme erworben ist,

b) wenn die gegenüberstehende Forderung erst nach der Beschlagnahme und später als die in Beschlag genommene Forderung fällig geworden ist (§ 392).

2. Gegen eine Forderung aus einer vorsätzlich begangenen unerlaubten Handlung (§ 393).

3. Gegen nicht pfändbare Forderungen mit Ausnahme der aus Kranken-, Hilfs- oder Sterbekassen, insbesondere aus Knappschaftskassen und Kassen der Knappschaftsvereine, zu beziehenden Hebungen (§ 394).

4. Gegen eine Forderung des Reiches, eines Bundesstaates, einer Gemeinde, eines Kommunalverbandes, wenn nicht die Gegenleistung an dieselbe Kasse zu erfolgen hat, aus welcher die Forderung des Aufrechnenden zu berichtigen ist.

Auch außerhalb des BGB. findet sich die Aufrechnung stellenweise ausgeschlossen. So kann an Stelle der Zahlung der versprochenen Einlagen bei Aktiengesellschaften, Kommanditgesellschaften auf Aktien und Gesellschaften mit beschränkter Haftung nicht Aufrechnung treten (HGB. §§ 221, 320 Abs. 3; Reichsgesetz betr. die Gesellschaften mit beschränkter Haftung § 12). Auch § 22 des Genossenschaftsgesetzes bestimmt in Abs. 3, daß der Genosse gegen eine geschuldete Einzahlung eine Aufrechnung nicht geltend machen kann.

Sind mehrere Forderungen auf der einen oder andern Seite vorhanden, so kann der aufrechnende Teil diejenigen bestimmen, die gegeneinander aufgerechnet werden sollen. Fehlt es an solcher Bestimmung oder widerspricht ihr der andere Teil unverzüglich, so ist (nach Analogie des § 366 Abs. 2 BGB.) zunächst auf die fällige Forderung, dann auf diejenige, welche dem Gläubiger geringere Sicherheit bietet, ferner auf die dem Schuldner lästigere, bei gleich lästigen auf die ältere, bei gleich alten auf jede Forderung verhältnismäßig aufzurechnen. Schuldet der aufrechnende Teil dem anderen Teil auch Zinsen und Kosten, so ist zunächst auf die Kosten, dann auf die Zinsen aufzurechnen (§ 396 BGB.).

Die vorstehenden allgemeinen Grundsätze der Aufrechnung sind vorkommenden Falles auch im Geschäftsbetriebe einer Genossenschaft zu beobachten. Insbesondere können Forderungen der Genossenschaft an ein Mitglied, z. B. aus Wechseln, gegen Forderungen des Mitgliedes an die Genossenschaft, z. B. aus Spareinlagen und Depositen, aufgerechnet werden, sobald die vorerwähnten Voraussetzungen vorhanden sind. Auf das Verbot der Aufrechnung gegen geschuldete Einzahlungen auf Geschäftsanteil wurde bereits hingewiesen.

Ein besonderes Aufrechnungsrecht der Genossenschaft darf hier nicht übergangen werden: das Kompensationsrecht mit dem Geschäftsguthaben des Mitgliedes wegen der fälligen Forderungen der Genossenschaft.

Die Guthabenforderung des Mitgliedes gegen die Genossenschaft ist allerdings gemäß § 73 des GenG. bedingt oder richtiger befristet durch das Ausscheiden des Mitgliedes. Allein es muß angenommen werden, daß die Genossenschaft die ihr obliegende Leistung, die Auszahlung des Guthabens, bereits früher als nach Genehmigung der Bilanz gemäß § 73 des GenG. bewirken kann, wenn auch diese frühere Auszahlung naturgemäß der eigenen Sicherheit halber nicht stattfinden wird (vergl. auch § 271 Abs. 2 BGB.). Die Forderung des Mitgliedes existiert seit Entstehung des Guthabens, seit dieser Zeit ist sie im Sinne des § 387 BGB. passiv kompensationsfähig. Nimmt daher die Genossenschaft mit einer Forderung gegen das Mitglied nach dessen Ausscheiden auf die Geschäftsguthabenforderung eine Aufrechnung vor, so wird die Wirkung der Aufrechnung gemäß § 389 BGB. auf den Punkt zurückbezogen, in welchem die Forderung der Genossenschaft der Guthabenforderung des Mitgliedes kompensationsfähig gegenübertrat. Hieraus folgt des weiteren, daß das Kompensationsrecht nur wegen der Forderungen der Genossenschaft besteht, welche entstanden sind, ehe ein Dritter durch Pfändung oder Zession ein Recht auf das Geschäftsguthaben erworben hat. Dies bedeutet indes eine Schmälerung des Rechts der Genossenschaft insofern kaum, als wohl einem Mitgliede, dessen Geschäftsguthaben bereits ver- oder gar gepfändet ist, Kredit in irgend welcher Form niemals gewährt werden würde, Forderungen der Genossenschaft gegen das Mitglied *nach* Pfändung des Geschäftsguthabens also nicht entstehen würden.

Auch § 392 BGB., der den Fall trifft, daß die Guthabenforderung des Mitgliedes seitens eines Gläubigers mit Beschlag belegt ist, kann im allgemeinen der Aufrechnungsmöglichkeit seitens der Genossenschaft keinen Abbruch tun. Nach dieser Bestimmung ist die Aufrechnung ausgeschlossen in zwei Fällen:

einmal, wenn der Schuldner — d. i. die Genossenschaft — seine Forderung erst nach der Beschlagnahme erworben hat — das wird nicht vorkommen, da, wie bereits erwähnt, an ein bereits gepfändetes Mitglied Kredit irgend welcher Art wohl kaum gegeben werden wird;

zweitens, wenn die Forderung des Schuldners (der Genossenschaft) erst nach der Beschlagnahme und später als die in Beschlag genommene (Geschäftsguthaben-) Forderung fällig geworden ist —

das letztere kann die Genossenschaft bequem vermeiden, wobei vorausgesetzt ist, daß sie zur Realisierung ihrer Forderungen eine nicht längere als dreimonatige Frist sich gewahrt hat. Denn wenn die Genossenschaft gleichzeitig mit dem Ausschlusse des Mitgliedes, der ja beliebig früh im Jahre geschehen kann, die Kündigung ihrer Forderung an das Mitglied bewirkt, so wird diese letztere Forderung stets eher fällig werden als das Geschäftsguthaben, das gemäß § 73 GenG. erst 6 Monate nach dem am Jahresschlusse erfolgten Ausscheiden des Genossen fällig wird. Die Ausnahmebestimmungen des § 392 BGB. treten somit im allgemeinen nicht ein; die Möglichkeit der Aufrechnung auch einer beschlagnahmten Forderung bleibt für die Genossenschaft bestehen.

Eine besondere Regelung hat die Aufrechnung im Konkurse erfahren (KO. §§ 53—56). Soweit hiernach der Gläubiger zu einer Aufrechnung befugt ist, braucht er seine Forderung im Konkursverfahren nicht geltend zu machen. In einigen Fällen (§ 55 KO.) ist die Aufrechnung im Konkurse besonders ausgeschlossen.

Gerät das Mitglied einer Genossenschaft in Konkurs und hat die Genossenschaft an den Gemeinschuldner Forderungen, so kann sie auch hier von ihrem Kompensationsrecht mit dem Geschäftsguthaben Gebrauch machen, muß aber berücksichtigen, daß das Recht erst mit Fälligkeit des Geschäftsguthabens realisierbar wird. Sie muß daher das Ausscheiden des betreffenden Mitgliedes baldmöglichst veranlassen, was durch die meist vorhandene statutarische Bestimmung erleichtert wird, daß Konkurs einen Ausschließungsgrund bildet. Das Vorhandensein des Geschäftsguthabens ist infolge des offenen Arrestes dem Konkursverwalter anzuzeigen. Die künftige Aufrechnungsmöglichkeit hindert übrigens die Genossenschaft nicht, ihre Forderung im Konkurse zum vollen Betrage anzumelden [1]).

§ 14.

Übertragung der Forderung. Schuldübernahme.

Die Übertragung einer Forderung kann auf drei Arten geschehen:

---

[1]) Vergl. hierüber auch Konkursrecht § 68 II.

a) kraft Gesetzes;

b) durch Anordnung des Gerichts in der Zwangsvollstreckung (Überweisung);

c) durch Vertrag.

Von der vertragsmäßigen Übertragung (Abtretung, Zession) ist hier zu reden (BGB. §§ 398—413).

Die Abtretung einer Forderung seitens des Gläubigers an einen anderen wird wirksam durch formlosen Vertragsabschluß, ohne daß etwas weiteres — etwa Anzeige an den Schuldner — erforderlich wäre. Doch kann der neue Gläubiger auf seine Kosten die Ausstellung einer öffentlich beglaubigten Urkunde über die Abtretung verlangen. Die Abtretung der Forderung ist nur insoweit zulässig, als diese der Pfändung unterworfen ist. Mit der Forderung gehen nicht nur ihre Vorzüge — Hypotheken, Pfandrechte, Bürgschaften, Vorzugsrechte im Konkurs —, sondern auch ihre Nachteile — die gegen sie zur Zeit der Abtretung begründeten Einwendungen — auf den neuen Gläubiger über. Der neue Gläubiger muß eine Leistung, die der Schuldner nach der Abtretung an den bisherigen Gläubiger bewirkte, gegen sich gelten lassen, es sei denn, daß der Schuldner bei der Leistung die Abtretung nicht kannte. Aus diesem Grunde dürfte es sich in der Praxis empfehlen, die Anzeige von der Abtretung an den Schuldner niemals zu unterlassen, wenn auch, wie oben bemerkt, die Rechtsgültigkeit der Abtretung dadurch nicht bedingt wird. Wenn, wie dies wohl am häufigsten vorkommt, die Genossenschaft der neue Gläubiger, also derjenige Vertragsteil ist, dem die Forderung abgetreten wird, so empfiehlt es sich, daß sie selbst für Bekanntgabe der Abtretung an den Schuldner sorgt. Dies geschieht am einfachsten dadurch, daß der Schuldner auf der Abtretungsurkunde, deren Ausstellung in jedem Falle anzuraten ist, seine Kenntnis von der Abtretung bescheinigt[1]). Der Gläubiger, der dem Schuldner die Abtretung angezeigt hat, muß übrigens andererseits diese auch gegen sich gelten lassen, selbst wenn sie nicht erfolgt oder unwirksam ist. Der Schuldner seinerseits ist zur Leistung an den neuen Gläubiger nur gegen Aushändigung einer von dem bisherigen Gläubiger über die Abtretung

[1]) Musterformulare S. 41 f.

ausgestellten Urkunde verpflichtet, es sei denn, daß der bisherige Gläubiger dem Schuldner die Abtretung schriftlich angezeigt hat.

Die Schuldübernahme (BGB. §§ 414—419), vermöge derer ein Dritter durch Vertrag mit dem Gläubiger an die Stelle des bisherigen Schuldners tritt, vollzieht sich formlos; es ist keine Genehmigung, nicht einmal Benachrichtigung des Schuldners erforderlich, der also in diesem Falle sogar ohne sein Wissen von der Schuld befreit wird. Die Schuldübernahme dagegen, die von dem Dritten mit dem Schuldner vereinbart wird, bedarf der Genehmigung des Gläubigers, denn dieser braucht sich keinen neuen Schuldner aufdrängen zu lassen. Der Schuldübernehmer hat gegenüber dem Gläubiger dieselben Einwendungen, wie sie dem bisherigen Schuldner aus dessen Rechtsverhältnis zu diesem zustanden. Dagegen erlöschen infolge der Schuldübernahme die für die Forderung bestellten Bürgschaften und Pfandrechte, wenn nicht Bürgen oder Pfandeigentümer in die Schuldübernahme einwilligen.

Eine besondere Vorschrift ist für den praktisch wichtigsten Fall der Schuldübernahme, den der Übernahme der Hypothekenschulden bei Veräußerung eines Grundstücks durch Vertrag des Erwerbers mit dem Veräußerer, getroffen. Der Hypothekengläubiger kann hier die Schuldübernahme nur genehmigen, wenn der Veräußerer — nicht etwa der Erwerber — sie ihm mitteilt. Diese Mitteilung muß schriftlich geschehen und den Hinweis enthalten, daß der Erwerber an die Stelle des Veräußerers als Schuldner eintritt, wenn nicht der Gläubiger binnen sechs Monaten die Verweigerung der Genehmigung erklärt; sie kann erst erfolgen, wenn der Erwerber als Eigentümer im Grundbuch eingetragen ist. Läßt der Gläubiger die Frist von sechs Monaten seit Empfang der Mitteilung schweigend verstreichen, so gilt die Genehmigung als erteilt.

Zweiter Teil.
Die einzelnen Schuldverhältnisse.

§ 15.
Der Kauf.

Der Kauf ist die Vereinbarung über Hingabe einer Sache gegen Geld. Er verpflichtet den Verkäufer, dem Käufer die Sache zu übergeben und ihm das Eigentum an derselben zu verschaffen, während der Käufer den Kaufpreis zu zahlen und die Sache abzunehmen hat (BGB. § 433).

Der Verkäufer kann auf Abnahme klagen, ohne daß er den in manchen Rechtsgebieten bisher erforderten Beweis eines besonderen Interesses an der Abnahme zu erbringen hat. Mit der Sache selbst ist auch deren Zubehör dem Käufer zu übereignen.

Nicht nur Sachen, sondern auch Forderungen und sonstige Rechte können Gegenstand eines Kaufs sein. In diesem Falle haftet der Verkäufer für den rechtlichen Bestand der Forderung oder des Rechtes. Der Verkäufer eines Wertpapieres haftet insbesondere dafür, daß es nicht zum Zwecke der Kraftloserklärung aufgeboten ist (BGB. § 437). Ebenso muß er für haftbar angesehen werden, wenn Gegenstand des Kaufs Kupons sind, welche wegen Verjährung nicht eingezogen werden können. Besondere Bestimmungen gelten bei der Veräußerung von Inhaberpapieren; vergl. darüber § 25 S. 76.

Von großer Bedeutung im geschäftlichen Verkehre ist die Frage, wann die Gefahr der verkauften Sache auf den Käufer übergeht, von wann also eine zufällige Verschlechterung oder ein zufälliger Verlust derselben auf seine Rechnung kommt. Hierfür ist die Übergabe der Sache maßgebend (BGB. § 446). Anders ist dies jedoch, wenn der Kauf unter einer aufschiebenden Bedingung geschlossen ist, wenn z. B. bedungen ist, daß der Übergang des Eigentums erst nach Zahlung des Kaufpreises erfolgt, eine Vereinbarung, welche das Bürgerliche Gesetzbuch auch in dem Vorbehalte des Eigentums bis zur Zahlung des Kaufpreises findet (BGB. § 455). Hier trägt der Verkäufer die Gefahr, bis die Bedingung eingetreten, im angeführten Falle also, bis die vollständige Auszahlung des Kaufpreises erfolgt ist (BGB. § 158).

Ist der Ort für die Leistung weder bestimmt, noch aus den Umständen zu entnehmen, so hat der Verkäufer die verkaufte Sache da zu übergeben, wo er zur Zeit des Kaufs seine gewerbliche Niederlassung und in Ermangelung einer solchen seinen Wohnsitz hat (BGB. § 269). Der Käufer kann jedoch auch verlangen, daß ihm die Sache zugeschickt wird. In diesem Falle geht die Gefahr auf ihn über, sobald der Verkäufer die Sache dem Spediteur, Frachtführer oder der sonst zur Übersendung bestimmten Anstalt übergibt (BGB. § 447). Die Kosten der Übersendung hat der Käufer zu tragen (BGB. § 448).

Von dem Zeitpunkt ab, von welchem an der Käufer die Nutzungen des gekauften Gegenstandes hat, muß er den Kaufpreis verzinsen, falls nicht bei Abschluß des Kaufs oder beim Übergange der Sache auf den Käufer der Kaufpreis gestundet worden ist. In der Stundung nach Beginn der Zinspflicht liegt im Zweifel ein Erlaß derselben nicht (BGB. § 452). Die gesetzlichen Zinsen betragen hier, wie überall, 4 Proz. (BGB. § 288), bei Forderungen aus beiderseitigen Handelsgeschäften jedoch 5 Proz. (HGB. § 352).

Der Verkäufer haftet außer für die zugesagten Eigenschaften der verkauften Sache dafür, daß sie nicht mit Fehlern behaftet ist, welche ihren Wert oder ihre Tauglichkeit zu dem gewöhnlichen Gebrauche aufheben oder mindern. Eine unerhebliche Minderung kommt jedoch hier nicht in Betracht (BGB. § 459). Hat der Käufer den Mangel beim Abschlusse gekannt oder ist er ihm infolge grober Fahrlässigkeit seinerseits unbekannt geblieben, so haftet der Verkäufer nicht, sofern er nicht etwa den Fehler arglistig verschwiegen hat (BGB. § 460). Der Käufer muß hiernach beim Kaufe die übliche Untersuchung der Sache vornehmen. Hat jedoch der Verkäufer die Vertrauensseligkeit des Käufers benutzt und einen ihm bekannten Mangel verschwiegen, um den Käufer zu täuschen, so bleibt er für den Mangel der Sache haftbar.

Hat die Sache einen Mangel, welchen der Käufer nach den erörterten Grundsätzen zu vertreten hat, so kann der Käufer die Rückgängigmachung des Kaufs (Wandelung) oder eine entsprechende Minderung des Kaufpreises verlangen (BGB. § 462). Fehlt jedoch der Sache eine ausdrücklich zugesicherte Eigenschaft oder hat der Verkäufer einen Fehler arglistig verschwiegen, so kann der Käufer anstatt der Wandelung oder Minderung auch Schadensersatz wegen Nichterfüllung verlangen (BGB.

§ 463). Nimmt der Käufer die mangelhafte Sache an, obschon er den Mangel kennt, so stehen ihm diese Ansprüche nur zu, wenn er sich seine Rechte wegen des Mangels ausdrücklich bei der Annahme vorbehält (BGB. § 464). Abgesehen von dem Falle der arglistigen Täuschung verjähren die Ansprüche auf Minderung und Wandelung bei beweglichen Sachen in 6 Monaten, bei Grundstücken in einem Jahre von der Übergabe an (BGB. § 477).

Ist der Verkäufer mit Lieferung der gekauften Sache im Verzuge, so kann ihm der Käufer eine angemessene Frist mit der Erklärung bestimmen, daß er nach dem Ablaufe der Frist die Annahme verweigere. Nach deren Ablaufe ist er berechtigt, Schadensersatz wegen Nichterfüllung zu verlangen, oder von dem Vertrage zurückzutreten. Hat die Erfüllung des Vertrags infolge des Verzugs für ihn kein Interesse mehr, so stehen ihm diese Rechte zu, ohne daß es der Bestimmung einer Frist bedarf (BGB. § 326).

War vereinbart, daß die Lieferung genau zu einer festbestimmten Zeit oder einer festbestimmten Frist bewirkt werden solle (Fixgeschäft), so ist im Zweifel anzunehmen, daß der Käufer nach Ablauf des Zeitpunkts oder der Frist zum Rücktritt berechtigt ist (BGB. § 361). Dies ist aber nur ein Recht und keine Verpflichtung. Der Käufer kann also auch in diesem Fall eine Frist zur Lieferung setzen und nach deren Ablauf Schadensersatz fordern. Hierbei handelt es sich übrigens nicht um besondere Vorschriften, die nur für den Verzug beim Kaufe gelten, vielmehr kommen diese Grundsätze bei allen zweiseitigen Verträgen zur Anwendung, wenn ein Teil mit der Erfüllung im Verzuge ist.

Auf Grund des Handelsgesetzbuchs gelten dann noch einige besondere Bestimmungen für den Handelskauf. Ein solcher liegt vor, wenn:

a) mindestens einer der Vertragschließenden Kaufmann im Sinne des Handelsgesetzbuches ist und der Kauf im Betriebe seines Handelsgewerbes abgeschlossen wurde (§ 343 HGB.); letzteres wird im Zweifel angenommen (§ 344 HGB.).

b) Gegenstand des Kaufes eine Ware oder ein Wertpapier ist (§ 381 HGB.).

Hieraus ergibt sich, daß die weitaus meisten, ja fast alle von einer Genossenschaft abgeschlossenen Käufe als „Handelskäufe" anzusehen sind. Denn einmal gilt die Genossenschaft als Kaufmann, und allein damit sind schon alle innerhalb ihres Geschäftsbetriebes getätigten Käufe als

Handelskäufe zu betrachten; und auf der anderen Seite wird es sich meist um Käufe der unter b bezeichneten Gattung handeln. Ein nicht als Handelskauf zu beurteilendes Rechtsgeschäft läge nur z. B. dann vor, wenn eine Kredit- oder Konsumgenossenschaft ein Grundstück erwirbt. Denn dies ist weder Ware oder Wertpapier, noch liegt der Kauf innerhalb des Geschäftsbetriebes.

Als Besonderheiten des Handelskaufs kommen folgende in Betracht:

Ist der Käufer mit der Annahme der Ware in Verzug, so kann der Verkäufer die Ware auf Gefahr und Kosten des Käufers in einem öffentlichen Lagerhaus oder sonst in sicherer Weise hinterlegen. Er ist ferner befugt, die Ware verkaufen zu lassen. Dieser sogenannte Selbsthilfeverkauf ist im Wege der öffentlichen Versteigerung zu bewirken. Nur Waren, die einen Markt- oder Börsenpreis haben, können durch amtliche Handelsmäkler oder Gerichtsvollzieher zum laufenden Preise aus freier Hand verkauft werden. Der Selbsthilfeverkauf geschieht auf Rechnung des Käufers; der Kaufvertrag selbst bleibt voll in Kraft, der Käufer ist nach wie vor zur Zahlung des Kaufpreises verpflichtet. Den Erlös aus dem Selbsthilfeverkauf wird der Verkäufer auf den Kaufpreis anrechnen und sodann den etwa erzielten Minderbetrag vom Käufer einziehen. Ist bei dem Verkaufe nach Abzug der Kosten jedoch ein Überschuß geblieben, so gebührt dieser dem Käufer. Bei Vornahme des Selbsthilfeverkaufs hat der Verkäufer aber noch gewisse Formvorschriften zu beachten, die es dem Käufer ermöglichen sollen, seinen Vorteil möglichst zu wahren. Der Selbsthilfeverkauf muß dem Käufer zuvor angedroht werden, ferner ist ihm Ort und Zeit des Verkaufes, sowie dessen Vollzug unverzüglich mitzuteilen. Der Androhung und der Anzeigen bedarf es nicht, wenn sie untunlich sind, wenn z. B. durch die entstehende Verzögerung die Waren dem Verderb ausgesetzt sind. Ein Verstoß gegen die Androhungs- und Anzeigepflicht macht den Verkäufer schadensersatzpflichtig. Statt des Selbsthilfeverkaufs kann aber auch beim Handelskauf der Käufer nach Wahl gemäß den oben erwähnten Vorschriften des Bürgerlichen Gesetzbuches verfahren (§ 374 HGB.).

Beim Fixgeschäft hat der Käufer nicht nur das Recht, beim Verzuge des Verkäufers ohne Androhung vom Vertrage zurückzutreten, sondern ohne solche auch statt der Erfüllung Schadensersatz wegen

Nichterfüllung zu verlangen. Dagegen kann er Erfüllung nur fordern, wenn er dies sofort nach Ablauf der ursprünglich vereinbarten Frist dem Verkäufer anzeigt (HGB. § 376). Es handelt sich hier um Gesetzesbestimmungen, die namentlich für den Handel mit Wertpapieren von Bedeutung sind. Wegen des Umfangs des Schadensersatzanspruches vergl. § 376 Abs. 2 HGB.

Für den Warenkauf ist von großer Wichtigkeit die Vorschrift in § 377 des Handelsgesetzbuches, wonach der Käufer, wenn der Kauf beiderseits Handelsgeschäft ist, die Ware unverzüglich nach der Ablieferung zu untersuchen und, wenn sich ein Mangel zeigt, dem Verkäufer sofort hiervon Anzeige zu machen hat. Unterläßt er dies, so gilt die Ware als genehmigt, sofern nicht etwa der Mangel erst später erkennbar oder dem Verkäufer bekannt und von ihm arglistig verschwiegen war. Dies gilt auch dann, wenn eine andere als die bedungene Ware oder eine andere Quantität geliefert ist, sofern die Lieferung von der Bestellung nicht so erheblich abweicht, daß der Verkäufer die Genehmigung des Käufers als ausgeschlossen betrachten muß (HGB. § 378).

Jedenfalls muß aber der Kaufmann, wenn er die ihm von einem anderen Orte zugesandte Ware beanstandet, für ihre einstweilige Aufbewahrung sorgen (HGB. § 379).

Wichtig für die Kreditgenossenschaften sind die Bestimmungen des Reichsstempelgesetzes vom 27. April 1894 (in der Fassung vom 7. Juni 1906) über die Verpflichtung zur Ausstellung von Schlußnoten. Hierzu gesetzlich angehalten ist in erster Linie der Vermittler des Geschäfts; wenn ein solcher nicht vorhanden ist, im allgemeinen der Veräußerer, und zwar im wesentlichen bei Kaufgeschäften über ausländisches Geld und Banknoten, sowie Aktien, Industrie- und Kommunal-Obligationen (vergl. im einzelnen den Tarif zum Gesetz). Die Schlußnote muß enthalten: Namen und Wohnort des Vermittlers und der Kontrahenten, Gegenstand und Bedingungen des Geschäfts, insbesondere den Preis, sowie die Zeit der Lieferung. Sie ist doppelt auf einem vorher gestempelten oder mit den erforderlichen Stempelmarken zu versehenden Formular auszustellen, von dem je eine Hälfte für jeden der beiden Kontrahenten bestimmt ist. Die Schlußnoten müssen fortlaufende Nummern tragen. Zweckmäßig erscheint mit Rücksicht darauf, daß der eventuelle Vermittler angegeben werden muß, der Zusatz: „Vermittelt durch . . . .“, der, falls eine Vermittelung nicht stattgefunden hat, wegzustreichen wäre. Ein weiterer Zusatz: „in Kommission für ...." empfiehlt sich mit Rücksicht auf die wichtige Bestimmung in § 14 Abs. 2 des Reichsstempelgesetzes, daß bei Kommissionsgeschäften für einen auswärtigen Kommittenten, welcher seinerseits als Kommissionär eines Dritten handelt, wenn die Schlußnote mit dem Zusatze „in Kommission" ausgestellt wird, das Abwickelungsgeschäft zwischen ihm und seinem Kommittenten abgabefrei bleibt, wenn er die Schlußnote mit dem Vermerk versieht, daß sich eine versteuerte, über denselben Betrag oder dieselbe Menge und denselben Preis lautende Schlußnote mit zu bezeichnender Nummer in seinen Händen befindet.

§ 16.
Die Miete.

Das Bürgerliche Gesetzbuch kennt als Gegenstand eines Mietvertrags nur Sachen, nicht auch Rechte und Dienste. Die nachfolgenden Erörterungen sollen auf den Mietvertrag über Wohnräume beschränkt werden.

Für den Mietvertrag ist eine bestimmte Form dann vorgesehen, wenn er über ein Jahr dauern soll. In diesem Fall muß er schriftlich abgeschlossen werden. Wird diese Form versäumt, so ist der Vertrag zwar nicht nichtig, er kann jedoch nach Ablauf eines Jahres von jedem Teile so gekündigt werden, als wenn er auf unbestimmte Zeit geschlossen wäre (BGB. §§ 566, 580).

Die Verpflichtungen des Vermieters gehen dahin, daß er dem Mieter den Gebrauch der vermieteten Räume gewährt und zwar in einem gebrauchsfähigen Zustande, in welchem sie auch von ihm während der Dauer des Vertrags zu erhalten sind (BGB. § 536). Unterläßt er dies, so kann der Mieter auf Herstellung klagen, er kann aber auch an dem Mietzins so viel in Abzug bringen, als der Verminderung der Gebrauchsfähigkeit entspricht (BGB. § 537). Ist ein solcher Mangel der Wohnung von Anfang an vorhanden gewesen oder im Laufe des Vertrags entstanden und trotz Aufforderung des Mieters nicht beseitigt worden, so kann der Mieter Ersatz seines Schadens verlangen. Er kann aber auch den Mangel auf Kosten des Vermieters selbst beseitigen, wenn dieser eine Aufforderung des Mieters zur Beseitigung unberücksichtigt läßt (BGB. § 538).

Kennt der Mieter allerdings bei Abschluß des Vertrags die mangelhafte Beschaffenheit der Wohnung, ohne sich die Abstellung der Mängel vorzubehalten, so hat er diese Ansprüche nicht. Das gleiche gilt für den Fall, daß seine Unkenntnis der Mängel auf einer groben Fahrlässigkeit seinerseits beruht, wenn er also z. B. die Wohnung vor Abschluß des Vertrags leichtsinnigerweise gar nicht besichtigt hat, ferner auch dann, wenn er die Wohnung in dem mangelhaften Zustande vorbehaltslos annimmt. Ist er jedoch hierbei getäuscht worden, so können dem Vermieter aus dieser Täuschung Vorteile nicht erwachsen (BGB. § 539). Selbstverständlich können hierüber auch andere Vereinbarungen getroffen werden, also dahingehend, daß der Mieter die Herstellung und Unterhaltung der Räume ganz oder teilweise übernimmt. Trotz einer solchen Abmachung entfällt diese Verpflichtung des Mieters aber dann, wenn ihm der Vermieter die Mängel der Wohnung arglistig verschwiegen hat (BGB. § 540).

Zu diesen Rechten des Mieters kommt nun noch ein sehr wichtiges: er kann ohne Kündigung das Mietverhältnis lösen, wenn ihm der Gebrauch der Wohnung ganz oder teilweise entzogen wird und der Vermieter innerhalb einer ihm von dem Mieter gesetzten angemessenen Frist keine Abhilfe schafft. Gleichgültig bleibt hierbei, wodurch ihm der Gebrauch der Wohnung entzogen wird, sofern dies nur nicht auf einem in seiner Person liegenden Grunde beruht. Namentlich kann dies geschehen durch Mängel der Wohnung, durch Rechte Dritter hieran, selbst durch zufällige Ereignisse. Aus einer nur unerheblichen Hinderung oder Vorenthaltung des Gebrauchs der Wohnung erwächst dieses Recht dem Mieter jedoch nicht (BGB. § 542).

Besonders vorgesehen ist der Fall, daß die Benutzung der Wohnung mit einer erheblichen Gefährdung der Gesundheit verbunden ist. Hier kann der Mieter das Mietverhältnis ohne Kündigungsfrist selbst dann lösen, wenn er die gefahrbringende Beschaffenheit der Wohnung beim Abschlusse des Vertrags kannte oder auf die Geltendmachung irgendwelcher Rechte aus dieser Beschaffenheit verzichtet hat (BGB. § 544).

Diesen weitgehenden Rechten des Mieters steht seine Verpflichtung gegenüber, von jedem im Laufe des Vertrags hervortretenden Mangel der Wohnung sowie etwaiger Gefahr für dieselbe dem Vermieter unverzüglich Anzeige zu machen, widrigenfalls er demselben schadenersatzpflichtig wird und auf Grund des Mangels die oben erörterten Rechte nicht geltend machen kann (BGB. § 545).

Hat der Mieter Verwendungen auf die Wohnung gemacht, die notwendig waren, um sie vor Verschlechterung oder sonstigem Schaden zu schützen, so kann er hierfür Ersatz verlangen (BGB. § 547). Die Ersatzansprüche verjähren in sechs Monaten seit Beendigung des Mietsverhältnisses (§ 558). Diese Ausgaben wie auch alle diejenigen, welche infolge des vertragsmäßigen Gebrauchs in der Wohnung nötig werden, fallen dem Vermieter zur Last (BGB. § 546). Ebenso hat derselbe endlich die auf der Wohnung ruhenden Lasten und Abgaben zu tragen, z. B. Kosten für Reinigung des Trottoirs (BGB. § 546).

Die Verpflichtungen des Mieters gehen vor allem auf Zahlung des Mietzinses und zwar auch dann, wenn er die Wohnung aus einem in seiner Person liegenden Grunde nicht benutzt hat. Hat jedoch der Vermieter infolgedessen einen Vorteil gehabt, so ist derselbe auf den Mietzins aufzurechnen (BGB. § 552). Der Mietzins ist, wenn er nach Zeitabschnitten unter einem Vierteljahr bemessen ist (Monate, Wochen, Tage) nach Ablauf derselben zu entrichten, andernfalls nach Ablauf eines Kalendervierteljahres am ersten Werktage des nächsten Monats (BGB. § 551). Bleibt der Mieter mit zwei aufeinanderfolgenden Terminen oder einem Teile derselben im Rückstande, so kann der Vermieter ohne Einhaltung einer Kündigungsfrist Räumung verlangen. Dieses Recht des Vermieters entfällt, wenn der Mieter vor der Kündigung, nicht aber, wenn er nach derselben Zahlung leistet (BGB. § 554).

Wegen seiner sämtlichen Forderungen aus dem Mietverhältnisse hat der Vermieter ein Pfandrecht an den eingebrachten Sachen des Mieters, nicht aber an Sachen anderer Personen, also der Untermieter, der Kinder oder der Ehefrau, sofern die Sachen der letzteren nicht zu dem Gesamtgute gehören. Dieses Pfandrecht besteht jedoch nicht für künftige Entschädigungsforderungen, ebenso nicht für Mietzinsforderungen für eine spätere Zeit, als das laufende und das folgende Mietjahr. Wird eine dem Pfandrechte des Vermieters unterliegende Sache gepfändet, so kann der Vermieter das Pfandrecht nicht wegen des Mietzinses für eine frühere Zeit als das letzte Jahr vor der Pfändung geltend machen (BGB. § 563). Endlich erstreckt es sich nicht auf die der Pfändung nicht unterworfenen Gegenstände (§ 811 der Zivilprozeßordnung). Das Pfandrecht erlischt, wenn die Sachen aus der Wohnung entfernt werden, jedoch dann nicht, wenn dies ohne Wissen oder mit Widerspruch des Vermieters geschah. Einem gutgläubigen Erwerber gegenüber kann das Pfandrecht nach BGB. § 936 nicht geltend gemacht werden, wohl aber einem bösgläubigen gegenüber, der wußte oder den Umständen nach annehmen mußte, daß die Sache gegen Willen des Vermieters nicht hätte weggeschafft werden dürfen. Das gleiche gilt gegenüber dem neuen Vermieter bezüglich dessen Pfandrechts an den bei ihm eingebrachten Gegenständen: ist derselbe gutgläubig, so geht sein durch das Mietverhältnis begründetes Pfandrecht dem des früheren Vermieters vor, andernfalls aber steht es ihm nach (BGB. § 1208).

Der Vermieter kann der Entfernung der Sachen aus der Wohnung dann nicht widersprechen, wenn sie im regelmäßigen Betriebe des Geschäfts des Mieters oder den gewöhnlichen Lebensverhältnissen entsprechend erfolgt, wenn z. B. ein überflüssig gewordenes Möbelstück verkauft wird, oder wenn die zurückbleibenden Sachen zur Sicherung des Vermieters offenbar ausreichen (BGB. § 560). In den anderen Fällen kann er die Entfernung der seinem Pfande unterliegenden Sachen auch ohne Anrufen des Gerichts verhindern und wenn der Mieter auszieht, die Sachen in Besitz nehmen. Sind die Sachen ohne sein Wissen oder trotz seines Widerspruchs weggeschafft, so kann er innerhalb eines Monats von da ab, wo er Kenntnis von der Wegschaffung erhalten hat, auf Auslieferung klagen. Unterläßt er dies, so ist sein Pfandrecht erloschen (BGB. § 561). Der Mieter kann übrigens die Geltendmachung des Pfandrechts dadurch ausschließen, daß er Sicherheit leistet. Insbesondere kann er nach seiner Wahl jede einzelne Sache von dem Pfandrechte durch Sicherheitsleistung in Höhe ihres Wertes befreien. Die Sicherheit kann auf jede in BGB. § 232 vorgesehene Weise geleistet werden, also nötigenfalls auch durch Stellung eines tauglichen Bürgen.

Der Mieter darf von der Wohnung nur den vertragsmäßigen Gebrauch machen. So dürfen Räumlichkeiten, die als Familienwohnung vermietet sind, nicht als Werkstätte oder als Gastwirtschaft benutzt werden (BGB. § 550). Er darf weiter die Wohnung ohne Einwilligung des Vermieters nicht in Aftermiete geben. Verweigert aber der Vermieter diese Einwilligung ohne einen wichtigen in der Person des neuen Mieters liegenden Grund, so kann der Vermieter das Mietverhältnis unter Einhaltung der gesetzlichen Kündigungsfrist lösen (BGB. § 549). Der Mieter hat selbstverständlich für Veränderungen und Verschlechterungen, die durch seine Schuld entstanden sind, aufzukommen. Die Ansprüche des Vermieters hieraus verjähren in 6 Monaten nach Rückgabe der Wohnung.

Die Kündigung einer Wohnung hat auf den Schluß eines Kalendervierteljahres zu erfolgen und ist spätestens am 3. Werktage des Vierteljahrs vorzunehmen. Ist jedoch der Mietzins nach Monaten oder Wochen bemessen, so muß auf den Schluß dieser Zeitabschnitte gekündigt werden und zwar bei Monaten spätestens am 15., bei Wochen am ersten Tage der Woche. Ist der Mietzins nach Tagen bemessen, so ist die Kündigung jeden Tag für den folgenden zulässig (BGB. § 565). Dies gilt für den Fall, daß keine andere Kündigungsfrist oder keine bestimmte Mietzeit verabredet, also auf unbestimmte Zeit gemietet ist. Ist auf bestimmte Zeit gemietet, der Mietvertrag wird aber dann fortgesetzt, ohne daß eine Endigung des Mietverhältnisses vorgesehen wird, so gilt der Vertrag als auf unbestimmte Zeit verlängert, so daß jetzt ebenfalls die erörterten Kündigungsfristen gelten (BGB. § 568).

Wird das Haus während der Mietzeit veräußert, so tritt der Erwerber an Stelle des Vermieters, so daß der Grundsatz gilt: Kauf bricht nicht Miete (BGB. § 571). Dagegen gestattet BGB. § 570 dem Mieter die Lösung eines für länger geschlossenen Vertrags unter Innehaltung der gesetzlichen Kündigungsfrist, wenn er als Militärperson, Beamter, Geistlicher oder Lehrer versetzt wird.

Nach § 721 der Zivilprozeßordnung hat in einem Urteil auf Räumung das Gericht dem Schuldner auf seinen Antrag eine den Umständen nach angemessene Frist zur Räumung zu gewähren. Andererseits kann der Vermieter aber auch schon vor dem Tage, auf welchen gekündigt ist, auf künftige Räumung klagen (ZPO. § 257). Allerdings kann dies zur Folge haben, daß der Vermieter die Kosten des Prozesses zu tragen hat.

Der Tod des Vermieters ist ohne Einfluß auf die Dauer des Mietverhältnisses. Stirbt der Mieter, so ist sowohl sein Erbe, als der Vermieter zur Kündigung des Mietvertrages unter Einhaltung der gesetzlichen Frist berechtigt. Doch muß die Kündigung zu dem ersten gesetzlich zulässigen Termin erfolgen, widrigenfalls es bei der vertragsmäßigen Dauer verbleibt (§ 569 BGB.).

Mit Rücksicht auf die Bestimmungen des ehelichen Güterrechts (siehe unten § 42) ist es geraten, beide Ehegatten in das Mietverhältnis eintreten und den Mietvertrag unterzeichnen zu lassen. Doch ist dabei vom Standpunkte des Mieters aus zu beachten, daß im Falle des Todes eines Ehegatten der andere in vollem Umfange aus dem Vertrage verhaftet bleibt; das oben erwähnte Kündigungsrecht nach § 569 BGB. steht dann dem überlebenden Ehegatten nicht zu.

Das Bürgerliche Gesetzbuch hat den Mietvertrag im allgemeinen so gestaltet, daß der Mieter besser, der Vermieter schlechter gestellt wird. Natürlich können die Parteien durch den Vertrag andere Vereinbarungen treffen. Solche Vereinbarungen unterliegen aber dem Ermessen des Richters dahin, ob sie nicht gegen die guten Sitten oder gegen Treu und Glauben verstoßen [1]).

§ 17.
Das Darlehen. Anteilscheine.

Das Darlehen [2]) ist die Hingabe von Geld oder anderen vertretbaren Sachen (z. B. Inhaberpapieren). Der Schuldner ist verpflichtet, dem Darleiher das Empfangene in Sachen von gleicher Art, Güte und Menge zurückzuerstatten (§ 607 BGB.). Die Verpflichtung des Schuldners zur Verzinsung tritt nicht ohne weiteres ein, sie muß besonders bedungen werden. Zinsen sind, wenn nicht ein anderes bestimmt ist, nach Ablauf je eines Jahres und, wenn das Darlehen vor Ablauf eines Jahres zurückzuerstatten ist, bei der Rückerstattung zu entrichten (§ 608 BGB.). Ist über die Rückerstattung nichts vereinbart, so muß zur Herbeiführung der Fälligkeit Kündigung erfolgen. Die gesetzliche Kündigungsfrist, die mangels anderer Vertragsbestimmung eintritt, beträgt bei Darlehen von mehr als 300 M. drei Monate, bei Darlehen von geringerem Betrage einen Monat. Ist das Darlehen zinslos gegeben, so kann es der Schuldner jederzeit ohne Kündigung zurückerstatten (§ 609 BGB.).

---

[1]) Für Baugenossenschaften finden sich „Grundsätze für die Vermietung von Vereinswohnungen" und „Mietvertrag" in den „Musterformularen" S. 109 und 110.

[2]) Formulare s. Musterformulare S. 19.

Bei den Konsumvereinen wie bei den Baugenossenschaften kommen unkündbare Darlehen über kleinere Beträge vor, durch welche ein Fonds zu bestimmten Zwecken gesammelt wird. Die Konsumvereine verschaffen sich auf diese Weise die Mittel zum Erwerb eines Geschäftshauses; die Baugenossenschaften suchen mit den erhaltenen Beträgen ihr Betriebskapital zu vergrößern. Die über solche Darlehen ausgegebenen Scheine werden als Hausanteilscheine[1]) bezeichnet.

Die Genossenschaften streben also Kapitalien zu erhalten, welche von den Darlehensgebern nicht gekündigt werden können. Hingegen verpflichtet sich der Verein, von einer gewissen Zeit ab einen bestimmten Prozentsatz der Darlehen abzutragen, wobei die zur Rückzahlung gelangenden Darlehen durch das Los bestimmt werden.

Ein Bedenken gegen diese Geschäftspraxis liegt vom Standpunkte des Bürgerlichen Gesetzbuches nicht vor. Immerhin müssen folgende Gesichtspunkte beachtet werden:

Die Schuldscheine sind auf den Namen zu stellen. Würden sie auf den Inhaber lauten, so wäre zu ihrer Ausgabe nach § 795 BGB. die staatliche Genehmigung erforderlich. Ohne diese Genehmigung in den Verkehr gelangte Inhaber-Schuldverschreibungen sind nichtig; der Aussteller hat dem Inhaber den durch die Ausgabe entstandenen Schaden zu ersetzen.

Dasselbe Bedenken trifft zu, wenn, wie dies in der Praxis häufig geschieht, zwar der Schein selbst auf den Namen ausgestellt ist, ihm aber, nach Analogie der Staatspapiere, Zinsscheine oder Kupons beigegeben sind, gegen deren Auslieferung die Zinszahlung an jeden Inhaber erfolgt. Dann wird der Zinsschein zum Inhaberpapier; er wird ohne staatliche Genehmigung nichtig, die auf ihn erfolgte Zahlung bleibt wirkungslos. Es erscheint hiernach ratsam, von der Ausgabe besonderer Zinsscheine abzusehen. Die Zahlung der Zinsen müßte dann gegen Vorzeigung der Schuldurkunde erfolgen; der Empfänger hätte Quittung zu erteilen. Dabei ist wie bei den Sparkassenbüchern in die Urkunde der Vermerk aufzunehmen, daß die Zahlung des Kapitals wie der Zinsen gegen Vorlage der Schuldurkunde und gegen Quittung erfolgt, daß auch die Zahlung an jeden Vorzeiger geleistet werden kann, solange nicht

[1]) Formular s. Musterformulare S. 82.

der Darlehensgeber, sein Vertreter oder Rechtsnachfolger bei dem Vorstande der Genossenschaft hiergegen schriftlich Einsprache erhoben hat.

Ein derartiges Verfahren wird sich nicht erheblich umständlicher gestalten als das bei Ausgabe und Einlösung der Zinsscheine und wird die Rechtssicherheit für Darlehensgeber und Darlehensnehmer außer Zweifel stellen.

Zu berücksichtigen ist auch, daß die Darlehensgeber wohl alle am Sitze des Vereins oder doch in seiner nächsten Nähe wohnen werden. Unter diesen Umständen ist die Abholung der Zinsen für sie keine Belästigung. In ähnlicher Weise ist auch die Zinszahlung auf Darlehen geregelt, welche die Kreditvereine annehmen. Dort handelt es sich manchmal um Darlehen im Betrage von Millionen, ohne daß sich irgendwie ein Bedürfnis gezeigt hätte, die Zinszahlung anders zu regeln als es hier vorgeschlagen wird.

Bei der Festsetzung des Betrages der einzelnen Schuldverschreibung wird unter Umständen die Stempelgesetzgebung eine Rolle spielen. In Preußen z. B. sind Schuldverschreibungen bis zum Betrage von 150 M. nach § 4 des Stempelsteuergesetzes vom 31. Juli 1895 stempelfrei. Zu empfehlen ist hiernach, die Anteilscheine auf einen 150 M. nicht übersteigenden Betrag festzusetzen.

Eine brennende Frage ist insbesondere bei den Baugenossenschaften die Möglichkeit der hypothekarischen Sicherstellung der Anteilgläubiger. Daß sie praktisch wohl noch nicht gelöst ist, mag mit dazu beigetragen haben, daß gerade bei den Baugenossenschaften das Institut der Hausanteilscheine sich so wenig verbreitet hat. Eine allgemein anwendbare und allgemein befriedigende Lösung ist auch wohl nach Lage unserer heutigen Gesetzgebung nicht zu finden.

Da es von vornherein als ausgeschlossen zu gelten hat, daß für jede einzelne Schuldverschreibung eine besondere Hypothek eingetragen wird, muß es sich darum handeln, einen Weg zu finden, wie die einzelnen Gläubiger durch eine Kollektivhypothek gesichert werden können.

Am einfachsten erschiene es in dieser Beziehung, wenn eine Hypothek für die gesamte Anleihe auf den Namen einer von den Gläubigern bestimmten Person eingetragen würde, etwa mit der Verpflichtung dieser Person, die Hypothek nicht eher löschen zu lassen, als bis sämtliche Anteilscheine seitens der Genossenschaft zurückgezahlt sind. Wenn der

Nennwert der Gesamtanleihe mindestens 300000 M. und die Zahl der ausgegebenen Anteilscheine mindestens 300 beträgt, so tritt in solchem Falle das Reichsgesetz vom 4. Dezember 1899, betreffend die gemeinsamen Rechte der Besitzer von Schuldverschreibungen (RGBl. S. 691 ff.), ein, nach welchem Beschlüsse, welche von einer Versammlung der Gläubiger aus diesen Schuldverschreibungen zur Wahrung ihrer gemeinsamen Interessen gefaßt werden, nach näherer Maßgabe des Gesetzes (§§ 3 ff.) verbindliche Kraft für alle Gläubiger der bezeichneten Art haben, und nach welchem ferner diese Versammlung zur Wahrnehmung der Rechte der Gläubiger einen gemeinsamen Vertreter für dieselben bestellen kann. Auf den Namen des letzteren würde dann die Hypothek eingetragen werden können.

Immerhin ist zu berücksichtigen, daß eine dingliche Sicherung, der eigentliche Zweck jeder Hypothek, für den einzelnen Gläubiger auf diesem Wege nicht erreicht wird, daß vielmehr die Verpflichtung des eingetragenen Gläubigers bezw. Vertreters gegenüber den einzelnen Anteilseignern eine lediglich persönliche ist.

Für Teilschuldverschreibungen auf den Inhaber kann nach §§ 1187—1189 BGB. eine Sicherungshypothek eingetragen werden; bei der Eintragung genügt es, wenn der Gesamtbetrag der Hypothek unter Angabe der Anzahl, des Betrages und der Bezeichnung der Teile eingetragen wird (Reichsgrundbuchordnung § 51). Für die Gläubiger kann zur Geltendmachung der Hypothek ein Vertreter bestellt werden, dessen Bestellung in das Grundbuch einzutragen ist (§ 1189 Abs. 1 BGB.). Die Befugnisse dieses Vertreters werden bei dessen Bestellung bestimmt und sind, wie angenommen werden muß, ebenfalls in das Grundbuch einzutragen. Spätere Bestimmungen hierüber oder Änderung der Befugnisse erfordert Zustimmung des Eigentümers, der Gläubiger und des Vertreters (§§ 877, 873 BGB.). Hier liegt also für die Gläubiger eine im Grundbuche eingetragene und daher mit dem Grundstücke verknüpfte dingliche Sicherheit gegen etwaige Vollmachtsüberschreitungen des Vertreters vor. Andererseits ist aber, wie bereits hervorgehoben, für Ausgabe von Schuldverschreibungen auf den Inhaber nach § 795 BGB. staatliche Genehmigung erfordert, weshalb im allgemeinen die Ausgabe von Hausanteilscheinen auf den Inhaber nicht empfohlen werden kann.

Auch an die Herstellung von Teilhypothekenbriefen gemäß § 1152 BGB., wenn für den Gesamtbetrag eine Briefhypothek eingetragen ist, könnte man denken. Doch würden hier wohl die entstehenden Kosten nicht im Verhältnisse zu dem erlangten Vorteil stehen.

Eine allseitig befriedigende Lösung der Frage der hypothekarischen Sicherung von Hausanteilscheinen kann wohl nur in dem Falle erreicht werden, wenn einmal der Gesamtbetrag der Anleihe mindestens 300000 M. und die Zahl der Scheine mindestens 300 beträgt, folgeweise das Gesetz vom 4. Dezember 1899 Anwendung findet und ein vom Mehrheitsbeschlusse der Gläubiger abhängiger Vertreter bestellt werden kann, andererseits die Scheine auf den Inhaber lauten, so daß der erwähnte Vertreter und der Umfang seiner Befugnisse gemäß § 1189 BGB. in das Grundbuch eingetragen werden können. Nur dann sind die Anteilseigner dinglich gesichert, ohne daß allzugroße Kosten erwachsen. Aber der Fall wird außerordentlich selten sein: einmal wegen der erforderlichen Höhe der Gesamtanleihe, dann wegen der erforderlichen staatlichen Genehmigung.

Für die Regelfälle wird man auf eine völlig befriedigende Art der hypothekarischen Sicherung der Hausanteilscheine verzichten müssen: entweder es fehlt die dingliche Sicherung oder aber die entstehenden Kosten stehen nicht im Verhältnis zu dem erlangten Vorteil.

§ 18.
Der Sparkassen-, Depositen- und Scheckverkehr.

Die Sparkassen- und Depositeneinlagen[1]) unterstehen in rechtlicher Beziehung den Bestimmungen über das Darlehen. Besonderheiten sind nur insofern vorgesehen, als es den Sparkassen auch weiterhin gestattet ist, zu bedingen, daß die nicht erhobenen Zinsen zum Kapitale geschlagen und mit demselben verzinst werden (BGB. § 248). Ferner ist es für zulässig erklärt, in den Bedingungen für den Sparkassenverkehr mit Rechtswirksamkeit zu bestimmen, daß die Leistung seitens der Sparkasse an jeden Inhaber erfolgt, ohne daß aber der Inhaber berechtigt ist, Zahlung zu verlangen, sofern er sich nicht legitimiert (BGB. § 808). Das Sparkassenbuch ist hiernach nicht als Inhaber-

[1]) Formulare für den Sparkassenverkehr s. S. 13 und 16, für den Depositenverkehr S. 42 der Musterformulare.

papier anzusehen; es gehört zu den sogenannten „Legitimationspapieren“. Seine Kraftloserklärung bedarf daher gemäß § 808 BGB. nicht des für Inhaberpapiere vorgeschriebenen umständlichen Verfahrens der §§ 1003—1023 der Zivilprozeßordnung, sondern kann sich, falls dies besonders bestimmt ist, in einfacheren Formen bewegen. Es ist daher anzuraten, in den dem Sparkassenbuche vorgedruckten Bedingungen für den Sparverkehr ein vereinfachtes Aufgebotsverfahren anzuordnen[1]).

Der Scheckverkehr regelt sich, da besondere gesetzliche Bestimmungen für ihn zur Zeit noch nicht erlassen sind, nach den Vorschriften des Bürgerlichen Gesetzbuches und des Handelsgesetzbuches über die Anweisung (BGB. §§ 783—792, HGB. §§ 363—365). Die Anweisung kann hiernach lauten über Geld, Wertpapiere oder andere vertretbare Sachen. Der Anweisungsempfänger ist ermächtigt — nicht verpflichtet — die bezeichnete Leistung bei dem Angewiesenen zu erheben; der letztere ist ermächtigt — nicht verpflichtet — für Rechnung des Anweisenden an den Anweisungsempfänger zu leisten. Nur wenn der Angewiesene die Anweisung annimmt — was durch einen schriftlichen Vermerk auf der Anweisung erfolgt —, ist er dem Anweisungsempfänger gegenüber zur Leistung verpflichtet, auch dann nur gegen Aushändigung der Anweisung. Der Anspruch des Anweisungsempfängers gegen den Angewiesenen aus der Annahme verjährt in drei Jahren. Die Anweisung kann widerrufen werden, solange sie nicht angenommen oder die Leistung nicht bewirkt ist; sie kann endlich auch — in schriftlicher Form — übertragen werden.

Zu diesen Bestimmungen des Bürgerlichen Gesetzbuches tritt für die kaufmännische Anweisung — die auf einen Kaufmann ausgestellte — die wichtige Möglichkeit der Übertragung durch Indossament hinzu (HGB. § 363). Für das Indossament finden im allgemeinen die entsprechenden Vorschriften der Wechselordnung Anwendung. Vernichtete oder abhanden gekommene kaufmännische Anweisungen unterliegen der Kraftloserklärung im Wege des Aufgebotsverfahrens (§ 365 HGB.).

Daß die vorstehend in ihren Grundzügen zusammengefaßten Bestimmungen als rechtliche Grundlage für den immer mehr sich aus-

[1]) Musterformulare S. 10 § 10.

breitenden Scheckverkehr nicht ausreichen, ist allseitig und auch von der Reichsregierung anerkannt. Bereits liegt der Entwurf eines Reichsscheckgesetzes vor, dessen wesentliche Vorschriften nicht unerwähnt bleiben sollen. Hiernach sind die notwendigen Erfordernisse des Schecks:

1. die in den Text aufzunehmende Bezeichnung als Scheck;

2. die an eine Person oder Firma (den Bezogenen) gerichtete Aufforderung des Ausstellers, aus seinem Guthaben eine bestimmte Geldsumme zu zahlen;

3. die Bezeichnung des Zahlungsempfängers; als solcher kann entweder eine bestimmte Person oder Firma oder der Inhaber des Schecks bezeichnet werden; sind dem Namen oder der Firma des Zahlungsempfängers die Worte „oder Überbringer“ oder ein gleichbedeutender Zusatz beigefügt, so gilt der Scheck als auf den Inhaber gestellt;

4. die Unterschrift des Ausstellers mit seinem Namen oder seiner Firma;

5. die Angabe des Ortes, des Monatstages und des Jahres der Ausstellung.

Als Bezogene dürfen bezeichnet werden:

1. die Reichsbank und diejenigen staatlichen und kommunalen Geld- und Kreditinstitute sowie diejenigen in das Genossenschaftsregister eingetragenen Genossenschaften, welche sich nach den für ihren Geschäftsbetrieb maßgebenden Bestimmungen mit der Annahme von Geldern und der Leistung von Zahlungen für fremde Rechnung befassen;

2. die in das Handelsregister eingetragenen Firmen, welche gewerbsmäßig Bankiergeschäfte betreiben.

Der Scheck ist bei Sicht zahlbar; er kann durch Indossament übertragen werden, falls dies der Aussteller nicht ausdrücklich untersagt hat. Der Scheck darf nicht angenommen werden; ein auf ihn gesetzter Annahmevermerk gilt als nicht geschrieben. Er muß im allgemeinen binnen sieben Tagen dem Bezogenen am Zahlungsort zur Zahlung vorgelegt werden. Der Aussteller und die Indossanten haften dem Scheckinhaber für die Einlösung; der Bezogene haftet für die Zahlung nur soweit, als er dem Aussteller gegenüber zur Einlösung verpflichtet ist. Durch den quergeschriebenen Zusatz „Nur zur Verrechnung“ kann der Inhaber die Barzahlung verbieten. Die Voraussetzungen zur Ausübung des Regreßrechts sind dem Wechselrecht gegenüber wesentlich erleichtert; die Verjährungsfristen sind ähnlich wie beim Wechsel festgesetzt. Die Kraftloserklärung erfolgt im Wege des Aufgebotsverfahrens. Bezüglich der gerichtlichen Geltendmachung der Rechte aus dem Scheckgesetz treten die Formen des Wechselprozesses und die Zuständigkeit der Kammern für Handelssachen, soweit in erster Instanz die Landgerichte kompetent sind, ein. Strafbestimmungen (z. B. für Überziehung von Guthaben), wie sie das englische Recht kennt, sind in dem Entwurf nicht vorgesehen [1]).

§ 19.
Die laufende Rechnung (Kontokurrent).

Das Handelsgesetzbuch hat den Begriff des Kontokurrentverhältnisses in § 355 festgelegt. Es ist hierunter zu verstehen die Geschäftsverbindung von irgend jemand mit einem Kaufmann derart, daß die aus der Verbindung entspringenden beiderseitigen Ansprüche und Leistungen nebst Zinsen in Rechnung gestellt und in regelmäßigen Zeitabschnitten durch Verrechnung und Feststellung des für den einen oder anderen Teil sich ergebenden Überschusses ausgeglichen werden.

Nicht erforderlich ist hiernach, daß beide Teile Kaufleute sind. Infolgedessen kommen die Bestimmungen des Handelsgesetzbuchs bei den Kontokurrentverbindungen der Genossenschaften mit ihren Mitgliedern ausnahmslos zur Anwendung. Unerheblich ist weiter, ob der Kontokurrentverkehr mit oder ohne Kreditgewährung erfolgt.

In § 355 des Handelsgesetzbuchs ist dann festgestellt, daß von dem Tage des Abschlusses an der Überschuß zu verzinsen ist, auch soweit in der Rechnung Zinsen enthalten sind, ferner, daß der Rechnungsabschluß, wenn nichts anderes bestimmt ist, jährlich einmal geschieht und daß das Verhältnis im Zweifel jederzeit mit der Wirkung gekündigt werden kann, daß die Zahlung des Überschusses sofort zu erfolgen hat.

Eine sehr wichtige, den Erfordernissen des Verkehrs Rechnung tragende Bestimmung enthält § 356:

---

[1]) Der vollständige Entwurf ist abgedruckt im „Deutschen Reichsanzeiger" vom 13. Juli 1907.

„Wird eine Forderung, die durch Pfand, Bürgschaft oder in anderer Weise gesichert ist, in die laufende Rechnung aufgenommen, so wird der Gläubiger durch die Anerkennung des Rechnungsabschlusses nicht gehindert, aus der Sicherheit insoweit Befriedigung zu suchen, als sein Guthaben aus der laufenden Rechnung und die Forderung sich decken.

Haftet ein Dritter für eine in die laufende Rechnung aufgenommene Forderung als Gesamtschuldner, so findet auf die Geltendmachung der Forderung gegen ihn die Vorschrift des Abs. 1 entsprechende Anwendung."

Früher nahm die Rechtsprechung an, daß mit der Anerkennung des Saldos die Sicherheiten für die einzelnen in Rechnung gestellten Posten erlöschen, da auch die einzelnen Forderungen als solche untergehen und die Forderung aus dem Saldo eine neue Forderung darstellt. Auch jetzt entsteht mit dem Rechnungsabschlusse eine neue Forderung, aber die für die einzelnen Schuldposten gestellten Sicherheiten dauern weiter. Sind mehrere Forderungen, die den Gesamtbetrag des Saldos übersteigen, durch verschiedene Sicherheiten gedeckt, so haften alle, soweit nicht die einzelne Forderung hinter dem Betrage des Saldos zurückbleibt.

Damit, daß eine Forderung eingestellt und der Saldo gezogen wird, ist die Sicherheit nicht auf die Saldoforderung übergegangen, vielmehr besteht die alte Forderung fort, soweit es sich um die Geltendmachung der Sicherheit handelt. Dem Bürgen und dritten Verpfänder bleiben daher auch alle Einreden gegen diese Forderung vorbehalten.

Keine besondere Bestimmung ist darüber getroffen, wie weit durch das Bestehen einer Kontokurrentverbindung die gesonderte Geltendmachung von Forderungen, die in das Kontokurrent gehören, auch schon vor der Feststellung des Rechnungsabschlusses ausgeschlossen wird. Es widerspricht jedoch dem Wesen des Kontokurrentverhältnisses, daß einzelne Forderungen aus der Rechnung herausgegriffen werden, um den Schuldner zu gesonderter Berichtigung derselben zu nötigen (vergl. Denkschrift zum Entwurfe eines Handelsgesetzbuchs S. 184). Diese Erwägung muß insbesondere dazu führen, daß nicht in die laufende Rechnung Beträge für nicht eingelöste Wechsel aufgenommen werden. Die besondere Natur des Wechsels erfordert eine beschleunigte und somit gesonderte Geltendmachung des Anspruchs, die nach Einstellung in die laufende Rechnung nicht mehr zulässig wäre.

§ 357 des Handelsgesetzbuches trifft endlich noch Bestimmungen für den Fall, daß der Gläubiger eines Beteiligten Pfändung und Überweisung des Anspruchs auf dasjenige erwirkt, was seinem Schuldner als Überschuß aus der laufenden Rechnung zukommt. Dann können dem Gläubiger Schuldposten, die nach der Pfändung durch neue Geschäfte entstehen, nicht in Rechnung gestellt werden. Dabei gelten jedoch Geschäfte, welche auf Grund eines schon vor der Pfändung bestehenden Rechtes oder einer schon vor diesem Zeitpunkte bestehenden Verpflichtung des Drittschuldners vorgenommen werden, nicht als neue Geschäfte im Sinne dieser Vorschrift. Hat z. B. ein Verein einen Wechsel diskontiert und gutgeschrieben, den er später im Regreßwege einlösen muß oder hat er eine auf ihn ausgestellte Anweisung angenommen, die er nachher zu honorieren hat, so kann ihm eine dazwischenliegende Pfändung des Guthabens seines Mitglieds aus laufender Rechnung nicht schaden.

Auf Gutschriften, die nach der Pfändung liegen, insbesondere auch auf den künftigen Saldo, erstreckt sich die Pfändung nicht, sofern dies nicht in dem Pfändungsbeschlusse ausdrücklich gesagt ist.

Unter allen Umständen empfiehlt es sich, nach dem Eingange eines Pfändungsbeschlusses die Rechnung abzuschließen, um allen Unklarheiten bezüglich der weiteren Geschäfte vorzubeugen.

Besonders hingewiesen sei noch darauf, daß auf dem Kontokurrentkonto tatsächlich ein Umschlag erfolgen muß. Dies empfiehlt sich nicht nur aus wirtschaftlichen Gründen, sondern vor allem schon darum, weil ohne beiderseitige Leistung ein Kontokurrentverhältnis überhaupt nicht vorliegt. Sollte insbesondere ein Vorschuß in die Form des Kontokurrents gekleidet werden, so finden die Bestimmungen des Bürgerlichen Gesetzbuchs über das Darlehen und nicht die über den Kontokurrent Anwendung, so daß also z. B. Zinsen von den in dem Saldo enthaltenen Zinsen nicht berechnet werden können [1]).

§ 20.

Die Verwahrung.

Durch den Verwahrungsvertrag wird der Verwahrer verpflichtet, eine ihm von dem Hinterleger übergebene bewegliche Sache aufzubewahren (§ 688

[1]) Formulare für Bedingungen für laufende Rechnungen ohne und mit Kreditgewährung s. Musterformulare S. 57 bezw. 70.

BGB.). Die Verwahrung gilt als entgeltliche, wenn sie den Umständen nach nur gegen eine Vergütung zu erwarten ist (§ 689). Der Verwahrer ist im Zweifel nicht berechtigt, die Sache bei einem Dritten zu hinterlegen; er muß auch im allgemeinen, wenn er in der Art der Aufbewahrung eine Änderung eintreten lassen will, dies dem Hinterleger anzeigen und dessen Entschließung abwarten (§§ 691, 692). Der Hinterleger ist zum Ersatze der im Interesse der Aufbewahrung gemachten Aufwendungen, sowie des durch die ihm bekannte Beschaffenheit der hinterlegten Sache entstandenen Schadens verpflichtet (§§ 693, 694). Der Hinterleger kann die hinterlegte Sache jederzeit zurückfordern, selbst wenn eine Zeit für die Aufbewahrung bestimmt war (§ 695); dagegen kann der Verwahrer die Rücknahme der Sache nur dann unbeschränkt verlangen, wenn eine Zeit für die Aufbewahrung nicht bestimmt war (§ 696). Die vereinbarte Vergütung ist im Zweifel bei Beendigung der Aufbewahrung zu entrichten (§ 699).

Werden vertretbare Sachen, also z. B. Geld oder Wertpapiere, in der Weise hinterlegt, daß das Eigentum auf den Verwahrer übergehen und dieser Sachen von gleicher Art, Güte und Menge zurückgewähren soll — das ist meist der Fall bei den sogenannten offenen Depots —, so gelten die Vorschriften über das Darlehen; hierbei ist noch zu bemerken, daß eine Vereinbarung dieser Art über Wertpapiere gemäß § 700 Abs. 2 BGB. nicht stillschweigend getroffen werden kann, ja daß sie gemäß § 2 des Gesetzes über die Pflichten der Kaufleute bei Aufbewahrung fremder Wertpapiere vom 5. Juli 1896 schriftlich (unter näher bezeichneter Voraussetzung) erfolgen muß.

Die Vorschriften über den Verwahrungsvertrag finden Anwendung auf die von den bankmäßig entwickelten Kreditgenossenschaften vielfach betriebene Aufbewahrung von Wertpapieren, Dokumenten, Kostbarkeiten in feuersicheren Schrankfächern (Safes). Die Besonderheiten dieses Geschäftszweiges lassen es jedoch ratsam erscheinen, für ihn auch besondere Bedingungen aufzustellen, die unter anderem den Verschluß der Fächer, die Zulassung von Bevollmächtigten, den Fall des Ablebens des Mieters, die Befriedigung der Genossenschaft aus den in Verwahrung gegebenen Sachen — an denen nicht etwa wie beim Mietvertrag ein gesetzliches Pfandrecht der Genossenschaft besteht — des Näheren regeln [1]).

[1]) Bedingungen für die Vermietung von Safes s. Musterformulare S. 64 ff.

§ 21.
Die Bürgschaft.

Bereits in § 5 ist erörtert, daß nach dem Bürgerlichen Gesetzbuch für den Vertrag, durch welchen jemand eine Bürgschaft übernimmt, schriftliche Form vorgeschrieben ist, daß mangels dieser Form der Vertrag der Gültigkeit entbehrt, daß jedoch der Bürge, welcher trotzdem Zahlung geleistet hat, das Gezahlte nicht zurückfordern kann (BGB. § 766). Ist die Übernahme der Bürgschaft auf der Seite des Bürgen ein Handelsgeschäft, so ist der Bürgschaftsvertrag auch ohne schriftliche Form gültig (HGB. § 350). Selbstverständlich sollte aber auch in diesem Falle niemals die schriftliche Form bei den Genossenschaften verabsäumt werden, zumal nicht immer die Feststellung leicht sein wird, ob die Übernahme der Bürgschaft als Handelsgeschäft zu erachten ist[1]).

Rechte des Gläubigers. Für die Verpflichtung des Bürgen ist der jeweilige Bestand der Hauptverbindlichkeit maßgebend. Dies gilt insbesondere auch, wenn die Hauptverbindlichkeit, also die Hauptschuld nebst Zinsen und etwaigen Nebenforderungen, durch Verschulden oder Verzug des Hauptschuldners geändert wird. Auch haftet der Bürge für die dem Gläubiger von dem Hauptschuldner zu ersetzenden Kosten der Kündigung und der Rechtsverfolgung (BGB. § 767). Dagegen wird die Verpflichtung des Bürgen nicht durch Rechtsgeschäfte berührt, welche Gläubiger und Hauptschuldner nach Leistung der Bürgschaft ohne Mitwirkung des Bürgen abschließen. Vereinbaren dieselben z. B., daß der Hauptschuldner an Stelle der geschuldeten Summe einen Gegenstand liefern, etwa dem Gläubiger das Eigentum an einem Grundstücke übertragen solle, so wird hierdurch der Bürge frei. Denn nach Abschluß dieses Vertrages kann der Gläubiger die ursprünglich geschuldete Summe nicht mehr fordern, mithin auch von dem Bürgen nicht, für die Lieferung des Grundstücks aber ist eine Haftung des Bürgen nicht entstanden.

Verbürgen sich mehrere für dieselbe Verbindlichkeit, so haften sie als Gesamtschuldner, auch wenn sie die Bürgschaft nicht gemeinschaftlich übernehmen (BGB. § 769). Die früher gegebene Einrede der Teilung ist also nicht mehr zulässig und es bedarf darum bei der Verbürgung auch keines Verzichts auf dieselbe.

---

[1]) Formular s. Musterformulare S. 28f.

Besonders bemerkenswert ist, daß den Gläubiger keine Diligenzpflicht mehr trifft, d. h., daß er nicht verpflichtet ist, gegen den Schuldner vorzugehen, wenn die Forderung gefährdet erscheint. Der Gläubiger kann darum auch dem Hauptschuldner unbeschränkt Ausstand erteilen, ohne daß dies den Bürgen irgendwie entlastet. Infolge dessen kann weiter der Bürge die Bürgschaft nicht kündigen mit der Wirkung, daß der Gläubiger daraufhin die Einziehung betreiben müßte. Den Gläubiger trifft nicht einmal die Verpflichtung, die Forderung im Konkurse des Hauptschuldners anzumelden. Hierüber finden sich allerdings im Bürgerlichen Gesetzbuche keine ausdrücklichen Bestimmungen. Weil aber die Diligenzpflicht nicht ausdrücklich eingeführt ist, gilt sie als ausgeschlossen (vergl. Begründung zum Gesetzentwurfe). Dem Bürgen sind hierfür, wie noch erörtert wird, andere Rechte gegeben, um sich gegen leichtsinniges oder gar treuloses Verhalten des Hauptschuldners zu schützen.

Rechte des Bürgen. Dem Bürgen steht die Einrede der Vorausklage zu, d. h. er kann die Befriedigung des Gläubigers verweigern, solange nicht der Gläubiger eine Zwangsvollstreckung gegen den Hauptschuldner versucht hat (BGB. § 771). Die Einrede der Vorausklage ist ausgeschlossen:

1. wenn der Bürge auf die Einrede verzichtet, insbesondere, wenn er sich als Selbstschuldner verbürgt hat;
2. wenn die Rechtsverfolgung gegen den Hauptschuldner infolge einer nach der Übernahme der Bürgschaft eingetretenen Änderung des Wohnsitzes, der gewerblichen Niederlassung oder des Aufenthaltsorts des Hauptschuldners wesentlich erschwert ist;
3. wenn über das Vermögen des Hauptschuldners der Konkurs eröffnet ist;
4. wenn anzunehmen ist, daß die Zwangsvollstreckung in das Vermögen des Hauptschuldners nicht zur Befriedigung des Gläubigers führen wird (BGB. § 773).

Der letzte Fall wird namentlich dann vorliegen, wenn bereits anderweit eine Zwangsvollstreckung vergeblich in das Vermögen des Hauptschuldners versucht ist oder die Mittellosigkeit desselben in anderer Weise dargetan werden kann.

Zur Sicherung des Bürgen dient es weiter, daß er die dem Hauptschuldner zustehenden Einreden geltend machen kann und daß ihn hierbei auch ein Verzicht des Hauptschuldners nicht beschränkt (BGB. § 768). Ist z. B. dem Hauptschuldner die Schuld erlassen worden, so kann sich der Bürge hierauf berufen, selbst wenn der Hauptschuldner diese Einrede nicht geltend machen will oder sich gar dem Hauptschuldner gegenüber nachträglich verpflichtet hat, die Einrede des Erlasses nicht vorzuschützen.

Nicht berufen kann sich der Bürge darauf:

a) daß der Erbe nach dem Tode des Hauptschuldners nur beschränkt haftet (BGB. § 768) und

b) daß dem Hauptschuldner im Wege des Zwangsvergleichs ein Teil seiner Schuld erlassen worden ist.

Wesentlich verschieden von dem vorigen Falle, in welchem dem Hauptschuldner eine Einrede gegen die Verbindlichkeit zusteht, ist der, in welchem der Hauptschuldner das der Verbindlichkeit zu Grunde liegende Rechtsgeschäft anfechten kann, z. B. weil er sich bei dessen Abschlusse in einem Irrtum befand. Dann kann der Bürge nicht selbst diese Anfechtung vornehmen, sondern muß dies dem Hauptschuldner überlassen. Wohl aber kann er die Zahlung verweigern, bis der Hauptschuldner die Erklärung abgegeben hat, daß er auf die Anfechtung verzichtet. Ficht dagegen der Hauptschuldner das Geschäft mit Erfolg an, so wird auch der Bürge von seiner Verbindlichkeit frei (BGB. § 770).

In gleicher Weise kann der Bürge die Zahlung verweigern, solange sich der Hauptschuldner durch Aufrechnung gegen eine fällige Forderung befriedigen kann (BGB. § 770 Abs. 2). Eine solche Forderung ist das Geschäftsguthaben des Schuldners natürlich nicht und es stehen den Bürgen hieran keinerlei Rechte zu, sofern nicht etwa der Schuldner aus der Genossenschaft ausgeschieden und die Bilanz festgestellt ist. Aber auch in diesem Falle muß die Genossenschaft für berechtigt erachtet werden, etwaige andere Forderungen an den Schuldner zuerst zur Aufrechnung zu bringen, da eine Forderung des Schuldners an die Genossenschaft nur insoweit vorliegt, als diese nicht Forderungen an ihn hat. Übrigens ist auch die Genossenschaft selbst nicht zu einer Aufrechnung des Geschäftsguthabens befugt, solange der Schuldner noch Mitglied ist. Um diese Aufrechnung zu ermöglichen, muß sie vor allem das Ausscheiden des Schuldners herbeiführen und hierzu werden die Statuten einem Mitgliede gegenüber, das seinen Verpflichtungen nicht nachkommt, gewiß Handhaben bieten [1]).

Soweit der Bürge den Gläubiger befriedigt, geht die Forderung des Gläubigers gegen den Hauptschuldner auf ihn über, ohne daß es hierzu irgend einer Mitwirkung des Gläubigers, insbesondere einer Zession bedarf (BGB. § 774). Mit der Forderung gehen auch alle Nebenrechte, z. B. ein für die Forderung bestehendes Pfandrecht über. Bei alledem gilt nur die Beschränkung, daß der Übergang nicht zum Nachteile des Gläubigers geltend gemacht werden kann. Besteht z. B. für die Forderung ein Pfand und die Forderung wird von dem Bürgen zum Teile bezahlt und damit auch zum Teile erworben, so geht das Pfandrecht für den nicht bezahlten Teil der Forderung demjenigen vor, welches der Bürge mit der bezahlten Teilforderung erworben hat.

Sind für die Forderung mehrere Bürgen eingetreten, so kann, wie oben erörtert, der Gläubiger jeden auf Zahlung der ganzen Forderung in Anspruch nehmen. Untereinander aber haben sie den Schaden gemeinsam zu tragen, so daß derjenige von ihnen, der mehr als sein Kopfteil bezahlt hat, von den anderen entsprechenden Ersatz verlangen kann (BGB. § 426). Fällt einer von ihnen aus, etwa durch Zahlungsunfähigkeit, so vergrößert sich entsprechend der Anteil der übrigen.

Aus den §§ 426 Abs. 2, 774 BGB. geht übrigens jetzt auch — was im früheren Rechte bestritten war — unzweifelhaft hervor, daß die Erstattungsansprüche des Bürgen nicht neben der Hauptforderung am Konkurse teilnehmen dürfen — es besteht im Sinne des Gesetzes nur eine Forderung, die zwar nacheinander, aber nicht nebeneinander von zwei Personen geltend gemacht werden kann.

Zum Ersatze dafür, daß beim Gläubiger keine Diligenzpflicht in Beitreibung der Forderung auferlegt ist, gibt das Bürgerliche Gesetzbuch dem Bürgen ein weitgehendes Recht, sich selbst gegen Schaden zu wahren. Der Bürge kann nämlich selbst gegen den Hauptschuldner auf Befreiung klagen:

1. wenn sich die Verhältnisse des Hauptschuldners wesentlich verschlechtert haben,

---

[1]) Vergl. hierzu oben S. 34 f.

2. wenn die Rechtsverfolgung gegen den Hauptschuldner aus bestimmten Gründen wesentlich erschwert ist,
3. wenn der Hauptschuldner mit der Erfüllung seiner Verbindlichkeit im Verzug ist,
4. wenn der Gläubiger gegen den Bürgen ein vollstreckbares Urteil auf Erfüllung erwirkt hat (BGB. § 775).

In diesen Fällen kann also der Bürge selbst von dem Hauptschuldner die geschuldete Summe beitreiben und zur Tilgung der Hauptschuld verwenden.

Sehr zu beachten ist die Bestimmung in § 776: Gibt der Gläubiger ein mit der Forderung verbundenes Vorzugsrecht, eine für sie bestehende Hypothek, ein für sie bestehendes Pfandrecht oder das Recht gegen einen Mitbürgen auf, so wird der Bürge insoweit frei, als er aus dem aufgegebenen Rechte nach § 774 hätte Ersatz verlangen können. Dies gilt auch dann, wenn das aufgegebene Recht erst nach der Übernahme der Bürgschaft entstanden ist.

Hat also der Gläubiger neben der Bürgschaft noch ein Pfand- oder Zurückbehaltungsrecht, so darf er es nicht ohne weiteres aufgeben.

Als Aufgabe eines Pfandrechts ist es auch anzusehen, wenn der Gläubiger den Erlös des Pfandes zur Deckung einer anderen Forderung an den Hauptschuldner, für die es nicht bestellt war oder erst nach der Bürgschaftsleistung bestellt wurde, verwendet. Zu derartigen Abmachungen sind darum stets die Bürgen zuzuziehen, widrigenfalls sie ihnen gegenüber wirkungslos sind.

Das Bürgerliche Gesetzbuch kennt eine Bürgschaft auf bestimmte Zeit und zwar mit der Besonderheit, daß der Bürge nach Ablauf der Zeit frei wird, wenn der Gläubiger die Einziehung nicht unverzüglich betreibt (BGB. § 777). Die bei den Genossenschaften übliche Bürgschaft ist im Zweifel nicht als eine solche anzusehen. Insbesondere gilt dies auch für den Fall, daß der Vorschuß, für welchen die Bürgschaft geleistet ist, nur auf bestimmte Zeit gegeben wurde. Trotzdem werden manche Bürgen versuchen, von der Bestimmung in § 777 Gebrauch zu machen, um sich ihrer Verpflichtung zu entziehen. Hierdurch werden sie den Vereinen und sich selbst Kosten verursachen. Es empfiehlt sich darum, in die Bürgschaftsurkunde eine Erklärung aufzunehmen, welche jedes Mißverständnis hierüber ausschließt.

Besondere Schwierigkeiten kann unter Umständen die Bürgschaft im Kontokurrentverhältnis bereiten. Folgendes Beispiel möge dies veranschaulichen:

Eine Kreditgenossenschaft hat ihrem Mitgliede A einen Kontokurrentkredit in Höhe von 10000 M. eingeräumt. Für die durch Inanspruchnahme dieses Kredits der Genossenschaft erwachsene Forderung bis zum Betrage von 10000 M. hat sich B verbürgt. Nunmehr wird, unter Bürgschaft des C, der Kredit des A seitens der Genossenschaft auf 20000 M. erhöht. Je nach dem Wortlaute der Bürgschaftserklärung des C wird man drei Fälle unterscheiden müssen:

1. C verbürgt sich ganz allgemein: „für die Forderung bis zum Betrage von 20000 M.",
2. C verbürgt sich: „für den den Betrag von 10000 M. übersteigenden Teil der Forderung bis zur Höhe von 20000 M.",
3. C bürgt gemeinsam mit B für die Forderung bis zum Betrage von 10000 M. Auf einem besonderen Konto räumt die Genossenschaft dem A einen weiteren Kredit von 10000 M. ein, für den C sich allein verbürgt.

Es entsteht die Frage: „wem kommen etwaige Abschlagszahlungen des A in den drei Fällen zugute?" Angenommen wird, daß A auf seine Schuld ohne irgendwelche nähere Bestimmung 5000 M. abzahlt.

1. Der Fall 1 bietet keine Schwierigkeit. B und C werden von ihrer Bürgschaftsverpflichtung in Höhe von je 5000 M. frei.

2. Im zweiten Falle kann die Frage auftauchen, ob hier zwei verschiedene Schuldverhältnisse vorliegen und somit der § 366 BGB. zur Anwendung kommt. Dies wird zu verneinen sein, wenn, wie vorausgesetzt wurde, der Kredit des A seitens der Genossenschaft einfach „erhöht" wurde. Es würde dann durch die Teilzahlung des A lediglich der B in Höhe von 5000 M. seiner Bürgschaftsverpflichtung ledig. Ein Ergebnis, das auch durchaus praktisch richtig ist, wenn man bedenkt, daß C bei Eingehung seiner Bürgschaftsverpflichtung wußte, daß sie mit höherem Risiko verbunden sei als die des B.

3. Im dritten Falle dagegen, wo für die beiden bürgschaftlich gesicherten Forderungen verschiedene Konten eingerichtet sind, wird man das Vorhandensein zweier verschiedener Schuldverhältnisse und damit die

Voraussetzungen des § 366 BGB. als gegeben annehmen müssen. Es wird somit, falls der Schuldner bei der Bezahlung keine besondere Bestimmung trifft, nach Absatz 2 der angeführten Bestimmung zu verfahren und die Zahlung auf die Schuld zu verrechnen sein, welche dem Gläubiger geringere Sicherheit bietet. Das ist im vorliegenden Falle die durch Bürgschaft nur eines Bürgen, des C, gesicherte Schuld, so daß hier nicht B, sondern nur C bezüglich der für das zweite Schuldkonto geleisteten Bürgschaft in Höhe von 5000 M. befreit wird.

Endlich ist es eine für die Praxis der Kreditgenossenschaften wichtige Frage, ob die Vorschriften des Bürgerlichen Gesetzbuchs über die Bürgschaft auf die Wechselbürgschaft anwendbar sind.

Zunächst ist ohne weiteres klar, daß dies nur insoweit der Fall sein könnte, als Vorschriften in der Wechselordnung fehlen, d. h. die Bestimmungen des Bürgerlichen Gesetzbuches würden zweifellos nur subsidiär zur Anwendung kommen. Dies ergibt Artikel 32 des Einführungsgesetzes zum BGB. Aber auch diese Folge würde nur dann eintreten, wenn es sich bei der Wechselbürgschaft um eine Bürgschaft im eigentlichen Sinne, eine akzessorische Verbindlichkeit, handelte. Dies ist aber nicht der Fall. Die sogenannte Wechselbürgschaft ist — Artikel 81 der Wechselordnung sagt dies klar — keine akzessorische, sondern eine selbständige Verpflichtung. Der Wechselbürge haftet so gut wie der Aussteller, Akzeptant und Indossant; er kann nicht etwa verlangen, daß der Gläubiger sich in erster Linie an einen von diesen halten möge. Die Wechselbürgschaft enthält an sich eine völlig unabhängige Verbindlichkeit, wenn es auch nicht ausgeschlossen ist, daß neben ihr die Eingehung eines zivilrechtlichen Bürgschaftsverhältnisses von den Parteien herbeigeführt worden ist. Hierfür müssen jedoch aus den Abreden der Beteiligten und der Entstehung der Wechselunterschrift besondere und unzweideutige Anhaltspunkte gegeben sein (vergl. Urteile des Reichsgerichts in Zivilsachen Bd. 40, S. 57 ff., auch Bd. 4, S. 10 ff.).

Im allgemeinen wird jedenfalls der Schluß zu ziehen sein, daß die zivilrechtlichen Bestimmungen über die Bürgschaft auf Wechselbürgschaft keine Anwendung finden können. Der Wechselbürge wird also zum Beispiel nicht etwa nach § 776 BGB. frei, wenn der Gläubiger eine andere, für die dem Wechsel zu Grunde liegende Forderung bestellte Sicherheit aufgibt.

§ 22.

Schuldverschreibungen auf den Inhaber. Außer- und Inkurssetzung. Kraftloserklärung.

Aus dem Inhaberpapier ist jeder Inhaber forderungsberechtigt, es sei denn, daß er zur Verfügung über die Urkunde nicht befugt ist. Der Aussteller ist zwar nur gegen Aushändigung der Urkunde, aber selbst dann zur Leistung verpflichtet, wenn ihm die Schuldverschreibung gestohlen oder verloren gegangen oder sonst ohne seinen Willen in den Verkehr gelangt ist; er wird auch durch Leistung an einen nicht verfügungsberechtigten Inhaber befreit (§§ 793, 794, 797 BGB.). Zur Ausgabe von Schuldverschreibungen auf den Inhaber, die im Inland ausgestellt sind und auf eine bestimmte Geldsumme lauten, ist staatliche Genehmigung erfordert; eine ohne staatliche Genehmigung in den Verkehr gelangte Schuldverschreibung ist nichtig und macht den Aussteller schadensersatzpflichtig (§ 795). Der Anspruch aus einem Inhaberpapier erlischt, wenn nicht die Urkunde innerhalb von dreißig Jahren nach dem Eintritt der für die Leistung bestimmten Zeit dem Aussteller zur Einlösung vorgelegt wird. Erfolgt die Vorlegung — oder die ihr gleichstehende gerichtliche Geltendmachung — so verjährt der Anspruch in zwei Jahren von dem Ende der Vorlegungsfrist. Bei Zins-, Renten- und Gewinnanteilscheinen beträgt die Vorlegungsfrist vier Jahre vom Schlusse des Jahres ab, in dem die Leistung zu erfolgen hat. Dauer und Beginn der Vorlegungsfrist können von dem Aussteller in der Urkunde anders bestimmt werden (§ 801).

Die Außerkurssetzung (Umschreibung einer auf den Inhaber lautenden Schuldverschreibung auf den Namen eines bestimmten Berechtigten) kann nur durch den Aussteller erfolgen. Der Aussteller ist zur Umschreibung nicht verpflichtet (§ 806 BGB.).

Auch die Wiederinkurssetzung erfolgt durch den Aussteller. Zu beidem ist ein Antrag des Inhabers erforderlich. Wenn in dem Schlußsatze von § 806 BGB. ausdrücklich gesagt ist, daß dem Aussteller keine Verpflichtung zur Umschreibung obliegt, so ist doch in Art. 101 des Einführungsgesetzes bestimmt, daß die den Ausstellern von Inhaberpapieren landesgesetzlich auferlegte Verpflichtung, ein solches Papier auf Antrag des Inhabers außer Kurs zu setzen, unberührt bleibt.

Auch bleiben die landesgesetzlichen Vorschriften in Kraft, welche die sich aus der Umschreibung ergebenden Rechtsverhältnisse regeln.

Es könnte sich fragen, wie es für die Zeit des Übergangs zu halten ist, also für die Papiere, die am 1. Januar 1900 bereits außer Kurs gesetzt sind. Hierüber bestimmt Art. 176 des Einführungsgesetzes:

.... Eine vorher erfolgte Außerkurssetzung verliert mit dem Inkrafttreten des Bürgerlichen Gesetzbuchs ihre Wirkung.

Für diese bedarf es also keiner Wiederinkurssetzung, sie sind vielmehr mit dem 1. Januar 1900 ohne weiteres wieder in Kurs gesetzt.

Da Sparkassenbücher keine Inhaberpapiere sind, treffen diese Ausführungen auf dieselben nicht zu. So sind namentlich die von den Vormundschaftsgerichten erfolgten Außerkurssetzungen als Verfügungsbeschränkungen zu erachten. Für Preußen ist nach Art. 75 des Ausführungsgesetzes zum Bürgerlichen Gesetzbuch in solchen Fällen zur Erhebung des Geldes die Genehmigung des Gegenvormundes oder des Vormundschaftsgerichts erforderlich.

Schuldverschreibungen auf den Inhaber, welche vernichtet oder abhanden gekommen sind, können für kraftlos erklärt werden. Ausgeschlossen hiervon sind nur:

1. solche Inhaberpapiere, bei denen in der Urkunde selbst das Gegenteil bestimmt ist;
2. Zins-, Renten- und Gewinnanteilscheine und
3. die auf Sicht zahlbaren unverzinslichen Schuldverschreibungen (vergl. auch § 4 des Bankgesetzes vom 14. März 1875; BGB. § 799).

Die Kraftloserklärung erfolgt wie bisher im Wege des Aufgebotsverfahrens (ZPO. §§ 1003—1023). Wer das Ausschlußurteil erwirkt hat, kann die Rechte aus der Urkunde geltend machen, kann aber auch verlangen, daß ihm auf seine Kosten eine neue Schuldverschreibung ausgestellt wird (BGB. § 800). Die auf den Inhaber lautenden Zinsscheine bleiben nach der Kraftloserklärung wie überhaupt nach jedem Erlöschen der Hauptforderung in Kraft, sofern sie nicht eine gegenteilige Bestimmung enthalten. In diesem Falle ist der Aussteller bei der Einlösung der Hauptschuldverschreibung berechtigt, den Betrag der nicht zurückgegebenen Zinsscheine zurückzubehalten, soweit ihm daraus noch eine Verpflichtung obliegt, also soweit sie nicht verjährt sind (BGB. § 803).

Ist ein Zins-, Renten- oder Gewinnanteilschein abhanden gekommen oder vernichtet, so kann dies der Inhaber dem Aussteller vor Ablauf der 4 Jahre betragenden Verjährungsfrist anzeigen. Dann muß der Aussteller nach Ablauf dieser Frist den Betrag des Scheins zahlen, sofern ihm der Schein nicht zur Einlösung vorgelegt worden ist. Jedoch kann in dem Schein selbst ein derartiger Anspruch ausgeschlossen werden (BGB. § 804).

Insbesondere ist bei Verlust oder Vernichtung von Kupons der Deutschen Reichsanleihen folgender Weg zu beschreiten: Der Reichsschuldenverwaltung ist die Vernichtung bezw. der Verlust der Kupons, natürlich unter Angabe der Nummern, mitzuteilen, und sind zweckmäßigerweise gleich etwaige Beweismittel dafür, daß die Kupons tatsächlich vernichtet sind, anzugeben. Gleichzeitig ist der Antrag zu stellen, neue Kupons auszufertigen. Diesem Antrag kann nach § 16 der Reichsschuldenordnung vom 19. März 1900 stattgegeben werden, falls die Reichsschuldenverwaltung die Vernichtung der Urkunde als nachgewiesen erachtet. Jedenfalls — auch wenn die Ausfertigung neuer Kupons nicht geschehen sollte — ist es zweckmäßig, sich an die Reichsschuldenverwaltung zu wenden, da angenommen werden darf, daß, wenn eine Neuausfertigung nicht stattfindet, nach Ablauf der Verjährungsfrist die betreffende Summe auf die vernichteten Kupons ausbezahlt werden wird. Derartige Anträge an die Reichsschuldenverwaltung werden durch die Reichsbank vermittelt.

Nicht als Inhaberpapiere sind diejenigen Urkunden anzusehen, in welchen zwar ein Gläubiger benannt ist, die aber mit der Bestimmung ausgegeben sind, daß die in der Urkunde versprochene Leistung an jeden Inhaber bewirkt werden kann, sogenannte Legitimationspapiere. Zu ihnen gehören vor allem die Sparkassenbücher. Über ihre Kraftloserklärung vgl. oben § 18.

Zum Schlusse sei hier noch ausdrücklich hervorgehoben, daß Geschäftsguthabenbücher weder Inhaber- noch Legitimationspapiere sind. Sie stellen vielmehr lediglich Quittungsbücher über die Einzahlungen auf den Geschäftsanteil dar und bedürfen darum für den Fall ihres Verlustes keiner Kraftloserklärung.

Dritter Teil.

Das Sachenrecht.

A. Das Grundbuchrecht. Zweck und Inhalt der Grundbücher. Leitende Prinzipien der Reichsgrundbuchordnung.

§ 23.

Der Zweck der Grundbücher ist Klarstellung und Kundbarmachung der Rechtsverhältnisse an Grundstücken. Die Einrichtung der Grundbücher bestimmt sich, soweit sie nicht in der Reichsgrundbuchordnung geregelt ist, nach den Anordnungen der Landesjustizverwaltung. In Preußen, dessen Einrichtungen im wesentlichen von den übrigen Bundesstaaten zum Vorbild genommen sind, besteht das Grundbuchblatt (Allg. Verfügung zur Ausführung der Grundbuchordnung vom 20. November 1899) aus dem Titel und drei Abteilungen. Der Titel enthält das Verzeichnis der Grundstücke, sowie ein Verzeichnis der mit dem Eigentume verbundenen Rechte.

Die erste Abteilung weist den Eigentümer, den Grund des Erwerbs, den Erwerbspreis, den Wert und die Feuerversicherungssumme nach; die zweite Abteilung zeigt die Lasten und Beschränkungen des Eigentums, ihre Veränderungen und Löschungen; die dritte Abteilung endlich die Hypotheken, Grundschulden, Rentenschulden und ebenfalls ihre Veränderungen und Löschungen.

Über mehrere Grundstücke desselben Eigentümers, die im Bezirke desselben Grundbuchamtes belegen sind, kann ein gemeinschaftliches Grundbuchblatt geführt werden, solange hiervon Verwirrung nicht zu besorgen ist (§ 4 der Reichsgrundbuchordnung).

Grundbuchämter sind mit geringen Ausnahmen (Baden, beide Mecklenburg, Württemberg) überall die Amtsgerichte.

Die für das Reichsgrundbuchrecht maßgebenden wesentlichsten Prinzipien sind die folgenden:

1. Das Publizitätsprinzip: Die Einsicht des Grundbuches steht jedem frei, der ein berechtigtes Interesse darlegt (§ 11 der RGBO.). Der Unterschied von der Preußischen Grundbuchordnung, welche ein

„rechtliches“ Interesse verlangte, ergibt, daß auch ein wirtschaftliches Interesse genügt. Ob im Einzelfalle ein „berechtigtes Interesse“ anzunehmen ist, ist Frage des richterlichen Ermessens. Oft begegnet man der Auffassung, daß ein solches Interesse nur dann vorhanden sei, wenn der Einsicht Begehrende in irgend welcher Form in dem betreffenden Grundbuchblatt eingetragen ist; es wird also verlangt, daß das Interesse sich aus dem Grundbuche selbst ergebe. Dies Verlangen geht zweifellos zu weit. Insbesondere sollte wohl die glaubhafte Versicherung eines Vorstandsmitgliedes oder beauftragten Beamten eines Kreditvereins, es handle sich um Gewährung von Kredit in irgend welcher Form an einen im Grundbuche Eingetragenen, ausreichen, um das „berechtigte Interesse“ an der Einsicht darzulegen [1]).

2. Das Legalitätsprinzip: Das Grundbuchamt ist verpflichtet, die Rechtsgültigkeit der vollzogenen Auflassung, Eintragungs- und Löschungsbewilligung nach Form und Inhalt zu prüfen.

3. Das Prioritätsprinzip: Über den Rang der eingetragenen Rechte entscheidet die Reihenfolge; sind in verschiedenen Abteilungen des Grundbuchblattes Eintragungen vorgenommen, so entscheidet das Datum der Eintragung.

4. Das Spezialitätsprinzip: Grundstücke und Rechte, die von einer Eintragung betroffen werden, sowie der Inhalt der eingetragenen Rechte müssen bestimmt bezeichnet werden.

5. Das Eintragungsprinzip: Entstehung und Aufhebung der Rechte an Grundstücken ist von der Eintragung und Löschung im Grundbuche abhängig.

6. Der Grundsatz des öffentlichen Glaubens: Der Inhalt des Grundbuches gilt zu Gunsten eines gutgläubigen Dritten als richtig, selbst wenn er mit der wirklichen Rechtslage in Widerspruch steht.

Es möge hier kurz die Haftung für Versehen der Grundbuchbeamten Erwähnung finden. Nach § 12 der RGBO. haftet der Staat für vorsätzliche oder fahrlässige Amtsverletzungen der Grund-

[1]) In diesem Sinne spricht sich eine Entscheidung des Kammergerichts vom 14. Mai 1900, mitgeteilt in den „Blättern für Genossenschaftswesen“ Nr. 45 S. 453 von 1900, aus.

buchbeamten, sofern diese letzteren nach § 839 BGB. haftbar sein würden. Dies ist unbeschränkt der Fall bei Vorsätzlichkeit; bei Fahrlässigkeit nur dann, wenn der Verletzte nicht auf andere Weise Ersatz zu erlangen vermag. Hieraus ergibt sich, daß in Grundbuchsachen der Staat bei Vorsätzlichkeit des Grundbuchbeamten in erster Linie, bei Fahrlässigkeit in zweiter Linie haftet. Gemäß § 839 Abs. 3 BGB. tritt die Ersatzpflicht nicht ein, wenn der Verletzte vorsätzlich oder fahrlässig unterlassen hat, den Schaden durch Gebrauch eines Rechtsmittels abzuwenden. In jedem Falle bleibt das Recht des Staates, von dem Beamten Ersatz zu verlangen, unberührt; dies Recht richtet sich nach dem Dienstverhältnis des Beamten.

B. Das Erbbaurecht.

§ 24.

Die rechtliche Grundlage der Materie findet sich im Bürgerlichen Gesetzbuche in die denkbar knappste Form gedrängt: sechs Paragraphen (1012 bis 1017) sind ihr gewidmet. Es kann hiernach ein Grundstück in der Weise belastet werden, daß demjenigen, zu dessen Gunsten die Belastung erfolgt, das veräußerliche und vererbliche Recht zusteht, auf oder unter der Oberfläche des Grundstücks ein Bauwerk zu haben. Aus der begrifflich erforderlichen Vererblichkeit folgt, daß das Recht nicht auf die Lebenszeit des Berechtigten bestellt werden kann; wohl aber kann dies geschehen auf eine im voraus bestimmte Zeit. Das Erbbaurecht ist neben dem Eigentum das einzige Recht, welches ein Blatt im Grundbuche erhalten kann (§ 7 der RGBO.); auch finden auf es die für Grundstücke, auf seinen Erwerb die für den Erwerb des Eigentums an Grundstücken geltenden Vorschriften entsprechende Anwendung (BGB. §§ 1015, 1017). Auf einen Teil eines Gebäudes, z. B. ein Stockwerk, darf das Recht nicht beschränkt werden (§ 1014); nach der andern Seite hin ist seine Erstreckung auf einen für das Bauwerk nicht direkt erforderlichen Teil des Grundstückes möglich, wenn er für die Benutzung des Bauwerks Vorteil bietet (§ 1013). Durch den Untergang des Bauwerks erlischt das Erbbaurecht nicht (§ 1016).

Die Baugenossenschaften und gemeinnützigen Baugesellschaften können, wie Private, in zweifache Beziehungen zum Erbbaurecht treten:

einmal als Erbbauberechtigte und zum andern als Grundeigentümer, die ihren Mitgliedern ein Erbbaurecht einräumen. In ersterer Eigenschaft werden sie wohl fast ausschließlich mit Staat oder Kommune in Berührung kommen, die ihnen staatliches oder städtisches Terrain zur Erbauung von Wohnungen für Unbemittelte im Wege des Erbbaurechts überlassen. Die Vergebung von Häusern zum Erbbaurecht an Mitglieder aber dürfte sich bei Baugenossenschaften nicht einbürgern. Zwar würde die Verhinderung der Spekulation durchaus den Zwecken der Baugenossenschaft und gemeinnützigen Baugesellschaft entsprechen; sie kann jedoch auch auf andere Weise, z. B. durch Vorbehalt eines möglichst weitgehenden Rückkaufsrechtes, erzielt werden. Allein gerade die unbemittelten Klassen der Bevölkerung, die Arbeiter, mit denen die Baugenossenschaft, die gemeinnützige Baugesellschaft fast ausnahmslos zu tun hat, würden für den Erwerb eines zeitlich begrenzten, sich nicht auf Grund und Boden erstreckenden Rechtes nicht zu haben sein. Wenn sie einmal Aufwendungen für ein eigenes Heim machen, dann begehren sie ihre „freie Scholle", und sie wünschen, daß noch Kinder und Kindeskinder in unangefochtenem Besitz derselben zu bleiben im stande seien.

Von ganz erheblich größerer Bedeutung ist die Anwendung des Erbbaurechts für die staatliche und kommunale Bautätigkeit, die sich ihrerseits in dieser Beziehung erfahrungsgemäß häufig mit Baugenossenschaften und gemeinnützigen Baugesellschaften in Verbindung setzt. Auf dieser Grundlage — das kann jetzt wohl mit Bestimmtheit angenommen werden — wird sich zunächst die praktische Verwertung des Erbbaurechts bewegen; einige Gründe für und wider dieselbe sollen hier kurz erörtert werden.

Ein Grund gegen die praktische Verwertung des Erbbaurechts wurde bereits oben berührt: Die zweifellos vorhandene Abneigung des Hauserwerbers gegen ein zeitlich beschränktes, nicht den Baugrund umfassendes Recht. Die Erwägung dürfte jedoch gegenüber Staat und Gemeindeverwaltung weniger in den Vordergrund treten. Auf der einen Seite werden Staat und Stadt meist in der Lage sein, denjenigen, die von ihnen Wohnungen erwerben wollen, die Bedingungen zu diktieren; andererseits liegt aber bei ihnen auch eine erheblich höhere Sicherheit dafür vor, daß sie eventuell nach Ablauf der für das Erbbaurecht bestimmten Zeit in der Lage und willens sind, das Vertragsverhältnis zu erneuern.

Ein weiteres Bedenken liegt darin, daß der Erbbauberechtigte leicht geneigt sein wird, in den letzten Jahren vor Ablauf der für sein Recht gesetzten Zeit das Bauwerk zu vernachlässigen, mit andern Worten in der mangelhaften Unterhaltung des Hauses in den letzten Jahren der Berechtigungszeit. Doch lassen sich hiergegen Schutzmaßregeln treffen. So hat die Stadt Leipzig in ihren Bestimmungen über die Vergebung städtischen Geländes zum Erbbaurecht an eine Baugesellschaft die von der letzteren ausdrücklich zu übernehmende Unterhaltspflicht und ein diesbezügliches Aufsichtsrecht der Stadt während der letzten 20 Jahre vorgesehen. Wohl noch wirksamere Sicherung vor mangelnder Unterhaltung seitens der Erwerber gewähren die von Frankfurt a. M. und Halle a. S. getroffenen Vorschriften, nach welchen bei Beendigung des Erbbaurechts an den Berechtigten ein Teil des verbauten Betrages ($^1/_{10}$ in Frankfurt a. M.) oder des vollen jeweiligen Wertes ($^1/_4$ in Halle a. S.) seitens der Stadt herauszuzahlen ist. Naturgemäß findet die Herauszahlung nur statt, wenn die Gebäude sich in ordnungsmäßigem Zustande befinden, so daß auf diese Weise ein dringendes Interesse des Erbbauberechtigten an Instandhaltung des Hauses geschaffen wird.

Eine weitere, wohl die größte, Schwierigkeit ergibt sich aus der Frage der Beleihung des Erbbaurechts. Die Baugeldbeschaffung ist stets und überall eine nicht leichte Aufgabe; sie wird es um so mehr sein, wenn das zur Sicherheit hinzugebende Objekt ein so unsicheres ist als ein Haus ohne dazu gehörigen Grund und Boden. In der Praxis hat sich dies bereits in Leipzig gezeigt: Die Landesversicherungsanstalt für das Königreich Sachsen hat der dortigen mit der Stadt in Verbindung befindlichen Baugesellschaft den erforderlichen Kredit nicht allein auf die Belastung des Erbbaurechts gewährt, sondern weiter verlangt, daß die Stadt als Eigentümerin des Grundstücks ihr an diesem eine Sicherungshypothek für den aus der Beleihung des Erbbaurechts etwa entstehenden Schaden bestellt. Man sieht, daß die Verpfändung des Erbbaurechts allein als hinreichende Sicherheit nicht angesehen wurde, und man wird sich hüten müssen, bezüglich der Geldbeschaffung für auf Grundlage des Erbbaurechts zu errichtende Bauten allzu optimistische

Auffassungen zu hegen. Nicht jede Stadt wird in der Lage sein, wie Frankfurt a. M. dem Bauenden die Baugelder bis zu $^9/_{10}$ des Bauwertes *selbst* darzuleihen.

Nicht mit Unrecht wird nun aber andererseits von den Freunden des Erbbaurechts erwähnt, daß die Beleihung desselben rechnerisch leichter und sicherer sei als die Beleihung von Häusern *mit* dem dazu gehörigen Grund und Boden. Hier muß allerdings scharf unterschieden werden zwischen der *Möglichkeit* der Beleihung überhaupt und der *Sicherheit ihrer rechnerischen Grundlage*. Daß die Möglichkeit der Beleihung des Erbbaurechts geringer ist, als die der Beleihung eines Gebäudes mitsamt Baugrund, ist wenigstens bei der gegenwärtigen Lage der Dinge, da die Rechtsform noch nicht eingebürgert ist und die praktischen Erfahrungen mit ihr gleich Null sind, nicht zu bestreiten. Auf der andern Seite wird man nicht umhin können, zuzugeben, daß, die Möglichkeit der Beleihung vorausgesetzt, beim Erbbaurecht ihre rechnerische Grundlage einfacher ist und die Beleihung daher größere Sicherheit gewährt als beim Gebäude mit Grund und Boden. Denn bekanntlich ist der schwer zu taxierende, weil schwankende Faktor der *Grund*wert, während bei dem Bauwert Fehler in der Taxe kaum vorkommen werden. Allerdings wird stets Wert darauf zu legen sein, daß das Gebäude gegen alle erdenklichen Eventualitäten versichert ist.

Weitere, bei praktischer Anwendung des Erbbaurechts auftretende Fragen, z. B. wer die Grundsteuer, die eventuellen Brandversicherungsbeiträge u. s. w. zu zahlen hat, sind leicht auf vertragsmäßigem Wege zu erledigen. Die Tragung dieser Lasten den Erbbauberechtigten aufzuerlegen, dürfte sich als praktisch erweisen, da ohne vertragsmäßige Änderung als gesetzlich Verpflichteter wohl der Eigentümer zu gelten hätte.

Alles in allem: die Erfahrungen mit dem Erbbaurecht sind noch so jung, daß bei seiner Anwendung in der Praxis Vorsicht geboten erscheint. Die Baugenossenschaften werden gut tun, sich nicht auf ungewisse Experimente mit diesem Rechtsgebilde einzulassen. Bedienen sie sich seiner, dann sei es nur in Verbindung mit einwandsfreien Kontrahenten: dem Staat oder der Gemeinde, und auch da stets unter möglichst ausgedehnt festgelegten vertraglichen Kautelen.

C. Das Pfandrecht.

I. Das Pfandrecht an beweglichen Sachen und Forderungen.

§ 25.

Begründung des Pfandrechts.

Das Pfandrecht ist die Belastung von beweglichen Sachen oder Rechten zur Sicherung einer Forderung in der Weise, daß der Gläubiger berechtigt ist, aus diesen Sachen oder Rechten seine Befriedigung zu suchen.

Zur Begründung eines Pfandrechts an einer beweglichen Sache ist, abgesehen von den hier nicht in Betracht kommenden Fällen des gesetzlichen Pfandrechts, erforderlich, daß der Eigentümer die Sache dem Gläubiger übergibt und beide darüber einig sind, daß dem Gläubiger das Pfandrecht zustehen soll, also Übergabe und Vertrag (BGB. § 1205). Ist der Gläubiger bereits im Besitze der Sache, so genügt die Einigung über die Entstehung des Pfandrechts. Die Übergabe einer im mittelbaren Besitze des Eigentümers befindlichen Sache kann dadurch ersetzt werden, daß der Eigentümer den mittelbaren Besitz auf den Pfandgläubiger überträgt und die Verpfändung dem Besitzer anzeigt (BGB. § 1205 Abs. 2). Dieser Fall liegt z. B. vor, wenn die Sache schon an einen andern verpfändet oder vermietet ist.

Ist so die Begründung des Pfandrechts an sich formlos, ihre Rechtsgültigkeit nicht an schriftliche Beurkundung geknüpft, so sollten doch die Genossenschaften nie die Ausstellung einer Urkunde über die Verpfändung versäumen[1]). Der Verein muß jederzeit in der Lage sein, durch die Urkunde nachzuweisen, zu welchem Zweck ihm das Pfand übergeben worden ist und welche Vereinbarungen bei der Übergabe getroffen worden sind. Letzteres ist für die Praxis um so wichtiger, als für den Verkauf des Pfandes gesetzlich zulässige Erleichterungen getroffen werden können, wovon naturgemäß weitgehendster Gebrauch gemacht werden sollte. Das Nähere hierüber enthält § 28.

Der gewöhnliche Fall der Verpfändung ist der, daß der Eigentümer die Sache für eine eigene Schuld verpfändet. Verpfändet er seine Sache für eine fremde Schuld, so kommt er damit in die gleiche Stellung

---

[1]) Formulare s. Musterformulare S. 30—35.

wie der Bürge und kann dieselben Einreden wie dieser geltend machen (BGB. § 1211, vergl. oben § 21), nur nicht die der Vorausklage. Ebenso geht, falls er Zahlung an den Gläubiger leistet, die Forderung ohne weiteres auf ihn über, natürlich aber auch hier nicht zum Nachteile des Gläubigers (BGB. § 1225).

Schwierigkeiten kann wie bisher auch in Zukunft der Fall bereiten, daß die Verpfändung durch einen Nichteigentümer erfolgt, also durch jemand, der sich für den Eigentümer ausgibt, ohne es zu sein. Dann entsteht an Inhaberpapieren stets ein Pfandrecht, sofern sich der Gläubiger in gutem Glauben befindet, an anderen Sachen trotz des guten Glaubens aber nur dann, wenn sie dem Eigentümer nicht gestohlen worden, verloren gegangen oder sonst abhanden gekommen waren (BGB. § 1208). Nicht im guten Glauben ist der Gläubiger, wenn ihm bekannt oder infolge grober Fahrlässigkeit unbekannt ist, daß die Sache nicht dem Verpfänder gehört (BGB. § 932). Für Kaufleute, welche Bankiergeschäfte betreiben, also auch für die Kreditvereine, ist jedoch eine besondere Verpflichtung durch § 367 des HGB. eingeführt. § 367 lautet:

Wird ein Inhaberpapier, das dem Eigentümer gestohlen worden, verloren gegangen oder sonst abhanden gekommen ist, an einen Kaufmann, der Bankier- oder Geldwechslergeschäfte betreibt, veräußert oder verpfändet, so gilt dessen guter Glaube als ausgeschlossen, wenn zur Zeit der Veräußerung oder Verpfändung der Verlust des Papiers von einer öffentlichen Behörde oder von dem aus der Urkunde Verpflichteten im Deutschen Reichsanzeiger bekannt gemacht und seit dem Ablaufe des Jahres, in welchem die Veröffentlichung erfolgt ist, nicht mehr als ein Jahr verstrichen war.

Der gute Glaube des Erwerbers wird durch die Veröffentlichung im Deutschen Reichsanzeiger nicht ausgeschlossen, wenn der Erwerber die Veröffentlichung infolge besonderer Umstände weder kannte noch kennen mußte.

Auf Zins-, Renten- und Gewinnanteilscheine, die nicht später als in dem nächsten auf die Veräußerung oder Verpfändung folgenden Einlösungstermine fällig werden, sowie auf Banknoten und andere auf Sicht zahlbare unverzinsliche Inhaberpapiere finden diese Vorschriften keine Anwendung.

Diese Bestimmungen bedürfen seitens der Genossenschaften einer sehr sorgsamen Beachtung. Soweit die Vereine nicht selbst in der Lage sind, die aufgebotenen Papiere zu kontrollieren, empfiehlt es sich, dies durch das Bankhaus machen zu lassen, mit welchem sie in geschäftlicher Verbindung stehen. Ferner sollte für kein gekauftes Wertpapier der Kaufpreis, für kein verpfändetes der Vorschuß ausgezahlt werden, bis festgestellt wurde, daß das Papier nicht aufgeboten ist.

§ 26.
Umfang und Erlöschen des Pfandrechts.

Das Pfandrecht erstreckt sich auf die Erzeugnisse, die von dem Pfande getrennt werden (BGB. § 1212). Auf die zu einem verpfändeten Wertpapiere gehörenden Zins-, Renten- oder Gewinnanteilscheine erstreckt es sich nur dann, wenn sie dem Pfandgläubiger mit übergeben sind (BGB. § 1296). Es ist darum streng darauf zu halten, daß Wertpapiere ohne diese Scheine nicht in Pfand genommen werden. Werden übergebene und also mitverpfändete Scheine fällig, bevor die Voraussetzungen zum Verkaufe des Pfandes eingetreten sind, so müssen die fälligen Scheine dem Verpfänder auf Verlangen herausgegeben werden. Es kann jedoch auch vereinbart werden, daß der Erlös der Scheine auf die Forderung verrechnet wird (BGB. § 1296).

Das Pfand haftet für die Forderung in deren jeweiligem Bestand, insbesondere für Zinsen und Vertragsstrafen, für Verwendungen auf das Pfand, für die Kosten der Kündigung, der Rechtsverfolgung und des Verkaufs. Ist der persönliche Schuldner nicht der Eigentümer des Pfandes, so wird jedoch durch ein Rechtsgeschäft, das der Schuldner nach der Verpfändung vornimmt, z. B. Vereinbarung eines höheren Zinssatzes, die Haftung nicht erweitert (BGB. § 1210). Zu solchen Geschäften ist darum der Eigentümer des Pfandes zuzuziehen.

Abgesehen von dem Falle der Verwertung des Pfandes durch den Gläubiger, der unten (§ 28) besonders zu erörtern ist, erlischt das Pfandrecht zunächst durch Erlöschen der Forderung, für die es bestellt ist (BGB. § 1252). Mit Zahlung der Forderung kann daher der Schuldner die Rückgabe des Pfandes verlangen und der Gläubiger hat kein Recht, es für eine andere Forderung, die er etwa noch an den Schuldner hat, zurückzuhalten. Eine Ausnahme macht auf Grund von

§ 369 des HGB. nur der Fall, wenn der Eigentümer des Pfandes Kaufmann ist und die Genossenschaft an ihn eine Forderung aus mit ihm geschlossenen beiderseitigen Handelsgeschäften hat. Dann hat sie an dem Pfande ein Zurückbehaltungsrecht[1]), wenn die Verpfändung Handelsgeschäft war und das Pfand mit Willen des Eigentümers in den Besitz der Genossenschaft gekommen ist. Aber auch hier entfällt das Zurückbehaltungsrecht, wenn sich die Genossenschaft vor oder bei der Übergabe verpflichtet hat, mit dem Pfande nach Bezahlung der Schuld in bestimmter Weise zu verfahren, also insbesondere, es zurückzugeben. Vielfach enthalten die Pfandurkunden der Kreditvereine die Bestimmung, daß das Pfand auch für alle anderen Forderungen haften solle, welche der Verein an den Schuldner hat oder noch erlangen sollte. Ob eine solche Abmachung rechtsgültig ist, unterliegt erheblichem Zweifel. Jedenfalls ist den Genossenschaften zu raten, ihr keinen entscheidenden Wert beizumessen.

Eine Ausnahme von der Regel, daß das Pfandrecht mit der Forderung endigt, macht der Fall, daß die Forderung durch Verjährung erlischt. Dann besteht das Pfandrecht weiter, so daß es also auch für eine verjährte Forderung ausgeübt werden kann (BGB. § 223). Weiter erlischt das Pfandrecht, wenn der Pfandgläubiger das Pfand dem Verpfänder oder dem Eigentümer zurückgibt. Der Vorbehalt der Fortdauer des Pfandrechts ist unwirksam (BGB. § 1253). Dies macht insbesondere erforderlich, daß neue Zinsscheine verpfändeter Wertpapiere stets durch den Gläubiger und nicht durch den Verpfänder eingezogen werden, da auch eine Rückgabe der Papiere zu diesem Zweck das Pfandrecht zum Erlöschen bringt.

§ 27.
Pfandrecht an Forderungen und Wertpapieren.

Zur Verpfändung einer Forderung ist außer der Einigung zwischen dem Gläubiger und dem Pfandgläubiger erforderlich, daß der Gläubiger dem Drittschuldner die Verpfändung anzeigt (BGB. § 1280). Gläubiger ist hier derjenige, welcher eine ihm zustehende Forderung verpfändet, Pfandgläubiger der, welchem sie verpfändet wird und Drittschuldner,

---

[1]) S. oben § 12.

wer aus der verpfändeten Forderung Zahlung zu leisten hat. Um die Darstellung anschaulicher zu machen, seien der Gläubiger mit A, der Pfandgläubiger mit B und der Drittschuldner mit C bezeichnet. Wird die verpfändete Forderung fällig, bevor der Pfandgläubiger B zur Einziehung derselben berechtigt ist, so muß der Drittschuldner C an seinen Gläubiger A und den Pfandgläubiger B gemeinsam Zahlung leisten. Einigen sich A und B nicht darüber, wie es mit dem Gelde gehalten werden soll, so kann jeder von ihnen verlangen, daß C das Geld für beide hinterlegt. Handelt es sich bei der Leistung nicht um Geld, sondern um eine Sache, die sich nicht zur Hinterlegung eignet, so ist dieselbe von C an einen gerichtlich zu bestellenden Verwahrer abzuliefern (BGB. § 1281). Eine Kündigung kann der Gläubiger A auch ohne Zustimmung des Pfandgläubigers B vornehmen, sofern nicht etwa der Pfandgläubiger B zur Einziehung der Nutzungen berechtigt ist. Die Kündigung des Schuldners C hat an den Pfandgläubiger B und den Gläubiger A zu erfolgen (BGB. § 1283). Hierüber können jedoch zwischen Gläubiger A und Pfandgläubiger B auch andere Vereinbarungen getroffen werden (BGB. § 1284). Unter allen Umständen haben sich Gläubiger A und Pfandgläubiger B gegenseitig zu unterstützen und hat jeder nicht nur das eigene Interesse, sondern auch das des anderen Teiles zu wahren.

Die Verpfändung einer Forderung ist, wie bereits bemerkt, nur wirksam, wenn der Gläubiger sie dem Schuldner anzeigt. Nicht unter diese Bestimmung fällt die Verpfändung von Inhaberpapieren, Wechseln und anderen indossabeln Papieren (vergl. darüber weiter unten). Dagegen ist die Anzeige erforderlich bei der im Geschäftsverkehr der Genossenschaften häufigen Verpfändung von Forderungen aus Sparkassenbüchern und Schuldscheinen.

Wesentlich ist, daß die Anzeige von der Verpfändung seitens des Gläubigers geschehen muß. Diese Anzeige kann durch anderweite Kenntnis des Schuldners, insbesondere durch Mitteilung des Pfandgläubigers, nicht ohne weiteres ersetzt werden. Hierin liegt für die Genossenschaft als Pfandgläubigerin eine gewisse Schwierigkeit. Hat z. B. das Mitglied X der Genossenschaft Y für eine Forderung derselben ein Sparkassenbuch der Sparkasse Z verpfändet, so reicht es zur Rechtsgültigkeit dieses Aktes nicht aus, daß die Genossenschaft Y der

Sparkasse Z von der Verpfändung Mitteilung macht, sondern diese Mitteilung an Z muß von X selbst ausgehen. Will daher die Genossenschaft Y bezüglich der Rechtsgültigkeit der Verpfändung sicher sein, so muß sie sich den Nachweis verschaffen, daß X von derselben der Sparkasse Z Anzeige erstattet hat. Am einfachsten ist es wohl, wenn die Genossenschaft Y von X gleichzeitig mit der Pfandurkunde die Benachrichtigung an die Sparkasse Z unterschreiben läßt und sie selbst eingeschrieben abschickt. Eventuell könnte auch in die Verpfändungsurkunde ein Passus aufgenommen werden, durch welchen X die Genossenschaft Y bevollmächtigt, für ihn die Anzeige an die Sparkasse Z zu erstatten.

Das Pfandrecht an einer Forderung erstreckt sich auch auf die Zinsen. Zur Einziehung derselben ist jedoch der Gläubiger A so lange befugt, als der Pfandgläubiger B nicht die Beschlagnahme vorgenommen hat. Diese erfolgt durch eine einfache Anzeige des Pfandgläubigers B an den Drittschuldner C, daß er aus den Zinsen seine Befriedigung sucht. Hat der Gläubiger A vorher über die Zinsen verfügt, z. B. durch Zession, so ist diese Verfügung insoweit gültig, als sie die Zinsen des laufenden und des folgenden Kalendervierteljahrs betrifft.

Ist seit der Fälligkeit der Zinsen ein Jahr verstrichen, ohne daß der Pfandgläubiger B dem Drittschuldner C anzeigt hat, er werde von seinem Einziehungsrecht Gebrauch machen, so werden die Zinsen von der Haftung frei (BGB. § 1289). Hat also z. B. ein anderer Gläubiger des A Pfändung in die Zinsforderung erwirkt, so geht nach Ablauf eines Jahres sein Recht dem des B vor oder ist vielmehr an dessen Stelle getreten.

Besondere Vorsicht ist bei der Verpfändung von Lebensversicherungspolicen oder richtiger der Forderungen aus solchen anzuwenden.

Zunächst ist zu beachten, daß die Police kein Inhaberpapier und daher die Benachrichtigung der Gesellschaft von der Verpfändung unbedingt erforderlich ist. Oft aber haben die Gesellschaften für die Verpfändung noch besondere Formen vorgeschrieben, z. B. notarielle Beurkundung. Niemals sollte darum die Auszahlung eines Vorschusses auf die Verpfändung einer Police hin erfolgen, ohne daß sich der Geldgeber überzeugt hat, daß die Verpfändung in Ordnung ist.

Zur Verpfändung von Forderungen aus Sparkassenbüchern ist nicht allein, wie oben bemerkt, die Benachrichtigung der Gläubigers erforderlich, sondern es muß auch noch die Übergabe des Buches hinzukommen, da sich die Sparkasse in den Bedingungen vorbehält, an jeden Inhaber auch ohne Prüfung von dessen Legitimation Zahlung zu leisten. Überhaupt empfiehlt es sich dringend, daß vom Gläubiger bei Verpfändung einer Forderung auf Übergabe der darüber ausgestellten Urkunde bestanden wird, wie dieselbe auch im BGB. § 402 demjenigen zur Pflicht gemacht wird, der eine Forderung zediert (vergl. oben § 14).

Für das Pfandrecht an Inhaberpapieren gelten die Vorschriften über das Pfandrecht an beweglichen Sachen (§ 1293 BGB). Bei Forderungen aus Wechseln oder anderen Papieren, welche durch Indossament übertragen werden können, genügt zur Verpfändung die Einigung des Gläubigers mit dem Pfandgläubiger und die Übergabe des indossierten Papiers (§ 1292).

§ 28.
Die Befriedigung aus dem Pfande.

Der Gläubiger hat das Recht, das Pfand zu verkaufen, um sich aus dem Erlöse für seine Forderung zu befriedigen. Dieses Recht steht ihm jedoch erst zu:

1. wenn die Forderung ganz oder zum Teil fällig ist (BGB. § 1228);
2. nachdem der Verkauf dem Verpfänder angedroht wurde, was ebenfalls die Fälligkeit der Schuld voraussetzt (BGB. § 1234);
3. wenn nach dieser Androhung ein Monat verstrichen ist (BGB. § 1234 Abs. 2).

In dem Pfandvertrage kann jedoch vereinbart werden, daß der Verkauf auch ohne diese Androhung und vor Ablauf der Frist oder auch nach Ablauf einer kürzeren Frist erfolgt (BGB. § 1245). Ist die Verpfändung auf der Seite des Pfandgläubigers ein Handelsgeschäft, so beträgt die Frist nach § 368 des HGB. überhaupt nur eine Woche.

Der Verkauf hat, abgesehen von Pfändern, die einen Markt- oder Börsenpreis haben, im Wege der öffentlichen Versteigerung zu erfolgen (BGB. § 1235). Zeit und Ort der Versteigerung sind öffentlich bekannt zu machen und weiter sind der Eigentümer und Dritte, denen ein Recht an dem Pfande zusteht, noch besonders zu benachrichtigen, doch darf diese Benachrichtigung unterbleiben, wenn sie untunlich ist (BGB. § 1237). Am besten gibt der Gläubiger das Pfand einem Gerichtsvollzieher oder einer anderen zur öffentlichen Versteigerung ermächtigten Person zur Versteigerung und beauftragt den Versteigerer, diese Formalitäten zu erfüllen. Der Gläubiger tut jedoch gut, sich auch selbst von deren Erfüllung zu überzeugen, da er haftbar wird, wenn etwas versäumt wird.

Hat das Pfand einen Markt- oder Börsenpreis, so kann der Pfandgläubiger den Verkauf aus freier Hand durch einen zu solchen Verkäufen öffentlich ermächtigten Handelsmäkler oder durch eine zur öffentlichen Versteigerung befugte Person zum laufenden Preise bewirken (BGB. § 1221). Dies gilt also jetzt bei jedem Pfandverkauf und nicht mehr bloß bei solchen unter Kaufleuten für Forderungen aus beiderseitigen Handelsgeschäften; es trifft auch für indossable Papiere zu (§ 1295 BGB.).

Sehr einfach vollzieht sich die Befriedigung des Gläubigers aus einer ihm verpfändeten Forderung. Hier kann er die Forderung ohne weiteres selbst einziehen. Er muß also dem Drittschuldner nachweisen, daß alle oben erörterten Bedingungen eingetreten sind, unter denen eine Verwertung des Pfandes zulässig ist (Fälligkeit, Aufforderung ꝛc.), und ist dann der Drittschuldner zur Leistung an den Pfandgläubiger verpflichtet, selbstverständlich, sofern seine Schuld fällig ist (BGB. § 1282). Schon vor Fälligkeit ist der Pfandgläubiger zur Einziehung berechtigt, wenn ein indossables oder Inhaberpapier den Gegenstand des Pfandrechts bildete (§ 1294 BGB.).

Durch die Einziehung wird der Pfandgläubiger nur dann befriedigt, wenn es sich um eine Geldforderung handelte (§ 1288 Abs. 2 BGB.). Ging die Forderung auf Leistung anderer Gegenstände, so erwirbt der Pfandgläubiger durch die Einziehung lediglich ein Pfandrecht an diesen, während das Eigentum auf den Forderungsgläubiger übergeht. Besteht die Leistung in der Übertragung des Eigentums an einem Grundstück, so erwirbt der Pfandgläubiger eine gesetzliche — ohne Eintrag im Grundbuch wirksame — Sicherungshypothek (§ 1287 BGB.).

Zu beachten ist hier noch § 777 der Zivilprozeßordnung:

Hat der Gläubiger eine bewegliche Sache des Schuldners im Besitz, in Ansehung deren ihm ein Pfandrecht oder ein Zurückbehaltungsrecht für seine Forderung zusteht, so kann der Schuldner der Zwangsvollstreckung in sein übriges Vermögen nach § 766 widersprechen, soweit die Forderung durch den Wert der Sache gedeckt ist. Steht dem Gläubiger ein solches Recht in Ansehung der Sache auch für eine andere Forderung zu, so ist der Widerspruch nur zulässig, wenn auch diese Forderung durch den Wert der Sache gedeckt ist.

Dies gilt nur für bewegliche Sachen, nicht auch für Forderungen, und auch nur für solche, die dem Schuldner selbst, nicht aber für solche, die dritten Personen gehören.

§ 29.
Die Erfordernisse einer rechtsgültigen Verpfändung.

Mit Rücksicht darauf, daß das Rechtsgeschäft der Verpfändung bei den Genossenschaften eine große Rolle spielt und daß Verluste infolge ungültiger Pfandverträge häufig eintreten, sollen hier auf Grund der in den vorhergehenden Paragraphen gemachten Ausführungen nochmals die Erfordernisse solcher Verpfändungen zusammengestellt werden, wie sie in der Praxis der Genossenschaften am häufigsten vorkommen:

1. Verpfändung gewöhnlicher Forderungen, z. B. einer Darlehnsforderung.

a) Einigung zwischen dem Verpfänder und Vorstand, daß dem Verein ein Pfandrecht an der Forderung des Verpfänders zustehe.

b) Anzeige der Verpfändung an den Schuldner der verpfändeten Forderung durch den Verpfänder; ohne diese ist die Verpfändung unwirksam.

Ist eine Schuldurkunde ausgestellt, so hat der Verein ein Recht auf die Aushändigung.

2. Verpfändung von Wertpapieren auf den Inhaber (staatliche, kommunale Schuldverschreibungen, Aktien auf den Inhaber).

a) Übergabe des zu verpfändenden Wertpapiers durch den Verpfänder an den Vorstand.

b) Einigung zwischen Verpfänder und Vorstand, daß dem Verein das Pfandrecht an dem Wertpapiere zustehen solle.

Schriftlichkeit ist zur Gültigkeit der Verpfändung nicht erforderlich. Doch empfiehlt es sich, vom Verpfänder eine schriftliche Verpfändungsurkunde unterzeichnen zu lassen, um dem Verein den Nachweis der Verpfändung zu erleichtern und eine leichtere Befriedigung aus dem Pfande zu ermöglichen.

3. Verpfändung von Ordrepapieren, d. h. Papieren, die durch Indossament übertragen werden können (Wechsel, Namensaktien, Konossemente, Lagerscheine der staatlich zur Ausstellung solcher Urkunden ermächtigten Anstalten, Ladescheine der Frachtführer u. s. w.).

a) Einigung zwischen Verpfänder und Vorstand, daß dem Verein das Pfandrecht am Ordrepapier zustehen solle.

b) Indossament des Verpfänders an den Verein.

c) Übergabe des indossierten Papiers an den Vorstand.

Wenn auch äußerlich das Indossament nicht erkennen läßt, daß die Indossierung nur zum Zwecke der Verpfändung erfolgt ist, bleibt Eigentümer des indossierten Papiers der Verpfänder und der Vorstand ist dem Verpfänder gegenüber verpflichtet, das verpfändete und indossierte Papier nicht weiter zu begeben [1]).

4. Verpfändung eines Sparkassenguthabens.

a) Schriftliche Erklärung des Eigentümers des Sparguthabens, daß er sein Guthaben aus dem Sparkassenbuch dem Verein verpfände.

b) Anzeige des Eigentümers an die Sparkasse, daß er dem Verein sein Sparkassenguthaben verpfändet habe. Ohne diese ist die Verpfändung ungültig.

c) Übergabe des Sparkassenbuchs an den Vorstand. Wenn diese auch nicht zur Entstehung des Pfandrechts erforderlich ist, so ist sie doch zur Verhütung des Mißbrauchs des Sparkassenbuchs dringend anzuraten.

Eine Verpfändung des Sparkassenbuchs ist unwirksam, das Sparkassenbuch ist kein Wertpapier; nicht das Sparkassenbuch, die Beweisurkunde über die erfolgten Einzahlungen, sondern nur das in dem

---

[1]) Vergl. zu 1.—3. Formular Nr. 32 in „Musterformulare" S. 30.

Sparkassenbuch verbriefte Recht, die Sparkassenguthaben**forderung**, kann Gegenstand des Pfandrechts sein. Daher genügt auch nicht, daß der Inhaber eines Sparkassenbuches, wenn er das Guthaben verpfändet, sich nur auf seine Inhaberschaft beruft, er muß seine Forderungsberechtigung nachweisen, wenn der Verein sicher gehen will [1]).

5. Verpfändung von Lebensversicherungspolicen.

a) Schriftliche Erklärung des Eigentümers der Police, daß er seine Rechte aus der Police gegen die Versicherungsgesellschaft dem Verein verpfände.

b) Übergabe der Police an den Vorstand.

c) Anzeige des Verpfänders an die Lebensversicherungsgesellschaft, daß er seine Rechte aus der Police an den Verein verpfändet habe.

Meistens schreiben die Statuten der Lebensversicherungsgesellschaften noch Sonderheiten vor, wie z. B., daß sie eine Verpfändung als gültig nur anerkennen, wenn die Verpfändungserklärung auf der Police erfolgt ist. Wenn auch die Gültigkeit solcher Bestimmungen zweifelhaft ist, empfiehlt es sich doch, um Weitläufigkeiten zu vermeiden, auf die Beobachtung der statutarischen Vorschriften durch den Verpfänder zu achten und vor Annahme des Pfandes zu prüfen, ob den Vorschriften genügt ist [2]).

II. Das Pfandrecht an unbeweglichen Sachen.

§ 30.

Geschichtliche Einleitung.

Das Hypothekenrecht oder allgemeiner das Grundstückspfandrecht verdankt seine jetzige, durch die Reichsgesetzgebung geschaffene Gestalt vorwiegend den Einflüssen des Preußischen Rechtes.

Das jüngste römische Recht, wie es im Mittelalter durch die Rezeption in Deutschland Eingang fand, kannte nur ein **Pfandrechtsinstitut**, die Hypothek, welche gleichmäßig für bewegliche Sachen und für Grundstücke galt. Sie wurde in formloser Weise begründet und übertragen, so daß jedes äußerlich erkennbare Zeichen dafür fehlte, ob

[1]) Vergl. Formular 36 in „Musterformulare" S. 33.

[2]) Vergl. Formular 37 in „Musterformulare" S. 33.

und inwieweit ein Grundstück mit Pfandrechten belastet war. Eine genügende Grundlage für den Realkredit konnte ein solcher Rechtszustand naturgemäß nicht bilden. Es fehlte durchaus die Sicherheit dagegen, daß das Pfandrecht durch ältere Hypotheken entwertet war, ja man mußte sogar darauf gefaßt sein, daß es wegen Mangels des Eigentums des Bestellers sich überhaupt als ungültig erwies. Die damalige Gesetzgebung erkannte diese Mißstände sehr wohl; allein die zur Beseitigung angewandten Mittel waren durchaus ungeeignet. Um dem Gläubiger durch den Umfang seiner Rechte das zu ersetzen, was die mangelnde Sicherheit ihn vermissen ließ, führte man die Generalhypothek, d. i. eine Verpfändung des gesamten jetzigen und zukünftigen Vermögens des Schuldners, ein. Man erreichte damit nur eine völlige Verwirrung auf dem Gebiete des Immobilienrechts, die noch gesteigert wurde durch zahlreiche, dem Fiskus, der Ehefrau u. a. eingeräumte gesetzliche Generalhypotheken und Privilegien. Die Unsicherheit des Realkredits wurde begreiflicherweise so groß, daß in manchen Fällen wohl der Grundstückseigentümer selbst nicht mehr wußte, welchen Gläubigern und in welcher Reihenfolge sein Grundstück verpfändet war.

Demgegenüber fand sich im alten Deutschen Rechte von jeher ein Unterschied in der Bestellung des Pfandrechtes an beweglichen und an unbeweglichen Sachen. Schon die hohe Wertschätzung des Grundbesitzes bei unsern Vorfahren — Grundbesitz und Reichtum war für sie ein Begriff — veranlaßte sie, die rechtlichen Veränderungen an Grundstücken auch äußerlich erkennbar zu machen. Demgemäß übertrug das Pfandrecht an einem Grundstücke entweder Besitz und Nutzung desselben — sog. ältere Satzung — oder seine Bestellung war an einen solennen Akt vor Gericht oder Rat geknüpft — jüngere Satzung.

Die beiden sich zunächst schroff gegenüberstehenden Auffassungen des römischen und des alten deutschen Rechts wurden im Laufe der Jahre durch die deutsche Praxis und Gesetzgebung verschmolzen. Bahnbrechend ist auf diesem Gebiete besonders Preußen vorgegangen. Schon vor dem Inkrafttreten des Allgemeinen Landrechts, im Jahre 1783, erging die von Suarez verfaßte Preußische Hypothekenordnung, die bereits im wesentlichen auf denselben Prinzipien beruht, wie unser heutiges Grundstückspfandrecht. Eine gesetzliche Fixierung des Rechtes der Grundbücher, damals Lagerbücher genannt, ist schon früher eingetreten; bereits Ende des 17. und Anfang des 18. Jahrhunderts finden wir in der preußischen Gesetzgebung Spuren derselben. Seine endgültige Gestaltung hat das preußische Immobiliarrecht in den Gesetzen vom 5. Mai 1872 gefunden, von denen das „Gesetz über den Eigentumserwerb" das materielle, die Grundbuchordnung das formelle Recht regelt.

Die Reichsgesetzgebung hat sich, wie bereits hervorgehoben, im allgemeinen eng an das preußische Vorbild angeschlossen. Sie gibt im achten Abschnitt des dritten Buches des Bürgerlichen Gesetzbuchs (§§ 1113—1203) eine Darstellung des materiellen Grundstückpfandrechts, während das formelle Recht in der Reichsgrundbuchordnung vom 24. März 1897 niedergelegt ist; ihre besondere Behandlung hat die Zwangsvollstreckung in Immobilien durch das „Gesetz über die Zwangsversteigerung und die Zwangsverwaltung", ebenfalls vom 24. März 1897, gefunden.

§ 31.
Der zeitliche Geltungsbereich des Grundstückspfandrechts.

Der wesentliche Zeitpunkt für die Beurteilung der Frage, nach welchem Rechte ein Grundstückspfandrecht bezw. ein mit demselben vorzunehmendes Rechtsgeschäft beurteilt werden muß, ist der Augenblick, in welchem das Grundbuch für den betreffenden Bezirk als angelegt zu betrachten ist: bis dahin gilt das alte, von da an das neue Recht (vergl. auch § 82 GBO.). Dieser wichtige Zeitpunkt wird gemäß Art. 186 EinfGes. z. BGB. für jeden Bundesstaat durch landesherrliche Verordnung bestimmt.

1. Für P r e u ß e n ist auf Grund des Art. 186 die Königliche Verordnung, betreffend das Grundbuchwesen, vom 13. November 1899 ergangen (Gesetzsammlung S. 519 ff.). Nach ihr ist für den weitaus größten Teil der Monarchie — die einzelnen Bezirke sind in einem der Verordnung beigegebenen Verzeichnis zusammengestellt — das Grundbuch als mit dem Inkrafttreten des BGB. angelegt anzusehen (Art. 3). Es trifft dies diejenigen Teile Preußens, in welchen die preußische Grundbuchgesetzgebung vom 5. Mai 1872 von Anfang an galt, insbesondere s ä m t l i c h e preußischen Amtsgerichtsbezirke des Kammergerichts und der Oberlandesgerichte in Königsberg, Marienwerder, Stettin, Posen, Breslau, Naumburg, Hamm, Jena. Für die Landesteile, in welchen die GBO.

vom 5. Mai 1872 durch besondere Gesetze eingeführt ist, bleiben im allgemeinen die Vorschriften dieser besonderen Gesetze über den Zeitpunkt der vollendeten Anlegung des Grundbuchs in Kraft (Art. 4, 5). Besondere Verordnungen sind vorgesehen für das Gebiet des vormaligen Herzogtums Nassau und die Insel Helgoland, die einzigen Landesteile, in denen die preußischen Grundbuchgesetze nicht eingeführt gewesen sind (Art. 35). Für Nassau ist die angekündigte Verordnung am 11. Dezember 1899 ergangen (Gesetzsammlung S. 595), für Helgoland am 10. April 1900 (Gesetzsammlung S. 111). Nach Art. 14 der Königlichen Verordnung vom 13. November 1899 wird, wenn für einen Bezirk die Anlegung des Grundbuches im wesentlichen vollendet ist, dies im Amtsblatte bekannt gemacht. Mit Beginn des elften Tages nach Ausgabe des Amtsblattes ist das Grundbuch für den Bezirk als angelegt anzusehen.

2. In Bayern wird der Zeitpunkt, in welchem das Grundbuch für einen Bezirk als angelegt anzusehen ist, durch das Staatsministerium der Justiz bestimmt und durch das betreffende Amtsgericht mittels Anheften an die Gerichtstafel und Einrücken in das für Bekanntmachungen bestimmte Blatt veröffentlicht. — § 26 der Verordnung, die Anlegung des Grundbuchs rechts des Rheins betr., vom 23. Juli 1898 (Gesetz- und Verordnungsblatt 1898 Nr. 39 S. 493 ff.); § 26 der Verordnung, die Anlegung des Grundbuchs in der Pfalz betr., vom 28. August 1898 (Gesetz- und Verordnungsblatt 1898 Nr. 44 S. 561 ff.). —

3. Das Königreich Sachsen bestimmt in § 1 der Verordnung zur Ausführung der Grundbuchordnung vom 26. Juli 1899 allgemein: „Das Grundbuch gilt mit dem 1. Januar 1900 als angelegt." — Gesetz- und Verordnungsblatt für das Königreich Sachsen 1899 Stück 10 Nr. 47 S. 261 ff. —

4. Württemberg: „Vom 1. Jannar 1900 an gelten die in den Gemeinden bisher geführten Güterbücher, Servitutenbücher und Unterpfandsbücher für den Grundbuchamtsbezirk der Gemeinde als Grundbuch mit der Maßgabe, daß das Güterbuch das Hauptbuch ist. Mit dem gedachten Zeitpunkt ist das Grundbuch für den Gemeindebezirk als angelegt anzusehen." — § 1 der Kgl. Verordnung vom 30. Juli 1899.

5. Baden: „Der Zeitpunkt, in welchem, und die Teile des Landes, für welche das reichsrechtliche Grundbuch als angelegt gilt, werden durch

besondere Verordnung bestimmt." — § 61 der Verordnung, die Ausführung der Grundbuchordnung betreffend, vom 13. Dezember 1900. —

6. Hessen: „Das Ministerium der Justiz bestimmt den Zeitpunkt, in welchem das Grundbuch als angelegt anzusehen ist..... Die Verfügung ist durch das Amtsgericht zu veröffentlichen."

— § 42 der Verordnung, die Anlegung des Grundbuches und die Ausführung der Grundbuchordnung betr., vom 13. Januar 1900. —

Über die Form der Veröffentlichung der ministeriellen Verfügung bestimmt § 84 der Anweisung für die Großh. Gerichte, die Anlegung des Grundbuchs betr., vom 1. Februar 1900.

7. Mecklenburg-Schwerin: „Der Zeitpunkt, in welchem das Grundbuch für einen Bezirk als angelegt anzusehen ist, wird durch das Großherzogliche Justizministerium bestimmt und öffentlich bekannt gemacht."

— § 52 der Verordnung zur Ausführung der Grundbuchordnung vom 9. April 1899 (Regierungsblatt für das Großherzogtum Mecklenburg-Schwerin 1899 Nr. 14 S. 173 ff.). —

8. Für Sachsen-Weimar ist eine Verordnung betreffend den Zeitpunkt, in welchem das Grundbuch als angelegt anzusehen ist, nicht bekannt geworden. Jedenfalls ist das Grundbuch zur Zeit noch nicht als angelegt anzusehen. —

9. Mecklenburg-Strelitz: „Der Zeitpunkt, in welchem das Grundbuch für einen Bezirk als angelegt anzusehen ist, wird durch Unsere Landesregierung bestimmt und öffentlich bekannt gemacht."

— § 52 der Verordnung zur Ausführung der Grundbuchordnung vom 9. April 1899 (Großherzoglich Mecklenburg-Strelitzscher Offizieller Anzeiger für Gesetzgebung und Staatsverwaltung 1899 Nr. 19 S. 181 ff.). —

10. In Oldenburg ist übereinstimmend für

a) Herzogtum Oldenburg (§ 1 der Verordnung vom 15. Mai 1899 — Gesetzblatt für das Herzogtum Oldenburg Bd. XXXII Stück 43 Nr. 79 S. 453 ff.),

b) Fürstentum Birkenfeld (§ 1 der Verordnung vom 13. Oktober 1890 — Gesetzblatt für das Fürstentum Birkenfeld Bd. XV Stück 58 S. 278 ff.),

c) Fürstentum Lübeck (§ 1 der Verordnung vom 15. Mai 1899 — Gesetzblatt für das Fürstentum Lübeck Bd. XXII Stück 22 S. 163 ff.)

bestimmt: „Mit dem Inkrafttreten des Bürgerlichen Gesetzbuches ist das Grundbuch als angelegt anzusehen.“

11. Braunschweig: „Mit dem Inkrafttreten des Bürgerlichen Gesetzbuches ist das Grundbuch für sämtliche Bezirke des Herzogtums als angelegt anzusehen.

Die in Gemäßheit der bisherigen Gesetze im Herzogtum geführten Grundbücher gelten als Grundbücher im Sinne der Reichsgesetze.“

— § 3 der Verordnung, betreffend die Ausführung der Reichsgrundbuchordnung, sowie die Anlegung der Grundbücher, vom 12. Juni 1899 (Gesetz- und Verordnungs-Sammlung 1899 Nr. 50 S. 503 ff.). —

12. Sachsen-Meiningen: „Die Grundbücher gelten für das Herzogtum mit dem 1. Januar 1900 als angelegt.“

— Art. 4 der Verordnung vom 16. Dezember 1899, betreffend das Grundbuch (Sammlung der Landesherrlichen Verordnungen im Herzogtum Sachsen-Meiningen 1899 Nr. 98 S. 484 f.). —

13. Sachsen-Altenburg: „Das Grundbuch ist mit dem 1. Januar 1900 als angelegt anzusehen.“

— § 1 der Höchsten Verordnung zur Ausführung der Grundbuchordnung vom 5. September 1899 (Herzoglich Sachsen-Altenburgische Gesetzsammlung 1899 Stück X Nr. 49 S. 141 ff.). —

14. Sachsen-Coburg-Gotha: „Im Sinne des Bürgerlichen Gesetzbuches und seiner Nebengesetze gilt das Grundbuch in sämtlichen Bezirken der Herzogtümer Coburg und Gotha mit dem 1. Januar 1900 als angelegt.“

— § 4 der Verordnung zur Ausführung der Grundbuchordnung, vom 1. Dezember 1899 (Gemeinschaftliche Gesetzsammlung für die Herzogtümer Coburg und Gotha Nr. 635 S. 317 ff. von 1899). —

15. Anhalt: „Mit dem 1. Januar 1900 ist das Grundbuch für sämtliche Grundbuchbezirke als angelegt anzusehen; die bisher geführten Grundbücher gelten als Grundbücher im Sinne der Reichsgesetze.“

— Art. 3 der Verordnung, betreffend das Grundbuchwesen, vom 10. Dezember 1899 (Gesetzsammlung für das Herzogtum Anhalt 1899 Nr. 1068 S. 369 ff.). —

16. In Schwarzburg-Rudolstadt ist eine Verordnung auf Grund des Art. 186 Abs. 1 des EinfGes. zum Bürgerlichen Gesetzbuche

im Jahre 1904 erlassen. Das Grundbuch ist als angelegt noch nicht anzusehen.

17. In Schwarzburg-Sondershausen kommen in Betracht einmal Artikel 22 des Ausführungsgesetzes zum Bürgerlichen Gesetzbuche vom 19. Juli 1899:

„Soweit bei Inkrafttreten des Bürgerlichen Gesetzbuchs die Grundbuchanlegung noch nicht beendet ist, behalten die Bestimmungen der Landesgrundbuchordnung vom 2. August 1882 und die mit dieser in Zusammenhang stehenden landesgesetzlichen Vorschriften für das Verfahren bei der Anlegung Geltung.

Der Tag, zu welchem gemäß § 143 der Landesgrundbuchordnung das Grundbuch für einen Bezirk in Kraft gesetzt wird, ist im Sinne der Art. 186 ff. des Einführungsgesetzes zum Bürgerlichen Gesetzbuche als der Zeitpunkt anzusehen, zu dem das Grundbuch für den betreffenden Bezirk als angelegt gilt.

Die vollständige Beendigung der Grundbuchanlegung ist von dem Ministerium in der Gesetzsammlung bekannt zu machen."

Und sodann § 4 des Ausführungsgesetzes zur Reichsgrundbuchordnung vom 29. Juli 1899:

„Die vorhandenen Grundbücher und die Grundbücher, welche nach Art. 22 des Ausführungsgesetzes zum Bürgerlichen Gesetzbuche in Kraft gesetzt werden, gelten als Grundbücher im Sinne der Reichsgesetze."

(Gesetzsammlung für das Fürstentum Schwarzburg-Sondershausen vom Jahre 1899 Stück 6 S. 29 ff. bezw. Stück 15 S. 145 ff.)

18. Für Waldeck ist gemäß Art. 3 der Verordnung betr. das Grundbuchwesen für einen Teil der Grundbuchbezirke (die aus einer Anlage zu dieser Verordnung ersichtlich sind) das Grundbuch mit dem Inkrafttreten des Bürgerlichen Gesetzbuches als angelegt anzusehen. Für die übrigen Bezirke bestimmt Art. 13 der Verordnung:

„Ist die Anlegung des Grundbuches für einen Grundbuchbezirk oder einen Anlegungsbezirk im wesentlichen vollendet, so wird dies nach Anweisung des Justizministers in der Beilage zum Regierungsblatte bekannt gemacht.

Mit dem Beginne des elften Tages nach der Ausgabe des Regierungsblattes ist das Grundbuch für den Bezirk als angelegt anzusehen."

(Fürstlich Waldeckisches Regierungsblatt 1899 Nr. 29 S. 244 ff.)

19. Reuß Älterer Linie: „Das Grundbuch gilt mit dem 1. Januar 1900 als angelegt."

— § 1 der Landesherrlichen Verordnung vom 6. Dezember 1899 (Gesetzsammlung für das Fürstentum Reuß Älterer Linie 1899 Nr. 13 S. 201 ff.). —

20. Reuß Jüngerer Linie: „Das Grundbuch gilt mit dem 1. Januar 1900 als angelegt."

— § 1 der Landesherrlichen Verordnung vom 18. November 1899 zur Ausführung der Grundbuchordnung (Gesetzsammlung für das Fürstentum Reuß Jüngerer Linie 1899 Nr. 586 S. 263 ff.). —

21. In Schaumburg-Lippe ist für einen Teil der Grundbuchbezirke (die in einer Anlage bezeichnet sind) das Grundbuch mit dem Inkrafttreten des Bürgerlichen Gesetzbuches als angelegt anzusehen.

— § 1 der Landesherrlichen Verordnung, betr. die Ausführung der Grundbuchordnung für das Deutsche Reich, vom 24. März 1897, sowie die Anlegung der Grundbücher, vom 2. Dezember 1899 (Schaumburg-Lippische Landesverordnungen 1899 Nr. 26 S. 319 ff.). —

Für die übrigen Bezirke bestimmt § 74 der Verordnung, daß das Amtsgericht den Zeitpunkt, in welchem das Grundbuch als angelegt anzusehen ist, in den Landesanzeigen bekannt zu machen hat.

22. Lippe: „Mit dem Inkrafttreten des Bürgerlichen Gesetzbuches ist das Grundbuch für das Fürstentum Lippe im Sinne des Bürgerlichen Gesetzbuches als angelegt anzusehen."

— § 1 der Verordnung zur Ausführung der Grundbuchordnung vom 18. Dezember 1899 (Gesetzsammlung für das Fürstentum Lippe 1899 Nr. 16 S. 600 ff.). —

23. Lübeck: „Der Zeitpunkt, in welchem das Grundbuch für einen Bezirk als angelegt anzusehen ist, wird durch Verordnung des Senates bestimmt."

— § 53 Abs. 2 des Ausführungsgesetzes zur Grundbuchordnung vom 22. Dezember 1899 (Gesetz- und Verordnungsblatt der freien und Hansestadt Lübeck 1899 Nr. 11 S. 151 ff.). —

Seit dem 1. Juni 1900 gilt das Grundbuch allgemein als angelegt.

24. Bremen: „Der Zeitpunkt, in welchem das Grundbuch für den Bezirk als angelegt anzusehen ist, wird auf Antrag des Amtsgerichts durch die Justizkommission des Senats bestimmt und öffentlich bekannt

gemacht. Auf den Inhalt der Bekanntmachung findet die Vorschrift des § 10 Abs. 2 entsprechende Anwendung."

Nach § 10 Abs. 2 ist der Zeitpunkt dreimal in achttägigen Zwischenräumen in den Bremer Nachrichten bekannt zu machen.

— §§ 25 bezw. 10 der Verordnung, betr. die Anlegung des Grundbuchs 2c., vom 19. Dezember 1899 (Gesetzblatt der Freien Hansestadt Bremen 1899 Nr. 33 S. 303 ff.). —

25. Hamburg: „Der Senat hat einen innerhalb der ersten beiden Monate des Jahres 1900 liegenden Zeitpunkt festzusetzen, in welchem das Grundbuch für das ganze Staatsgebiet als angelegt anzusehen ist."

— § 11 des Gesetzes, betr. Ausführung der Grundbuchordnung. vom 14. Juli 1899 (Hamburgische Gesetzsammlung 1899 I. Abteilung, Nr. 39 S. 1 ff.). —

26. Elsaß-Lothringen: „Der Zeitpunkt, in welchem das Grundbuch als angelegt anzusehen ist, wird durch das Ministerium bestimmt Die Verfügung ist durch das Gesetzblatt bekannt zu machen."

Zusammenfassend sei nochmals festgestellt:

Zurzeit (1. Januar 1908) ist das Grundbuch im Sinne des Bürgerlichen Gesetzbuches und seiner Nebengesetze als angelegt anzusehen in:

Sachsen (Königreich),
Württemberg,
Mecklenburg-Schwerin,
Oldenburg,
Braunschweig,
Sachsen-Meiningen,
Sachsen-Altenburg,
Sachsen-Coburg-Gotha,
Anhalt,
Schwarzburg-Sondershausen,
Reuß Älterer Linie,
Reuß Jüngerer Linie,
Lippe-Detmold,
Hamburg,
Lübeck,

ferner in Teilen von Preußen (s. Anlage zur Kgl. Verordnung vom 13. November 1899), Schaumburg-Lippe (s. Anlage zur Landesherrlichen Verordnung vom 2. Dezember 1899) und Waldeck (s. Anlage zur Verordnung betr. das Grundbuchwesen vom 2. Dezember 1899).

Noch nicht als durchweg angelegt gilt das Grundbuch zurzeit in:

Bayern,
Baden (doch ist dies in den weitaus meisten Amtsgerichtsbezirken der Fall),
Hessen,
Sachsen-Weimar,
Mecklenburg-Strelitz,
Schwarzburg-Rudolstadt,
Bremen,
Elsaß-Lothringen.

Meist ist die Bestimmung des Zeitpunktes, in welchem die Anlegung des Grundbuches als vollendet gilt, in den letztgenannten Ländern den betreffenden Ministerien der Justiz delegiert.

§ 32.

Begriff und Arten der Grundstückspfandrechte.

Die beiden Hauptarten der Grundstückspfandrechte stehen sich in der an die persönliche Forderung gebundenen Hypothek und der von der Forderung losgelösten abstrakten Grundschuld gegenüber, beide zugleich Repräsentanten zweier entgegengesetzter Theorien der Grundstücksbelastung, die schon seit langem in der Grundbuchgesetzgebung, insbesondere in der preußischen, in erbittertem Kampfe liegen. Sowohl das preußische als ihm folgend das Reichsrecht haben den Kampf durch einen Vergleich geschlichtet: beide Arten der Belastung bestehen nebeneinander. Ihr schon angedeuteter Unterschied läßt sich klar aus den Definitionen ersehen, die das Bürgerliche Gesetzbuch gibt. In § 1191 heißt es:

„Ein Grundstück kann in der Weise belastet werden, daß an denjenigen, zu dessen Gunsten die Belastung erfolgt, eine bestimmte Geldsumme aus dem Grundstücke zu zahlen ist."

Dies ist die Definition der Grundschuld. § 1113 gibt die Definition der Hypothek;. sie lautet:

„Ein Grundstück kann in der Weise belastet werden, daß an denjenigen, zu dessen Gunsten die Belastung erfolgt, eine bestimmte Geldsumme zur Befriedigung wegen einer ihm zustehenden Forderung aus dem Grundstücke zu zahlen ist."

Der Unterschied liegt lediglich darin, daß die Begriffsbestimmung der Hypothek gegenüber der der Grundschuld den Zusatz: „zur Befriedigung wegen einer ihm zustehenden Forderung" enthält. Hieraus ist zu entnehmen, daß zwar die Hypothek, nicht aber die Grundschuld, eine Forderung zur Voraussetzung hat. Aus dieser Verschiedenheit entspringen auch die Einzelunterschiede zwischen beiden Pfandrechtsarten: Die Vorschriften über die Hypothek finden auf die Grundschuld entsprechende Anwendung, soweit sich nicht daraus ein anderes ergibt, daß die Grundschuld nicht eine Forderung voraussetzt (§ 1192 BGB.).

A. Die Hypothek kann nur zur Sicherheit einer persönlichen Forderung bestellt werden. Hierin offenbart sich ihre akzessorische Natur. Je nachdem diese akzessorische Natur streng gewahrt ist oder nicht, unterscheidet das Bürgerliche Gesetzbuch:

1. Die gewöhnliche Hypothek; sie kann unter Umständen ohne die Forderung weiterbestehen.

2. Die Sicherungshypothek; sie hat unbedingt akzessorische Natur und erlischt mit der persönlichen Forderung. Unterarten der Sicherungshypothek sind wiederum:

a) die einfache Sicherungshypothek,
b) die sogenannte Kautionshypothek,
c) die Zwangshypothek.

B. Die Grundschuld ist abstrakte, nicht eine Forderung voraussetzende Belastung. Eine Unterart ist die Rentenschuld.

Die Grundstückspfandrechte sind weiter verschieden, je nachdem sie an die Erteilung eines Briefes gebunden sind (Briefhypothek — Buchhypothek).

Endlich ist zu erwähnen die Gesamthypothek: Belastung mehrerer Grundstücke für eine Forderung.

§ 33.
Die Grundstückspfandrechte im Einzelnen[1]).

A. Die Hypothek.

1. Die gewöhnliche Hypothek. Sie wird zwar als Zubehör einer persönlichen Forderung begründet, kann aber dann ohne die Forderung weiterbestehen, wenn sie in die Hand eines gutgläubigen Dritten kommt. In diesem Falle gilt die Forderung, soweit die Hypothek in Frage kommt, als fortbestehend (§ 1138 BGB.); eine juristische Konstruktion, welche das Prinzip der akzessorischen Natur wahrt, obwohl tatsächlich die Hypothek allein, ohne Forderung, besteht. Nur unter Zuhilfenahme dieser Fiktion darf auch § 1153 BGB. verstanden werden, nach welchem die Forderung nicht ohne die Hypothek, die Hypothek nicht ohne die Forderung übertragen werden kann.

2. Die Sicherungshypothek. In ihr zeigt sich das Prinzip der akzessorischen Natur in seiner ganzen Reinheit. Die Rechte des Gläubigers aus der Sicherungshypothek bestimmen sich nur nach der Forderung; zum Beweise der Forderung kann er sich nicht auf die Eintragung berufen (§ 1184 BGB.). Die Erteilung eines Hypothekenbriefes ist allgemein ausgeschlossen. Notwendig muß eine Sicherungshypothek bestellt werden für Forderungen aus Inhaberpapieren, Wechseln und anderen indossabeln Papieren (§ 1187--1189 BGB.). Die Sicherungshypothek erscheint übrigens in einer Beziehung gegenüber der gewöhnlichen Hypothek als minderwertig; nach § 238 Abs. 2 BGB. ist „eine Forderung, für die eine Sicherungshypothek besteht, zur Sicherheitsleistung nicht geeignet".

Folgende Unterarten sind zu unterscheiden:

a) die einfache Sicherungshypothek, die sich auf eine bestimmte Summe bezieht. Sie muß im Grundbuche als Sicherungshypothek bezeichnet werden;

b) die sogenannte Kautionshypothek (auch Ultimathypothek, Höchsthypothek, Höchstbetragshypothek). Sie wird für Forderungen von unbestimmter Höhe unter Eintragung eines Höchstbetrages bestellt. In den Höchstbetrag sind bei verzinslichen Forderungen die Zinsen einzurechnen[2]).

[1]) Formulare für die Bestellung der einzelnen Arten s. Musterformulare Nr. 15—22 (S. 21—24).

[2]) Formulare s. Musterformulare Nr. 42, 43 (S. 36).

3. Die Zwangshypothek. Dieselbe wird gemäß §§ 866—868 der ZPO. im Wege der Zwangsvollstreckung ohne Mitwirkung des Schuldners begründet, und zwar ausschließlich in der Form der Sicherungshypothek. Voraussetzung der Eintragung ist ein Antrag des Gläubigers; der Antrag kann gestellt werden auf Grund eines vollstreckbaren Schuldtitels, doch genügt ein Vollstreckungsbefehl nicht. In jedem Falle darf nur für eine 300 M. übersteigende Forderung die Zwangshypothek eingetragen werden.

Auch die Vollziehung des Arrestes in ein Grundstück erfolgt gemäß § 932 der ZPO. durch Eintragung einer Sicherungs-(Kautions-)Hypothek für die Forderung; der in dem Arrestbefehl festgestellte Geldbetrag, durch dessen Hinterlegung die Vollziehung des Arrestes gehemmt und der Schuldner zum Antrage auf Aufhebung des vollzogenen Arrestes berechtigt wird, ist als der Höchstbetrag, für welchen das Grundstück haftet, einzutragen.

B. Die Besonderheiten der Grundschuld ergeben sich aus ihrer Unabhängigkeit von der Forderung. Eine Neuerung des Bürgerlichen Gesetzbuchs liegt in der Möglichkeit der Bestellung von Inhabergrundschulden. Nach § 1195 BGB. kann eine Grundschuld in der Weise bestellt werden, daß der Grundschuldbrief auf den Inhaber ausgestellt wird. Es soll diese Bestimmung einen Ersatz bieten für die früher teilweise, z. B. in Preußen, mögliche Blanko-Zession der Grundschuld. Daraus, daß auf die Inhabergrundschuld die Vorschriften über Schuldverschreibungen auf den Inhaber für anwendbar erklärt sind, ergibt sich, daß die Grundschuldbriefe nicht ohne staatliche Genehmigung in Verkehr gebracht werden dürfen (§ 795 BGB.).

Eine Unterart der Grundschuld ist die Rentenschuld (§§ 1199 bis 1203 BGB.). Ihre Eigentümlichkeit besteht darin, daß in regelmäßig wiederkehrenden Terminen eine bestimmte Geldsumme aus dem Grundstücke zu zahlen ist. Bei ihrer Bestellung muß die Ablösungssumme bestimmt und im Grundbuche eingetragen werden. Das Recht der Ablösung steht dem Eigentümer zu, der es erst nach vorgängiger, im Zweifel sechsmonatiger Kündigung ausüben kann. Dem Gläubiger kann das Recht, die Ablösung zu verlangen, nicht eingeräumt werden.

Hypothek wie Grundschuld können sowohl mit wie ohne Erteilung eines Briefes bestellt werden. Die Briefhypothek oder Briefgrundschuld bildet — mit Ausnahme der Sicherungshypothek, bei der die Erteilung eines Briefes nicht stattfinden darf — die Regel (§ 1116 BGB.). Doch kann die Erteilung eines Briefes ausgeschlossen werden; man spricht dann von Buchhypothek oder Buchgrundschuld. Der Gläubiger erwirbt, sofern nicht die Erteilung des Briefes ausgeschlossen ist, das Pfandrecht erst mit Übergabe des Briefes seitens des Eigentümers. Die Übergabe kann durch die Vereinbarung ersetzt werden, daß der Gläubiger berechtigt sein soll, sich den Brief vom Grundbuchamt aushändigen zu lassen (§ 1117 BGB.).

Für die Übergangszeit kommen insbesondere die Art. 192, 193 des EinfGes. zum BGB. in Betracht. Sie bestimmen, daß ein zu der Zeit, zu welcher das Grundbuch als angelegt anzusehen ist (s. § 31), an einem Grundstücke bestehendes Pfandrecht von dieser Zeit an als Hypothek gilt, für welche die Erteilung des Hypothekenbriefes ausgeschlossen ist (Buchhypothek); daß es aber der Landesgesetzgebung vorbehalten bleibt, Bestimmungen zu treffen, nach welchen ein solches Pfandrecht als Hypothek gelten soll, für welche die Erteilung des Hypothekenbriefes nicht ausgeschlossen ist (Briefhypothek). Von dieser Befugnis hat z. B. Preußen Gebrauch gemacht und in Art. 33 des AusfGes. verordnet, daß eine bestehende Hypothek, über welche ein Hypothekenbrief gebildet oder zu bilden ist, von dem bezeichneten Zeitpunkte als Briefhypothek im Sinne des Bürgerlichen Gesetzbuchs gelten solle.

Besteht für die Forderung eine Hypothek an mehreren Grundstücken — Gesamthypothek — so haftet jedes Grundstück für die ganze Forderung. Der Gläubiger kann nach Belieben Befriedigung aus jedem Grundstücke ganz oder zum Teile suchen; er kann auch die Forderung auf die einzelnen Grundstücke derart verteilen, daß jedes Grundstück nur für den zugeteilten Betrag haftet (§ 1132 BGB.). Über die Gesamthypothek soll nur ein Brief erteilt werden; werden mehrere erteilt, weil die Grundstücke in verschiedenen Grundbuchämtern liegen, so sind die Briefe zu verbinden (§ 59 GBO.). Erfolgt die Befriedigung des Gläubigers aus einem der mit einer Gesamthypothek belasteten Grundstücke, so werden die übrigen Grundstücke frei. Doch geht, wenn der Eigentümer, welcher den Gläubiger befriedigt hat, von dem Eigentümer eines der anderen Grundstücke oder einem Rechtsvorgänger Ersatz zu fordern berechtigt ist, in Höhe des Ersatzanspruches die Hypothek an dem mitverhafteten Grundstücke auf ihn über.

Die Verschiedenheit der geschilderten Arten der Grundstückspfandrechte ist übrigens nicht so groß, daß nicht allgemein eine Umwandlung einer Art in die andere zugelassen werden könnte. Es kann eine gewöhnliche Hypothek in eine Sicherungshypothek (§ 1186), eine Hypothek in eine Grundschuld (§ 1198), eine Grundschuld in eine Rentenschuld (§ 1203 BGB.) und umgekehrt verwandelt werden, und zwar ohne daß es der Zustimmung der im Range gleich- oder nachstehenden Berechtigten bedürfte[1]).

§ 34.
Die Eigentümerhypothek.

Das Einrücken des Eigentümers in die Stelle von getilgten oder unwirksamen Hypotheken ist ein Produkt moderner Gesetzgebung und speziell im Gebiete des preußischen Rechtes ausgebildet worden. Das römische und mit ihm das gemeine deutsche Privatrecht kennen nichts ähnliches. In ihren Gebieten galt die sogenannte hypothekarische Sukzession: Fiel durch Tilgung oder auf andere Weise eine Hypothek fort, so rückte in die dadurch entstehende Lücke die nächste ein. Es kann nicht verkannt werden, daß für die deutschen Realkreditverhältnisse dieser römisch-rechtliche Grundsatz nicht passend erschien. Während in Rom es sich lediglich bei der Hypothek um Sicherung der persönlichen Forderung handelte, sind jetzt in Deutschland die Hypotheken zu selbstständigen Werten geworden, sie bilden eine vielbegehrte, dauernde Kapitalanlage. Gerade die Behandlung als dauernde Anlage aber bringt es wieder mit sich, daß ein Gläubiger, welcher Kredit auf nachstehende Hypothek gibt, nicht darauf rechnet, daß vorstehende Hypotheken getilgt werden. Er wird vielmehr entsprechend dem Risiko, das er übernimmt und das naturgemäß bei zweiten und dritten Hypotheken größer ist als bei ersten, härtere Beleihungsbedingungen stellen. Erlangt er nun durch Wegfall der voreingetragenen Hypothek deren Rang und die Vorzüge des ersten Hypothekargläubigers, so ist dies für ihn ein unverdienter Vorteil, eine Bereicherung ohne Rechtsgrund. Dem Grund-

[1]) Formulare zur Umwandlung s. Musterformulare Nr. 27—29 (S. 26, 27).

eigentümer aber würde ein ebenso unverdienter Schaden zugefügt, da ihm nunmehr Kredit wiederum nur zu den dem Risiko des nacheingetragenen Gläubigers entsprechenden erschwerten Bedingungen zur Verfügung stände.

Um diese Unbilligkeit zu verhindern, hat das preußische Recht den Weg eingeschlagen, *den Eigentümer in die Stelle des getilgten Grundstückspfandrechts einrücken zu lassen.* Auf diesem Wege ist ihm, unter wesentlichen Erweiterungen, das Bürgerliche Gesetzbuch gefolgt. Nach preußischem Rechte (Eigentumserwerbsgesetz vom 5. Mai 1872 §§ 63—67) war der Eigentümer in drei Fällen befugt, entweder die Post auf seinen Namen umschreiben zu lassen oder über sie zu verfügen; einmal, wenn er eine Hypothek oder Grundschuld *tilgte*; sodann, wenn er sie *von Todes wegen erwarb*; und endlich, *wenn der Pfandgläubiger Eigentümer* des Pfandgrundstücks *wurde*. Ausgeschlossen war das Einrücken des Eigentümers bei Kautionshypotheken.

Nach den Vorschriften des Bürgerlichen Gesetzbuchs findet das Einrücken des Eigentümers *unmittelbar auf Grund des Gesetzes* statt, und zwar ganz allgemein bei *Grundstückspfandrechten jeder Art*, also auch bei Sicherungs- oder Kautionshypotheken. Verschiedenen Charakter erhält die Eigentümerhypothek, je nachdem dem Eigentümer die persönliche Forderung zusteht oder nicht. Im ersteren Falle bleibt zwar die Hypothek als solche bestehen, die Rechte des Eigentümers bestimmen sich aber für die Dauer der Vereinigung von Hypothek und Eigentum nach den für eine Grundschuld des Eigentümers geltenden Vorschriften (§ 1177 Abs. 2 BGB.). Im zweiten Falle dagegen verwandelt sich die Hypothek ohne weiteres in eine Grundschuld, bei welcher in Ansehung der Verzinslichkeit, des Zinssatzes und des Zahlungsortes die für die Forderung getroffenen Bestimmungen maßgebend bleiben (§ 1177 Abs. 1). Der Unterschied wird sofort ersichtlich, wenn man den *Verkauf* des Grundstücks ins Auge faßt: im ersten Falle wird die Vereinigung von Hypothek und Eigentum in einer Person dadurch aufgehoben, die Hypothek tritt in ihrer speziellen Bedeutung als Akzessorium der Forderung ohne weiteres wieder ein; im zweiten Falle dagegen ist ein für allemal die Verbindung von Pfandrecht und Forderung gelöst, die Grundschuld besteht unabhängig von letzterer weiter.

Im einzelnen findet das Einrücken des Eigentümers nach BGB. statt:

A. Mit der Wirkung, daß dem Eigentümer auch die persönliche Forderung zusteht, die Hypothek also als solche bestehen bleibt:

1. wenn der Eigentümer nicht der persönliche Schuldner ist, so geht, soweit er den Gläubiger befriedigt, die Forderung — nebst der Hypothek — auf ihn über (§ 1143 Abs. 1);
2. wenn ein Ablösungsberechtigter (vergl. § 268 BGB.) den Gläubiger befriedigt, erfolgt dasselbe (§§ 1150, 1144, 1145);
3. soweit ein Gesamtschuldner den Gläubiger befriedigt und von den übrigen Schuldnern Ausgleichung verlangen kann, geht die Forderung des Gläubigers gegen die übrigen Schuldner — mit der Hypothek — auf ihn über (§ 426 Abs. 2);
4. soweit der Bürge den Gläubiger befriedigt, geht die Forderung des Gläubigers gegen den Hauptschuldner auf ihn über (§ 774).

B. Ohne daß dem Eigentümer auch die persönliche Forderung zusteht, die Hypothek sich also in eine Grundschuld verwandelt:

1. wenn die Forderung, für welche die Hypothek bestellt ist, überhaupt nicht zur Entstehung gelangte (§ 1163 Abs. 1);
2. wenn die Forderung durch Zahlung, Aufrechnung, Vereinigung von Forderung und Schuld in einer Person zc. erlischt (§ 1163 Abs. 1 Satz 2);
3. bei einer Briefhypothek bis zur Übergabe des Briefes an den Gläubiger (§ 1163 Abs. 2);
4. wenn der Gläubiger auf die Hypothek verzichtet (§ 1168);
5. mit der Erlassung des Ausschlußurteils im Aufgebotsverfahren, wenn der Gläubiger unbekannt ist (§ 1170).

Für die Grundschuld gelten nach § 1192 BGB. allgemein dieselben Vorschriften wie für die Hypothek, soweit sich nicht daraus ein anderes ergibt, daß die Grundschuld nicht eine Forderung voraussetzt. Hieraus ergibt sich, daß das Einrücken des Eigentümers bei der Grundschuld in den oben unter 3. bis 5. aufgeführten Fällen analog stattfindet. Ferner aber kann eine Grundschuld von vornherein für den Eigentümer bestellt werden (§ 1196 BGB.), was bei der Hypothek naturgemäß ausgeschlossen sein muß, da sie bei ihrer Bestellung von der persönlichen Forderung abhängig ist.

Die Hypothek und Grundschuld des Eigentümers haben im neuen Rechte eine solche Bedeutung erlangt, daß man wohl allgemein von ihnen sagen kann: In jeder Hypothek, in jeder Grundschuld liegen sie versteckt, um hervorzutreten, wenn jene aus irgend welchem Grunde wegfallen.

§ 35.

Entstehung und Endigung der Hypothek.

I. Zur Begründung der auf Vertrag beruhenden Hypothek — im Gegensatz zur Zwangshypothek, die ohne Mitwirkung des Schuldners begründet wird (s. oben S. 97) — ist erforderlich (§ 873 BGB):

1. Die Einigung des Grundeigentümers und des Gläubigers über die Bestellung der Hypothek. Sie bedarf keiner besonderen Form.

2. Die Eintragung in das Grundbuch, welche wieder eine Eintragungsbewilligung des Eigentümers und einen Antrag auf Eintragung, der vom Eigentümer oder Gläubiger ausgehen kann (§ 13 RGBO.), voraussetzt.

Bei der Eintragung müssen der Gläubiger, der Geldbetrag der Forderung, bei verzinslichen Forderungen der Zinssatz und endlich der Geldbetrag anderer Nebenleistungen, wenn solche zu entrichten sind, angegeben werden (§ 1115 BGB.).

Auch für eine künftige oder bedingte Forderung kann eine Hypothek bestellt werden (§ 1113 Abs. 2 BGB.).

II. Zur Aufhebung der Hypothek ist erforderlich (§§ 875, 1183 BGB.):

1. Die Erklärung des Gläubigers, daß er sein Recht aufgebe. Sie ist dem Grundbuchamt oder demjenigen gegenüber abzugeben, zu dessen Gunsten sie erfolgt.

2. Die Zustimmung des Eigentümers, welche dem Grundbuchamt oder dem Gläubiger gegenüber zu erklären ist. Sie ist unwiderruflich.

3. Die Löschung im Grundbuche, zu der es wieder eines Antrags seitens des Eigentümers oder Gläubigers bedarf [1]).

Eine besondere Art der Tilgung der Hypothek ist die durch Aufgebotsverfahren. Der unbekannte Gläubiger kann im Wege des Aufgebotsverfahrens mit seinem Rechte ausgeschlossen werden:

[1]) Formular s. Musterformulare Nr. 30 (S. 27).

a) wenn seit der letzten sich auf die Hypothek beziehenden Eintragung im Grundbuche 10 Jahre verstrichen sind und das Recht des Gläubigers nicht inzwischen in einer nach § 208 BGB. zur Unterbrechung der Verjährung geeigneten Weise seitens des Eigentümers anerkannt worden ist (§ 1170 BGB.);

b) wenn der Eigentümer zur Befriedigung des Gläubigers oder zur Kündigung berechtigt ist und den Betrag der Forderung für den Gläubiger unter Verzicht auf das Recht zur Rücknahme hinterlegt (§ 1171 BGB.).

Über das Verfahren vergl. §§ 982—987, 1024 der Zivilprozeßordnung.

§ 36.

Umfang der Haftung; Gegenstand der Hypothek.

I. Das Grundstück haftet:

1. für die eingetragene Kapitalsumme;
2. für die eingetragenen Zinsen;
3. für andere eingetragene Nebenforderungen.

Ohne Eintragung haftet es (§ 1118 BGB.):

1. für die gesetzlichen Zinsen der Forderung;
2. für die Kosten der Kündigung und der die Befriedigung aus dem Grundstücke bezweckenden Rechtsverfolgung.

Eine Erweiterung der Haftung ist insofern zulässig, als die Hypothek, wenn die Forderung unverzinslich oder der Zinssatz niedriger als 5 Proz. ist, ohne Zustimmung der im Range gleich- oder nachstehenden Berechtigten dahin erstreckt werden kann, daß das Grundstück für Zinsen bis zu 5 Proz. haftet.

Auch eine Änderung der Zahlungszeit und des Zahlungsortes bedarf der Zustimmung dieser Berechtigten nicht (§ 1119 BGB.).

II. Gegenstand der Belastung ist in erster Linie das Grundstück. Ihm gleich zu achten ist nach § 1017 BGB. das Erbbaurecht; auch dies kann daher zum Gegenstande hypothekarischer Belastung gemacht werden. Die Landesgesetzgebung ist befugt, noch weitere verhypothezierbare Rechte zu bestimmen (Art. 63, 68, 196 EG. z. BGB.).

Auch ein Bruchteil eines Grundstücks kann belastet werden, doch nur, wenn er in dem Anteile eines Miteigentümers besteht (§ 1114 BGB.).

Wird ein Grundstück einem anderen zugeschrieben, so erstrecken sich die an diesem bestehenden Grundstückspfandrechte auf das zugeschriebene Grundstück (§ 1131 BGB.).

Mit dem Grundstücke haften:

1. Die von dem Grundstücke getrennten Erzeugnisse und sonstigen Bestandteile, soweit sie nicht gemäß §§ 954—957 BGB. mit der Trennung in das Eigentum eines anderen als des Eigentümers oder Eigenbesitzers gelangt sind. Ausgenommen von der Haftung sind hiernach insbesondere die von einem Pächter während der Pachtzeit gezogenen Früchte.

Gemäß § 1121 BGB. werden Erzeugnisse und sonstige Bestandteile von der Haftung frei, wenn sie vor der Beschlagnahme durch den Gläubiger veräußert und von dem Grundstücke entfernt worden sind. An den Erzeugnissen oder Bestandteilen, welche innerhalb der Grenzen einer ordentlichen Wirtschaft von dem Grundstücke getrennt worden sind, erlischt auch ohne Veräußerung das Pfandrecht, wenn sie vor der Beschlagnahme (s. unten S. 117, 122) von dem Grundstücke entfernt werden, es sei denn, daß die Entfernung zu einem vorübergehenden Zwecke erfolgt.

2. Das Zubehör des Grundstücks mit Ausnahme der Stücke, welche nicht dem Eigentümer des Grundstücks gehören. Ebenso wie die Erzeugnisse, wird auch das Zubehör pfandfrei, wenn es vor der Beschlagnahme veräußert und entfernt ist; es tritt auch ohne Veräußerung aus der Pfandhaftung, falls vor der Beschlagnahme die Zubehöreigenschaft innerhalb der Grenzen einer ordnungsmäßigen Wirtschaft aufgehoben wird (§ 1122 Abs. 2 BGB.).

Zubehör sind bewegliche Sachen, die, ohne Bestandteile der Hauptsache zu sein, dem wirtschaftlichen Zwecke der Hauptsache zu dienen bestimmt sind und zu ihr in einem dieser Bestimmung entsprechenden räumlichen Verhältnisse stehen. Eine Sache ist nicht Zubehör, wenn sie im Verkehr nicht als Zubehör angesehen wird (§ 97 BGB.). Dem wirtschaftlichen Zwecke der Hauptsache zu dienen bestimmt und daher im allgemeinen als Zubehör anzusehen sind nach § 98 BGB.:

a) Bei einem Gebäude, das für einen gewerblichen Betrieb dauernd eingerichtet ist, insbesondere bei einer Mühle, einer Schmiede, einem Brauhaus, einer Fabrik, die zu dem Betriebe bestimmten Maschinen und sonstigen Gerätschaften;

b) bei einem Landgute das zum Wirtschaftsbetriebe bestimmte Gerät und Vieh, die landwirtschaftlichen Erzeugnisse, soweit sie zur Fortführung der Wirtschaft bis zu der Zeit erforderlich sind, zu welcher gleiche oder ähnliche Erzeugnisse voraussichtlich gewonnen werden, sowie der vorhandene auf dem Gute gewonnene Dünger.

3. Die nach der Verpfändung fällig werdenden Miet- und Pachtzinsforderungen. Doch werden dieselben mit Ablauf eines Jahres nach dem Eintritt der Fälligkeit frei, wenn nicht vorher ihre Beschlagnahme zu Gunsten des Hypothekengläubigers erfolgt (§ 1123 Abs. 2 BGB.). Vor der Beschlagnahme des Miet- oder Pachtzinses kann der Vermieter oder Verpächter frei über ihn verfügen, ihn vom Mieter einziehen, ihn zedieren und verpfänden; doch ist die Verfügung gegenüber dem Hypothekengläubiger unwirksam, soweit sie sich auf den Miet- und Pachtzins für eine spätere Zeit als das zur Zeit der Beschlagnahme laufende und das folgende Kalendervierteljahr bezieht (§ 1124 BGB.).

4. Ansprüche aus einem Recht auf wiederkehrende Leistungen, welches mit dem Eigentum an dem Grundstück verbunden ist. Hierfür gilt im allgemeinen dasselbe, wie für die Miet- und Pachtzinsforderungen (§ 1126 BGB.).

5. Der Anspruch auf Versicherungsgelder für Gegenstände, welche der Hypothek unterliegen, sofern sie für den Eigentümer oder den Eigenbesitzer des Grundstücks versichert sind. Die Haftung des Anspruchs auf die Versicherungsgelder erlischt, wenn der versicherte Gegenstand wieder hergestellt oder Ersatz für ihn beschafft ist (§ 1127 BGB.). Insbesondere ist für die Gebäudeversicherung bestimmt, daß der Versicherer die Versicherungssumme erst dann mit Wirkung gegen den Hypothekengläubiger an den Versicherten zahlen kann, wenn er dem Hypothekengläubiger den Eintritt des Schadens angezeigt hat und seit dem Empfange der Anzeige ein Monat verstrichen ist, ohne daß der Gläubiger widersprochen hat. Ist die Anzeige aus irgend einem Grunde untunlich, so kann sie unterbleiben; der Monat wird in diesem Falle vom Zeitpunkte der Fälligkeit der Versicherungssumme an berechnet (§ 1128 BGB.). Ist ein anderer Gegenstand als ein Gebäude versichert, so gelten im allgemeinen die gleichen Bestimmungen, wie für die Miet- und Pachtzinsforderungen. Es kann hiernach vor der Beschlagnahme der Versicherungsforderung der Versicherte diese mit

Wirkung gegen den Gläubiger einziehen, abtreten, verpfänden; die Forderung wird mit Ablauf eines Jahres seit Fälligkeit frei, wenn nicht vorher die Beschlagnahme zu Gunsten des Hypothekengläubigers erfolgt ist (§ 1129 BGB.).

§ 37.
Die Übertragung der Hypothek; Verpfändung oder Zession von Hypothekenforderungen?

Die Bestimmungen des BGB. über die Übertragung der Hypothek finden ihren Grund in der akzessorischen Natur dieses Rechtsgebildes. Die Hypothek geht mit Übertragung der Forderung auf den neuen Gläubiger über; die Forderung kann nicht ohne die Hypothek, die Hypothek kann nicht ohne die Forderung übertragen werden (§ 1153).

Einen scheinbaren Widerspruch enthält das wichtige Prinzip des § 1180, daß an die Stelle der Forderung, für welche die Hypothek besteht, eine andere Forderung gesetzt werden kann; doch löst die Differenz sich durch die Erwägung, daß § 1153 die Übertragung einer hypothekarisch gesicherten Forderung, § 1180 die Änderung des Inhalts der Hypothek behandelt [1]). Zu der Änderung ist die Einigung des Gläubigers und des Eigentümers sowie die Eintragung in das Grundbuch erforderlich. Hierzu tritt für den Fall, daß die Forderung, welche an die Stelle der bisherigen Forderung treten soll, nicht dem bisherigen Hypothekengläubiger zusteht, das weitere Erfordernis der Zustimmung des letzteren, welche entweder dem Grundbuchamt oder demjenigen gegenüber zu erklären ist, zu dessen Gunsten sie erfolgt. Es leuchtet ein, daß diese Bestimmung auch für die Genossenschaften von großer praktischer Bedeutung werden kann. Insbesondere wird dies dann der Fall sein, wenn ein Grundstück, das einer Genossenschaft für ihre Forderung verpfändet ist, seinen Besitzer wechselt und der neue Besitzer ebenfalls Schuldner der Genossenschaft ist.

Für die Abtretung der Forderung sind die Erfordernisse verschieden, je nachdem es sich um eine Briefhypothek oder eine Buchhypothek handelt. Besondere Vorschriften gelten daneben für die Abtretung einer durch Kautionshypothek gesicherten Forderung, sowie der Forderungen auf Zinsrückstände, Kosten und andere Nebenleistungen.

---

[1]) Vergl. die Protokolle der II. Lesung zu § 1180.

1. Bei der Briefhypothek ist zur Abtretung der Forderung nötig:

a) Erteilung der Abtretungserklärung in schriftlicher Form [1]);

b) Übergabe des Hypothekenbriefes.

Daß die Abtretungserklärung öffentlich beglaubigt sei, verlangt das Gesetz zum Übergange der Forderung und der Hypothek nicht. Allein das Recht des nur durch schriftliche Abtretungserklärung legitimierten Zessionars ist lückenhaft und unvollständig. Denn nach § 1160 kann der Geltendmachung der Briefhypothek widersprochen werden, wenn der Gläubiger nicht den Brief, sowie eine sein Gläubigerrecht dartuende, zusammenhängende, auf einen eingetragenen Gläubiger zurückführende Reihe von öffentlich beglaubigten Abtretungserklärungen vorlegt. Ebenso ist eine dem Eigentümer gegenüber erfolgte Kündigung oder Mahnung unwirksam, wenn der Gläubiger die bezeichneten Urkunden nicht vorlegt und der Eigentümer die Kündigung oder Mahnung aus diesem Grunde unverzüglich zurückweist. Auch nur die öffentlich beglaubigte Abtretungserklärung hat zu Gunsten des Besitzers des Hypothekenbriefs öffentlichen Glauben (§ 1155). Das volle Verfügungsrecht über Forderung und Hypothek wird somit nur durch öffentlich beglaubigte Abtretungserklärung erlangt, wenn auch die Rechtswirkung des Überganges schon durch Schriftform eintritt. Konsequent gibt daher § 1154 Abs. 1 Satz 2 BGB. dem neuen Gläubiger das Recht, vom bisherigen Gläubiger die öffentliche Beglaubigung der Abtretungserklärung auf dessen Kosten zu verlangen. Einer öffentlich beglaubigten Abtretungserklärung steht ein gerichtlicher Überweisungsbeschluß, ebenso das öffentlich beglaubigte Anerkenntnis einer kraft Gesetzes erfolgten Übertragung der Forderung gleich (§ 1155).

Die schriftliche Form der Abtretungserklärung kann durch Eintragung der Abtretung im Grundbuche ersetzt werden (§ 1154 Abs. 2). Die Eintragung hat, wie sich aus § 1160 ergibt, dieselben Wirkungen wie eine öffentlich beglaubigte Abtretungserklärung, vermag also auch diese zu ersetzen. Zur Eintragung der Abtretung im Grundbuche ist erforderlich entweder die Eintragungsbewilligung des bisherigen Gläubigers

---

[1]) Formulare s. Musterformulare Nr. 23, 24 (S. 25).

(§ 19 Reichsgrundbuchordnung) oder die Abtretungserklärung desselben (§ 26 GBO.); beide sollen vor dem Grundbuchamte zu Protokoll gegeben oder durch öffentliche oder öffentlich beglaubigte Urkunden nachgewiesen sein (§ 29 GBO.). In jedem Falle bedarf es auch der Vorlegung des Hypothekenbriefes (GBO. § 42), auf welchem die Eintragung von dem Grundbuchamte zu vermerken ist (GBO. § 62).

2. Bei der Buchhypothek erfolgt die Abtretung gemäß § 873 BGB. durch Einigung der Beteiligten und Eintragung der Abtretung im Grundbuche (§ 1154 Abs. 3 BGB.). Die nach § 19 GBO. erforderte Eintragungsbewilligung desjenigen, dessen Recht betroffen wird, also insbesondere des eingetragenen Gläubigers, muß auch hier entweder vor dem Grundbuchamte zu Protokoll gegeben oder durch öffentliche oder öffentlich beglaubigte Urkunden nachgewiesen werden (§ 29 GBO.)[1]).

3. Für die Kautionshypothek gibt § 1190 BGB. Abs. 4 folgende Sondervorschrift:

„Die Forderung kann nach den für die Übertragung von Forderungen geltenden allgemeinen Vorschriften übertragen werden. Wird sie nach diesen Vorschriften übertragen, so ist der Übergang der Hypothek ausgeschlossen."

Hieraus die Unübertragbarkeit der Kautionshypothek zu folgern, ist nicht angängig. Denn außer der Möglichkeit des § 1190 Abs. 4 liegt auch noch die Möglichkeit der Übertragung nach den gewöhnlichen, für Übertragung von Hypotheken geltenden Grundsätzen der §§ 1153 ff. BGB. vor. Hieraus folgt zweierlei: Einmal, daß die Kautionshypothek nicht ohne die ihr zu Grunde liegende Forderung übertragen werden kann (§ 1153 Abs. 2), und zweitens, daß die Übertragung der Forderung und mit ihr der Hypothek nur durch Eintragung im Grundbuche möglich ist. Dies ergibt sich daraus, daß nach § 1190 Abs. 3 die Kautionshypothek als Sicherungshypothek gilt, bei der Sicherungshypothek gemäß § 1185 die Erteilung des Hypothekenbriefes ausgeschlossen ist und bei brieflosen Hypotheken nach § 1154 Abs. 3 die Bestimmungen der §§ 873, 878 entsprechende Anwendung finden, welche für die in Betracht kommende Rechtsänderung Einigung der Beteiligten und Eintragung in das Grundbuch fordern. Eine, wenn auch gerichtlich oder notariell be-

[1]) Formular s. Musterformulare Nr. 25, 26 (S. 25, 26).

glaubigte, Abtretungserkärung würde daher nicht hinreichen, um die Übertragung einer Kautionshypothek rechtswirksam werden zu lassen. Sie würde nur gemäß § 873 Abs. 2 die Einigung der Parteien über die Abtretung zu einer bindenden machen.

Aus dem vorstehenden ergeben sich zwei Hauptsätze:

a) Die Übertragung einer Kautionshypothek ohne die zu Grunde liegende Forderung ist ausgeschlossen.

b) Die Übertragung einer Kautionshypothek mit der Forderung kann rechtswirksam nur durch Eintraguug in das Grundbuch erfolgen.

4. Soweit die Forderung auf Zinsrückstände, Kosten und andere Nebenleistungen gerichtet ist, ist ihre Übertragung gemäß § 1159 BGB. durch einfachen Abtretungsvertrag (§ 398 BGB.) zulässig.

Für alle in den Geltungsbereich des neuen Rechts fallenden Übertragungen von Hypotheken mit der Ausnahme unter 4 ist nach den oben gemachten Ausführungen die öffentliche, also gerichtliche oder notarielle Beglaubigung notwendig, damit der Zessionar das volle Gläubigerrecht erlangt. Diese von vornherein vorzunehmen, ist dann ratsam, wenn die Zession nicht als vorübergehende Sicherung, sondern als dauernde Unterlage für den gesamten Geschäftsverkehr zu betrachten ist, und insbesondere dann, wenn entfernt liegende Grundstücke verhypothekiert sind, deren fortgesetzte Übersehung eine schwierige ist. Im letzteren Falle dürfte sich empfehlen, nicht nur die Beglaubigung der Unterschrift zu verlangen, sondern auch die Eintragung in das Grundbuch zu bewirken. Handelt es sich dagegen um eine Verpfändung auf kurze Zeit, bei der Schwierigkeiten irgendwelcher Art nicht zu befürchten sind, so wird der Vorstand mit sich zu Rate gehen können, ob nicht in diesem Falle die Kosten der Beglaubigung bezw. Eintragung zu sparen sind.

Die Verpfändung einer Hypothekenforderung vollzieht sich in den gleichen Formen wie die Übertragung, wie denn überhaupt die Bestellung des Pfandrechtes an einem Rechte nach den für die Übertragung eines Rechtes geltenden Vorschriften erfolgt (§ 1274 BGB.). Eine Anzeige des Gläubigers an den Schuldner gemäß § 1280 BGB. ist nicht erforderlich; eine Ausnahme bildet auch hier die unter 4 erwähnte Forderung auf Zinsrückstände und Kosten, da zu deren Übertragung der einfache Abtretungsvertrag genügt. In jedem Falle aber dürfte den Genossenschaften zu raten sein, bei der Inpfandnahme von Hypotheken den Eigentümer in zuverlässiger Weise — etwa durch eingeschriebenen Brief — von der Verpfändung in Kenntnis zu setzen. Denn wenn der Eigentümer in Unkenntnis der Verpfändung Zahlungen an den Hypothekengläubiger leistet, so kann er sich dem Pfandgläubiger gegenüber zwar nicht in dinglicher, aber in obligatorischer Beziehung — d. h. soweit die der Hypothek zu Grunde liegende Forderung in Frage kommt — darauf berufen (vergl. oben § 28) [1]).

Im Anschluß hieran sei es gestattet, die in der Praxis der Vorschußvereine brennende Frage, ob die Verpfändung einer Hypothekenforderung der Zession vorzuziehen sei oder umgekehrt, einer kurzen Erörterung zu unterziehen. Trotz mannigfacher Bedenken scheint noch immer in weiten Kreisen die Form der Zession für zweckmäßiger gehalten zu werden, ohne daß ein Grund dafür erfindlich ist. Eine Zession ohne irgend welche Erwähnung des Zwecks oder Anlasses würde die üble und nicht beabsichtigte Folge haben, daß angenommen werden muß, der Gläubiger sei durch die Zession in Höhe seiner Forderung als für diese befriedigt anzusehen.

Eine Zession auf der anderen Seite, in der ausdrücklich bemerkt ist, daß sie nur „zur Sicherheit" erfolgte, ist eine juristische Mißgestalt. Zession ist die Übertragung einer Forderung auf einen andern zu Eigentum, zu völlig freier Verfügung darüber; fügt man diesem Rechtsakt die Klausel „zur Sicherheit" bei, so zerstört man den Grundcharakter des Rechtsgeschäftes, man nimmt dem Zessionar die Befugnis der ungehinderten Verfügung, man gewährt sie ihm nur unter bestimmten Voraussetzungen und in beschränktem Umfange. Solche beschränkten Befugnisse zu übertragen ist eben die ureigenste Domäne des Pfandrechts. Wer einem andern seine Sache, seine Forderung verpfändet, der gibt von seinem Eigentumsrechte nur einen kleinen Teil auf, indem er dem andern die Verkaufsbefugnis einräumt für den Fall, daß er ihn nicht rechtzeitig befriedigt; wer einem andern seine Sache verkauft, seine Forderung zediert, der räumt ihm das Eigentum an der Sache oder der Forderung unbegrenzt und mit allen seinen Wirkungen ein.

---

[1]) S. auch „Blätter für Genossenschaftswesen" 1906 S. 440 f.

Man würde es nicht für falsch halten können, die Zession einer Hypothekenforderung „zur Sicherheit“ einfach als Verpfändung anzusehen und zu behandeln, um so mehr, als nach dem BGB. (§ 1274) die Formen der Abtretung und der Verpfändung einer Hypothek die gleichen sind. Denn ohne Zweifel ist der von den Parteien beabsichtigte rechtliche und wirtschaftliche Erfolg einer Zession „zur Sicherheit“ genau der für die Verpfändung charakteristische.

Wenn man annehmen dürfte, daß die Gerichte diesen Standpunkt teilten, so würde es praktisch gleichgültig sein, ob man eine Hypothekenforderung sich verpfänden oder „zur Sicherheit“ zedieren läßt: rechtlich würde das Geschäft dann eben stets als Verpfändung behandelt. Aber daß diese Annahme fehl geht, zeigt ein der gerichtlichen Praxis entnommener Fall [1]); sowohl das Landgericht als das Oberlandesgericht haben scharf zwischen Verpfändung und Sicherheitszession unterschieden. Man wird sich also damit abfinden müssen, daß dieser Unterschied auch fernerhin teilweise gemacht wird. Dabei läuft also die sogenannte Sicherheitszession Gefahr, höchst verschiedenartig behandelt zu werden. Während der eine Richter erklärt: „Ich fasse sie als Verpfändung auf“, sagt der andere: „Sie ist eine Zession, die aber nur in Wirksamkeit tritt, wenn der Schuldner nicht zeitig zahlt“ [2]) und der dritte führt aus: „Eine Zession liegt ohne Zweifel vor; Zession ist die völlige Übertragung eines Forderungsrechts; mit diesem Begriff ist unvereinbar die Beschränkung auf bestimmte Fälle; ich sehe daher die Worte ‚zur Sicherheit‘ als ungültig und nicht vorhanden an und betrachte die ursprüngliche Forderung als durch die Zessionsvaluta getilgt und untergegangen.“ Allen diesen Kombinationen kann man eine gewisse Berechtigung nicht absprechen; auf alle muß man jedenfalls gefaßt sein, wenn es zu gerichtlicher Entscheidung kommt.

Dagegen schafft die Verpfändung einfache, klare Verhältnisse. Das Ziel, das erreicht werden soll, ist in ihrer Natur begründet, während die Zession ihrem Wesen nach ganz anderen Zwecken dient, als zu denen sie in dem besprochenen Falle mißbraucht wird [3]).

---

[1]) Blätter für Genossenschaftswesen 1899, S. 393.

[2]) Dies ist der Standpunkt des Reichsgerichts; vergl. Entsch. d. RG. in Zivilsachen, Bd. 24, S. 161 ff.

[3]) Vergl. auch Blätter für Genossenschaftswesen 1906, S. 568.

§ 38.
Die Rechte des Gläubigers aus der Hypothek.

Es mag zunächst in negativer Beziehung festgestellt werden, daß durch die Hypothek unter keinen Umständen das Recht des Eigentümers zur Veräußerung, Belastung, Parzellierung seines Grundstücks beschränkt wird, ihm bleibt vielmehr die volle Verfügungsfähigkeit über dasselbe. Das Bürgerliche Gesetzbuch geht sogar — teilweise über das frühere Recht hinaus — soweit, Verträge zwischen Eigentümer und Gläubiger, durch welche der erstere sich verpflichtet, das Grundstück nicht zu veräußern oder nicht weiter zu belasten, für nichtig zu erklären (§ 1136). Ferner gewährt die Hypothek an sich dem Gläubiger kein Recht auf Besitz und Nutzungen des Grundstücks; doch steht nichts im Wege, neben der Hypothek dem Gläubiger den Nießbrauch an dem Grundstücke zu bestellen, bis die Forderung getilgt ist.

Bezüglich der positiven Rechte des Gläubigers aus der Hypothek ist zwischen der Zeit vor Fälligkeit und der Zeit nach Fälligkeit der versicherten Forderung zu unterscheiden.

1. Vor Fälligkeit der Forderung.

a) Ist eine Verschlechterung des Grundstücks bereits eingetreten und infolge dessen die Sicherheit der Hypothek gefährdet, so kann der Gläubiger dem Eigentümer eine angemessene Frist zur Beseitigung der Gefährdung bestimmen. Nach fruchtlosem Ablaufe der Frist ist er berechtigt, sofort Befriedigung aus dem Grundstücke zu suchen. Er kann also in diesem Falle, ohne die Fälligkeit der Forderung abwarten zu müssen, alsbald die hypothekarische Klage anstellen. Gleichgültig ist es hierbei, ob die Verschlechterung des Grundstücks mit oder ohne Verschuldung des Eigentümers entstanden ist; ein Brandunglück, eine Überschwemmung würden also ebenfalls den Anspruch begründen.

b) Ist eine Verschlechterung des Grundstücks, welche die Sicherheit der Hypothek gefährdet, infolge einer Einwirkung des Eigentümers oder eines Dritten auf dasselbe erst zu befürchten, so kann der Gläubiger auf Unterlassung der Einwirkung klagen. Geht die Einwirkung vom Eigentümer aus, so ist der Gläubiger auch befugt, beim Gericht den Erlaß einer einstweiligen Verfügung gemäß §§ 935 ff. der ZPO. zur Abwendung der gefährdenden Einwirkung zu beantragen.

Einer Verschlechterung des Grundstückes steht in beiden Fällen die Verschlechterung von Zubehörstücken oder deren nicht im ordnungsmäßigen Wirtschaftsbetriebe erfolgende Entfernung von dem Grundstücke gleich (§ 1135).

2. Nach Fälligkeit der Forderung kann der Gläubiger die ordentliche Hypothekarklage anstellen, welche bezweckt, die Zwangsvollstreckung in das Grundstück zu ermöglichen. Klageberechtigt ist im allgemeinen der eingetragene Gläubiger und sein Rechtsnachfolger. Auch hier findet sich ein Unterschied zwischen der Buch- und der Briefhypothek:

a) Bei der Buchhypothek ist die Eintragung des Gläubigers im Grundbuche erforderlich und ausreichend.

b) Bei der Briefhypothek genügt auf der einen Seite die Eintragung allein nicht, es ist noch weiter die Aushändigung des Hypothekenbriefes erforderlich, auf die Nichtvorlegung desselben kann der beklagte Eigentümer eine Einrede stützen (§ 1160). Andererseits kann aus einer Briefhypothek aber auch ein nicht Eingetragener klagen, falls er sich nur durch eine auf den eingetragenen Gläubiger zurückführende Reihe von öffentlich beglaubigten Abtretungserklärungen legitimiert.

Die Klage richtet sich gegen den eingetragenen Eigentümer des verpfändeten Grundstückes oder dessen Erben.

Ihr Zweck ist, wie bereits betont, die Ermöglichung der Zwangsvollstreckung in das Grundstück. Wie der Klagantrag zu lauten habe, ist sehr bestritten. Auf der einen Seite wird folgende Fassung vorgeschlagen:

„Den Beklagten zu verurteilen, wegen der eingetragenen Summe die Zwangsvollstreckung in das Grundstück zu dulden“,

andere ziehen vor, den Antrag zu formulieren:

„festzustellen, daß die hypothekarischen Ansprüche des Klägers in das Grundstück vollstreckbar sind“.

Der letzteren Fassung wird der Vorzug zu geben sein, wenn man bedenkt, daß aus der Hypothek eine Verpflichtung, die Zwangsvollstreckung zu dulden, nicht entspringt. Zu beachten ist aber, daß die Klage mit dem zuletzt formulierten Antrage eine besonders geartete, gesetzliche Feststellungsklage, nicht etwa eine Feststellungsklage aus

§ 256 ZPO. ist. Ein besonderer Nachweis des rechtlichen Interesses an alsbaldiger Feststellung braucht nicht erbracht zu werden.

Bezüglich der Einreden des Beklagten ist zu unterscheiden, ob der ursprüngliche Gläubiger oder sein Erbe, oder ob ein Sondernachfolger desselben klagt. Dem ursprünglichen Gläubiger oder seinem Erben stehen alle Einreden, sowohl die gegen das Pfandrecht als die gegen die versicherte Forderung gerichteten, entgegen. Auch kann der Beklagte, wenn er nicht der persönliche Schuldner ist, dem ursprünglichen Gläubiger und dessen Erben gegenüber sich darauf berufen, daß der persönliche Schuldner noch zur Anfechtung der Schuld befugt sei, sowie daß derselbe sich durch Aufrechnung gegen eine fällige Schuld des Gläubigers befriedigen könne (§ 1137). Dem Sondernachfolger des ursprünglichen Gläubigers dagegen — also etwa dem Zessionar — können nur die Einwendungen aus der Person seines Rechtsvorgängers entgegengesetzt werden, welche ihm entweder bekannt sind oder aus dem Grundbuche oder dem eventuellen Hypothekenbriefe hervorgehen (§ 1157).

§ 39.
Die Hypothek in der Zwangsvollstreckung.

Die Befriedigung des Gläubigers aus dem Grundstück und den Gegenständen, auf die sich die Hypothek erstreckt, erfolgt im Wege der Zwangsvollstreckung (§ 1147 BGB.). Die Mittel, die das Gesetz zur Verwirklichung des Grundstückspfandrechtes gibt, sind die Zwangsversteigerung und die Zwangsverwaltung des Grundstückes. Das Verfahren ist geregelt im Reichsgesetz vom 24. März 1897.

I. Allgemeine Vorschriften.

Vollstreckungsgericht ist das Amtsgericht, in dessen Bezirk das Grundstück belegen ist (§ 1)[1]. Die Zwangsvollstreckung in Grundstücke — Versteigerung wie Verwaltung — wird zwar nur auf Antrag eröffnet, allein das einmal eröffnete Verfahren ist Offizialbetrieb; insbesondere erfolgen die Zustellungen von Amts wegen (§§ 3—8). Als Beteiligte gelten bei dem Verfahren (§ 9):

[1]) Die Paragraphenzahlen ohne nähere Bezeichnung beziehen sich auf das Reichsgesetz über die Zwangsversteigerung und die Zwangsverwaltung vom 24. März 1897.

a) der *Gläubiger*, d. i. der betreibende Gläubiger, der den Antrag auf Vollstreckung gestellt hat;

b) der *Schuldner*, d. i. derjenige, gegen den der Antrag auf Zwangsvollstreckung in das Grundstück gerichtet ist, nicht der etwa von diesem verschiedene persönliche Schuldner;

c) diejenigen, *für welche* zur Zeit der Eintragung des Vollstreckungsvermerkes (§ 19) *ein Recht im Grundbuche eingetragen oder durch Eintragung gesichert ist;*

d) diejenigen, welche *ein der Zwangsvollstreckung entgegenstehendes Recht* oder *ein Recht an dem Grundstücke* haben, insbesondere auch der besitzende *Mieter und Pächter.*

Ein Recht auf Befriedigung aus dem Grundstücke gewähren in folgender Rangordnung (§ 10):

1. der Anspruch eines *die Zwangsverwaltung betreibenden Gläubigers* auf Ersatz *seiner Ausgaben zur Erhaltung oder nötigen Verbesserung des Grundstücks*, im Falle der Zwangsversteigerung jedoch nur, wenn die Verwaltung bis zum Zuschlage fortdauert und die Ausgaben nicht aus den Nutzungen des Grundstücks erstattet werden können;

2. bei einem land- oder forstwirtschaftlichen Grundstücke die Ansprüche der zur Bewirtschaftung des Grundstücks oder zum Betrieb eines mit dem Grundstücke verbundenen land- oder forstwirtschaftlichen Nebengewerbes angenommenen, *in einem Dienst- oder Arbeitsverhältnisse stehenden Personen*, insbesondere des Gesindes, der Wirtschafts- und Forstbeamten, auf Lohn, Kostgeld und andere Bezüge wegen der laufenden und der aus dem letzten Jahre rückständigen Beträge;

3. die laufenden und die zwei Jahre rückständigen *öffentlichen Lasten;*

4. *die Ansprüche aus eingetragenen dinglichen Rechten* jeder Art, bei wiederkehrenden Leistungen jedoch nur die laufenden und die zwei Jahre rückständigen Beträge; hierher gehören insbesondere die *Hypotheken, Grundschulden und Rentenschulden;*

5. der Anspruch *des betreibenden persönlichen Gläubigers*, soweit er nicht in einer der vorhergehenden Klassen zu befriedigen ist;

6. die Ansprüche der vierten Klasse, soweit sie infolge der Beschlagnahme (§ 20) dem Gläubiger gegenüber unwirksam sind; hierher gehören diejenigen dinglichen Ansprüche, welche nach der Beschlagnahme des Grundstücks begründet werden;

7. die Ansprüche der dritten Klasse wegen der älteren als zweijährigen Rückstände;

8. die Ansprüche der vierten Klasse wegen älterer Rückstände.

In allen Klassen kommen neben dem Hauptanspruche die Kosten der Kündigung und der die Befriedigung aus dem Grundstücke bezweckenden Rechtsverfolgung in Ansatz.

Was die Rechtsmittel betrifft, so sind die Entscheidungen über die Anordnung, Aufhebung, einstweilige Einstellung oder Fortsetzung des Verfahrens mit der sofortigen, innerhalb zwei Wochen einzulegenden Beschwerde (§ 793 ZPO.) anfechtbar. Die übrigen vor Beschlußfassung über den Zuschlag erfolgenden Entscheidungen können nicht selbständig, sondern nur mit der Entscheidung über den Zuschlag angefochten werden (§ 95). Gegen die letztere ist ebenfalls die sofortige Beschwerde der Zivilprozeßordnung mit einigen Modifikationen (§§ 97 bis 104) gegeben (§ 96). Gegen die Entscheidung des Beschwerdegerichts ist weitere Beschwerde zulässig (vergl. § 102).

Wichtig ist die Frage: Wie verhält sich die Zwangsvollstreckung in Grundstücke zum Konkurse über das Vermögen des Realschuldners? Hierüber gibt Aufschluß § 47 der Konkursordnung: Die Realgläubiger nehmen als solche am Konkurse nicht teil, ihre Befriedigung erfolgt abgesondert aus den der Zwangsvollstreckung in das unbewegliche Vermögen unterliegenden Gegenständen. Doch hat der Konkurs des Realschuldners immerhin die Folge, daß der Konkursverwalter seinerseits zur Stellung des Antrages auf Zwangsversteigerung und Zwangsverwaltung befugt wird (§ 126 KO.).

II. Die Zwangsversteigerung.

Ihre Grundlage bildet ein gegen den Eigentümer des Grundstücks gerichteter vollstreckbarer Schuldtitel. Eine Ausfertigung desselben sowohl als die Beurkundung der Zustellung an den Schuldner sind dem Versteigerungsantrage beizufügen (§ 16 Abs. 2). Die Anordnung der Zwangsversteigerung setzt voraus, daß der Schuldner als Eigentümer des Grundstücks eingetragen oder daß er Erbe des eingetragenen Eigentümers ist (§ 17). Ordnet das Gericht — durch Beschluß — die Zwangsversteigerung an, so ist zugleich das Grundbuchamt um Eintragung dieser Anordnung — des Versteigerungsvermerkes — in das Grundbuch zu ersuchen (§ 19). Der Beschluß gilt zu Gunsten des Gläubigers als Beschlagnahme des Grundstücks mit der Wirkung eines Veräußerungsverbotes (§ 23). Die Beschlagnahme umfaßt auch diejenigen Gegenstände, auf welche sich bei einem Grundstücke die Hypothek mit erstreckt, jedoch mit gewissen Ausnahmen (§ 21), insbesondere mit Ausnahme der Miet- und Pachtzinsforderungen. Die Verwaltung und Benutzung des Grundstücks verbleibt dem Schuldner nur innerhalb der Grenzen einer ordnungsmäßigen Wirtschaft (§ 24). Wird nach der Anordnung der Zwangsversteigerung ein weiterer Antrag auf Zwangsversteigerung gestellt, so erfolgt statt eines neuen Versteigerungsbeschlusses die Anordnung, daß der Beitritt des Antragstellers zu dem Verfahren zugelassen wird. Der zum Beitritt Zugelassene hat dieselben Rechte, als wenn auf seinen Antrag das Verfahren eröffnet worden wäre.

Aufzuheben ist das Verfahren einmal, wenn der betreibende Gläubiger den Versteigerungsantrag zurücknimmt (§ 29), und ferner ohne Antrag, wenn dem Gerichte ein aus dem Grundbuche ersichtliches, der Fortsetzung des Verfahrens entgegenstehendes Recht bekannt wird (§ 28). Auch eine einstweilige Einstellung des Verfahrens ist — jedoch nur einmal — bei Bewilligung des Gläubigers anzuordnen (§§ 30 ff.).

Die Versteigerung wird durch das Vollstreckungsgericht ausgeführt (§ 35); dasselbe trifft zunächst die Terminsbestimmung, deren öffentliche Bekanntmachung (§ 39) vorgeschrieben ist und die eine Reihe wesentlicher Erfordernisse (§ 37) enthalten muß, insbesondere die Aufforderung, Rechte an dem Grundstücke anzumelden, sowie andererseits der Versteigerung entgegenstehende Rechte geltend zu machen.

Bei der Versteigerung wird nur ein Gebot zugelassen, durch welches die den betreibenden Gläubigern vorgehenden Ansprüche und die allgemeinen Kosten des Verfahrens gedeckt werden — das sogenannte „geringste Gebot“ (§ 44). Bei der Feststellung des geringsten

Gebotes sind ohne Anmeldung zu berücksichtigen Rechte, welche sich aus dem Grundbuche ergeben; im übrigen sind nur solche Ansprüche aufzunehmen, welche rechtzeitig angemeldet und, falls ein betreibender Gläubiger widerspricht, glaubhaft gemacht werden (§ 45).

Bezüglich der Versteigerungsbedingungen, zu welchen in erster Linie das geringste Gebot gehört, findet sich in § 59 die Bestimmung, daß jeder Beteiligte eine von den gesetzlichen Vorschriften (§§ 44—58) abweichende Feststellung derselben verlangen kann; wird durch die Abweichung das Recht eines anderen Beteiligten beeinträchtigt, so ist dessen Zustimmung erforderlich.

Die Feststellung von Zahlungsfristen als Versteigerungsbedingung kann von jedem Beteiligten für den das geringste Gebot übersteigenden Betrag des Meistgebots verlangt werden, ohne daß es der Zustimmung eines anderen Beteiligten bedarf (§ 60). Indessen kann jeder Beteiligte, dessen Interesse durch die Bewilligung von Zahlungsfristen beeinträchtigt werden würde — also insbesondere der betreibende Gläubiger und die gleich- und nachstehend Berechtigten deren Interesse Barzahlung erheischt — verlangen, daß das Grundstück mit und ohne Zahlungsfristen ausgeboten werde. Der Zuschlag mit Zahlungsfristen ist alsdann nur unter bestimmten Voraussetzungen (§ 61) zu erteilen. Das Gericht kann auf Antrag anordnen, daß mithaftende Gegenstände von der Versteigerung des Grundstücks ausgeschlossen und selbständig versteigert oder anderweit verwertet werden sollen (§ 65). Besondere Vorschriften (§§ 63, 64) treffen den Fall, daß mehrere mit Gesamthypotheken belastete Grundstücke in demselben Verfahren begriffen sind. Ganz allgemein kann endlich das Gericht schon vor dem Versteigerungstermin Erörterungen der Beteiligten über das geringste Gebot und die Versteigerungsbedingungen veranlassen, zu diesem Zwecke auch einen besonderen Termin bestimmen (§ 62).

Das Verfahren erreicht seinen Höhepunkt im Versteigerungstermin. Persönliche Anwesenheit oder Vertretung in demselben ist bei seiner Wichtigkeit dringend anzuraten. Zunächst werden nach Aufruf der Sache die das Grundstück betreffenden Nachweisungen, die betreibenden Gläubiger und ihre Ansprüche, die Zeit der Beschlagnahme und die erfolgten Anmeldungen bekannt gemacht und darauf zur Feststellung des geringsten Gebotes und der übrigen Versteigerungsbedingungen geschritten. Sodann hat das Gericht zur Abgabe von Geboten aufzufordern (§ 66). Zwischen diesem Zeitpunkte und dem Schluß der Versteigerung muß mindestens eine Stunde liegen. Die Versteigerung muß so lange fortgesetzt werden, bis trotz Aufforderung ein Gebot nicht mehr abgegeben wird. Das Gericht hat das letzte Gebot — mittels dreimaligen Aufrufs — und den Schluß der Versteigerung zu verkünden (§ 73). Mitbieten darf sowohl der betreffende Gläubiger als der Schuldner; ausgeschlossen sind nur der mit der Vornahme oder Leitung der Versteigerung Beauftragte und seine Gehilfen (§ 456 BGB.). Jeder Beteiligte, dessen Recht durch Nichterfüllung des Gebots beeinträchtigt würde — hierhin gehören also im allgemeinen nicht Gläubiger, deren Ansprüche in das geringste Gebot fallen — kann Sicherheitsleistung verlangen, jedoch nur sofort nach Abgabe des Gebots. Besondere Bestimmungen über Ausnahmen hiervon, sowie über Art und Höhe der Sicherheitsleistung treffen die §§ 67—69; hier möge der Hinweis darauf genügen, daß ein Bieter, dem eine durch sein Gebot ganz oder teilweise gedeckte Hypothek, Grundschuld oder Rentenschuld zusteht, Sicherheit nur auf Verlangen des betreibenden Gläubigers zu leisten braucht, daß im allgemeinen die Sicherheit für ein Zehntel des Bargebots, mindestens aber in Höhe der aus dem Erlöse zu deckenden Kosten, und daß sie durch Hinterlegung von Geld oder inländischen Wertpapieren, die einen Kurswert haben, zu leisten ist. Das Gericht hat über die Sicherheitsleistung sofort zu entscheiden (§ 70). Unwirksame Gebote — wenn z. B. der Bieter geschäftsunfähig oder beschränkt geschäftsfähig ist, wenn die erforderliche Zustimmung eines anderen oder einer Behörde fehlt — sind zurückzuweisen (§ 71). Ein Gebot erlischt, wenn es zurückgewiesen wird, ohne daß der Bieter oder ein Beteiligter widerspricht, ferner wenn ein Übergebot abgegeben, wenn das Verfahren eingestellt, wenn der Termin aufgehoben wird (§ 72). Wird ein wirksames Gebot nicht abgegeben, so ist das Verfahren einzustellen; verläuft ein zweiter Termin ebenfalls ergebnislos, so wird das Verfahren aufgehoben (§ 77). Nach dem Schlusse der regelmäßig verlaufenen Versteigerung sind die anwesenden Beteiligten über den Zuschlag zu hören (§ 74).

Die Entscheidung über den Zuschlag erfolgt durch Gerichtsbeschluß auf Grund des Versteigerungsprotokolles (§§ 79, 80). Der

Zuschlag ist dem Meistbietenden oder dem, welchem der Meistbietende das Recht aus dem Meistgebot durch Erklärung im Versteigerungstermin selbst oder nachträglich durch öffentlich beglaubigte Urkunde abgetreten hat, zu erteilen (§ 81). Er ist zu versagen aus mannigfachen Gründen (§ 83 Nr. 1—7); insbesondere wenn Vorschriften des bürgerlichen Rechtes entgegenstehen und wenn das Verfahren regelnde Bestimmungen verletzt sind. Auch ist jeder Beteiligte, dessen Recht durch den Zuschlag beeinträchtigt werden würde, befugt, vor dem Schlusse der Verhandlung über den Zuschlag die Bestimmung eines neuen Versteigerungstermins zu beantragen, falls er sich zum Ersatze der entstehenden Mehrkosten verpflichtet und auf Verlangen eines anderen Beteiligten Sicherheit leistet; der Zuschlag ist alsdann ebenfalls zu versagen (§ 85). Der Beschluß, durch welchen der Zuschlag erteilt oder versagt wird, ist im Versteigerungstermin oder in einem sofort und nicht über eine Woche hinaus anzusetzenden Termine zu verkünden und überdies den nicht erschienenen Beteiligten zuzustellen. Gegen den Beschluß über den Zuschlag ist als Rechtsmittel, wie bereits oben bemerkt, die sofortige Beschwerde gegeben (§§ 95, 96). Sie steht im Falle der Erteilung des Zuschlages jedem Beteiligten sowie dem Ersteher zu, im Falle der Versagung dem betreibenden Gläubiger, in beiden Fällen auch dem Bieter und eventuell dessen Zessionar (§ 97). Die Beschwerde kann an sich gerichtet werden gegen sämtliche Beteiligte; § 99 bestimmt in dieser Beziehung: „Erachtet das Beschwerdegericht eine Gegenerklärung für erforderlich, so hat es zu bestimmen, wer als Gegner des Beschwerdeführers zuzuziehen ist.“

Die Rechtswirkung des Zuschlags äußert sich dahin, daß durch ihn der Ersteher Eigentümer des Grundstücks sowie der Gegenstände wird, auf welche sich die Versteigerung miterstreckt hat (§ 90). Er kann ohne weiteres aus dem Zuschlagsbeschlusse gegen den Besitzer des Grundstücks die Zwangsvollstreckung auf Räumung und Herausgabe betreiben (§ 93). Mit dem Zuschlag gehen die Gefahr, die Nutzungen und Lasten auf den Ersteher über (§ 56). Fremde Rechte an dem Grundstücke, welche nicht nach den Versteigerungsbedingungen bestehen bleiben sollen, erlöschen mit dem Zuschlag (§ 91); doch tritt unter Umständen an ihre Stelle ein Anspruch auf Ersatz des Wertes aus dem Versteigerungserlöse (§ 92).

Die Verteilung des Versteigerungserlöses erfolgt regelmäßig durch das Gericht. Doch können sich die Beteiligten außergerichtlich über die Verteilung einigen (§§ 143—145); diese Einigung ist dem Gerichte durch öffentliche oder öffentlich beglaubigte Urkunden nachzuweisen.

Im Regelfall hat das Gericht nach Erteilung des Zuschlags einen Verteilungstermin zu bestimmen. Die Terminsbestimmung ist den Beteiligten zuzustellen; sie soll auch an die Gerichtstafel angeheftet werden (§ 105). Zur Vorbereitung des Verteilungsverfahrens kann das Gericht in der Terminsbestimmung die Beteiligten zur Einreichung einer Berechnung ihrer Ansprüche binnen zwei Wochen auffordern; der hiernach angefertigte Teilungsplan ist spätestens drei Tage vor dem Termin auf der Gerichtsschreiberei zur Einsicht der Beteiligten auszulegen (§ 106). Im Verteilungstermin ist zunächst festzustellen, wieviel die zu verteilende Masse beträgt (§ 107); die allgemeinen Kosten des Verfahrens werden vorweggenommen und der Überschuß verteilt (§ 109). Zu diesem Zwecke ist, wenn er noch nicht vor dem Termin angefertigt war (§ 106), ein Teilungsplan aufzustellen (§ 113), über welchen sofort verhandelt wird (§ 115). Soweit der Versteigerungserlös in Geld vorhanden ist, wird der Teilungsplan durch Zahlung an die Berechtigten ausgeführt (§ 117). Soweit dies nicht der Fall ist, also die bar zu zahlenden Gelder im Termin nicht berichtigt sind, ist die Forderung gegen den Ersteher auf die Berechtigten durch Anordnung des Gerichts zu übertragen (§ 118) und für diese Forderung eine Sicherungshypothek an dem Grundstücke einzutragen (§ 128). Ist der Teilungsplan ausgeführt und der Zuschlag rechtskräftig, so hat das Vollstreckungsgericht das Grundbuchamt um entsprechende Berichtigung des Grundbuches zu ersuchen (§ 130).

III. Die Zwangsverwaltung.

Während die Zwangsversteigerung die Substanz des Grundstücks ergreift, macht sich die Zwangsverwaltung die Früchte desselben dienstbar. Auf die Anordnung der Zwangsverwaltung finden im allgemeinen die Vorschriften über die Zwangsversteigerung Anwendung. Abweichungen statuieren die §§ 147 bis 151. Hiernach findet insbesondere die Zwangsverwaltung wegen des Anspruchs aus einem eingetragenen Rechte nicht bloß gegenüber dem Eigentümer, sondern auch gegenüber dem Eigenbesitzer (§ 872 BGB.) statt. Ferner umfaßt die Beschlagnahme bei der Zwangsverwaltung auch Erzeugnisse, sowie Miets- und Pachtzinsforderungen, die bei der Zwangsversteigerung von der Beschlagnahme ausgenommen sind. Durch die Beschlagnahme wird dem Schuldner die Verwaltung und Benutzung des Grundstücks entzogen (§ 148 Abs. 2); doch sind ihm, falls er auf dem Grundstück wohnte, die für seinen Hausstand unentbehrlichen Räume zu belassen (§ 149). Wirksam wird die Beschlagnahme wie bei der Zwangsversteigerung, weiter aber auch dadurch, daß der Verwalter den Besitz des Grundstücks erlangt (§ 151). Der Verwalter wird vom Gericht bestellt und erforderlichenfalls in Besitz des Grundstücks gesetzt (§ 150). Der Verwalter hat das Recht und die Pflicht, alle Handlungen vorzunehmen, die erforderlich sind, um das Grundstück in seinem wirtschaftlichen Bestande zu erhalten und ordnungsmäßig zu benutzen (§ 152); er ist für die Erfüllung der ihm obliegenden Verpflichtungen allen Beteiligten gegenüber verantwortlich und hat jährlich und nach Beendigung der Verwaltung dem betreibenden Gläubiger und dem Schuldner Rechnung zu legen, die dem Gericht einzureichen ist (§ 154); auch im übrigen übt das Gericht ein Aufsichtsrecht über ihn aus, es kann von ihm Sicherheitsbestellung fordern, gegen ihn Ordnungsstrafen bis 200 M. verhängen, ihn entlassen (§ 153). Aus den Nutzungen des Grundstücks sind die Ausgaben der Verwaltung sowie die allgemeinen Kosten des Verfahrens vorweg zu berichtigen; der Überschuß wird durch das Gericht, im wesentlichen nach den bei der Zwangsversteigerung geltenden Normen, verteilt. Im Verteilungstermin wird der Teilungsplan für die ganze Dauer des Verfahrens, also auch für künftige Nutzungen, aufgestellt (§ 156). Die Reihenfolge der bei der Verteilung zu berücksichtigenden Beträge ist dieselbe, wie bei der Zwangsversteigerung (vergl. oben unter I.); doch werden die Ansprüche der zweiten, dritten und vierten Klasse nur insoweit berücksichtigt, als es sich um laufende Beträge handelt (§ 155). Das Gericht ordnet nach der Feststellung des Teilungsplanes die planmäßige Zahlung an die Berechtigten an, welche zur Zeit ihrer Fälligkeit durch den Verwalter erfolgt (§ 157). Die Aufhebung der Zwangsverwaltung erfolgt durch Beschluß des Berichts; sie hat namentlich dann zu erfolgen, wenn die betreibenden Gläubiger befriedigt sind (§ 161).

Die Bestimmungen des Gesetzes über die Zwangsversteigerung und die Zwangsverwaltung treten nach § 1 des EinfGes. für jeden Grundbuchbezirk mit dem Zeitpunkt in Kraft, in welchem das Grundbuch als angelegt anzusehen ist. (Vergl. § 31.)

§ 40.

Die Hypothek im Geschäftsverkehr der Genossenschaften.

Die Gewährung von Realkredit, das Ausleihen von Geld auf Hypotheken ist im allgemeinen nicht Aufgabe der auf genossenschaftlichem Prinzipe beruhenden Kreditinstitute. Aber es hieße sich den Tatsachen verschließen, wollte man leugnen, daß in der Praxis häufig Grundstücke und Hypothekenforderungen den Genossenschaften zur Sicherheit verpfändet werden. Welche von den verschiedenen Arten der hypothekarischen Belastung von Grundstücken eignet sich nun speziell für den Geschäftsverkehr einer Kreditgenossenschaft?

Eine allgemeine Antwort ist schwer zu erteilen; die Verhältnisse des Einzelfalles entscheiden hier allein. Als Regel wird man vielleicht aufstellen können, daß im allgemeinen Briefhypotheken der Vorzug vor Buchhypotheken zu geben ist, weil sie einen leichteren und freieren Verkehr ermöglichen. Dies zeigt sich insbesondere bei der Abtretung und der mit dieser sich in gleichen Formen vollziehenden Verpfändung (s. oben § 37); sie kann bei der Briefhypothek durch gerichtlich oder notariell beglaubigte Erklärung und Übergabe des Hypothekenbriefes erfolgen, während bei der Buchhypothek stets Eintragung im Grundbuche erforderlich ist.

Für den Kontokorrentkredit erscheint in hervorragendem Maße geeignet die sogenannte Kautions- oder Ultimathypothek (s. oben § 33 unter 2 b). Der bewegliche fluktuierende Kredit in laufender Rechnung wird bis zu einem bestimmten Höchstbetrage gewährt: ebenso wird die Kautionshypothek für eine unbestimmte Forderung unter Eintragung eines Höchstbetrages bestellt. Sie ist somit für den Kontokorrentkredit wie geschaffen.

Für den Fall, daß vorübergehend Sicherheit gegeben werden soll, dürfte sich auch die einfache Sicherungshypothek (§ 33 unter 2a) eignen; diese muß eintreten als Sicherstellung für Forderungen aus indossablen und Inhaberpapieren, insbesondere aus Wechseln. Im übrigen ist ein erheblicher Unterschied zwischen der einfachen Sicherungshypothek und der gewöhnlichen Verkehrs- oder sogenannten Spezialhypothek für die Praxis der Kreditgenossenschaften nicht zu machen. Das Verhältnis der beiden Rechtsformen charakterisiert kurz und treffend die Denkschrift zum Entwurf eines Bürgerlichen Gesetzbuches (amtliche Ausgabe S. 669) dahin:

„Neben der Verkehrshypothek in ihren beiden Formen ist die Sicherungshypothek, welche das dingliche Recht des Gläubigers schlechthin von der Forderung abhängig macht, für die Fälle unentbehrlich, denen die sogenannte Kautionshypothek des geltenden Rechtes dient, sowie für die Fälle, in welchen die Forderung aus einer Schuldverschreibung auf den Inhaber oder aus einem Orderpapier durch Hypothek gesichert werden soll. Es erscheint aber überhaupt gerechtfertigt, daß dem Beteiligten auch in solchen Fällen, in denen eine ihrem Grunde und Betrage nach bestimmte Forderung hypothekarisch gesichert werden soll, die Möglichkeit gegeben wird, statt einer verkehrsfähigen Hypothek eine Sicherungshypothek zu begründen."

Eine weitere, in den Verwaltungsorganen der Kreditvereine häufig aufgeworfene Frage ist: Wie verschafft sich der Aufsichtsrat bei seinen Revisionen die pflichtgemäße Kenntnis, ob die in den Büchern der Genossenschaft eingetragenen Hypotheken auch zu Recht bestehen? Bei Briefhypotheken gibt der vorhandene Brief genügende Auskunft; bei Buchhypotheken, insbesondere bei Sicherungs- und Kautionshypotheken, bei denen allgemein die Erteilung eines Briefes ausgeschlossen ist, fehlt dies Hilfsmittel. Sich vom Grundbuchrichter Bescheinigungen über den Inhalt des Grundbuches ausstellen zu lassen, kann mit Rücksicht auf die nicht unerheblichen Kosten den Genossenschaften nicht allgemein angeraten werden. Es bleibt daher dem Aufsichtsrat bezw. einem von ihm zu beauftragenden Mitgliede nichts anderes übrig, als Einsicht in das Grundbuch zu nehmen und so den Hypothekenbestand der Genossenschaft einwandsfrei festzustellen. Daß der Grundbuchrichter die Einsicht gestatten wird, darf wohl angenommen werden (vergl. oben § 23 und die dort zitierte Kammergerichts-Entscheidung). Natürlich ist, falls Hypotheken auf auswärtigen Grundstücken eingetragen sind, nicht erforderlich, daß ein Mitglied des Aufsichtsrats die Reise dorthin unternimmt, sondern es wird ausreichen, wenn eine an dem betreffenden Orte ansässige Vertrauensperson mit der Grundbuchseinsicht beauftragt wird. Auch soll nicht etwa als Prinzip aufgestellt werden, daß regelmäßig bei allen Revisionen des Aufsichtsrates solchergestalt der Hypothekenbestand zu prüfen ist. Eine von Zeit zu Zeit vorgenommene Prüfung wird ihren Zweck auch erfüllen. Wesentlich ist nur, daß der Aufsichtsrat sich auf die bei der Genossenschaft geführten Verzeichnisse der Hypotheken rc. nicht ohne weiteres verläßt, sondern ab und zu deren Richtigkeit durch Grundbuchseinsicht kontrolliert.

§ 41.
Das Güterzielergeschäft.

Das Güterzielergeschäft, ein insbesondere von den süddeutschen Kreditgenossenschaften gepflegter Geschäftszweig, hatte im wesentlichen seine Grundlage in den Bestimmungen des französischen Rechtes über die sogenannten Vorzugsrechte. Von diesen gesetzlichen Vorzugsrechten an Immobilien kamen insbesondere in Betracht:

1. Das Vorzugsrecht des Verkäufers einer Liegenschaft an dieser Liegenschaft wegen des rückständigen Kaufgeldes und der Zinsen;
2. Das Vorzugsrecht derjenigen, welche zum Erwerb einer Liegenschaft Geld hergegeben haben, an dieser Liegenschaft.

Auf diese dinglichen Vorzugsrechte gestützt, entwickelte sich in den Ländern des französischen Rechts der Ankauf von Kaufgeldforderungen (Güterzielern) als ein auch von den Genossenschaften lebhaft betriebenes Geschäft. Gegen Zahlung des Gesamtpreises mit einem bestimmten prozentualen Nachlaß ließ man sich von dem Immobilienverkäufer dessen dinglich gesicherte, in Raten zu zahlende Kaufpreisforderung zedieren. Es ist erklärlich, daß dies Geschäftsverfahren vielfach durch Ausnutzung augenblicklicher Geldverlegenheit in die Hände von Wucherern geriet, die durch Ausbedingung unverhältnismäßig hoher Nachlässe ein gutes Geschäft machten. Das Verdienst der Kreditgenossenschaften ist es gewesen, diese Geschäfte dadurch den Wucherern zu entreißen, daß sie sich mit einem geringen, nur noch als Provision anzusehenden Nachlaß vom Kaufpreise begnügten [1]). Von diesem Standpunkte aus kann auch gegen das Beibehalten des Geschäftszweiges, dort wo er eingebürgert ist, nichts eingewandt werden, wenngleich er den Boden des von den Genossenschaften im allgemeinen nicht zu pflegenden Realkredits betritt und unter Umständen zur Festlegung von Beständen auf lange Zeit führt.

Da nun das Bürgerliche Gesetzbuch weder ein Vorzugsrecht noch die Begründung einer Hypothek durch den Kaufvertrag kennt, fragt es sich, wie sich dieser Geschäftszweig unter dem geltenden Recht gestalten kann. Insbesondere ist die Befürchtung geäußert worden, daß sich die Käufer nach Erwerb des Grundstücks nicht auf die umständliche Bestellung einer Hypothek einlassen, so daß also eine hypothekarische Sicherstellung des Kaufpreises überhaupt nicht erfolgt. Diese Befürchtung dürfte jedoch nicht begründet sein. Zunächst wird sich der Verkäufer wohl kaum auf einen Verkauf einlassen, wenn der Kaufpreis nicht bar bezahlt oder sichergestellt wird. Diese Sicherstellung wird aber, wie bisher, in den weitaus meisten Fällen nur durch das Grundstück selbst erfolgen können und der Käufer wird sich darum wohl schon dazu herbeilassen müssen, die hypothekarische Eintragung sofort nach der Auflassung zu bewirken. Dies kann sogar direkt auf den Namen des Zessionars geschehen, so daß die Zession der Hypothekforderung gespart wird.

Fraglich dürfte es dagegen sein, welche Art der hypothekarischen Sicherung für das Güterzielergeschäft die zweckmäßigste ist. Die Sicherungshypothek, deren Bestand sich nach dem Bestande der jeweiligen Forderung richtet, dürfte als Sicherheit für eine in Raten abzuzahlende Forderung in erster Linie in Betracht kommen; bei ihr ist die Bildung eines Hypothekenbriefes ausgeschlossen. Gerade aus letzterem Grunde aber ist es zweifelhaft, ob die Sicherungshypothek in allen Fällen für das Güterzielergeschäft passend erscheint. Es kann keinem Zweifel unterliegen, daß die Belastung des Grundstücks sehr erschwert wird, wenn auf ihm eine Sicherungshypothek mit unwandelbarem Betrag an erster Stelle eingetragen ist, während tatsächlich die Mög-

[1]) Vergl. Conrad in den „Blättern für Genossenschaftswesen", 1907, S. 252 f.

lichkeit weiterer hypothekarischer Belastung durch Zahlung einer Reihe von Raten des Kaufgeldrestes gegeben ist. Klarer wird in dieser Beziehung die Situation, wenn für die Kaufgeldforderung eine einfache Briefhypothek eingetragen und auf dem Brief (gemäß § 1145 BGB.) Quittung über die geleisteten Ratenzahlungen erteilt wird. Dies letztere Verfahren würde demnach dann vorzuziehen sein, wenn der Zedent Wert auf die Möglichkeit einer weiteren nachhypothekarischen Belastung seines Grundstücks legt.

Übrigens ist nach geltendem Recht für die bayerische Pfalz ein gewisser Ausnahmezustand auf diesem Gebiete erhalten geblieben. Durch das bayerische Ausführungsgesetz zur Zivilprozeßordnung vom 23. Februar 1879 war folgendes bestimmt: In dem Kaufvertrage kann vereinbart werden, daß bei Verzug des Käufers mit Zahlung des Kaufpreises nach Ablauf einer Zahlungsfrist von 15 Tagen das Kaufobjekt durch einen Notar ohne die Förmlichkeiten der Zwangsversteigerung öffentlich versteigert werden kann. Diese Versteigerung hat die Wirkung, daß mit ihr alle etwa in der Zwischenzeit vom Käufer darauf gelegten Lasten von selbst erlöschen. Die Art. 17 und 18 des bayrischen Liegenschaftsgesetzes in der Pfalz vom 1. Juli 1898 haben dieses Verfahren der sogenannten „vertragsmäßigen Wiederversteigerung" mit den Modifikationen, wie sie sich aus dem Bürgerlichen Gesetzbuch ergeben, beibehalten. Es muß dieser Anspruch nur gemäß § 883 des BGB. in das Grundbuch eingetragen werden. Die Vereine haben dann bei jeder Zession darauf zu achten:

1. daß die Klausel der vertragsmäßigen Wiederversteigerung als Bedingung in den Kaufvertrag aufgenommen und
2. daß sie in das Grundbuch eingetragen ist, bevor von dem Käufer andere Lasten auf das Grundstück gelegt wurden.

Vierter Teil.

Das Familienrecht.

§ 42.

Das eheliche Güterrecht.

Das Bürgerliche Gesetzbuch steht prinzipiell auf dem Standpunkt, daß die Ehegatten vor und während der Ehe ihre güterrechtlichen Verhältnisse durch — gerichtlich oder notariell abzuschließenden — Vertrag (Ehevertrag) regeln können (§ 1432). Geschieht dies nicht, so tritt der gesetzliche Güterstand ein. Für die vertragsmäßige Regelung sind insofern Erleichterungen geschaffen, als das Bürgerliche Gesetzbuch die nach früherem Recht hauptsächlich in Deutschland geltenden Güterrechte unter dem Titel „Vertragsmäßiges Güterrecht" besonders geregelt hat. Es wird hiermit erreicht, daß die Ehegatten lediglich durch Verweis auf einen dieser Güterstände den ihrem bisherigen Güterrecht möglichst konformen Zustand einführen können.

Die vom Bürgerlichen Gesetzbuche geregelten Güterstände sind folgende:

I. Gesetzliche Güterstände:

A. Der Verwaltung und Nutznießung des Mannes (**Verwaltungsgemeinschaft**). Zu unterscheiden sind drei Vermögensmassen:

das Vermögen des Mannes,
das eingebrachte Gut der Frau,
das Vorbehaltsgut der Frau.

Die **Verwaltungsgemeinschaft**, welche also in Zukunft, abgesehen von der Übergangszeit, in allen Fällen gilt, in welchen die Gatten keinen Ehevertrag geschlossen haben, hat im einzelnen folgende Grundsätze:

1. Das Vermögen der Frau wird durch die Eheschließung der Verwaltung und Nutznießung des Mannes unterworfen (eingebrachtes Gut).

Zum eingebrachten Gute gehört auch das Vermögen, das die Frau während der Ehe erwirbt (BGB. § 1363). Der Mann vertritt dasselbe gerichtlich und außergerichtlich (BGB. § 1380).

2. Die Verwaltung und Nutznießung des Mannes erstreckt sich nicht auf das Vorbehaltsgut der Frau, nämlich

a) die ausschließlich zum persönlichen Gebrauche der Frau bestimmten Sachen;

b) das, was die Frau durch ihre Arbeit oder den Betrieb eines Erwerbsgeschäfts erwirbt;

c) das, was durch Ehevertrag für Vorbehaltsgut erklärt ist;

d) was der Frau unter Lebenden unentgeltlich oder letztwillig mit der Bestimmung zugewendet wird, daß es Vorbehaltsgut sein soll (BGB. §§ 1365—1369).

Über das Vorbehaltsgut steht der Frau das Recht der freien Verwaltung und Benutzung zu.

B. Der Gütertrennung, der als subsidiärer gesetzlicher Güterstand in den Ausnahmefällen der §§ 1364 und 1418—1420 BGB. eintritt. Bei der Gütertrennung fallen, abgesehen von unwesentlichen Ausnahmen, die Wirkungen weg, welche die Ehe in Ansehung des Vermögens der Frau zur Folge hat. Die Frau kann also über ihr Vermögen verfügen wie eine Unverheiratete (BGB. §§ 1426—1431). Es werden lediglich zwei Vermögensmassen unterschieden: Mannesgut und Frauengut.

II. Vertragsmäßige Güterstände.

A. Die allgemeine Gütergemeinschaft. Drei Vermögensmassen:
Gesamtgut,
Vorbehaltsgut des Mannes,
Vorbehaltsgut der Frau.

Die allgemeine Gütergemeinschaft bewirkt, daß das Vermögen des Mannes und das der Frau gemeinschaftliches Vermögen beider Ehegatten (Gesamtgut) werden. Zu dem Gesamtgute gehört auch das Vermögen, welches der Mann oder die Frau während der Gütergemeinschaft erwirbt (BGB. § 1438). Ausgeschlossen hiervon sind Gegenstände, die nicht durch Rechtsgeschäfte übertragen werden können (BGB. § 1439) und das Vorbehaltsgut. Vorbehaltsgut ist (BGB. § 1440):

a) dasjenige, was durch Ehevertrag für Vorbehaltsgut erklärt ist, und

b) was einer der Ehegatten unentgeltlich unter Lebenden oder von Todes wegen mit der Bestimmung erwirbt, daß es Vorbehaltsgut sein soll.

Das Gesamtgut unterliegt der Verwaltung des Mannes, doch bedarf er zu Verfügungen, welche das Gesamtgut im ganzen, ein Grundstück oder eine Schenkung aus dem Gesamtgut betreffen, der Zustimmung der Frau (BGB. §§ 1443—1446).

B. Die Errungenschaftsgemeinschaft. Vier Vermögensmassen:
Gesamtgut,
das eingebrachte Gut des Mannes,
das eingebrachte Gut der Frau,
das Vorbehaltsgut der Frau.

Gemeinschaftliches Vermögen beider Ehegatten (Gesamtgut) wird hierbei, was der Mann oder die Frau während der Ehe erwirbt (BGB. § 1519) und ferner das Erträgnis des Gesamtgutes (BGB. § 1525). Sondergut jedes Gatten (eingebrachtes Gut) ist

a) was ihm bei Eingang der Ehe gehört (BGB. § 1520),
b) was er von Todes wegen oder mit Rücksicht auf ein künftiges Erbrecht oder durch Schenkung oder durch Ausstattung erwirbt (BGB. § 1521),
c) Gegenstände, die nicht durch Rechtsgeschäft übertragen werden können, sowie Rechte, die mit dem Tode erlöschen (BGB. § 1522),
d) was durch Ehevertrag für eingebrachtes Gut erklärt ist (BGB. § 1523).

Sowohl das Gesamtgut wie das eingebrachte Gut beider Gatten steht im Besitze und in der Verwaltung des Mannes (BGB. § 1525). Auch in diesem Güterstande gibt es dann noch das Vorbehaltsgut der Frau, das ihrer freien Verfügung unterliegt, nämlich

a) dasjenige Vermögen, welches durch Ehevertrag für Vorbehaltsgut erklärt und
b) welches als solches von ihr durch Zuwendung unter Lebenden unentgeltlich oder durch letztwillige Verfügung erworben ist (BGB. § 1526).

C. Die Fahrnisgemeinschaft. Diese ist im wesentlichen das System des französisch-badischen Rechts, nämlich die Gemeinschaft des beweglichen Vermögens und der Errungenschaft. Von der Gemeinschaft ausgeschlossen als eingebrachtes Gut ist nur

a) das unbewegliche Vermögen eines Ehegatten, das er bei dem Eintritt der Fahrnisgemeinschaft hat,
b) was durch Ehevertrag hierfür erklärt ist und
c) was ein Gatte unter Lebenden unentgeltlich oder von Todes wegen mit der Bestimmung erwirbt, daß es eingebrachtes Gut sein soll.

Für das eingebrachte Gut gelten die entsprechenden Bestimmungen der Errungenschaftsgemeinschaft und für das Gesamtgut diejenigen der Gütergemeinschaft, mit welcher sie daher ganz zusammenfällt, wenn eingebrachtes Gut nicht vorhanden ist (BGB. §§ 1549—1554).

Man unterscheidet vier Vermögensmassen, analog der Errungenschaftsgemeinschaft.

D. Ebenfalls vertraglich eingeführt werden kann die Gütertrennung (oben unter I. B).

Auf zwei Punkte muß im Anschluß hieran noch besonders hingewiesen werden. Zunächst bleiben nach Art. 200 des EinfGes. zum Bürgerlichen Gesetzbuch für die am 1. Januar 1900 bestehenden Ehen die bisherigen Gesetze maßgebend; doch ist der Landesgesetzgebung die Befugnis gegeben (Art. 218), dies zu ändern. Es ist daher für die Frage, welches Güterrecht auf die bereits vor dem 1. Januar 1900 geschlossenen Ehen in Anwendung kommt, das von dem betreffenden Staat zum Bürgerlichen Gesetzbuch erlassene Ausführungsgesetz maßgebend. So hat z. B. Preußen in dem Ausführungsgesetz vom 20. September 1899 (Art. 44 ff.) bestimmt, daß auf die am 1. Januar 1900 bestehenden Ehen von diesem Tage ab die Bestimmungen des Bürgerlichen Gesetzbuches anzuwenden sind mit der Maßgabe, daß im allgemeinen der für die Ehe früher geltende gesetzliche Güterstand sich in denjenigen im Bürgerlichen Gesetzbuch geregelten verwandelt, der ihm im wirtschaftlichen Ergebnis am meisten entspricht.

Ferner darf nicht übersehen werden, daß eine Änderung oder Ausschließung der Verwaltung und Nutznießung des Mannes einem Dritten gegenüber nur wirksam ist, wenn sie in das vom Amtsgericht geführte Güterrechtsregister eingetragen oder dem Dritten bekannt ist. Das gleiche gilt, wenn eine im Güterrechtsregister eingetragene Regelung der güterrechtlichen Verhältnisse durch Ehevertrag aufgehoben oder abgeändert wird (§ 1435). Die Gütertrennung ist stets nur nach dieser Maßgabe wirksam (§ 1431). Über die Eintragungen im Güterrechtsregister ist eine Information jederzeit möglich. Die Einsicht des Registers ist jedem gestattet, auch kann von den Eintragungen eine Abschrift gefordert werden (§ 1563). Überdies hat das Amtsgericht die Eintragungen durch das für seine Bekanntmachungen bestimmte Blatt zu veröffentlichen (§ 1562).

Wenden wir uns nunmehr den praktischen Folgen zu, die die verschiedenen ehelichen Güterrechte auf den Abschluß von Rechtsgeschäften seitens des Mannes oder der Frau äußern können, so wird zunächst festzustellen sein, daß die Geschäfts- und Verpflichtungsfähigkeit des Mannes im allgemeinen eine Einbuße durch Bestimmungen des ehelichen Güterrechts nicht leidet. Eine Ausnahme ergibt sich nur bei den vertragsmäßigen Güterständen der allgemeinen Gütergemeinschaft, der Errungenschafts- und der Fahrnisgemeinschaft. Hier bedarf es zu Verfügungen über das Gesamtgut im ganzen, zu Schenkungen aus demselben und zu Verfügungen über ein zum Gesamtgut gehörendes Grundstück der Einwilligung der Frau. Im allgemeinen wird nur der letztere Fall — in Gestalt von Verpfändung eines Grundstücks für die Schuld eines Ehemannes — im Geschäftsbetriebe einer Genossenschaft vorkommen. Und auch hierbei ist die Genossenschaft der Prüfung überhoben, ob das gesetzliche Erfordernis der Einwilligung der Frau vorliegt. Denn da die Verpfändung von Grundstücken der Eintragung im Grundbuch bedarf, liegt diese Prüfung dem Grundbuchrichter ob.

Was die Haftung des ehelichen Vermögens für Schulden des Mannes betrifft — eine Frage, die insbesondere für Kreditvereine bei Einschätzung der Kreditfähigkeit von Wichtigkeit ist —, so haftet bei der Gütertrennung naturgemäß nur das Mannesvermögen. Ebenso ist es bei dem gesetzlichen Güterstand der Verwaltungsgemeinschaft (vergl. § 1410). Bei der allgemeinen Gütergemeinschaft, der Errungenschafts- und Fahrnisgemeinschaft haftet das Gesamtgut den Gläubigern unbeschränkt für die Schulden des Mannes (§§ 1459, 1530, 1549).

Für die Frau ist zunächst festzustellen, daß ihre Geschäftsfähigkeit durch die Ehe nicht beeinträchtigt wird. Dabei ist allerdings zu berücksichtigen, daß da, wo nach den bisher maßgebenden Gesetzen die Geschäftsfähigkeit der Frau beschränkt war, diese Beschränkung in Kraft bleibt, so lange der bisherige Güterstand besteht (Art. 200 Abs. 3 EinfGes. zum BGB.). Nach dem Recht des Bürgerlichen Gesetzbuches kann also eine Ehefrau z. B. Beitrittserklärungen ohne Genehmigung ihres Ehemannes gültig abgeben. Es ist jedoch zu empfehlen, möglichst darauf zu halten, daß der Mann den Beitritt genehmige; die Haftung für die aus dem Beitritt entstehenden finanziellen Verpflichtungen ist dann, wie weiter unten gezeigt werden wird, eine ausgedehntere.

Die Verfügungsfähigkeit der Frau erleidet in den einzelnen Güterständen verschiedenartige Einbußen. Im allgemeinen ist die vorherige Einwilligung oder nachträgliche Genehmigung des Ehemannes erforderlich bei dem gesetzlichen Güterstand der Verwaltungsgemeinschaft, sowie bei der Errungenschafts- und Fahrnisgemeinschaft: zur Verfügung über eingebrachtes Gut (§ 1395 ff.). Hierbei ist zu bemerken, daß, wenn der Mann der Frau die Einwilligung zum Betriebe eines Erwerbsgeschäfts im allgemeinen erteilt hat, eine spezielle Zustimmung zu einzelnen Rechtsgeschäften, die der Geschäftsbetrieb mit sich bringt, nicht mehr erforderlich ist (§ 1405).

Die Haftung für Schulden der Frau erstreckt sich bei der Gütertrennung naturgemäß auf das Frauenvermögen und bei sämtlichen anderen Güterständen ohne weiteres auf das Vorbehaltsgut der Frau.

Bei dem gesetzlichen Güterstand der Verwaltungsgemeinschaft haftet den Gläubigern der Frau außerdem noch das eingebrachte Gut (§ 1411), mit der wichtigen Ausnahme jedoch, daß für ein nach Eingehung der Ehe vorgenommenes Rechtsgeschäft diese Haftung nur dann eintritt, wenn der Mann seine Zustimmung erteilt hat (§ 1412). In dieser letzteren Bestimmung liegt der Grund dafür, daß oben die Zustimmung des Mannes zur Beitrittserklärung der Frau als wünschenswert bezeichnet wurde.

Bei der allgemeinen Gütergemeinschaft können die Gläubiger der Frau in der Regel auch aus dem Gesamtgut Befriedigung suchen (§ 1459); doch auch hier gilt die Ausnahme für nach Eintritt der Gütergemeinschaft vorgenommene Rechtsgeschäfte wie bei der Verwaltungsgemeinschaft (§ 1460).

Auch die Errungenschaftsgemeinschaft läßt eine Haftung des Gesamtgutes und zwar im wesentlichen für diejenigen Verbindlichkeiten der Frau zu, welche aus einem mit Zustimmung des Mannes vorgenommenen Rechtsgeschäft oder aus einem mit seiner Einwilligung von der Frau betriebenen Erwerbsgeschäft entspringen (§§ 1531 bis 1534).

Die Haftung für Frauenschulden bei der Fahrnisgemeinschaft richtet sich in der Regel nach den Grundsätzen der allgemeinen Gütergemeinschaft (§ 1549).

Aus der vorstehenden, ohne Eingehen auf Details nur die allgemeinsten Sätze gebenden Zusammenstellung ist bereits zu ersehen, wie mannigfach die Bestimmungen der einzelnen Güterstände über die Verpflichtungsfähigkeit der Ehegatten und die Schuldenhaftung der verschiedenen Vermögensmassen sind. Für die Übergangszeit kommt nun noch die — nach Art. 200 des Einf.-Ges. und an der Hand der Landesausführungsgesetze zum BGB. zu prüfende — Frage hinzu, ob für vor dem 1. Januar 1900 geschlossene Ehen das bisherige oder das neue Recht maßgebend ist. Es wird ohne Zweifel häufig vorkommen, daß die Ehegatten selbst in völliger Ungewißheit darüber sich befinden, nach welchem ehelichen Güterrecht sie leben. Vorsicht ist daher, insbesondere den Kredit- und Vorschußvereinen, bei der Kreditgewährung, dringend anzuraten.

Einige im Genossenschaftsleben häufig vorkommende Geschäfte, bei denen die Einholung der Zustimmung des Ehegatten erforderlich oder doch ratsam ist, seien hier zusammengestellt.

1. Der *Mann* bedarf der *Einwilligung der Frau* bei den Güterständen der allgemeinen Gütergemeinschaft, der Errungenschafts- und Fahrnisgemeinschaft zu Verpfändungen eines zum Gesamtgut gehörenden Grundstücks.

2. Die *Zustimmung des Mannes* zu Rechtsgeschäften der *Frau* einzuholen, wird mit Ausnahme des Falles, daß die Gatten in Gütertrennung leben, stets in folgenden Fällen zweckmäßig sein:

a) Zu *Beitrittserklärungen* ist sie zwar nicht erforderlich, aber sie bewirkt, daß, wie oben ausgeführt, das eheliche Vermögen in größerem Umfange für die aus dem Beitritt entstehenden Verpflichtungen haftet. Je *erheblicher* diese Verpflichtungen sind, desto mehr wird Zustimmung des Mannes zu erfordern sein.

b) Aus demselben Grunde ist Zustimmung des Mannes zu Schuldscheinen und Bürgschaftserklärungen der Frau wünschenswert.

c) Anstellungsverträge mit einer Frau — z. B. der Lagerhalterin eines Konsumvereins — lasse man ebenfalls durch den Mann genehmigen; auch hier wird die Haftung für aus dem Vertrage entspringende Verpflichtungen in den meisten Fällen erweitert.

d) Kauf- und andere Anschaffungsgeschäfte, die mit einer unter dem Recht der Verwaltungs-, Errungenschafts- oder Fahrnisgemeinschaft lebenden Ehefrau über einen zum eingebrachten Gut gehörenden Gegenstand abgeschlossen werden, bedürfen zu ihrer Gültigkeit der vorherigen Einwilligung oder der nachträglichen Genehmigung des Mannes.

Es sind hier nur einige wenige häufig in die Erscheinung tretende Rechtsgeschäfte berücksichtigt; immer neue Fälle schafft die Praxis des täglichen Lebens. Bei der Unmöglichkeit, sie alle zu erwähnen, sei der Rat erlaubt: In Zweifelfällen bei Geschäften mit der Frau stets Einwilligung des Mannes fordern! Sie wird regelmäßig ohne Mühe zu erlangen sein, bedarf überdies keiner besonderen Form und kann unter Umständen für die Zukunft großem Nachteil vorbeugen.

§ 43.
Elterliche Gewalt. Vormundschaft.

A. Die elterliche Gewalt ist an die Stelle der väterlichen Gewalt der früheren Rechtssysteme getreten. Sie steht beiden Eltern zu, wobei jedoch das Recht der Mutter zurücktritt, solange der Vater lebt. Stirbt der Vater, oder ist er an der Ausübung der elterlichen Gewalt tatsächlich verhindert, so steht der Mutter die elterliche Gewalt und damit die Vertretung des minderjährigen Kindes zu, ohne daß es hierzu irgend einer Erklärung des Gerichts bedarf (BGB. §§ 1684 und 1685).

Die elterliche Gewalt hat gegenüber der früheren väterlichen Gewalt an Bedeutung erheblich eingebüßt. Sie ist eine vormundschaftliche Schutzgewalt der Eltern über das eigene minderjährige Kind (BGB. § 1626). Infolgedessen endet sie mit der Großjährigkeit des Kindes, während sie andererseits durch Wegzug des Kindes von den Eltern oder die Verheiratung der Tochter nicht erlischt.

Hiernach unterstehen der elterlichen Gewalt nur minderjährige Personen, und der Inhaber dieser Gewalt ist gesetzlicher Vertreter des Minderjährigen (BGB. § 1627).

B. Der gewöhnlichste Fall der Vormundschaft ist diejenige über Minderjährige. Sie tritt ein, wenn der Minderjährige nicht unter elterlicher Gewalt steht oder wenn die Eltern aus besonderen Gründen (z. B. Verwirkung der elterlichen Gewalt) nicht zur Vertretung des Minderjährigen berechtigt sind oder endlich, wenn der Familienstand des Minderjährigen nicht bekannt ist (BGB. § 1773).

Weiter tritt eine Vormundschaft über Entmündigte ein (BGB. § 1896). Eine Entmündigung kann erfolgen:

a) wegen Geisteskrankheit. Alsdann ist der Entmündigte, wie in § 4 ausgeführt, gänzlich handlungsunfähig, und rechtsverbindliche Erklärungen können nur von dem Vormunde vorgenommen werden;
b) wegen Geistesschwäche;
c) wegen Verschwendung und
d) wegen Trunksucht (BGB. § 6).

In diesen drei zuletzt genannten Fällen steht der Entmündigte, was seine Handlungsfähigkeit betrifft, den Minderjährigen gleich, welche das 7. Lebensjahr vollendet haben, so daß sie also beschränkt geschäftsfähig sind (vergl. § 4).

In der gleichen Lage befinden sich aber auch diejenigen Volljährigen, die unter vorläufige Vormundschaft gestellt sind, nachdem ihre Entmündigung beantragt worden ist (BGB. § 1906).

Der Vormund ist gesetzlicher Vertreter des Mündels.

Wie schon in § 4 dargelegt, sind Personen unter 7 Jahren handlungsunfähig und vom 7. bis 21. Jahre in der Handlungsfähigkeit beschränkt. Die Handlungen der letzteren sind, soweit es sich um zweiseitige Geschäfte handelt, nicht bedeutungslos, während einseitige Rechtshandlungen von ihnen überhaupt nicht wirksam vorgenommen werden können (BGB. § 111). Die Folge dieser letzteren Bestimmung ist, daß die Kündigung der Mitgliedschaft durch einen Minderjährigen rechtlich gänzlich wirkungslos ist.

Für zweiseitige Geschäfte, zu denen auch der Erwerb der Mitgliedschaft einer Genossenschaft gehört, ist folgendes bestimmt:

Schließt ein Minderjähriger ein derartiges Geschäft ab, so kann der andere Teil hieraus vorerst keine Rechte herleiten, er kann dasselbe aber auch nicht als nichtig behandeln, vielmehr tritt ein Schwebezustand ein und zwar so lange, bis der gesetzliche Vertreter des Minderjährigen erklärt, ob er das Geschäft genehmigt oder nicht (BGB. § 108). Diesem Zustande kann jedoch der andere Teil, hier also die Genossenschaft, dadurch ein Ende machen, daß er den gesetzlichen Vertreter auffordert, zu erklären, ob er die Genehmigung erteilt oder nicht. Erteilt der Vertreter diese Genehmigung dann nicht innerhalb 2 Wochen, so gilt sie als verweigert und das Geschäft als nicht geschlossen (BGB. § 108 Abs. 2).

Weiter hat aber auch der andere Teil ein Recht des Widerrufs dann, wenn ihm die Minderjährigkeit nicht bekannt war oder der Minderjährige der Wahrheit zuwider die Einwilligung des Vertreters behauptet hat und dem anderen Teile nicht das Fehlen der Einwilligung bei dem Abschlusse des Vertrags bekannt war (BGB. § 109).

Hat übrigens der gesetzliche Vertreter mit Genehmigung des Vormundschaftsgerichts dem Minderjährigen den Betrieb eines Erwerbsgeschäfts gestattet, so gilt er damit zu allen Geschäften ermächtigt, welche der Betrieb des Geschäfts mit sich bringt, mit Ausnahme derjenigen, zu denen der Vertreter die Genehmigung des Vormundschaftsgerichts bedarf (BGB. § 112).

Was insbesondere die Beitrittserklärungen Minderjähriger zu einer Genossenschaft betrifft, so wird es unter allen Umständen empfehlenswert sein, den Erwerb der Mitgliedschaft von der Genehmigung des gesetzlichen Vertreters abhängig zu machen. In der Praxis wird sich dies so gestalten, daß die Genossenschaft Mitunterzeichnung der Beitrittserklärung durch den gesetzlichen Vertreter, bei Kindern unter elterlicher Gewalt durch den Vater bezw. die Mutter, sonst durch den Vormund verlangt. Dies allein reicht aber noch nicht aus. In Betracht kommen ferner die Bestimmungen der §§ 1643 und 1822 des BGB.

§ 1643 sagt: „Zu Rechtsgeschäften für das Kind bedarf der Vater der Genehmigung des Vormundschaftsgerichts in den Fällen, in denen nach . . . . § 1822 Nr. 1, 3, 5, 8 bis 11 ein Vormund der Genehmigung bedarf." . . . .

§ 1822: „Der Vormund bedarf der Genehmigung des Vormundschaftsgerichts: . . . . 3) . . . . zu einem Gesellschaftsvertrage, der zum Betrieb eines Erwerbsgeschäfts eingegangen wird . . . . 10) zur Übernahme einer fremden Verbindlichkeit, insbesondere zur Eingehung einer Bürgschaft."

Man wird allerdings der Ansicht sein müssen, daß eine Genehmigung des Vormundschaftsgerichts auf Grund der Ziffer 3 des § 1822 nicht gefordert werden kann. Durch die Beitrittserklärung wird zwar ein Vertrag geschlossen; man wird auch nicht leugnen können, daß dies ein Gesellschaftsvertrag ist, obwohl schon hier leise Zweifel auftauchen, ob nicht unter „Gesellschaftsvertrag" lediglich ein Vertrag zwecks Errichtung einer Gesellschaft im Sinne der §§ 705 bis 740 BGB. zu verstehen sei. Aber jedenfalls ist der Vertrag nicht „zum Betrieb eines Erwerbsgeschäftes eingegangen". Abgesehen davon, daß eine Genossenschaft nicht eigentlich ein Erwerbsgeschäft treibt, erfordern Wortlaut und Sinn der Bestimmung, daß der Vertrag eingegangen wird, um selbst, unter eigener finanzieller und geistiger Verantwortlichkeit, unter eigener Tätigkeit ein Geschäft zu betreiben. Das liegt jedenfalls nicht vor.

Weit eher scheint das Erfordernis vormundschaftsgerichtlicher Genehmigung begründet durch den Hinweis auf die oben zitierte Ziffer 10 des § 1822. Hier erhebt sich die Frage: Ist in dem Beitritt zu einer Genossenschaft die „Übernahme einer fremden Verbindlichkeit" zu erblicken? Parisius und Crüger bejahen sie in ihrem Kommentar unter Hinweis auf den bürgschaftsartigen Charakter der Mitgliedschaft. Man wird ihnen zustimmen müssen, wenn man bedenkt, daß neu eintretende Mitglieder die Solidarhaft für alle vor ihrem Eintreten eingegangenen Verbindlichkeiten der Genossenschaft übernehmen. Immerhin ist die Frage nicht unzweifelhaft.

Jedenfalls aber muß den Genossenschaften allgemein empfohlen werden, zur Beitrittserklärung Minderjähriger die Genehmigung des Vormundschaftsgerichts zu erfordern.

§ 44.
Mündelsicherheit.

Der Staat hat stets für die Anlage des Geldes bevormundeter Personen einen gewissen Grad der Sicherheit verlangt und hat hierfür genaue Vorschriften festgestellt. Die so bestimmte Sicherheit: Mündelsicherheit, ist dann aber auch für andere Anlagen vorgeschrieben und ebenso von Privatpersonen vielfach für ihre Vermögensanlagen verlangt worden. Infolgedessen hat sie für den Verkehr eine hohe Bedeutung erlangt und jeder, der mit Geldgeschäften zu tun hat, sollte über die einschlagenden Gesetzesbestimmungen Bescheid wissen.

Auch das Bürgerliche Gesetzbuch enthält Vorschriften über die Anlage von Mündelgeld und wendet dieselben noch auf zahlreiche andere Fälle an. So bei Sicherheitsleistung durch Wertpapiere (BGB. § 234), durch eine Hypothekenforderung, Grundschuld oder eine Rentenschuld (BGB. § 238), bei der Anlage von Geld, das auf eine verpfändete Forderung vor der Fälligkeit der Hauptschuld eingegangen ist (BGB. § 1298), bei der Anlage des eingebrachten Gutes der Frau durch den Mann (BGB. § 1377), auf die Verwaltung des Kindesvermögens durch den Vater (BGB. § 1642) oder die Mutter (BGB. § 1691), auf die Anlage des Geldes, welches ein Vorerbe in Händen hat (BGB. § 2119).

Als mündelsicher bezeichnet das Bürgerliche Gesetzbuch in § 1807 folgende Anlagen:

1. Forderungen, für die eine sichere Hypothek an inländischen Grundstücken besteht oder Grund- oder Rentenschulden an solchen Grundstücken;
2. verbriefte oder in das Reichs- oder Staatsschuldbuch eingetragene Forderungen gegen das Reich oder einen Bundesstaat;
3. verbriefte Forderungen, deren Verzinsung von dem Reiche oder einem Bundesstaate gewährleistet ist;
4. Wertpapiere und verbriefte Forderungen gegen eine inländische oder kommunale Körperschaft oder die Kreditanstalt einer solchen, sofern sie vom Bundesrate zur Anlage von Mündelgeld für geeignet erklärt sind;

5. die Anlage bei einer inländischen Sparkasse, wenn sie von der zuständigen Behörde des Bundesstaats, in welchem sie ihren Sitz hat, zur Anlage von Mündelgeld für geeignet erklärt ist.

§ 1808 BGB. bestimmt weiter:

„Kann die Anlegung den Umständen nach nicht in der in § 1807 bezeichneten Weise erfolgen, so ist das Geld bei der Reichsbank, bei einer Staatsbank oder bei einer anderen, durch Landesgesetz dazu für geeignet erklärten inländischen Bank oder bei einer Hinterlegungsstelle anzulegen."

Hiernach bleibt es den Landesgesetzen überlassen, Kreditgenossenschaften — denn auch sie sind „inländische Banken" — als zur Anlegung von Mündelgeldern geeignet zu erklären; ebenso würde die Möglichkeit dieser Anlegung bei Genossenschaften dadurch erreicht, daß dieselben als Hinterlegungsstellen erklärt würden. Auch hierüber befinden nach Artikel 144 EG. z. BGB. die Landesgesetze.

Außer den beiden angezogenen Bestimmungen des BGB. kommt weiter als für die Genossenschaften wichtig in Betracht der § 1811:

„Das Vormundschaftsgericht kann aus besonderen Gründen dem Vormund eine andere Anlegung, als die in §§ 1807, 1808 vorgeschriebene, gestatten."

Dies die interessierenden reichsgesetzlichen Bestimmungen. Die auf Grund des § 1808 BGB. erlassenen landesgesetzlichen Vorschriften sind im allgemeinen den Genossenschaften nicht günstig. Sie sollen, soweit sie zur Kenntnis gekommen sind, nachstehend mitgeteilt werden.

In Preußen könnte zunächst in Frage kommen, ob auf Grund der Bestimmung in Art. 212 des Einführungsgesetzes die Vorschriften der Vormundschaftsordnung über mündelsichere Wertpapiere in Geltung bleiben. Dies ist jedoch nicht der Fall, da in Art. 89 Ziff. 30 des Preußischen Ausführungsgesetzes zum Bürgerlichen Gesetzbuch die ganze Vormundschaftsordnung aufgehoben ist. Dieses Ausführungsgesetz regelt vielmehr die ganze Materie in 73—76 neu. Nach Art. 73 können Grundstücke beliehen werden, wenn die Forderung innerhalb des fünfzehnfachen, und wenn kein anderer Eintrag vorangeht, innerhalb des zwanzigfachen des Grundsteuerreinertrags oder bei einem ländlichen Grundstück innerhalb der ersten zwei Drittel und bei einem städtischen innerhalb der ersten Hälfte des Wertes zu stehen kommt.

Art. 74 bestimmt dann:

Zur Anlegung von Mündelgeld sind außer den im § 1807 des Bürgerlichen Gesetzbuchs bezeichneten Forderungen und Wertpapieren geeignet:

1. die Rentenbriefe der zur Vermittelung der Ablösung von Renten in Preußen bestehenden Rentenbanken;
2. die Schuldverschreibungen, welche von einer deutschen kommunalen Körperschaft oder von der Kreditanstalt einer solchen Körperschaft oder mit Genehmigung der staatlichen Aufsichtsbehörde von einer Kirchengemeinde oder einem kirchlichen Verband ausgestellt und entweder von seiten der Inhaber kündbar sind oder einer regelmäßigen Tilgung unterliegen;
3. die mit staatlicher Genehmigung ausgegebenen Pfandbriefe und gleichartigen Schuldverschreibungen einer Kreditanstalt der im Art. 73 § 1 Abs. 2 bezeichneten Art;
4. die auf den Inhaber lautenden Schuldverschreibungen, welche von einer Preußischen Hypothekenaktienbank auf Grund von Darlehen an Preußische Körperschaften des öffentlichen Rechtes, oder von Darlehen, für welche eine solche Körperschaft die Gewährleistung übernommen hat, ausgegeben sind.

In Art. 75 ist angeordnet, daß eine in Preußen bestehende öffentliche Sparkasse durch den Regierungspräsidenten im Einvernehmen mit dem Landgerichtspräsidenten zur Anlegung von Mündelgeld für geeignet erklärt werden kann. Ob zu diesen Sparkassen auch die der Kreditgenossenschaften gehören, ist mehr als zweifelhaft.

Der Art. 76 läßt die Möglichkeit offen, daß Mündelgeld auch bei Privatbanken angelegt wird, wenn eine Anlage in der im § 1807 des BGB. vorgesehenen Weise den Umständen nach nicht erfolgen kann. Als solche zählt sie die Zentralgenossenschaftskasse, die Landesbanken, landschaftlichen und ritterschaftlichen Darlehnskassen auf.

Hiernach kann in Preußen die Genehmigung zur Anlegung von Mündelgeldern bei Genossenschaften im Falle des § 1808 BGB. nur auf dem Umwege der Erklärung zur Hinterlegungsstelle erlangt werden, da direkt weder Genossenschaften, noch auch allgemein Privatbanken als geeignet erklärt sind. Diese Erklärung darf auch nur „im Falle des Bedürfnisses" erfolgen (Art. 76, 85 des Preuß. AusfGes. z. BGB.). Es könnte also vielleicht der Standpunkt vertreten werden, daß an Orten, wo eine Reichsbankstelle, eine öffentliche Bank oder Sparkasse besteht, der „Fall des Bedürfnisses" der Erklärung einer Genossenschaft als Hinterlegungsstelle nicht anerkannt werden wird. Jedenfalls aber dürfte ein Bedürfnis anzunehmen sein, wenn weder am Sitz der Genossenschaft noch in unmittelbarer Nähe desselben eines der genannten Geldinstitute sich befindet.

In Bayern ist gemäß Art. 92 des Ausführungsgesetzes zum Bürgerlichen Gesetzbuche eine Hypothek, Grundschuld oder Rentenschuld als mündelsicher nur dann zu erachten, wenn sie innerhalb der ersten Hälfte des Wertes des Grundstücks zu stehen kommt. Im übrigen sind gemäß Art. 32 des Gesetzes, Übergangsvorschriften zum BGB. betreffend, vom 9. Juni 1899 auch nach dem Inkrafttreten des BGB. die früheren Bestimmungen über zur Anlegung von Mündelgeld geeignete Kreditanstalten noch in Geltung.

Sachsen erklärt in § 36 der Verordnung zur Ausführung des BGB. usw. vom 6. Juli 1899 lediglich die öffentlichen Sparkassen für geeignet, deren Regulativ vom Ministerium des Innern genehmigt ist. Von der Befugnis, nach § 1808 BGB. bestimmte Stellen für geeignet zu erklären, hat Sachsen überhaupt nicht Gebrauch gemacht.

Für Württemberg bestimmt das dortige Ausführungsgesetz in Art. 68, daß Hypotheken, Grund- und Rentenschulden mündelsicher sind, wenn sie innerhalb der ersten Hälfte des Wertes der Grundstücke zu stehen kommen.

Weiter bestimmt Art. 70: Außer den in § 1807 des BGB. bezeichneten Forderungen und Wertpapieren sind Schuldverschreibungen, welche von einer württembergischen kommunalen Körperschaft ausgestellt und entweder seitens der Inhaber kündbar sind oder einer regelmäßigen Tilgung unterliegen, zur Anlegung von Mündelgeldern geeignet. Schuldverschreibungen oder Pfandbriefe württembergischer Kreditanstalten können von dem Zeitpunkt der Verkündung dieses Gesetzes an bis zum Inkrafttreten des BGB. durch das Justizministerium nach Anhörung des Oberlandesgerichts als zur Anlegung von Mündelgeld geeignet erklärt werden. Die Zurücknahme der Zulassung bleibt dem Justizministerium nach Anhörung des Oberlandesgerichts vorbehalten.

Baden bestimmt in Art. 33 Abs. 3 des Gesetzes, die Ausführung des BGB. betreffend, vom 17. Juni 1899:

„Die Bestimmung darüber, daß eine inländische Bank zur Anlegung von Mündelgeld nach § 1808 des BGB. geeignet ist, erfolgt durch landesherrliche Verordnung.

Verordnungen des Justizministeriums, nach welchen gewisse Wertpapiere zur Anlegung von Mündelgeldern für geeignet erklärt sind, bleiben in Kraft. Das Justizministerium kann solche Verordnungen jederzeit ganz oder teilweise aufheben."

In Hessen steht nach Art. 126 des Gesetzes, die Ausführung des BGB. betreffend, vom 17. Juli 1899 die Bestimmung, durch welche eine deutsche Bank zur Anlegung von Mündelgeld für geeignet erklärt wird, dem Staatsministerium zu.

Mecklenburg-Schwerin bestimmt in § 232 der Verordnung vom 9. April 1899 zur Ausführung des BGB.:

„Ob und inwieweit eine inländische öffentliche Sparkasse zur Anlegung von Mündelgeld geeignet ist, bestimmt das Großherzogliche Justizministerium nach Benehmen mit dem Großherzoglichen Ministerium des Innern. Das gleiche gilt von der Bestimmung einer zur Anlegung von Mündelgeld in den Fällen des § 1808 des BGB. geeigneten inländischen Bank.

Die Anlegung bei den Hinterlegungsstellen findet nicht statt."

Für Mecklenburg-Strelitz schreibt § 230 der Verordnung zur Ausführung des BGB. vom 9. April 1899 ebendasselbe vor, mit dem Unterschied, daß die Bestimmung der Landesregierung vorbehalten bleibt.

Sachsen-Weimar schreibt in § 214 des Ausführungsgesetzes zum BGB. vom 5. April 1899 vor:

„Durch landesherrliche Verordnung wird bestimmt, bei welchen Banken — neben der Reichsbank — Mündelgeld im Fall des § 1808 des BGB. angelegt werden kann. Die Bestimmung ist widerruflich.

Bei den Hinterlegungsstellen findet die Anlegung von Mündelgeld nicht statt."

In Oldenburg können nach § 23 des Ausführungsgesetzes zum BGB. und HGB. vom 15. Mai 1899 öffentliche Sparkassen zur Anlegung von Mündelgeld für geeignet erklärt werden. Über Genossenschaften, abgesehen von staatlich geregelten (§ 21), ist nichts bestimmt.

Für Braunschweig bestimmt § 102 des Ausführungsgesetzes zum BGB. vom 12. Juni 1899:

„Herzogliches Staatsministerium kann unter Zustimmung des Ausschusses der Landesversammlung eine öffentliche Sparkasse, die im Herzogtume ihren Sitz hat, und für den Fall des § 1808 des BGB. eine Bank, die im Herzogtume ihren Sitz hat, zur Anlegung von Mündelgeld für geeignet erklären."

Art. 28 (betr. Anlegung von Mündelgeld) des Ausführungsgesetzes z. BGB. für Sachsen-Meiningen vom 9. August 1899 erwähnt weder Genossenschaften, noch allgemein Privatbanken, mit Ausnahme der deutschen Hypothekenbank in Meiningen.

Sachsen-Altenburg bestimmt in § 125 des Ausführungsgesetzes zum BGB. vom 4. Mai 1899:

„Durch Verordnung des Gesamtministeriums können öffentliche Sparkassen, welche im Herzogtum ihren Sitz haben, sowie für den Fall des § 1808 des BGB. inländische Privatbanken zur Anlegung von Mündelgeld für geeignet erklärt werden. Die getroffene Entscheidung ist widerruflich."

In Sachsen-Coburg-Gotha gilt ebendieselbe Vorschrift, mit dem Unterschied, daß die Erklärung durch Verfügung der Landesjustizverwaltung erfolgt (Art. 50 § 3 des Ausführungsgesetzes zum BGB. vom 20. November 1899).

Art. 67 und 68 des Ausführungsgesetzes zum BGB. für Anhalt vom 18. April 1899 bestimmen über Genossenschaften bezw. Privatbanken nichts; die Anlegung von Mündelgeld bei Hinterlegungsstellen findet nicht statt (Art. 24).

In Schwarzburg-Rudolstadt ist über die Anlegung von Mündelgeld bei Privatbanken nichts bestimmt (Art. 164 ff. des AusfG. zum BGB. vom 11. Juli 1899). Die Anlegung bei den Hinterlegungsstellen findet nicht statt (Art. 167).

Ebenso liegt es in Schwarzburg-Sondershausen (Art. 56 des AusfG. zum BGB. vom 19. Juli 1899).

Für Waldeck schreibt Art. 39 des Ausführungsgesetzes zum BGB. vom 11. Dezember 1899 vor:

„Im Falle des § 1808 BGB. kann die Anlegung von Mündelgeld bei der Preußischen Zentralgenossenschaftskasse oder einer sonstigen Preußischen öffentlichen Bankanstalt (Landesbank, landschaftlichen, ritterschaftlichen Darlehnskasse usw.) und, wenn die von einer Waldeckischen oder Preußischen Privatbank ausgestellten Wertpapiere durch den Bundesrat zur Anlegung von Mündelgeld für geeignet erklärt sind oder eine Waldeckische oder Preußische Privatbank nach Maßgabe des Art. 46 für die Hinterlegung von Wertpapieren als Hinterlegungsstelle bestimmt ist, bei einer solchen Privatbank erfolgen.

Die Anlegung bei den ordentlichen Hinterlegungsstellen findet nicht statt."

Reuß älterer Linie (§§ 137ff. des AusfG. zum BGB. vom 26. Oktober 1899) erwähnt weder Genossenschaften noch Privatbanken.

Ebenso Reuß jüngerer Linie (§§ 115ff. des AusfG. zum BGB. vom 10. August 1899).

Schaumburg-Lippe bestimmt im Ausführungsgesetz zum BGB. neben der Bezeichnung bestimmter, hier nicht interessierender Wertpapiere und Hypotheken in §§ 46 und 47 folgendes:

„Eine im Fürstentum bestehende öffentliche Sparkasse kann von Unserem Ministerium zur Anlegung von Mündelgeld für geeignet erklärt werden.

Die Erklärung kann zurückgenommen werden. Die Erklärung und die Rücknahme sind durch die Landesverordnungen bekannt zu machen."

„Für die Fälle des § 1808 des BGB. kann Unser Ministerium eine inländische Bank zur Anlegung von Mündelgeld für geeignet erklären. Auf die Erklärung und die Rücknahme finden die Vorschriften des § 46 Abs. 2 Anwendung.

Eine Anlegung bei den Hinterlegungsstellen findet nicht statt."

Lippe trifft über die Anlegung von Mündelgeld bei Privatbanken keine Bestimmung (§ 41 des Ausführungsgesetzes zum BGB. vom 17. November 1899).

In Bremen verordnet § 58 des Ausführungsgesetzes zum BGB. vom 18. Juli 1899:

„Der Senat ist befugt, für die Fälle des § 1908 des BGB. eine inländische Bank zur Anlegung von Mündelgeld für geeignet zu erklären."

Für Hamburg bestimmt § 73 des Ausführungsgesetzes zum BGB. vom 14. Juli 1899:

„Für die Erklärung, daß eine im Hamburgischen Staatsgebiete ansässige Sparkasse zur Anlegung von Mündelgeld geeignet sei, ist der Senat zuständig."

Lübeck bestimmt in § 8 des Gesetzes betreffend die Anlegung von Mündelgeld vom 19. September 1898:

„Die zur Anlegung von Mündelgeld geeigneten öffentlichen Sparkassen bestimmt der Senat."

Elsaß-Lothringen trifft über die Anlegung von Mündelgeld bei Privatbanken keine Bestimmung (§§ 141 f. des Ausführungsgesetzes zum BGB. vom 17. April 1899).

Die vorstehenden Vorschriften beziehen sich im allgemeinen nur auf die Bestimmung des § 1808 BGB., wonach durch Landesgesetz „inländische Banken" als zur Anlegung von Mündelgeld geeignet erklärt werden können. Die Vorschriften über Hinterlegungsstellen sind wohl zum Teil angegeben, können aber auf Vollständigkeit keinerlei Anspruch machen, da die bezüglichen Gesetze nicht alle zugänglich waren. Ob daher eine Genossenschaft auf dem Umwege der Erklärung zur Hinterlegungsstelle die Mündelsicherheit der bei ihr gemachten Anlagen erreichen kann, bedarf in jedem Einzelfalle genauer Prüfung der einschlägigen landesgesetzlichen Bestimmungen. Für Preußen ist das oben Ausgeführte zu vergleichen.

Im übrigen ergibt sich aus der vorstehenden Aufstellung ein für die Genossenschaften nicht sehr erfreuliches Bild von der Lage der Gesetzgebung. Wegen Mangels der gesetzlichen Grundlagen ist eine Erklärung von Genossenschaften für zur Anlegung von Mündelgeld geeignet überhaupt ausgeschlossen in Sachsen, Württemberg, Oldenburg, Anhalt, Schwarzburg-Rudolstadt, Schwarzburg-Sondershausen, Reuß älterer Linie, Reuß jüngerer Linie, Lippe und Elsaß-

Lothringen. In den übrigen Bundesstaaten ist durch die Bestimmung, daß eine Privatbank für geeignet zur Anlage von Mündelgeld erklärt werden kann, wenigstens die Möglichkeit gegeben, daß auch eine Genossenschaft dieses Vorteils teilhaft werden kann. Allein es ist nicht zu vergessen, daß die Anlegung bei diesen Banken nur dann erfolgen soll, wenn sie „den Umständen nach nicht in der im § 1807 BGB. bezeichneten Weise erfolgen kann."

Immerhin bleibt die oben im Wortlaut angezogene Bestimmung des 1811 BGB., die dem Vormundschaftsrichter freie Hand gibt, „aus besonderen Gründen" eine andere als die gesetzliche Anlegung von Mündelgeld zuzulassen.

Ob es möglich ist, eine generelle Erklärung des Vormundschaftsrichters herbeizuführen, daß eine Genossenschaft zur Anlegung von Mündelgeld zugelassen werde, mag dahingestellt bleiben. Jedenfalls werden die Genossenschaften gut tun, mit ihrem Amtsgericht sich in Verbindung darüber zu setzen, daß im speziellen Falle gemäß § 1811 BGB. auch die Genossenschaft in Rücksicht gezogen wird. Ein besonderer Antrag im Einzelfalle, zu dessen Stellung eventuell der Vormund angehalten werden könnte, ist trotzdem zu empfehlen. Es wird sich hierbei weniger darum handeln, den Genossenschaften neue Gelder zuzuführen, als vielmehr zu verhindern, daß ihnen alte entzogen werden. Denn die in Betracht kommenden Hauptfälle werden die sein, daß der verstorbene Vater der Mündel Mitglied der Genossenschaft war und dort seine Gelder angelegt hatte — in diesem Falle sollte doch wohl die Belassung derselben dem Vormund gestattet werden —, und ferner, daß der Vormund selbst Mitglied ist und die ihm anvertrauten Gelder in der ihm bequemen und sicher erscheinenden Weise anzulegen wünscht.

Im Anschluß an die Frage der Mündelgelder sei auch kurz die Anlegung von öffentlichen Geldern — städtischen, Kirchen-, Stiftungsgeldern, Geldern öffentlicher Sparkassen ꝛc. besprochen. Die Frage der Anlegung solcher Gelder ist öffentlichen Rechts; es befinden darüber im allgemeinen die Verwaltungsgesetze bezw. die Verwaltungsbehörden. Im Bürgerlichen Gesetzbuch und seinen Nebengesetzen ist jedenfalls nichts darüber zu finden; auch die Ausführungsgesetze der einzelnen Bundesstaaten zum Bürgerlichen Gesetzbuch schweigen meist. Einige Staaten, z. B. Sachsen-Meiningen und Reuß jüngerer

Linie, haben allerdings im Anschluß an die Bestimmungen über Mündelgeld auch Vorschriften über Anlegung von öffentlichen Geldern getroffen. So bestimmt Artikel 28 § 5 des Sachsen-Meiningenschen Ausführungsgesetzes zum Bürgerlichen Gesetzbuch vom 9. August 1899:

„Die öffentlichen Behörden, die Vorstände und Verwalter öffentlicher Anstalten und Stiftungen, sowie der Kirchkassen sind ermächtigt, das ihrer Verwaltung anvertraute Vermögen in der gleichen Weise anzulegen, wie Mündelgelder angelegt werden können."

Und § 118 des Ausführungsgesetzes zum Bürgerlichen Gesetzbuch für das Fürstentum Reuß jüngerer Linie schreibt vor:

„Auf die Anlegung solcher Gelder, welche Stiftungen einschließlich derer des öffentlichen Rechts oder Familienfideikommissen angehören, finden die Vorschriften des Bürgerlichen Gesetzbuches und dieses Gesetzes über das Mündelvermögen entsprechende Anwendung, soweit nicht stiftungsgemäß ein anderes bestimmt ist."

Im allgemeinen aber dürften, wie schon bemerkt, in dieser Frage die Verwaltungsgesetzgebung bezw. die Verwaltungsbehörden zuständig sein. Meist werden Bestimmungen darüber überhaupt nicht existieren; es wird den Kommunen, Kirchen-, Stiftungsverwaltungen im einzelnen Falle überlassen sein, wo sie ihre verfügbaren Gelder anlegen wollen.

Tatsächlich sind außerordentlich häufig, und zwar in den verschiedensten Bundesstaaten, öffentliche, insbesondere städtische Gelder bei Genossenschaften angelegt. Da, wo gesetzliche Bestimmungen nicht entgegenstehen, muß es Bestreben jeder Kreditgenossenschaft sein, zur Anlegung von öffentlichen Geldern benutzt zu werden.

Fünfter Teil.

Das Erbrecht.

§ 45.

Allgemeines.

Nach mannigfacher Richtung können erbrechtliche Bestimmungen in die Rechtsverhältnisse der Genossenschaften eingreifen. Es kann wesentlich sein, zu wissen, wer eines verstorbenen Genossen Erbe sei, mag es sich nun um die „Fortsetzung der Mitgliedschaft" des Verstorbenen gemäß § 77 GenGes. und die sich daraus ergebenden Befugnisse des Erben — Stimmrecht in der Generalversammlung, Benutzung der Einrichtungen der Genossenschaft — handeln, oder mag die Auszahlung des Geschäftsguthabens in Betracht kommen. Ebenso kann oft die Rechtsnachfolge eines Nichtmitgliedes von größtem Interesse für die Genossenschaft sein. Ein Vorschußverein hat z. B. ein Darlehen aufgenommen, der Darlehnsgeber stirbt. An wen sind die Zinsen auszuhändigen, wem das Kapital zurückzuzahlen? Die Genossenschaft muß die Erbverhältnisse prüfen, um zu wissen, von wem sie nach des Kontrahenten Tode Zahlung oder Lieferung verlangen, an wen sie mit Rechtswirkung leisten kann.

Das Erbrecht des Bürgerlichen Gesetzbuches gilt zunächst zeitlich für alle nach dem 1. Januar 1900 eingetretenen Erbfälle, während die früheren Rechtssätze maßgebend sind, wenn der Erblasser vor diesem Termin verstorben ist. Ebenso ist die Rechtsgültigkeit eines vor dem 1. Januar 1900 errichteten Testamentes nach früherem Recht und erst die im neuen Jahrhundert errichteten Testamente sind nach dem Rechte des Bürgerlichen Gesetzbuches zu beurteilen (Art. 213—215 des EinfGes. zum BGB.).

Das Wesen des Erbrechts bezeichnet der § 1922 BGB.:

„Mit dem Tode einer Person (Erbfall) geht deren Vermögen (Erbschaft) als Ganzes auf eine oder mehrere Personen (Erben) über."

Die Frage, wer Erbe wird, ist dahin zu beantworten: in erster Linie der durch Testament oder Erbvertrag Eingesetzte, in zweiter Linie der gesetzliche Erbe.

Die Testamentsform ist durch das Bürgerliche Gesetzbuch wesentlich gegen den früheren Rechtszustand erleichtert: nicht nur das vor Gericht oder Notar errichtete, sondern auch das vom Erblasser eigenhändig geschriebene und unterschriebene Testament ist gültig. Die freie Verfügung des Erblassers durch Testament ist beschränkt durch das Pflichtteilsrecht der Abkömmlinge der Eltern und des Ehegatten (vergl. §§ 2203 ff. BGB.).

Für die gesetzliche Erbfolge kommen in Betracht einmal die Verwandten des Erblassers nach besonders bestimmter, nach Stämmen gegliederter Ordnung (§§ 1924 ff. BGB), ferner der Ehegatte, und zwar als Miterbe neben nahen Verwandten des Erblassers (Abkömmlingen, Eltern, Großeltern), und ausschließlich, wenn nur weitere Verwandte in Betracht kommen. Ist weder ein Verwandter, noch der Ehegatte vorhanden, so wird der Fiskus gesetzlicher Erbe.

Der Erbe haftet für die Nachlaßverbindlichkeiten, und zwar an sich auch mit seinem eigenen Vermögen, nicht etwa nur in Höhe des Nachlasses. Er kann jedoch die Erbschaft binnen 6 Wochen von erlangter Kenntnis des Erbfalls an ausschlagen (§§ 1942 ff. BGB.). Ferner stehen ihm auch später noch Möglichkeiten zu Gebote, um sich gegen die Übernahme eines Nachlasses zu sichern, dessen Überschuldung ihm nicht sofort bekannt war: die Nachlaßverwaltung (§§ 1975 ff. BGB.), der Nachlaßkonkurs (§§ 1988 f. BGB.) und die Herausgabe des Nachlasses zum Zwecke der Befriedigung der Nachlaßgläubiger (§§ 1990 f. BGB).

§ 46.
Der Erbschein.

In den meisten Fällen wird die Frage, wer Erbe geworden ist, unschwer zu beantworten sein. Häufig aber auch, insbesondere bei Mangel direkter Nachkommen, sind die Erbverhältnisse so verwickelt, daß Vorsicht not tut. Denn wenn der Verein dem Falschen zahlt, und es erscheint später der Richtige, so bleibt nichts übrig als nochmalige Zahlung. Zwar ist gegen den falschen Erben eine Klage auf Rückzahlung gegeben; aber wer bürgt dem Verein dafür, daß er auf diesem Wege wieder zu seinem Gelde kommt und nicht womöglich noch die Gerichtskosten tragen muß, wenn die Gegenpartei mittellos ist?

Zur Vermeidung dieser Eventualitäten gibt es ein einfaches Mittel: man leiste an Erben Zahlung nur gegen Vorlage eines Erbscheins. Diese im Interesse der Rechtssicherheit äußerst zweckmäßige Einrichtung hat das Bürgerliche Gesetzbuch zwar nicht geschaffen — denn sie bestand bereits im größten Teile Deutschlands — aber wesentlich verallgemeinert. Denn während die bisherigen Rechte fast ausschließlich nur eine Erbfolgebescheinigung für gesetzliche Erben kennen, hat das Bürgerliche Gesetzbuch dieselbe auch auf die testamentarische Erbfolge ausgedehnt. Eine sehr praktische Maßnahme, wenn man bedenkt, welche Schwierigkeiten häufig die Prüfung der Rechtsgültigkeit einer letztwilligen Verfügung, die Auslegung ihres Inhalts und die Beurteilung des Verhältnisses mehrerer solcher Verfügungen zueinander bieten: Schwierigkeiten, die ohne eingehende Rechts- und Gesetzeskenntnis kaum zu überwinden sind!

Der Erbschein ist ein Zeugnis, welches dem Erben, gleichviel ob seine Berufung auf Gesetz, Testament oder Erbvertrag beruht, auf Antrag vom Nachlaßgericht über sein Erbrecht, und, wenn er nur zu einem Teile der Erbschaft berufen ist, über die Größe seines Erbteils ausgestellt wird (§ 2353 BGB.). Die Erteilung ist an die Erfüllung bestimmter formeller Voraussetzungen geknüpft (vergl. bezüglich des gesetzlichen Erben § 2354, bezüglich des testamentarischen § 2355); die erforderlichen Nachweise sind teils durch öffentliche Urkunden, eventuell andere Beweismittel, teils durch Versicherung an Eidesstatt zu erbringen (§ 2356). Das Nachlaßgericht hat den Erbschein nur zu erteilen, wenn es nach den erforderlichen Ermittelungen und nach Aufnahme der geeignet erscheinenden Beweise (§ 2358) die zur Begründung des Antrages erforderlichen Tatsachen für festgestellt erachtet (§ 2359); falls über das Erbrecht ein Rechtsstreit anhängig ist, so soll vorher der Gegner des Antragstellers gehört werden (§ 2360). Sind mehrere Erben vorhanden, so ist ein gemeinschaftlicher Erbschein zu erteilen, sobald auch nur einer der Miterben dies beantragt (§ 2357). Stellt sich der erteilte Erbschein als unrichtig heraus, so hat ihn das Nachlaßgericht einzuziehen oder, für den Fall, daß er nicht sofort erlangt werden kann, für kraftlos zu erklären (§ 2361). Der wirkliche Erbe kann von dem Besitzer des unrichtigen Erbscheines einmal Herausgabe desselben an das Nachlaßgericht und ferner Auskunft über den Bestand der Erbschaft und den Verbleib der Erbschaftsgegenstände verlangen (§ 2362). Hat der Erblasser einen Testamentsvollstrecker ernannt, so ist dies in dem Erbschein anzugeben (§ 2364); ebenso muß im Falle einer Nacherbfolge der Erbschein die Voraussetzungen und gewisse Bedingungen derselben enthalten (§ 2363).

Die Wirkung des Erbscheins besteht in einer Rechtsvermutung für die Richtigkeit und Vollständigkeit seines Inhalts (§ 2365). Die Vermutung wirkt für und gegen jeden, auch gegen den, der selbst Erbe zu sein behauptet. Noch weitergehende Bedeutung hat der Erbschein für Dritte, welche mit dem in einem solchen als Erbe Bezeichneten Rechtsgeschäfte über Erbschaftsgegenstände oder zur Erbschaft gehörige Rechte abschließen. Denn zu Gunsten dieser Dritten gilt der Inhalt des Scheines, soweit die Vermutung des § 2365 reicht, direkt als richtig, es sei denn, daß der Dritte die Unrichtigkeit kennt oder weiß, daß das Nachlaßgericht die Rückgabe wegen Unrichtigkeit verlangt hat (§ 2366). Die Erteilung des Erbscheines hat insoweit eine ähnliche Bedeutung, wie eine Eintragung im Grundbuche; man spricht daher, wie bei diesem, von dem „öffentlichen Glauben" des Erbscheines.

In manchen Fällen ist die Vorlage eines Erbscheines gesetzliches Erfordernis. So kann bei Eintragungen in das Grundbuch der Nachweis der Erbfolge im allgemeinen nur durch einen Erbschein geführt werden (Reichs-Grundbuchordnung § 36); ebenso verhält es sich bei Eintragungen im Schiffsregister (Reichsgesetz über die Angelegenheiten der freiwilligen Gerichtsbarkeit § 107).

Bereits oben wurde darauf hingewiesen, daß es in Zweifelsfällen stets zu empfehlen sei, nur gegen Vorlage eines Erbscheines Zahlung zu leisten: nur so ist der Schuldner gegen eventuelle Doppelzahlung vollkommen gesichert. Hierbei erhebt sich nun allerdings die Frage, ob der Schuldner befugt ist, die Leistung an den Erben schlechthin bis zur Vorlegung eines Erbscheines zu verweigern. Sie muß in dieser Allgemeinheit verneint werden[1]). Aber wohl kann der Schuldner ver-

[1]) Vergl. Entsch. des Reichsgerichts vom 1. Mai 1903, Blätter f. Genossenschaftswesen 1903 S. 463.

langen, daß ihm vor der Leistung die Erbenqualität nachgewiesen wird. Dies ergibt sich aus § 94 der Zivilprozeßordnung:

„Macht der Kläger einen auf ihn übergegangenen Anspruch geltend, ohne daß er vor der Erhebung der Klage dem Beklagten den Übergang mitgeteilt und auf Verlangen nachgewiesen hat, so fallen ihm die Prozeßkosten insoweit zur Last, als sie dadurch entstanden sind, daß der Beklagte durch die Unterlassung der Mitteilung oder des Nachweises veranlaßt worden ist, den Anspruch zu bestreiten."

Der hier indirekt erforderte Nachweis des Überganges der Forderung wird, wenn es sich um einen Übergang durch Erbfolge handelt, am bequemsten durch einen Erbschein zu erbringen sein.

Die Erteilung des Erbscheines erfolgt der Regel nach nur an den Erben selbst. Eine Ausnahme statuiert die Zivilprozeßordnung in § 792: „Bedarf der Gläubiger zum Zweck der Zwangsvollstreckung eines Erbscheines ......, so kann er die Erteilung an Stelle des Schuldners verlangen". Eine Ausfertigung des einmal erteilten Erbscheins, die Einsicht in denselben sowie eine auf Verlangen zu beglaubigende Abschrift kann jeder verlangen, der ein rechtliches Interesse glaubhaft macht (§ 85 bezw. 78 des Reichsgesetzes über die Angelegenheiten der freiwilligen Gerichtsbarkeit).

Zweiter Abschnitt.

Das Wechselrecht.

§ 47.

A. Einleitung.

Das Wechselrecht beschäftigt sich mit den Rechtssätzen, die sich auf den Verkehr mit Wechseln beziehen. Es findet seine Regelung in der Allgemeinen Deutschen Wechselordnung vom 5. Juni 1869.

Der Wechselverkehr war ursprünglich eine Sondereinrichtung für den Handelsstand. Sie war in der Zeit, als man in Deutschland noch kein einheitliches Münzsystem kannte, aus dem Bedürfnis hervorgegangen, ein Zahlungsmittel zu finden, das zum Ausgleich der Verschiedenheit der Münzsysteme und gleichzeitig zur Verminderung des Transports größerer Geldsummen von dem Zahlenden an den Zahlungsempfänger geeignet war. Man bediente sich zu diesem Zwecke schriftlicher Anweisungen, die der eine Geschäftsmann an den Geschäftsfreund in einer anderen Stadt richtete, und in denen der letztere ersucht wurde, dem Vorzeiger der Anweisung eine bestimmte Summe auszuzahlen. Hieraus entwickelte sich in allmählicher Ausgestaltung durch den Geschäftsverkehr unser heutiger Wechsel, und zwar der gezogene Wechsel, die Tratte, während der eigene Wechsel erst später dem Verkehrsbedürfnis entsprungen ist.

Wenn nun auch der Wechselverkehr jetzt nicht mehr ein Privilegium des Handelsstandes ist, sondern vielmehr für jedermann gleichmäßig Geltung hat, so kommt er immerhin weitaus am meisten für den Handelsstand und somit auch für die Genossenschaften in Betracht, die nach § 17 GenGes. als Kaufleute im Sinne des Handelsgesetzbuchs gelten. Dies hat seinen Grund in dem Zweck, der mit dem Wechsel verfolgt wird, nämlich der Zahlung und Kreditierung.

Wechselfähig, d. h. fähig, eine wechselmäßige Verpflichtung einzugehen, ist jeder, der sich durch Verträge verpflichten kann. In erster Linie ist also jeder Volljährige, mag es ein Mann oder eine Frau sein, wechselfähig; insbesondere hat auch die Frau unbeschränkte Wechselfähigkeit und zwar nicht nur die ledige oder verwitwete Frau, sondern auch die Ehefrau. Es ist also für die Wechselverpflichtung der Ehefrau nicht notwendig, daß der Ehemann der Wechselunterschrift seiner Ehefrau einen Genehmigungsvermerk hinzufügt; jedoch wird es sich für die Genossenschaften empfehlen, eine Genehmigungserklärung des Ehemanns zu fordern, da man aus dieser Genehmigung mit Recht wird schließen dürfen, daß der Mann die Zwangsvollstreckung in das eingebrachte Gut seiner Ehefrau zu dulden beabsichtigt, und dies kann für die Befriedigung der Genossenschaft unter Umständen von Bedeutung sein. Minderjährige sind selbst dann nicht wechselfähig, wenn sie ein selbständiges Erwerbsgeschäft betreiben, wenn z. B. ein minderjähriger Sohn das Geschäft seines verstorbenen Vaters übernimmt. Gerade dieser Fall kann den Genossenschaften häufig begegnen, wenn ein Genosse, der Inhaber eines Geschäfts ist, stirbt und der minderjährige Sohn ihm als Geschäftseigentümer und in der Mitgliedschaft bei der Genossenschaft folgt.

Eine Besonderheit sowohl des Wechsels als des Wechselverkehrs ist deren formeller Charakter. Es zeigt sich dies einmal hinsichtlich des Wechsels selbst darin, daß gewisse, auf den ersten Blick unbedeutend erscheinende Verstöße gegen Formvorschriften die völlige Rechtsungültigkeit des Wechsels nach sich ziehen, andererseits in der sogenannten materiellen und prozessualen Wechselstrenge. Die materielle Wechselstrenge besteht darin, daß die Verpflichtung des Wechselschuldners losgelöst ist vom materiellen Schuldgrund. Es kommt also, wenn gegen die Gültigkeit des Wechsels an sich nichts einzuwenden ist, nicht darauf an, aus welchem materiellen Schuldgrund (z. B. Darlehn, Kauf usw.) die Wechselsumme geschuldet wird, sondern der Wechsel selbst wird als Schuldgrund angesehen. Es liegt hierin eine ganz besonders strenge Haftung (daher Wechselstrenge). Die Haftung soll aber nicht nur streng, sondern vor allem auch schnell sein; dies kommt in der prozessualen Wechselstrenge zum Ausdruck, indem die Zivilprozeßordnung ein besonderes, schleuniges Verfahren vorsieht, bei welchem die Beobachtung gewisser formeller Vorschriften gleichfalls unerläßlich ist (s. u. § 91).

Wie bereits erwähnt, ist die Haupteinteilung der Wechsel die in gezogene (Tratten) und eigene Wechsel. Innerhalb dieser beiden Abteilungen lassen sich unterscheiden:

a) Nach Maßgabe der Verschiedenheit des Zahlungsorts: Distanzwechsel und Platzwechsel — bei ersteren ist der Zahlungsort des Wechsels verschieden vom Ausstellungsort, bei letzterem sind beide Orte gleich — und ferner Domizilwechsel, bei welchen als Zahlungsort ein vom Wohnort des Zahlungspflichtigen verschiedener Ort angegeben ist. Bei letzteren Wechseln ist zu beachten, daß häufig nur scheinbar ein wahrer Domizilwechsel vorliegt; ein Domizilwechsel ist z. B. nicht gegeben, wenn nur eine Zahlstelle am Wohnort des Bezogenen angegeben ist. Der Domiziliat, d. h. eine vom Bezogenen verschiedene Person (oder Firma), die die Zahlung leisten soll, muß eine zur Zahlung befähigte Person (oder Firma) sein. Eine ungenügende Domiziliatenbezeichnung würde z. B. sein „zahlbar im Kassenlokal der . . . .“ Unzulässig ist ferner nach reichsgerichtlicher Entscheidung (Entsch. in Zivils. Bd. 28 S. 103) die Angabe mehrerer Domiziliaten, zwischen denen der Wechselinhaber wählen soll.

b) Nach Maßgabe der Verschiedenheit der Zahlungszeit: insbesondere die Datowechsel, deren Zahlungszeit auf eine bestimmte Zeit nach dem Tage der Ausstellung lautet. Ferner die Sicht- und Nach-Sicht-Wechsel. Die ersteren sind „bei Sicht“, d. h. bei Präsentierung zur Zahlung, die anderen zu der im Wechsel angegebenen bestimmten Zeit nach Sicht fällig. Endlich die Meß- und Marktwechsel, welche auf den Tag einer bestimmten Messe oder eines bestimmten Markts zahlbar gestellt sind.

§ 48.

B. Der gezogene Wechsel.

Die ältere Form des Wechsels ist, wie schon erwähnt, die des gezogenen Wechsels, auch Tratte genannt. Er ist eine Geldanweisung [1]) mit hinzukommendem Wechselversprechen.

---

[1]) Formular für gezogene Wechsel s. Musterformulare S. 20.

§ 49.

Die wesentlichen Erfordernisse der Tratte.

Der gezogene Wechsel muß zu seiner Gültigkeit unbedingt folgenden Erfordernissen genügen (Art. 4 WO.):

1. In dem Wechsel selbst muß die Bezeichnung „Wechsel" aufgenommen sein und zwar muß das Wort „Wechsel" im eigentlichen Wechseltext selbst stehen. Es würde nicht genügen, wenn das Wort „Wechsel" etwa als Überschrift des Wechselformulars gewählt, aber im Wechseltext selbst fehlen würde. Ungültig ist also die Formel: „Am . . . . 1908 zahlen Sie die Summe von 1000 M.", diese hat vielmehr zu lauten: „Am . . . . 1908 zahlen Sie gegen diesen Wechsel . . . ." Es würde auch nicht genügen, wenn in dem Wechsel z. B. gesagt würde: „Am . . . . 1908 zahlen Sie wechselgemäß".

2. Der Geldbetrag, auf den der Wechsel lautet, d. h. die Wechselsumme muß angegeben sein. Ist die Wechselsumme sowohl in Ziffern wie in Buchstaben aufgeführt, so gilt, wenn beide Angaben nicht übereinstimmen, die in Buchstaben ausgedrückte Summe und wenn sie mehrmals in Buchstaben und Ziffern im Wechsel zum Ausdruck kommt, die geringere Summe.

3. Im Wechsel muß der Remittent angegeben sein, d. h. der Name der Person, an welche oder an deren Order gezahlt werden soll. Gerade nach dieser Richtung hin tauchen häufig noch Wechsel auf, die den gesetzlichen Vorschriften nicht entsprechen, und manche Genossenschaft hat durch solche Wechsel, die sie in ihrem Portefeuille hatte, schlimme Erfahrungen gemacht; denn Wechsel ohne Remittentenbezeichnung sind völlig ungültig und schließen jeden Wechselanspruch aus. Auch kommen Wechsel vor des Inhalts: „Am . . . . zahlen Sie an die Order", ohne daß jedoch gesagt ist, an wen zu zahlen ist. Auch diese Wechsel sind ohne weiteres ungültig.

Die im Wechsel bezeichnete Person, an die gezahlt werden soll, kann eine einzelne physische oder eine juristische Person sein. Desgleichen ist auch die Angabe einer Mehrheit von physischen Personen als Zahlungsempfänger voll gültig. Als Remittent kann auch eine Firma genannt sein. Wechselrechtlich gültig ist jede nach den Bestimmungen des Firmenrechts zulässige Firmenbezeichnung; wechselmäßige Rechte entstehen für den die Firma Führenden aber nur dann, wenn er zur Führung der Firma auf Grund des Firmenrechts befugt ist. Das Gleiche gilt auch dann, wenn eine Firma als Aussteller oder als Bezogener bezeichnet ist (s. unter 5. und 7.). Nicht zulässig ist, daß der Wechsel auf den Inhaber ausgestellt wird, jedoch darf der Aussteller des Wechsels sich selbst als den Remittenten bezeichnen; dies sind die sog. Wechsel an eigene Order (Art. 6 WO.).

4. Die Zeit muß bestimmt sein, zu welcher gezahlt werden soll. Diese Zeit kann nur einheitlich für die ganze Wechselsumme festgestellt werden. Es darf also z. B. nicht der Wechsel über 1000 M. lauten, und von dieser Summe ein Betrag von je 500 M. am 1. April und 1. Oktober zahlbar gestellt sein. Die Zeit muß ferner insoweit genau bestimmt sein, als z. B. als Zahlungszeit nicht „Ostern 1908“ oder sonst ein mehrtägiger Festtag angegeben werden darf; denn es würde nicht feststehen, an welchem der beiden Feiertage gezahlt werden soll. Insoweit aber ein Irrtum ausgeschlossen ist, kann auch eine nicht ziffernmäßige Angabe des betreffenden Monatstages genügen. So würde die Bezeichnung „Ultimo Juli 1908“ an Stelle von „31. Juli 1908“ gültig sein, ebenso die Bezeichnung „Anfang“ oder „Mitte Oktober 1908“. In letzterem Falle würde der 1. bezw. der 15. Oktober als Zahlungstermin gesetzlich anzunehmen sein (Art. 30 WO.).

5. Der Wechsel muß die Unterschrift des Ausstellers, (Trassanten) tragen; er kann auch von mehreren Ausstellern gezeichnet sein. Der Aussteller muß mit seinem Namen oder seiner Firma zeichnen, und zwar handschriftlich; hat er, weil er nicht schriftkundig ist, nur mit einem Handzeichen, z. B. drei Kreuzen, unterzeichnet, so muß das Handzeichen gerichtlich oder notariell beglaubigt sein (Art. 94 WO.). Er muß ferner selbst zeichnen oder durch seinen Vertreter zeichnen lassen, der die Vollmacht zum Wechselzeichnen hat. Gerade hierbei wird die Genossenschaft, ehe sie einen Wechsel hereinnimmt, genau prüfen müssen, ob der Unterzeichner zum Wechselzeichnen berechtigt ist, d. h. also, um die häufigsten Fälle zu treffen, ob er Prokurist der betreffenden Firma und damit kraft Vorschrift des Handelsgesetzbuches zum Wechselzeichnen berechtigt ist, oder ob die Unterschrift einer zum Wechselzeichnen ausdrücklich bevollmächtigten Person vorliegt. Der Bevollmächtigte kann

den Wechsel sowohl mit dem Namen des Vollmachtgebers als auch mit seinem eigenen Namen — dann aber unter Kennzeichnung seiner Eigenschaft als Bevollmächtigter —, und endlich auch mit beiden Namen zeichnen. Zu beachten ist ferner, daß der Name des Ausstellers geschrieben sein muß. Er darf nicht im Wege der Stempelung oder des Aufdrucks einer faksimilierten Unterschrift erfolgen. Gültig ist jedoch z. B., wenn die Genossenschaft mit ihrem Firmenstempel unter handschriftlicher Beifügung der Namenszüge der Vorstandsmitglieder nach der Vorschrift des Statuts ihre Wechsel zeichnet.

6. Es muß das Datum und der Ort der Ausstellung im Wechsel stehen. Mehrere Orte oder mehrere Daten sind unzulässig.

7. Der Name desjenigen, der die Zahlung der Wechselsumme leisten soll, muß angegeben sein. Diese Person (Trassat oder Bezogener) kann ebenso wie der Remittent eine einzelne physische Person oder eine Mehrheit physischer Personen oder eine juristische Person sein. Man achte aber, wenn der Bezogene eine physische Person ist, zur Vermeidung von Weiterungen genau darauf, daß nicht nur der Zuname, sondern auch der Vorname der Person genau angegeben ist, wenn auch die Rechtsprechung des Reichsoberhandelsgerichts in dieser Beziehung auf dem Standpunkt steht, daß die Nennung des Vornamens nicht erforderlich ist.

Der Aussteller ist befugt, wie wir es ähnlich schon unter 3. sahen, sich selbst als Bezogenen zu bezeichnen, jedoch nur dann, wenn ein Distanzwechsel vorliegt, also wenn die Zahlung an einem vom Ausstellungsort verschiedenen Ort geschehen soll. Diesen Wechsel nennen wir den trassiert eigenen Wechsel (Art. 6 WO.), den wir uns z. B. für den Fall denken können, daß eine in Berlin domizilierte Firma ihre Filiale in Köln anweist, an den Remittenten X. in Bonn zu zahlen. In ähnlicher Weise können wir uns auch den trassiert eigenen Wechsel an eigene Order vorstellen, in welchem Aussteller, Bezogener und Remittent dieselbe Person sind; z. B. — in Anlehnung an obiges Muster —: die Firma in Berlin weist ihre Filiale in Köln an, der Filiale in Bonn Zahlung zu leisten.

8. Der Zahlungsort muß aus dem Wechsel ersichtlich sein. Die Angabe mehrerer Zahlungsorte ist unzulässig.

9. Endlich muß der Zahlungsauftrag („.... zahlen Sie ....") im Wechsel enthalten sein.

Fehlt es an einem dieser neun wesentlichen Voraussetzungen, so ist der Wechsel null und nichtig. Ein wechselmäßiger Anspruch ist ausgeschlossen, und auch die Erklärungen des Akzeptanten, der Indossanten und Avalisten sind ohne Wechselkraft. Weitere Zusätze im Wechsel, wie: „Wert in Ware erhalten", „stellen den Wert in Rechnung", haben keinen Einfluß auf das Wechselrecht, sie klären nur das materielle Verhältnis zwischen den Wechselparteien.

§ 50.

Die Personen des Wechselverkehrs.

Der Aussteller oder Trassant zieht den Wechsel auf den Bezogenen oder Trassaten. Der letztere geht hierdurch noch keine Wechselverpflichtung ein; erst wenn er den Wechsel akzeptiert, indem er auf der Vorderseite des Wechsels seinen Namen unterzeichnet, wird er zum Akzeptanten und damit zum Wechselverpflichteten. Es ist zur Rechtsgültigkeit nicht erforderlich, daß der Akzeptant seinen Namen quer auf die Vorderseite des Wechsels schreibt, aber es ist die gebräuchliche Form, und die Genossenschaft wird deshalb auf Einhaltung dieser Form sehen müssen. Unbedingt erforderlich ist, daß der Name des Ausstellers auf der Vorderseite des Wechsels steht. Der Akzeptant kann auch auf der Rückseite zeichnen, muß aber dann seinem Namen eine Annahmeerklärung vorsetzen.

Es war eine Zeitlang streitig in der Judikatur, ob eine Mehrheit physischer Personen als Akzeptant gültig sei. Das Reichsgericht hat in einer Plenarentscheidung aus 1900 (vergl. Entsch. in Zivilsachen 46 S. 132) für die Gültigkeit solcher Wechsel sich entschieden. Den Genossenschaften sei jedoch Vorsicht angeraten. Vor allem darf nicht übersehen werden, daß bei einer Mehrheit von Akzeptanten nicht etwa auch eine Mehrheit von Zahlungsorten vorliegen darf (vergl. Staub, Kommentar zur WO., 4. Aufl., Art. 4 § 43). Eine Mehrheit von Akzeptanten kann insbesondere bei Sicht- oder Nach-Sicht-Wechseln insofern gefährlich werden, als, wenn die Präsentierung wegen Verschiedenheit der Präsentationsorte nicht an demselben Tage gegenüber allen Akzeptanten stattfinden kann, verschiedene Verfalltage geschaffen werden, wodurch die Ungültigkeit des Wechsels herbeigeführt wird.

Sehr muß den Genossenschaften empfohlen werden, darauf zu achten, daß der Name des Bezogenen genau übereinstimmt mit der Zeichnung des Akzeptanten. Es könnte leicht zu Weiterungen im Prozeß führen, wenn z. B. der Aussteller den Wechsel auf Wilhelm Kaiser gezogen hat und die Unterschrift des p. Kaiser nur W. Kaiser lautet. Ohne weiteres ungültig würde ferner ein auf „Franz Kaiser & Co." gezogener, aber mit den Worten „Wilhelm Kaiser" akzeptierter Wechsel sogar dann sein, wenn Wilhelm Kaiser alleiniger Inhaber der Firma Franz Kaiser & Co. ist. Die Identität des Bezogenen und des Akzeptanten muß unbedingt aus dem Wechsel selbst hervorgehen. Sie darf nicht erst eines Nachweises, z. B. durch einen Auszug aus dem Handelsregister, bedürfen.

Die Zahlung wird geleistet an den Remittenten, welcher seinerseits wieder den Wechsel an eine dritte Person, den Indossatar, weitergeben kann, und dadurch zum Indossanten wird. Durch Indossament (Giro) wird das Recht auf den Wechsel auf den Indossatar übertragen. (Näheres über Form und Inhalt des Indossaments s. u. § 52).

Weitere auf dem Wechsel vorkommende Personen sind der Notadressat, d. h. ein zweiter Bezogener, der nur für den Fall der Nichtakzeptierung des Wechsels durch den eigentlichen Bezogenen in Wirkung tritt (Form: „Im Falle der Not bei") und der durch sein durch den Zusatz „zu Ehren" kenntlich gemachtes Akzept zum Ehrenakzeptanten wird. Ferner der Wechselbürge, Avalist genannt, welcher den Wechsel mit seinem Namen und dem Zusatz „als Bürge" oder „per aval" zeichnet.

§ 51.

Das Akzept der Tratte.

Dadurch, daß der Bezogene den Wechsel akzeptiert, d. h. ordnungsgemäß mit seiner Zeichnung versieht, verpflichtet er sich wechselgemäß zur Erfüllung der von ihm geforderten Zahlung. Der Wechselinhaber, d. h. der Remittent oder Indossatar des Wechsels, ist berechtigt, den

Wechsel dem Bezogenen sofort zum Zwecke der Annahme zu präsentieren, abgesehen von den Meß- und Marktwechseln, die erst zu der an den Meß- oder Marktorten gesetzlich bestimmten Präsentationszeit zur Annahme präsentiert werden dürfen. In zwei Fällen besteht sogar eine Verpflichtung zur Präsentation. Es müssen nämlich einmal die sogenannten „Nach-Sicht"-Wechsel (s. o. S. 156) bei Verlust des wechselmäßigen Anspruchs gegen die Indossanten und den Aussteller nach Maßgabe der besonderen im Wechsel enthaltenen Bestimmungen, und in Ermangelung einer solchen innerhalb zweier Jahre nach der Ausstellung zur Annahme präsentiert werden (Art. 19 WO.). Ferner kann der Aussteller eines Domizilwechsels (s. o. S. 156) dem Wechselberechtigten die Präsentation zur Annahme bei Meidung des Verlustes des Regresses gegen den Aussteller zur Pflicht machen (Art. 24 WO.).

Die erfolgte Akzeptierung des Wechsels hat für den Akzeptanten die Wirkung, daß der Akzeptant wechselmäßig für die Zahlung der Wechselsumme zur Verfallzeit des Wechsels haftet, und zwar selbst dann, wenn etwa die Unterschrift des Ausstellers gefälscht sein sollte, vorausgesetzt natürlich, daß der Wechselinhaber gutgläubig ist.

§ 52.

Das Indossament der Tratte.

Das Recht, den Wechsel zu indossieren, hat der Wechselinhaber, d. h. jeder Gläubiger, der den Wechsel inne hat. Das erste Indossament kann daher nur vom Remittenten ausgehen, welcher den Wechsel durch Aufsetzen eines Indossaments an den Indossatar weiter gibt. Dieser kann den Wechsel in gleicher Weise wieder weiter begeben und so kann eine beliebige Zahl von Indossamenten aufeinander folgen. Formell wird der Wechsel in der Weise weiter gegeben, daß der Wechselinhaber eine Zahlungsanweisung auf die Rückseite des Wechsels, und zwar auf die Schmalseite setzt, und seinen Namen hinzufügt. Die gebräuchlichste Form ist dabei folgende:

„Für mich an Herrn Rudolf Müller

Wilhelm Kaiser".

Das Indossament oder Giro tritt in 2 Formen auf, dem eigentlichen Vollgiro und dem uneigentlichen Giro. Das Vollgiro bewirkt, daß das Recht des Wechselinhabers (und zwar das ganze Recht, Teilindossamente sind ungültig) durch das Indossament als ein neues selbständiges Recht auf den Indossatar übergeht (sog. Transportfunktion des Indossaments) und daß der Indossant, der bisherige Wechselgläubiger, nunmehr in die Reihe der Wechselschuldner eintritt und als solcher für die Einlösung des Wechsels mit verhaftet wird (sog. Garantiefunktion des Indossaments), wofern er nicht zu seiner Unterschrift einen Vermerk (z. B. „ohne Obligo") hinzufügt, durch den er kennzeichnen will, daß es ihm nur auf eine Übertragung seines Rechts auf einen neuen Wechselgläubiger ankam und er selbst keinerlei Verbindlichkeit aus dem Wechsel mehr haben will.

Die Transport- und Garantiefunktion des Indossaments äußern ihre Wirkung im Geschäftsverkehr der Genossenschaft insbesondere beim Diskontgeschäft, d. h. beim Ankauf eines noch nicht fälligen Wechsels durch die Genossenschaft. Mit der Indossierung wird das Recht des diskontierenden Mitgliedes auf die Genossenschaft übertragen, während das Mitglied gleichzeitig in die Reihe der Wechselschuldner eintritt.

Von den uneigentlichen Indossamenten, denen also nicht die volle Wirkung des Vollindossaments innewohnt, ist vor allem das Blankoindossament zu erwähnen, das nur den Namen des Indossanten, nicht aber den des Indossatars enthält, so daß also der Inhaber eines solchen mit einem Blankogiro versehenen Wechsels sich nicht durch dieses Indossament, sondern lediglich durch den Besitz des Wechsels ausweist. Jeder Inhaber ist berechtigt, das Blankogiro durch Einfügung des Namens auszufüllen; er kann den Wechsel aber auch ohne Ausfüllung des Giros weiterindossieren.

Häufig ist auch das Prokuraindossament, ein Indossament, welchem ein Vermerk (z. B. „zur Einkassierung") beigefügt wird, durch den zum Ausdruck kommen soll, daß nicht ein eigenes Recht aus dem Wechsel auf den neuen Indossatar übergehen, sondern dieser nur die Vollmacht zur Einkassierung des Wechselbetrages erhalten soll. Wird einem Indossament der Vermerk „nicht an Order" beigefügt (sog. Rektaindossament), so geht zwar das eigene selbständige Recht aus dem Wechsel von dem Gläubiger auf den Indossatar über, wird aber der Wechsel danach noch weiter begeben, so haftet diesem neuen Indossatar der Gläubiger, der seinem Indossament den Vermerk „nicht an Order“ hinzufügte, nicht wechselmäßig.

Einer Erwähnung bedürfen noch die sog. Nachindossamente, d. h. diejenigen Indossamente, die erst nach Verfall des Wechsels auf diesen gesetzt wurden. Hat eine rechtzeitige Protestierung des Wechsels nicht stattgefunden (sog. präjudizierter Wechsel), so erhält der Nachindossatar nur die Rechte gegen den Akzeptanten, sowie gegen diejenigen, die den Wechsel nach Ablauf der Protestfrist noch indossiert haben; der Aussteller und die Indossanten, die vor dem Verfall der Wechsel gezeichnet haben, werden frei. Ist die Protestaufnahme dagegen erfolgt, so gilt die Indossierung an den Nachindossatar nur als Zession, d. h. der Indossant wird nicht wechselmäßig verpflichtet, und der Nachindossatar tritt nur in die wechselmäßigen Rechte seines Indossanten gegen den Akzeptanten, den Aussteller und diejenigen Indossanten, die den Wechsel bis zur Protesterhebung indossiert haben (Art. 16 WO.).

§ 53.
Zahlung der Tratte.

Je nachdem der Schuldner einer Geldsumme verpflichtet ist, die Zahlung der Schuld beim Gläubiger zu leisten, oder aber verlangen kann, daß der Gläubiger sich das Geld bei ihm holt, unterscheidet man Bringschulden und Holschulden. Wechselschulden sind Holschulden. Die Zahlung der Wechselsumme wird dadurch in die Wege geleitet, daß der Wechselgläubiger dem Akzeptanten die Tratte zur Zahlung präsentiert. Bei der Präsentierung muß selbstverständlich die im Wechsel angegebene Zahlungszeit beachtet werden. Lautet ein Wechsel „auf Sicht“, so ist er bei Vorzeigung fällig; er muß, wie bereits ausgeführt, bei Verlust des wechselmäßigen Anspruchs gegen die Indossanten und den Aussteller nach Maßgabe der besonderen, im Wechsel enthaltenen Bestimmungen und in Ermangelung solcher Bestimmungen binnen 2 Jahren nach der Ausstellung zur Zahlung präsentiert werden (Art. 31 WO.).

Lautet ein Wechsel auf eine bestimmte Zeit nach Sicht oder nach dato, so tritt die Verfallzeit ein:

a) Wenn die Frist nach Tagen bestimmt ist, an dem letzten Tage der Frist, wobei der Tag der Präsentierung nicht mitgerechnet wird.

b) Wenn die Frist nach Wochen, Monaten oder einem längeren Zeitraum bestimmt ist, an demjenigen Tage der Zahlungswoche oder des Zahlungsmonats, der durch seine Benennung oder Zahl dem Tage der Präsentation entspricht.

Der Ausdruck „halber Monat" wird einem Zeitraum von 15 Tagen gleich geachtet. Wenn der Wechsel auf einen oder mehrere ganze Monate und einen halben Monat gestellt ist, so müssen die 15 Tage zuletzt gezählt werden (Art. 32 WO.). Fällt der sich nach dieser Methode ergebende Verfalltag auf einen Sonntag oder allgemeinen Feiertag, so ist der nächstfolgende Werktag der Zahlungstag (Art. 92 WO.).

Die Zahlung muß an dem im Wechsel stehenden Zahlungsort, also am Wohnort des Akzeptanten oder dem etwa im Wechsel genannten Domizil erfolgen, und zwar in erster Linie im Geschäftslokal, eventuell in der Wohnung des Zahlungspflichtigen (Art. 91 WO.). Zur Empfangnahme der Zahlung ist berechtigt nur der legitimierte Inhaber des Wechsels, d. h. entweder der Remittent oder derjenige Indossatar eines Wechsels, der sich durch eine ununterbrochene Kette von Indossamenten, deren letztes entweder auf seinen Namen lautet, oder ein Blankoindossament ist, ausweisen kann (Art. 36 WO.). Dabei werden ausgestrichene Indossamente als nicht geschrieben angesehen. Einem so legitimierten Wechselinhaber ist der Wechselschuldner Zahlung zu leisten verpflichtet, wenn ihm der Wechselinhaber auf dem Wechsel Quittung leistet und den Wechsel aushändigt, oder aber, falls der Wechselschuldner nur eine Teilzahlung leisten kann, wenn der Wechselinhaber die Zahlung auf dem Wechsel handschriftlich vermerkt und ihm auf einer Wechselabschrift Quittung erteilt (Art. 39 WO.). Die Echtheit der Indossamente zu prüfen, ist der Zahlende nicht verpflichtet (Art. 36 WO.). Wird die Zahlung nicht geleistet, so hat der Wechselinhaber das Recht der Klage aus dem Wechsel, und dieser Klage kann der Wechselschuldner — abgesehen von den Einreden, die ihm unmittelbar gegen den jedesmaligen Kläger zustehen, z. B. der Einrede des Betruges — lediglich die aus dem Wechselrecht selbst hervorgehenden Einreden entgegenstellen, z. B. die Einrede, daß ein wesentliches Erfordernis des Wechsels — z. B. das Wort „Wechsel" im Wechseltext — nicht gewahrt sei (Art. 82 WO.).

§ 54.
Der Regreß.

Unter dem Regreßrecht versteht man das Recht des rechtmäßigen Inhabers eines Wechsels, von denjenigen, von denen er den Wechsel bekommen hat, Zahlung oder wenigstens Sicherung zu verlangen, wenn dies von dem Bezogenen nicht erlangt werden kann. Wir unterscheiden den Sicherstellungsregreß und den Zahlungsregreß. Abhängig ist die Geltendmachung des Regresses von der Erhebung des Protests (s. u. S. 167).

Zu den Sicherstellungsregressen gehört der Regreß mangels Annahme und der Regreß wegen Unsicherheit des Akzeptanten. Der erstere tritt ein, wenn der Bezogene den Wechsel überhaupt nicht oder nur teilweise akzeptiert, der zweite, wenn zwar Akzeptierung erfolgt ist, jedoch der Akzeptant in Konkurs geraten ist oder seine Zahlungen eingestellt hat, oder wenn nach Ausstellung des Wechsels eine Zwangsvollstreckung gegen den Akzeptanten fruchtlos ausgefallen ist (Art. 29 WO.).

Beim Regreß steht dem Wechselinhaber, welcher Protest hat erheben lassen, das unbeschränkte Wahlrecht zu, welchen Regreßpflichtigen er in Anspruch nehmen will. Der letzte Indossatar — bezw. beim nicht indossierten Wechsel der Remittent — braucht also nicht seinen unmittelbaren Vormann um Zahlung anzugehen, sondern er kann sich an irgend einen der auf dem Wechsel stehenden Wechselverpflichteten halten (Sprungregreß), wobei die von ihm übersprungenen Personen nicht von der Haftung befreit werden. Verlangt also z. B. der letzte Indossatar zunächst vergeblich vom Aussteller Zahlung, so ist er nunmehr berechtigt, selbst noch vom vorletzten Indossatar Zahlung zu fordern. Derjenige jedoch, von dem der Wechselinhaber im Regreßweg Zahlung verlangt und erhält, kann seinerseits nur gegen einen seiner Vormänner Regreß erheben (sog. Remboursregreß), wobei es ihm jedoch freisteht, einige seiner Vormänner zu überspringen, die hierdurch, falls der Vormann den Wechsel einlöst, von der wechselmäßigen Haftung frei werden, da der in Anspruch genommene Vormann nicht auf sie zurückgreifen darf.

Von Wichtigkeit ist die Bestimmung des Art. 45 WO., daß jeder Inhaber eines mangels Zahlung protestierten Wechsels seinen unmittelbaren Vormann von der Nichtzahlung des Wechsels schriftlich benachrichtigen muß (Notifikationspflicht). Die Benachrichtigung muß spätestens innerhalb zweier Tage nach dem Tage der Protesterhebung zur Post gegeben sein. Jeder benachrichtigte Vormann muß innerhalb der gleichen vom Tage des empfangenen Berichts zu berechnenden Frist wiederum seinen Vormann in Kenntnis setzen. Wer die Benachrichtigung unterläßt oder nicht an den unmittelbaren Vormann ergehen läßt, wird hierdurch den sämtlichen bezw. den übersprungenen Vormännern zum Ersatz des aus der unterlassenen Benachrichtigung entstandenen Schadens verpflichtet und verliert gegen diese Personen den Anspruch auf Zinsen und Kosten, so daß er nur die Wechselsumme fordern kann (Art. 45 WO.). Daß die Benachrichtigung erfolgt ist, muß im Bestreitungsfalle der Benachrichtigende beweisen. Ist er jedoch in der Lage, ein Postattest darüber vorzuzeigen, daß an dem fraglichen Tage ein Brief von ihm an den Vormann abgesandt worden ist, so gilt dies als Nachweis der geschehenen Benachrichtigung, und es bleibt nunmehr dem Vormann überlassen, seinerseits zu beweisen, daß der gesandte Brief einen anderen Inhalt hatte (Art. 46 WO.). Den Genossenschaften ist daher in jedem Falle die Benachrichtigung mittelst eingeschriebenen Briefes zu empfehlen.

Der Anspruch des Wechselinhabers aus dem Regreß mangels Zahlung geht auf Leistung der nicht gezahlten Wechselsumme nebst 6 Proz. Zinsen vom Verfalltage ab, auf Erstattung der Protestkosten und anderen Ausgaben sowie auf Zahlung einer Provision von 1/3 Proz. (Art. 50 WO.). Diese Regreßsumme kann vom Regreßnehmenden auch durch einen sogenannten Rückwechsel vom Regreßpflichtigen eingezogen werden.

In entsprechender Weise regelt Art. 51 WO. den Umfang des Regreßanspruchs des Indossanten, der den Wechsel im Regreßwege eingelöst hat.

§ 55.

Der Protest.

Die Grundlage des Regresses bildet der Protest. Man versteht unter Protest eine von dem hierfür zuständigen Beamten, nämlich einem Notar oder einem Gerichtsbeamten, aufgenommene öffentliche Urkunde über die gehörige Präsentation des Wechsels und die nichterfolgte Annahme bezw. Zahlung des Wechsels, je nachdem es sich darum handelte, die Akzeptierung oder aber die Zahlung vom Bezogenen zu erreichen. Welche Gerichtsbeamten für die Protestaufnahme zuständig sind, ist in den einzelnen Bundesstaaten sehr verschieden geregelt. Die Gerichtsvollzieher sind mehrfach, z. B. im Königreich Sachsen, in Baden und in beiden Mecklenburg von diesem Recht ausgeschlossen. Die Notare sind stets zur Protestaufnahme zuständig.

Ähnlich wie der Wechsel selbst, muß der Protest bestimmten Erfordernissen genügen, die im Art. 88 WO. aufgestellt sind. Der Protest muß ferner rechtzeitig erhoben werden, nämlich am Zahlungstag oder am ersten oder zweiten Werktag nach dem Zahlungstag (Art. 41 WO.). Die Proteststunden sind in den Bundesstaaten verschieden geregelt; Preußen hat die Zeit von 9 Uhr vormittags bis 6 Uhr nachmittags bestimmt. Verfällt der Wechsel an einem Sonntag oder allgemeinen Feiertag, so ist der nächste Werktag der Zahlungstag. Die Protesterhebung muß im Geschäftslokal des Wechselschuldners und in Ermangelung eines solchen in der Wohnung vorgenommen werden; an einem anderen Orte, z. B. an der Börse, kann sie nur mit beiderseitigem Einverständnis geschehen.

Kann der Protestbeamte das Geschäftslokal oder die Wohnung des Wechselschuldners nicht ermitteln, so muß er sich bei der Ortspolizeibehörde erkundigen. Daß auch dieses Mittel erfolglos gewesen sei, muß ausdrücklich im Protest vermerkt werden (sog. Windprotest).

Domizilierte Wechsel müssen den Domiziliaten, oder, wenn ein solcher nicht benannt ist, dem Bezogenen selbst an demjenigen Ort, wohin der Wechsel domiziliert ist, zur Zahlung präsentiert und bei Unterbleibung der Zahlung auch dort protestiert werden. Wenn die rechtzeitige Protesterhebung beim Domiziliaten verabsäumt wird, so geht dadurch der wechselmäßige Anspruch gegen Aussteller, Indossanten und Akzeptanten verloren (Art. 43 WO.). Abgesehen von diesem Fall bedarf es im übrigen zur Erhaltung des Wechselrechts keiner Präsentation und Protestierung gegenüber dem Akzeptanten (Art. 44 WO.).

Im Falle des Konkurses ist der Protest gegen den Gemeinschuldner, im Falle des Todes gegen den Verstorbenen, im Falle der Beschränkung der Geschäftsfähigkeit gegen den in der Geschäftsfähigkeit Beschränkten zu richten.

Der Protest kann auch erlassen werden, indem auf den Wechsel die Bemerkung gesetzt wird „ohne Protest" oder „ohne Kosten". Wird trotzdem Protest erhoben, so hat der Wechselverpflichtete dennoch die Protestkosten zu tragen. Eine Präsentation muß aber selbst bei erlassenem Protest erfolgen. Bestreitet der Wechselverpflichtete die erfolgte Präsentierung, so muß er den Beweis führen (Art. 42 WO.).

Der Protesterlaß wirkt immer nur gegen denjenigen Wechselverpflichteten, von dem er ausgegangen ist.

Darüber, inwieweit die Protestbeamten zur Entgegennahme der Wechselsumme berechtigt sind, herrscht Streit (vergl. Blätter für Genossenschaftswesen 1906, S. 316).

Eine Reform des in seiner Umständlichkeit dem modernen Verkehr nicht mehr angepaßten Protestverfahrens ist schon seit längerer Zeit von den am Wechselverkehr beteiligten Kreisen angestrebt worden, insbesondere hat auch der 46. Allgemeine Genossenschaftstag zu Westerland zu der Frage Stellung genommen [1]). Gegenwärtig beschäftigt den deutschen Reichstag eine Gesetzesvorlage, die eine wesentliche Erleichterung des Protestverfahrens ins Auge faßt. Es soll insbesondere der Postprotest eingeführt werden, d. h. auch die Postbeamten sollen neben den bisher zuständigen Personen zur Protestaufnahme zuständig sein, was häufig zu einer erheblichen Verbilligung des Verfahrens führen wird. Die Protesturkunde soll insofern vereinfacht werden, als eine vollkommene Wechselabschrift nicht mehr aufzunehmen ist. Der Protest mangels Zahlung kann auf den Wechsel selbst bezw. auf ein mit ihm zu verbindendes Blatt gesetzt werden. Die Zahlung der Wechselschuld soll rechtsgültig auch an den Protestbeamten erfolgen können. Die Vorschrift betr. den Windprotest wird dahin modifiziert, daß der Protest nicht schon um deswillen ungültig werden soll, weil Erkundigungen bei der Polizei nach dem Geschäft oder der Wohnung des Schuldners nicht erfolgt sind; es soll vielmehr dem Protestbeamten überlassen bleiben, die geeigneten Nach-

---

[1]) Vergl. Mitteilungen über den 46. Allgemeinen Genossenschaftstag des Allgemeinen Verbandes der deutschen Erwerbs- und Wirtschaftsgenossenschaften, herausgegeben von Dr. H. Crüger, 1905, S. 296 ff.

forschungen selbst zu wählen. Für den Wechselverkehr in der Großstadt ist folgende neue Vorschrift von Wichtigkeit: „Eine im Geschäftslokal oder in der Wohnung eines Beteiligten vorgenommene Handlung ist auch dann gültig, wenn an Stelle des Orts, in welchem das Geschäftslokal oder die Wohnung liegt, ein benachbarter Ort in dem Wechsel angegeben ist.“ Es werden hierdurch Schwierigkeiten umgangen, die sich zurzeit dadurch leicht ergeben, daß bei einer Reihe großer Städte (z. B. Berlin und Charlottenburg) der Übergang von einer Gemeinde in die andere äußerlich durch nichts kenntlich ist. — Die Protestzeit soll einheitlich fürs ganze Reich auf die Stunden von 9 Uhr vormittags bis 6 Uhr abends festgelegt werden.

Die Frist, innerhalb welcher der Wechselinhaber den Notadressen den Wechsel vorlegen muß (Art. 60 und 62 WO.), soll um einen Tag verlängert werden. Endlich sollen die Domizilwechsel und die Zahlstellenwechsel (vergl. oben S. 156 unter a) in Bezug auf die Form der Protesterhebung und auf die Folgen der Unterlassung der Protestierung gleichgestellt werden. Einer Präsentierung oder Protestierung soll es zur Erhaltung des Wechselrechts gegen den Akzeptanten bezw. den Aussteller des eigenen Wechsels nie bedürfen.

Es ist anzunehmen, daß diese Abänderungen ohne erhebliche Abweichung zum Gesetz erhoben werden.

§ 56.

Intervention.

Unter Intervention versteht man das Eintreten einer neuen Person als Akzeptant oder Wechselzahler. Man unterscheidet dementsprechend eine Intervention durch Ehrenakzept und durch Ehrenzahlung. Zweck der Intervention ist die Vermeidung oder wenigstens Vereinfachung des Regresses. Derjenige, zu dessen Gunsten interveniert wird, heißt Honorat. Ist auf dem Wechsel bereits eine dritte Person angegeben, welche „im Falle der Not“ als Bezogener gelten soll, so spricht man von Notadresse.

a) Intervention durch Ehrenannahme.

Ist mangels Annahme Protest erhoben worden, und befindet sich auf dem Wechsel eine auf den Zahlungsort lautende Notadresse, so muß der Wechselinhaber der Notadresse den Wechsel zur Annahme präsentieren, widrigenfalls er keinen Regreß auf Sicherstellung nehmen kann. Sind mehrere Notadressen auf dem Wechsel genannt, so muß der Inhaber des Wechsels vor allem das Akzept derjenigen Notadresse nachsuchen, durch deren Zahlung die meisten Verpflichteten befreit werden (Art. 56 WO.).

Nur von der als Notadresse auf dem Wechsel genannten Person muß der Wechselinhaber die Ehrenannahme zulassen (Art. 57 WO.). Ist im Akzept nicht angegeben, zu wessen Gunsten die Ehrenakzeptierung erfolgt, so wird als „Honorat" der Aussteller angesehen. Der Ehrenakzeptant wird sämtlichen Nachmännern des Honoraten wechselmäßig verpflichtet, falls ihm rechtzeitig der Wechsel zur Zahlung vorgelegt wird (Art. 60). Den Interventionsprotest muß er sich aushändigen lassen und dem Honoraten mit der Mitteilung von der Intervention zusenden. Gibt er diese Benachrichtigung nicht binnen zwei Tagen nach dem Tage der Protestierung zur Post, so haftet er für den durch die Unterlassung entstandenen Schaden (Art. 58 WO.). Ist der Wechsel von einer Notadresse oder einem anderen Intervenienten zu Ehren angenommen worden, so haben der Inhaber und die Nachmänner des Honoraten keinen Regreß auf Sicherstellung, wohl aber der Honorat und dessen Vormänner (Art. 61 WO.).

b) Intervention durch Ehrenzahlung.

Befinden sich auf dem vom Bezogenen nicht eingelösten Wechsel Notadressen oder ein Ehrenakzept, welche auf den Zahlungsort lauten, so muß der Inhaber den Wechsel spätestens am zweiten Werktag [1]) nach dem Zahlungstag den sämtlichen Notadressen und den Ehrenakzeptanten zur Zahlung präsentieren und den Erfolg im Protest mangels Zahlung bemerken lassen. Unterläßt er dies, so verliert er den Protest gegen den Honoraten und dessen Nachmänner (Art. 62 WO.). Eine Ehrenzahlung muß vom Wechselinhaber stets angenommen werden, auch wenn der Ehrenzahler nicht als Notadresse auf dem Wechsel steht, widrigenfalls er den Regreß gegen die Nachmänner des Honoraten verliert. Erbieten sich mehrere zur Ehrenzahlung, so muß demjenigen

[1]) Nach dem Vorschlag der Protestnovelle spätestens am dritten Werktage, s. S. 170.

der Vorzug gegeben werden, durch dessen Zahlung die meisten Wechselverpflichteten befreit werden.

Der Ehrenzahler tritt an die Stelle des Wechselinhabers. Er hat jedoch Regreßrecht nur gegen den Honoraten, dessen Vormänner und den Akzeptanten. Auch derjenige Ehrenakzeptant, der infolge Einlösung des Wechsels durch den Bezogenen oder durch andere Intervenienten keine Gelegenheit hat, die Wechselsumme zu zahlen, hat gesetzlich einen Anspruch auf $^{1}/_{3}$ % Provision (Art. 65 WO.).

§ 57.
Verjährung.

Wegen der Verjährung der wechselmäßigen Ansprüche s. o. § 11 S. 28. Hingewiesen sei hier nur auf die vielfach verbreitete Ansicht, daß der verjährte Wechsel immer noch einen Schuldschein darstelle. Das ist irrig. Höchstens könnte er im Prozeß noch als Beweismittel verwandt werden.

§ 58.
Klagerecht des Wechselgläubigers.

Die wechselmäßige Verpflichtung trifft den Aussteller, den Akzeptanten, die Avalisten und Indossanten des Wechsels, kurz jeden, der den Wechsel gezeichnet hat. Jeder haftet für die ganze Forderung. Der in Anspruch genommene Wechselschuldner kann nur solche Einreden vorbringen, welche entweder aus dem Wechselrecht selbst hervorgehen oder ihm unmittelbar gegen den jedesmaligen Kläger zustehen. Zu beachten ist dabei, daß jede Unterschrift auf dem Wechsel in ihrer wechselmäßigen Wirkung losgelöst ist von den übrigen Unterschriften. Ist also z. B. die Unterschrift des Ausstellers gefälscht, so behalten trotzdem die echten Unterschriften ihre volle wechselmäßige Wirkung. Dies gilt insbesondere auch bezügl. der berüchtigten Kellerwechsel, d. h. solcher Wechsel, welche neben echten Unterschriften auch die Unterschriften fingierter Personen tragen.

§ 59.
Wechselduplikate und Wechselkopien.

Der Verkehr kann die Vervielfältigung eines Wechsels erwünscht erscheinen lassen. Man unterscheidet hierbei Wechselduplikate,

d. h. die Ausstellung eines und desselben Wechsels in mehreren Exemplaren, von denen jedes aber als Original des Wechsels zu betrachten ist, und die Wechselkopien, d. h. lediglich Wechselabschriften.

Die Wechselduplikate haben einerseits den Zweck, die Gefahr des Verlustes des Wechsels zu vermindern, andererseits sollen sie aber auch den Wechsel negoziabler machen, seine Geschmeidigkeit im Verkehr erhöhen. Es wird z. B. das eine Exemplar des Wechsels zum Akzept versandt, während das andere Exemplar inzwischen bereits indossiert wird. Trotz der verschiedenen Originalexemplare liegt jedoch nur eine einzige Wechselobligation vor. Mit der Bezahlung des einen Exemplars verlieren die anderen ihre Kraft. Werden Duplikate hergestellt, so muß der erste Wechsel im Text die Bezeichnung Prima-Wechsel, der zweite Sekunda-Wechsel, der dritte Tertia-Wechsel usw. führen. (Man verwechsele die „Prima-Wechsel" in diesem Sinne nicht mit den sog. „Prima-Diskonten", d. h. Geschäftswechseln mit besten Unterschriften — daher „Prima"-Diskonten —, in welchen Kreditgenossenschaften häufig müßige Bestände anzulegen pflegen, und die den Vorzug haben, im Interesse der Liquidität der Genossenschaft einen jederzeit realisierbaren Aktivposten zu bilden.)

Wer eines von mehreren Exemplaren eines Wechsels zur Annahme versandt hat, muß auf den übrigen Exemplaren bemerken, bei wem das zur Annahme versandte Exemplar anzutreffen ist. Der Verwahrer dieses Exemplars muß es demjenigen ausliefern, der sich als Indossatar oder auf andere Weise zur Empfangnahme legitimiert (Art. 68 WO.). Der Inhaber eines Duplikats, auf welchem angegeben ist, bei wem das zum Akzept versandte Exemplar sich befindet, kann — wenn Annahme oder Zahlung nicht erfolgt ist — Sicherstellungs- oder Zahlungsregreß erst dann nehmen, wenn er durch Protest hat feststellen lassen:

1. daß das zum Akzept versandte Exemplar ihm vom Verwahrer nicht verabfolgt worden ist, und
2. daß auch auf das Duplikat die Annahme oder Zahlung nicht zu erlangen war.

Trägt der Wechsel den oben genannten Antreffungsvermerk nicht, so ist dieser Doppelprotest nicht erforderlich, vielmehr erfolgt dann der Regreß auf Grund des Duplikats und des Protestes mangels Zahlung (Art. 69 WO.).

Die Wechselkopien müssen eine Abschrift des Wechsels und der darauf befindlichen Indossamente und Vermerke, sowie die Erklärung „Bis hierher Kopie" oder eine gleichbedeutende Bezeichnung enthalten. Sie müssen ferner mit dem Vermerk versehen sein, bei wem das zur Annahme versandte Original des Wechsels anzutreffen ist. Zur Akzeptierung kann eine Kopie nicht verwandt werden, wohl aber zum Zweck der Indossierung.

Zu erwähnen ist auch noch der Begriff der Allonge. Man versteht hierunter ein Papier, das an die Schmalseite des Wechsels angeklebt wird, wenn die Rückseite zur Aufnahme der Indossamente nicht mehr ausreicht.

§ 60.

C. Der eigene Wechsel.

Der eigene Wechsel, auch trockener Wechsel oder Solawechsel genannt, unterscheidet sich wesentlich von dem gezogenen Wechsel dadurch, daß er keinen Zahlungsauftrag an einen Dritten enthält, sondern daß er aus einem wechselmäßigen Summenversprechen besteht, das der Aussteller selbst an den Wechselnehmer richtet.

Um rechtsgültig zu sein, muß der eigene Wechsel im Wechseltext die Bezeichnung „Wechsel" und ferner die Angabe der zu zahlenden Geldsumme, den Namen der Person oder Firma, an die der Aussteller Zahlung leisten will, die Zahlungszeit, die Unterschrift des Ausstellers und die Angabe des Ortes und Datums der Ausstellung tragen (Art. 96 WO.).

Der Ort der Ausstellung gilt gleichzeitig als Zahlungsort und als Wohnort des Ausstellers, es sei denn, daß ein besonderer Zahlungsort angegeben ist (sog. domizilierter Eigenwechsel).

Daraus, daß der eigene Wechsel keinen Zahlungsauftrag an einen Bezogenen und kein Akzept dieses Bezogenen kennt, folgt, daß alle Vorschriften, die bei der Tratte aus dem Vorhandensein dieser Momente sich ergeben, keine Bedeutung beim eigenen Wechsel haben. Im übrigen gelten aber die Vorschriften, die für die Tratte angegeben sind, in gleicher Weise, indem die Person des Ausstellers an die Stelle des Akzeptanten bei der Tratte tritt. Die wichtigste Abweichung liegt darin, daß die Präsentation zur Zahlung und die Protesterhebung mangels Zahlung in Wegfall kommen. Nur die domizilierten eigenen Wechsel müssen dem Domiziliaten oder, wenn ein solcher nicht benannt ist, dem Aussteller selbst, an denjenigen Ort, wohin der Wechsel domiziliert ist, zur Zahlung präsentiert und bei unterbleibender Zahlung dort protestiert werden. Wird die rechtzeitige Protestierung beim Domiziliaten verabsäumt, so geht dadurch der wechselmäßige Anspruch gegen den Aussteller und Indossanten verloren (Art. 99 WO.).

Über Verjährung des wechselmäßigen Anspruchs gegen den Aussteller eines eigenen Wechsels s. o. S. 28.

§ 61.
D. Wechselstempelsteuer.

Kurz seien hier noch die wichtigsten Bestimmungen des Wechselstempelsteuergesetzes vom 10. Juni 1869 berührt. Jeder Wechsel — von zwei die Genossenschaften wenig interessierenden Ausnahmen abgesehen (§ 1 a. a. O.) — unterliegt einer nach der Höhe der Wechselsumme sich richtenden Stempelsteuer. Für die Entrichtung dieser Abgabe sind sämtliche Personen solidarisch verhaftet, die am Umlauf des Wechsels teilgenommen haben, d. h. jeder Aussteller, Akzeptant, Indossant oder Unterzeichner einer anderen Wechselerklärung und jeder, der für eigene oder fremde Rechnung den Wechsel erwirbt (z. B. die den Wechsel kaufende Genossenschaft), veräußert, verpfändet, als Sicherheit annimmt, zur Zahlung präsentiert, Zahlung darauf empfängt oder leistet, oder mangels Zahlung Protest erheben läßt, ohne Unterschied, ob der Name oder die Firma auf den Wechsel gesetzt wird oder nicht. Die Entrichtung der Abgabe muß erfolgen, ehe der Wechsel vom Aussteller „aus den Händen gegeben" wird, jedoch darf der Wechsel in unverstempeltem Zustande vom Aussteller zum Zwecke der Annahme versandt und zur Annahme präsentiert werden; der Akzeptant muß alsdann vor der Rückgabe oder anderweitigen Aushändigung für Verstempelung sorgen. Die Verstempelung selbst geschieht durch Verwendung von Wechselstempelmarken, welche auf der Rückseite des Wechsels unmittelbar an einem Rande desselben aufzukleben und an der durch den Vordruck bezeichneten Stelle durch deutliche Aufschrift des Datums zu entwerten sind. Zuwiderhandlungen gegen die Pflicht zur Stempelentrichtung bedroht das Gesetz mit einer Geldstrafe im 50-fachen Betrage der hinterzogenen Abgabe. Die Strafe ist von jedem besonders und ganz zu entrichten, der seiner Verpflichtung zur Entrichtung der Abgabe nicht rechtzeitig genügt hat. Das Reichsgericht hat in einer Entscheidung aus 1904 (vergl. Bl. f. GenWes. 1905 S. 257) sämtliche Vorstandsmitglieder einer Aktiengesellschaft, auch soweit sie persönlich an der Weitergabe eines unverstempelten Wechsels nicht beteiligt waren, für straffällig erklärt, und zwar jedes Mitglied in Höhe der ganzen verwirkten Strafe. Diese Entscheidung wird man auch als für die Vorstandsmitglieder einer Genossenschaft geltend ansehen müssen. Es ist daher Vorsicht geboten.

Dritter Abschnitt.

Das Konkursrecht.

A. Einleitung.

§ 62.

Das Konkursrecht findet seine Regelung in der Konkursordnung (Reichsgesetz in der Fassung vom 17. Mai 1898). Für den Konkurs über das Vermögen einer eingetragenen Genossenschaft sind die Vorschriften des Genossenschaftsgesetzes maßgebend.

Das Konkursverfahren hat den Zweck, die Gläubiger des Gemeinschuldners, welche keine oder keine vollständige Befriedigung finden konnten, aus dem zur Zeit der Konkurseröffnung vorhandenen Vermögen des Schuldners zu befriedigen, und zwar nach Maßgabe der Bestimmungen der Konkursordnung. Wir müssen unterscheiden zwischen dem materiellen und formellen Konkursrecht. Das materielle Konkursrecht ist der Inbegriff der Rechtsnormen, welche die infolge der Konkurseröffnung eintretende Änderung der Rechtslage des Gemeinschuldners und seiner Gläubiger regeln. Das formelle Konkursrecht behandelt das Konkursverfahren.

B. Materielles Konkursrecht.

§ 63.

Voraussetzungen des Verfahrens.

Die Voraussetzungen für die Eröffnung des Konkursverfahrens sind folgende:

1. Es muß ein Antrag vorliegen. Das Konkursgericht (vergl. unten § 69 S. 198) wird nur auf Antrag tätig. Sowohl der Gemeinschuldner, als auch jeder persönliche Gläubiger des Gemeinschuldners, welcher einen zur Zeit der Eröffnung des Verfahrens begründeten Ver-

mögensanspruch an den Gemeinschuldner hat (Konkursgläubiger), ist zur Stellung des Antrags berechtigt.

2. Es kann nur über das Vermögen eines ganz bestimmt benannten Schuldners der Konkurs eröffnet werden. Diese Person, (Gemeinschuldner) kann sowohl eine einzelne physische Person bezw. eine Mehrheit von solchen oder auch eine juristische Person sein, z. B. eine Aktiengesellschaft, Genossenschaft u. dgl. Auch über einen Nachlaß ist Konkurseröffnung zulässig.

3. Es muß eine Mehrheit von Konkursgläubigern vorhanden sein. Hat z. B. der Schuldner einer Genossenschaft außer der Genossenschaft keine weiteren Gläubiger, so kann die Genossenschaft nicht etwa Konkurseröffnung beantragen, sondern muß im gewöhnlichen Zwangsvollstreckungsverfahren gegen den Schuldner Befriedigung suchen.

4. Der Gemeinschuldner muß zahlungsunfähig sein, d. h. er muß nicht mehr imstande sein, mit den vorhandenen Geldmitteln die fälligen Forderungen seiner persönlichen Gläubiger zu befriedigen. Er braucht jedoch nicht überschuldet zu sein, auch nicht seine Zahlungen eingestellt zu haben. Bei Zahlungseinstellung wird jedoch Zahlungsunfähigkeit als vorliegend angenommen (§ 102 KO.). Ausnahmen macht das Gesetz bei dem Konkursverfahren über das Vermögen einer Aktiengesellschaft sowie einer jeden juristischen Person und eines nicht rechtsfähigen Vereins, der aber als solcher verklagt werden kann; ferner beim Konkurs über einen Nachlaß sowie über das Vermögen einer eingetragenen Genossenschaft (s. unten §§ 71, 72 S. 203 ff.).

5. Es muß eine nach dem Ermessen des Gerichts den Kosten des Verfahrens entsprechende Konkursmasse vorhanden sein. Ist dies nicht der Fall, so kann der Eröffnungsantrag abgewiesen werden. Die Abweisung unterbleibt, wenn ein Geldbetrag vorgeschossen wird, der zur Deckung der gerichtlichen Kosten für das gemeinschaftliche Verfahren sowie der Ausgaben für die Verwaltung, Verwertung und Verteilung der Masse ausreicht (§ 107 KO.).

§ 64.

Konkursmasse.

Das Konkursverfahren umfaßt nach § 1 KO. das gesamte einer Zwangsvollstreckung unterliegende Vermögen des Gemeinschuldners, welches ihm zur Zeit der Eröffnung des Verfahrens gehört (Konkursmasse). Wird also nach der Konkurseröffnung noch Vermögen erworben, so fällt dies nicht in die Konkursmasse. Dieses neue Vermögen unterliegt vielmehr der freien Verfügung des Gemeinschuldners und dem selbständigen Angriff durch die Konkursgläubiger. Auch diejenigen Gegenstände, welche zur Zeit der Konkurseröffnung sich zwar im Besitz, aber nicht im Eigentum des Schuldners befinden, werden nicht vom Konkursverfahren ergriffen. Der Eigentümer hat vielmehr das Recht der Aussonderung. Die Ehefrau des Gemeinschuldners kann jedoch Gegenstände, welche sie während der Ehe erworben hat, und die ihr nach bürgerlichem Recht gehören, — sofern nicht etwa die Anfechtung (vergl. unten § 67 S. 184) Platz greift — nur in Anspruch nehmen, wenn sie den Nachweis führt, daß dieselben nicht mit Mitteln des Gemeinschuldners erworben sind. Ferner kann der Verkäufer oder Einkaufskommissionär Waren, welche von einem anderen Orte an den Gemeinschuldner abgesandt und von dem Gemeinschuldner noch nicht vollständig bezahlt sind, zurückfordern, sofern nicht die Waren schon vor der Eröffnung des Verfahrens an dem Orte der Ablieferung angekommen und in den Gewahrsam des Gemeinschuldners oder einer anderen Person für ihn gekommen sind (§§ 45, 44 KO.).

§ 65.
Einfluß der Konkurseröffnung auf die Befugnisse des Gemeinschuldners.

Mit der Eröffnung des Konkursverfahrens verliert der Gemeinschuldner die Befugnis, das zur Konkursmasse gehörige Vermögen zu verwalten und über dasselbe zu verfügen. Der Gemeinschuldner darf also auch nicht mehr Zahlungen und andere geschuldete Leistungen annehmen. Wird trotzdem dem Gemeinschuldner gegenüber Zahlung geleistet, so wird der die Zahlung leistende Schuldner zwar dem Gemeinschuldner gegenüber befreit, den Konkursgläubigern gegenüber jedoch nur dann, wenn der Gemeinschuldner die Leistung auch tatsächlich an die Konkursmasse abgeführt hat. Tut das der Gemeinschuldner nicht, so wird der Schuldner, wenn er vor der öffentlichen Bekanntmachung der Eröffnung des Verfahrens geleistet hat, trotzdem den Konkursgläubigern gegenüber befreit, falls ihm nicht nachgewiesen wird, daß er zur Zeit der Zahlung die Konkurseröffnung kannte. Hat er nach der öffentlichen Bekanntmachung gezahlt, so muß er beweisen, daß er von der Konkurseröffnung nichts gewußt hat (§ 8 KO.).

Rechtshandlungen, welche der Gemeinschuldner nach der Eröffnung des Verfahrens vorgenommen hat, sind zwar nicht schlechthin, wohl aber gegenüber den Konkursgläubigern unwirksam. Aber auch hier gilt kraft positiver Gesetzesvorschrift (§ 7 KO.) hinsichtlich der Verfügung über Immobilien der öffentliche Glaube des Grundbuchs; es wird also angenommen, daß die Einträge im Grundbuch richtig und vollständig sind. Ist daher die Konkurseröffnung nicht im Grundbuch eingetragen und dem Dritten nicht bekannt, so wird der Dritte geschützt; sein Immobiliarerwerb z. B. ist auch den Konkursgläubigern gegenüber wirksam, durch seine Leistungen, die er an den Gemeinschuldner auf Grund eines für diesen im Grundbuch eingetragenen Rechts bewirkt, wird er auch den Konkursgläubigern gegenüber befreit. Für den Verkehr mit beweglichen Sachen besteht jedoch eine solche Schutzvorschrift für den redlichen Dritten nicht.

Hat der Gemeinschuldner Rechtshandlungen am Tage der Eröffnung des Verfahrens vorgenommen, so wird vermutet, daß sie nach der Eröffnung vorgenommen worden sind; der Gegenbeweis ist natürlich zulässig.

Das Verwaltungs- und Verfügungsrecht über die Konkursmasse geht mit der Eröffnung des Verfahrens auf den vom Gericht ernannten Konkursverwalter über, an dessen Stelle in der auf die Ernennung folgenden Gläubigerversammlung die Konkursgläubiger eine andere Person als Verwalter wählen können, dessen Ernennung das Gericht jedoch zu versagen berechtigt ist. Der Verwalter steht unter Aufsicht und Kontrolle des Gerichts und kann vom Gericht entlassen werden, und zwar bis zur ersten auf seine Ernennung folgenden Gläubigerversammlung von Amts wegen, später nur auf Antrag der Gläubigerversammlung oder des Gläubigerausschusses. Der Verwalter, der im Falle Verschuldens allen Beteiligten schadensersatzpflichtig wird, tritt völlig an die Stelle des Gemeinschuldners, hat also an sich vollkommen freie Hand in der Verwaltung und Verfügung der Konkursmasse. Dem Verwalter kann jedoch auch ein Gläubigerausschuß an die Seite gesetzt werden. Die Mitglieder des Gläubigerausschusses haben das Recht und die Pflicht der Unterstützung und Überwachung des Konkursverwalters und können dementsprechend von ihm Bericht über seine Geschäftsführung fordern. Sie sind für die Erfüllung ihrer Pflichten allen Beteiligten verantwortlich. Durch den Gläubigerausschuß wird also der Konkursverwalter in seinen Befugnissen eingeschränkt und in gewisser Hinsicht auch — falls kein Gläubigerausschuß bestellt ist — durch die Gläubigerversammlung. Das Gesetz bestimmt nämlich, daß bei einer Reihe besonders wichtiger Geschäfte die Gläubigerversammlung bezw. der Gläubigerausschuß zuvor die Genehmigung erteilen muß, insbesondere wenn vor dem allgemeinen Prüfungstermin Massegegenstände verkauft, wenn Prozesse anhängig gemacht, Vergleiche oder Schiedsverträge geschlossen, Aussonderungs-, Absonderungs- oder Masseansprüche anerkannt, sowie ferner wenn Immobilien, das Geschäft oder das Warenlager des Gemeinschuldners aus freier Hand verkauft, Darlehen aufgenommen und Immobilien erworben werden sollen (§§ 133, 134 KO.). Ferner bedarf der Verwalter zur Vornahme einer Verteilung aus der baren Masse der vorherigen Genehmigung des Gläubigerausschusses (§ 150 KO.).

§ 66.
Einfluß der Konkurseröffnung auf die vom Gemeinschuldner vorgenommenen Rechtshandlungen.

Grundsätzlich kann die Eröffnung des Konkurses keinen Einfluß haben auf die rechtliche Existenz der Verbindlichkeiten des Gemeinschuldners, es sei denn, daß die Anfechtung von Rechtshandlungen oder Rechtsgeschäften des Gemeinschuldners Platz greift. Aber für die Art der Erfüllung der Verbindlichkeiten ist die Konkurseröffnung von großer Bedeutung. Dies kommt insbesondere darin zum Ausdruck, daß die nicht absonderungsberechtigten persönlichen Gläubiger nur nach Maßgabe der Vorschriften über das Konkursverfahren als Konkursgläubiger ihre Befriedigung suchen dürfen, während der Kreis der bevorzugten absonderungsberechtigten Gläubiger, insoweit er sich durch Ausübung dieses Absonderungsrechts bezahlt macht, nichts von den Folgen der Konkurseröffnung verspürt. Es ergeben sich im übrigen nach Maßgabe des Gesetzes folgende Regeln:

Ist ein einseitiger Vertrag — d. h. ein Vertrag, durch den nur eine Partei zur Leistung verpflichtet wird, z. B. Bürgschaft — vom

Gemeinschuldner zu erfüllen, so kann der Gläubiger nur als Konkursgläubiger seinen Anspruch geltend machen. Hatte der andere Teil zu erfüllen, so muß er nunmehr der Konkursmasse gegenüber leisten.

Wenn die Erfüllung eines zweiseitigen Vertrages — also eines solchen, der beiden Vertragsparteien Leistungspflichten auferlegt, z. B. Kauf — in Frage steht, so müssen wir folgende Fälle unterscheiden:

Hat der Gemeinschuldner vor der Konkurseröffnung bereits erfüllt — also z. B. als Verkäufer die Ware geliefert — so muß der andere Teil, der Käufer, den Kaufpreis an die Konkursmasse zahlen. Hat der andere Teil schon vor der Konkurseröffnung erfüllt, so kann er seine Gegenforderung nur als Konkursforderung geltend machen. Wenn aber weder der Gemeinschuldner noch der andere Teil die Vertragspflicht vollständig erfüllt hat, dann kann der Verwalter wählen, ob er für den Gemeinschuldner erfüllen und die Gegenleistung von der Gegenseite verlangen oder sich bei der Nichterfüllung des Vertrags beruhigen will. Er ist aber auf Verlangen der Gegenseite verpflichtet, sich hierüber unverzüglich zu erklären (§ 17 KO.).

Eine wichtige Ausnahme regelt das Gesetz in § 18 KO. hinsichtlich der sogenannten Fixgeschäfte, d. h. wenn die Lieferung von Waren mit Markt- oder Börsenpreis zu einer genau bestimmten Zeit oder binnen einer festbestimmten Frist in Frage kommt. Ist ein solches Fixgeschäft noch von keiner Seite vollständig erfüllt, und fällt der Lieferungstermin oder das Ende der Lieferungsfrist in die Zeit nach der Konkurseröffnung, so kann im Interesse der Sicherheit des Verkehrs nicht die Erfüllung verlangt, sondern nur eine Forderung wegen Nichterfüllung geltend gemacht werden.

Eine weitere Ausnahme besteht mit Rücksicht auf den Einfluß der Konkurseröffnung auf Sachenmiete und Pacht. Wir müssen hierbei unterscheiden, ob der Gemeinschuldner Mieter oder Vermieter ist. Ist der Gemeinschuldner Mieter bezw. Pächter und war ihm der Miet- oder Pachtgegenstand vor der Konkurseröffnung bereits überlassen, so kann sowohl der Vermieter bezw. Verpächter als auch der Verwalter das Miet- oder Pachtverhältnis unter Beobachtung der gesetzlichen Kündigungsfrist kündigen, falls nicht etwa eine kürzere Kündigungsfrist bedungen ist. Kündigt der Verwalter, so kann der andere Teil Ersatz des durch die Aufhebung ihm erwachsenen Schadens verlangen.

War dem Gemeinschuldner der Miet- oder Pachtgegenstand noch nicht überlassen, so hat der Vermieter bezw. der Verpächter das Rücktrittsrecht. Auf Verlangen des Verwalters muß der andere Teil ohne Verzug erklären, ob er vom Vertrag zurücktreten will. Unterläßt er dies oder erklärt er, nicht zurücktreten zu wollen, so kann der Verwalter die Erfüllung verlangen (§§ 19, 20 KO.).

Ist der Gemeinschuldner Vermieter bezw. Verpächter und war dem andern Teil der Miet- oder Pachtgegenstand bereits überlassen, so bleibt der Verwalter an den Mietvertrag gebunden. Im Falle der Vermietung von Wohn- und anderen Räumen sowie der Verpachtung von Grundstücken ist jedoch eine vom Gemeinschuldner vor der Eröffnung des Verfahrens über den später fälligen Miet- oder Pachtzins getroffene Verfügung, die über das auf die Konkurseröffnung folgende Vierteljahr hinausgeht, der Konkursmasse gegenüber unwirksam. Hat also der Mieter oder Pächter über die eben genannte Zeit hinaus den Mietszins im voraus bezahlt, so muß er für die überschießende Zeit nochmals an die Konkursmasse Zahlung leisten. Hat der Verwalter das vermietete oder verpachtete Grundstück freiwillig veräußert, so hat der Ersteher das Recht, das Miet- oder Pachtverhältnis unter Einhaltung der gesetzlichen Frist zu kündigen. (§ 21, Abs. 3 KO. in Verbindung mit § 57 ZVG.)

War der Mietgegenstand bei der Konkurseröffnung dem Mieter noch nicht überlassen, so hat der Verwalter das Wahlrecht, ob er erfüllen und die Erfüllung vom anderen Teil verlangen will oder nicht; er muß aber auf Verlangen sich unverzüglich hierüber äußern.

Zu beachten ist ferner, daß ein in dem Haushalt, dem Wirschaftsbetrieb oder Erwerbsgeschäft des Gemeinschuldners angetretenes Dienstverhältnis sowohl vom Verwalter wie auch vom Dienstverpflichteten unter Einhaltung der gesetzlichen Frist — falls eine kürzere Frist nicht vereinbart ist — gekündigt werden kann. Kündigt der Verwalter, so kann der andere Teil einen Schadenersatzanspruch geltend machen (§ 22 KO.). Kündigt der Dienstverpflichtete selbst, so steht ihm ein Schadensersatzanspruch natürlich nicht zu.

Ist für einen Gläubiger im Grundbuch zur Sicherung eines Anspruchs gegen den Gemeinschuldner eine Vormerkung eingetragen, so kann der Vormerkungsgläubiger vom Verwalter die Befriedigung seines Anspruchs verlangen (§ 24 KO.).

§ 67.
Anfechtung von Rechtshandlungen des Gemeinschuldners.

Wie bereits ausgeführt, verliert der Gemeinschuldner mit der Konkurseröffnung die Befugnis, über das dem Konkursverfahren unterliegende Vermögen zu verfügen, so daß also Rechtshandlungen solcher Art, die der Gemeinschuldner nach der Konkurseröffnung vornimmt, den Konkursgläubigern gegenüber ohne weiteres nichtig sind. Es können aber auch vor der Konkurseröffnung liegende Rechtshandlungen des Gemeinschuldners, die an sich rechtsgültig sind, unter den im Gesetz bestimmten Voraussetzungen den Konkursgläubigern gegenüber unwirksam werden, nämlich wenn der Gemeinschuldner seine Vermögenslage zum Nachteil der Konkursgläubiger verschlechtert hat. Abhängig ist das Unwirksamwerden dieser Rechtshandlungen von der Anfechtung, die sich gegen denjenigen zu richten hat, der aus dem Vermögen des Gemeinschuldners etwas erhalten hat, und zwar entweder unberechtigterweise unentgeltlich oder aber trotz Kenntnis von dem drohenden Konkurs oder im Bewußtsein, daß er vor den demnächstigen Konkursgläubigern ungerechtfertigterweise bevorzugt werden solle. Der Zweck der Anfechtung ist der, den Zustand, wie er vor der anfechtbaren Rechtshandlung gewesen ist, zum Besten aller Konkursgläubiger wieder herzustellen; denn das Konkursverfahren bezweckt ja die Befriedigung sämtlicher Gläubiger nach einem einheitlichen, gleichmäßigen Modus, sofern nicht absonderungsberechtigte und sonst bevorzugte Konkursgläubiger vorhanden sind. Die Anfechtung wird deshalb vom Verwalter ausgeübt (§ 36 KO.). Sie muß binnen Jahresfrist seit Eröffnung des Verfahrens erfolgen (§ 41 KO.).

Nach § 31 Nr. 1 KO. sind anfechtbar ganz allgemein alle Rechtshandlungen, welche der Gemeinschuldner in der dem anderen Teil bekannten Absicht, seine Gläubiger zu benachteiligen, vorgenommen hat. Der anfechtende Gläubiger muß den Beweis führen, daß dem anderen Teil die Benachteiligungsabsicht bekannt war. Er kann zu diesem Zweck dem Gegner den Eid zuschieben. Die Anfechtung ist ausgeschlossen, wenn seit Vornahme der Rechtshandlung dreißig Jahre verstrichen sind.

Ist durch die anfechtbare Handlung eine Verpflichtung des Gemeinschuldners zu einer Leistung begründet, so kann der Verwalter die Leistung selbst dann verweigern, wenn die Anfechtung wegen Zeitablaufs nicht mehr zulässig ist.

Nach § 31 Nr. 2 KO. sind ferner anfechtbar die in dem letzten Jahre vor der Eröffnung des Verfahrens geschlossenen entgeltlichen Verträge des Gemeinschuldners mit seinem Ehegatten, vor oder während der Ehe mit seinen oder seines Ehegatten Verwandten in auf- und absteigender Linie, mit seinen oder seines Ehegatten voll- und halbbürtigen Geschwistern und mit dem Ehegatten einer dieser Personen, sofern durch den Abschluß des Vertrages die Gläubiger des Gemeinschuldners benachteiligt werden, und der andere Teil nicht beweist, daß ihm zur Zeit des Vertragsabschlusses eine Absicht des Gemeinschuldners, die Gläubiger zu benachteiligen, nicht bekannt war. In diesem Falle ist, da derartige entgeltliche Verträge zwischen in Zahlungsschwierigkeiten geratenen Personen und dessen Angehörigen sehr häufig von vornherein als unredliche Manipulationen erscheinen, berechtigterweise dem Anfechtungsgegner die Beweispflicht dafür auferlegt worden, daß er von der Benachteiligungsabsicht des Gemeinschuldners nichts wußte.

Eine verstärkte Anfechtbarkeit ist ferner gegenüber den unentgeltlichen Verfügungen des Gemeinschuldners gegeben (§ 32 Nr. 1 und 2 KO.). Diese sind, soweit sie zu Gunsten des Ehegatten erfolgt sind, aus den letzten 2 Jahren, im übrigen aus dem letzten Jahre vor der Konkurseröffnung ohne Erfüllung sonstiger Erfordernisse ohne weiteres anfechtbar. Ausgenommen sind lediglich die nach dem sozialen Stande des Gemeinschuldners gebräuchlichen Gelegenheitsgeschenke, aber auch hier dann nicht, wenn es sich um unentgeltliche Verfügungen gegenüber dem Ehegatten handelt; wenigstens muß dies letztere aus der Fassung des § 32 KO. geschlossen werden.

Endlich sind nach § 30 Nr. 1 bezw. Nr. 2 KO. anfechtbar:

1. Die nach der Zahlungseinstellung oder dem Antrage auf Eröffnung des Verfahrens

a) von dem Gemeinschuldner eingegangenen Rechtsgeschäfte, durch deren Eingehung die Konkursgläubiger benachteiligt werden, wenn dem anderen Teil zu der Zeit, als er das Geschäft einging, die Zahlungseinstellung oder der Eröffnungsantrag bekannt war,

b) die erfolgten Rechtshandlungen, welche einem Konkursgläubiger Sicherung oder Befriedigung gewähren — selbst wenn hierdurch die Konkursgläubiger nicht benachteiligt werden —, falls dem Gläubiger zu der Zeit als die Handlung erfolgte, die Zahlungseinstellung oder der Eröffnungsantrag bekannt war.

In beiden Fällen, zu a und b, muß dem anderen Teil die Kenntnis von der Zahlungseinstellung oder dem Eröffnungsantrag vom anfechtenden Verwalter nachgewiesen werden.

2. Die nach der Zahlungseinstellung oder dem Antrage auf Eröffnung des Verfahrens oder in den letzten zehn Tagen vor der Zahlungseinstellung oder dem Eröffnungsantrag erfolgten Rechtshandlungen, welche einem Konkursgläubiger eine Sicherung oder Befriedigung gewähren, die er nicht oder nicht in der Art oder nicht zu der Zeit zu beanspruchen hatte, sofern er nicht beweist, daß ihm zur Zeit der Handlung weder die Zahlungseinstellung und der Eröffnungsantrag noch eine Absicht des Gemeinschuldners, ihn vor den übrigen Gläubigern zu begünstigen, bekannt war.

Auch hier ist mit Recht — wie im Fall des § 31 Nr. 2 — dem Anfechtungsgegner der recht schwierige Nachweis seiner Nichtkenntnis auferlegt.

Für die oben genannten Fälle der Anfechtung aus § 30 KO. gilt nach § 33 KO., daß Rechtshandlungen, welche früher als 6 Monate vor der Eröffnung des Verfahrens erfolgt sind, aus dem Grunde einer Kenntnis der Zahlungseinstellung nicht angefochten werden können.

Ferner können Wechselzahlungen des Gemeinschuldners auf Grund des § 30 Nr. 1 KO. von dem Empfänger nicht zurückgefordert werden, wenn nach Wechselrecht der Empfänger bei Verlust des Wechselanspruchs gegen andere Wechselverpflichtete zur Annahme der Zahlung verbunden war, d. h. also wenn der Empfänger zur Sicherung seines Anspruchs gegen die übrigen Wechselverpflichteten Protest mangels Zahlung hätte erheben müssen. Um aber zu verhüten, daß diese Bestimmung von einem Gläubiger zu dem Zweck mißbraucht wird, sich auf einem Umweg eine unanfechtbare Zahlung des Gemeinschuldners zu verschaffen, bestimmt das Gesetz, daß die gezahlte Wechselsumme von dem letzten Wechselregreßschuldner — d. h. also von demjenigen, auf welchen der Regreß in letzter Linie zurückgekommen wäre, wenn der Gemeinschuldner nicht gezahlt hätte und Protest mangels Zahlung erhoben worden wäre — oder, falls derselbe den Wechsel für Rechnung eines Dritten begeben hatte, von diesem erstattet werden muß, wenn dem letzten Wechselregreßschuldner oder dem Dritten zu der Zeit, als er den Wechsel begab oder begeben ließ, die Zahlungseinstellung oder der Eröffnungsantrag bekannt war (§ 34 KO.). Durch diese Vorschrift wird verhütet, daß z. B. der Gläubiger zum Zwecke seiner Befriedigung auf den demnächstigen Gemeinschuldner einen Sichtwechsel zieht und ihn an einen Dritten diskontiert.

Die Anfechtung bewirkt, daß das, was durch die anfechtbare Handlung aus dem Vermögen des Gemeinschuldners veräußert, weggegeben oder aufgegeben ist, zur Konkursmasse zurückgeführt werden muß. Aus Billigkeitsrücksichten braucht aber der gutgläubige Empfänger einer unentgeltlichen Leistung diese nur nach Maßgabe der noch vorhandenen Bereicherung herauszugeben.

Die Anfechtung wirkt auch gegen den Rechtsnachfolger des ersten Anfechtungsgegners und zwar schlechthin gegen den Erben. Gegen einen anderen Rechtsnachfolger nur

1. wenn dem Rechtsnachfolger zur Zeit seines Erwerbs die Umstände, welche die Anfechtbarkeit des Erwerbs seines Rechtsvorgängers begründen, bekannt waren (wobei ihm dies vom anfechtenden Verwalter bewiesen werden muß),

2. wenn er der Ehegatte oder ein Verwandter oder Verschwägerter des Gemeinschuldners ist, es sei denn, daß ihm — was er beweisen muß — zur Zeit seines Erwerbs die Umstände, welche die Anfechtbarkeit seines Erwerbs begründen, unbekannt waren,

3. wenn ihm das Erlangte unentgeltlich zugewendet wurde; im Falle seiner Gutgläubigkeit haftet er aber auch hier nur in Höhe der noch vorhandenen Bereicherungen (§ 40 KO.).

Bisher war nur die Rede gewesen von vor der Eröffnung liegenden anfechtbaren Rechtshandlungen des Gemeinschuldners. Die Vorschriften der Konkursordnung über Anfechtung (§§ 29 ff. KO.) gelten nach § 42 KO. aber auch für Anfechtung solcher Rechtshandlungen, die nach der Konkurseröffnung vorgenommen werden, aber mit Rücksicht auf den öffentlichen Glauben des Grundbuchs trotzdem den Konkursgläubigern gegenüber wirksam sind. Ein an sich durch den öffentlichen Glauben des Grundbuchs gedeckter Rechtserwerb unterliegt also, falls im übrigen die Voraussetzungen gegeben sind, der Anfechtung sowohl dann, wenn er vor als auch wenn er nach der Konkurseröffnung geschehen ist.

§ 68.

Die Gläubiger.

Wie bereits gesagt, dient die Konkursmasse zur Befriedigung aller Konkursgläubiger, d. h. aller persönlichen Gläubiger, welche einen zur Zeit der Eröffnung des Verfahrens begründeten Vermögensanspruch an den Gemeinschuldner haben. Diese Befriedigung soll, wie das Gesetz ausdrücklich hervorhebt (§ 3 KO.), eine gemeinschaftliche Befriedigung aller Konkursgläubiger sein. Es darf daher kein Konkursgläubiger seine Forderungen einzeln und außerhalb des gemeinschaftlichen Verfahrens verfolgen (§ 12 KO.), es darf während des Verfahrens keinerlei Einzelzwangsvollstreckung oder Arrestanlage seitens eines einzelnen Gläubigers stattfinden (§ 14 KO.), und es darf kein Gläubiger nach Eröffnung des Verfahrens durch Erwerb irgend welcher Vorzugsrechte seine Lage zum Nachteil der Lage der übrigen Konkursgläubiger verbessern (§ 15 KO.). Innerhalb des Gläubigerkreises aber ist die rechtliche Stellung verschieden. Wir müssen unterscheiden: die absonderungsberechtigten Gläubiger, die aufrechnungsberechtigten Gläubiger, die Massegläubiger und die einfachen Konkursgläubiger.

I. Die absonderungsberechtigten Gläubiger.

Sie haben das Recht der Vorzugsbefriedigung aus bestimmten Massegegenständen, also solchen Gegenständen, die zur Masse gehören, mithin im Eigentum des Gemeinschuldners stehen. Sie dürfen nicht verwechselt werden mit den aussonderungsberechtigten Gläubigern (s. o. § 64 S. 179), die auf Grund dinglichen oder persönlichen Rechts einen dem Gemeinschuldner nicht gehörenden Gegenstand auszusondern berechtigt sind.

Das Absonderungsrecht muß bereits bei der Eröffnung des Verfahrens begründet gewesen sein, anderenfalls würde die vorzugsweise Befriedigung gegen die Regel des § 15 KO. verstoßen. (Wenn also beispielsweise eine Genossenschaft im Konkurs eines Mitglieds ein Absonderungsrecht hinsichtlich einer ihr von dem Mitglied verpfändeten Hypothekenforderung, über die ein Brief gebildet ist, geltend machen will, so muß bei der Eröffnung des Verfahrens die Verpfändung auch tatsächlich vollkommen erfolgt sein, es muß also neben der Abgabe der Verpfändungserklärung auch die Übergabe des Briefes an die Genossenschaft damals bereits geschehen sein.) Hiervon gewährt jedoch mit Rücksicht auf die Sicherheit des Rechtsverkehrs das Gesetz (§ 15 Satz 2 KO.) Ausnahmen, indem es bestimmt, daß die Vorschriften der §§ 878, 892, 893, 1260 Abs. 1 BGB. unberührt bleiben. Daraus ergibt sich folgendes:

a) Eine vom Gemeinschuldner vor der Eröffnung des Verfahrens bewilligte Eintragung jeder Art ins Grundbuch, die aber vor der Konkurseröffnung nicht eingetragen wurde, behält ihre Wirksamkeit, wenn bereits vor der Konkurseröffnung die Bewilligung für den Gemeinschuldner bindend geworden ist, und der Antrag auf Eintragung beim Grundbuchamt eingereicht worden war.

b) Erwirbt ein redlicher Dritter, der die Konkurseröffnung nicht kannte, ein erst nach der Konkurseröffnung begründetes Recht an einen Massegegenstand — also z. B. eine erst nach der Konkurseröffnung bestellte Hypothek an einem Grundstück des Gemeinschuldners —, und war die Konkurseröffnung für den Dritten auch nicht aus dem Grundbuch ersichtlich, so müssen die Konkursgläubiger das Recht gegen sich gelten lassen, auch wenn z. B. derjenige, von dem der redliche Dritte die Hypothek erwarb, nicht gutgläubig war, sondern die Konkurseröffnung kannte.

c) Ist für den Gemeinschuldner ein Recht im Grundbuch eingetragen — ist er z. B. Hypothekargläubiger — und der Hypothekarschuldner kündigt die Hypothek nach Eröffnung des Verfahrens dem Gemeinschuldner persönlich, ohne daß die Konkurseröffnung aus dem Grundbuch ersichtlich ist, und ohne daß dies dem kündigenden Schuldner bekannt war, so behält die Kündigung ihre Wirksamkeit gegenüber den Konkursgläubigern.

Geltend gemacht wird das Absonderungsrecht unabhängig vom Konkursverfahren (§ 4 KO.); die Befriedigung des Absonderungsberechtigten wird also nicht durch den Verwalter vermittelt, sondern der Absonderungsberechtigte muß durch die gesetzlichen Mittel sich seine

Befriedigung selbst verschaffen. Der Absonderungsberechtigte tritt nur insofern zum Verwalter in Beziehung, als er nach § 120 KO. verpflichtet ist, auf Verlangen dem Verwalter die in seinem Besitz befindlichen Sachen, aus denen er abgesonderte Befriedigung verlangt, zur Ansicht vorzuzeigen und die Abschätzung zu gestatten. Auch ist der Verwalter berechtigt, hinsichtlich eines zur Masse gehörenden beweglichen Gegenstands, an welchem ein Gläubiger ein Absonderungsrecht beansprucht, selbst den Pfandverkauf zu betreiben, unter Umständen erst nach Ablauf einer dem Absonderungsberechtigten gestellten Frist, nämlich dann, wenn der Gläubiger berechtigt ist, sich ohne gerichtliches Verfahren zu befriedigen, wie z. B. beim Pfandverkauf auf Grund gesetzlichen oder rechtsgeschäftlichen Mobiliarpfandrechts nach § 1228 BGB., beim kaufmännischen Zurückbehaltungsrecht nach § 371 HGB. 2c.

Wenn der Gemeinschuldner für die Forderung, hinsichtlich derer abgesonderte Befriedigung verlangt wird, auch persönlich haftet (z. B. er ist Darlehnsschuldner und hat der Genossenschaft Wertpapiere verpfändet), so kann der Gläubiger (die Genossenschaft) nach § 64 KO. zunächst Befriedigung aus dem Absonderungsgegenstand suchen und den etwaigen Ausfall dann noch als Konkursforderung anmelden, nicht aber etwa umgekehrt zunächst die ganze Forderung anmelden und für den Ausfall im Konkurs das Absonderungsrecht in Anspruch nehmen.

Zur abgesonderten Befriedigung dienen:

1. die Gegenstände, welche der Zwangsvollstreckung in das unbewegliche Vermögen unterliegen, und zwar zur Absonderung für diejenigen, welchen ein Recht auf Befriedigung aus ihnen zusteht, also insbesondere Grundstücke mit ihren ungetrennten Bestandteilen (Gebäude, Früchte auf dem Halm 2c.), und auch mit den getrennten Bestandteilen (z. B. den getrennten Früchten), insoweit letztere in das Eigentum des Belasteten gelangt sind, und ferner auch mit den Miet- oder Pachtzinsforderungen (§ 47 KO.);

2. Sachen und Rechte, die der Zwangsvollstreckung in das bewegliche Vermögen unterliegen. Diejenigen Gläubiger, welche an einem zur Konkursmasse gehörigen Gegenstand ein durch Rechtsgeschäft bestelltes Pfandrecht haben, können aus den ihnen verpfändeten Gegenständen abgesonderte Befriedigung wegen ihrer Pfandforderung verlangen, und zwar zunächst wegen der Kosten, dann wegen der Zinsen

und zuletzt wegen des Kapitals (§ 48 KO.). Sind also z. B. einer Kreditgenossenschaft als Sicherung für ein gewährtes Darlehen in Ermangelung einer besseren Sicherheit Waren verpfändet worden, so hat die Genossenschaft im Konkursfalle ein Absonderungsrecht bezüglich dieser Waren.

Diesem Vertragspfandrecht stehen gewisse, nicht durch Vertrag entstandene Pfandrechte gleich. Den Vertragspfandgläubigern werden nämlich gleichgeachtet (§ 49 KO.):

a) die Reichskasse, die Staatskasse und die Gemeinden, sowie die Amts-, Kreis- und Provinzialverbände wegen öffentlicher Abgaben in Ansehung der zurückbehaltenen oder in Beschlag genommenen zoll- und steuerpflichtigen Sachen;

b) diejenigen, welche an gewissen Gegenständen ein gesetzliches Pfandrecht haben, z. B. der Vermieter bezw. der Verpächter an den eingebrachten Sachen des Mieters bezw. Pächters, der Pächter an den in seinen Besitz gelangten Inventarstücken, der Gastwirt an den eingebrachten Sachen des Gastes, die Kommissionäre, Spediteure, Frachtführer und Lagerhalter am Kommissions-, Speditions-, Fracht- und Lagergut ꝛc. (das dem Vermieter und dem Verpächter zustehende Pfandrecht kann in Ansehung des Miet- oder Pachtzinses für eine frühere Zeit als das letzte Jahr vor der Eröffnung des Verfahrens nicht geltend gemacht werden);

c) diejenigen, welche durch Pfändung ein Pfandrecht erlangt haben;

d) diejenigen, welche eine zur Konkursmasse gehörige Sache im Besitz hatten und für diese nützliche Verwendung gemacht haben;

e) diejenigen, welchen nach dem Handelsgesetzbuch in Ansehung gewisser Gegenstände ein Zurückhaltungsrecht zusteht (z. B. das kaufmännische Retentionsrecht, §§ 369—372 HGB.).

Zu diesen aus der Konkurseröffnung sich ergebenden Absonderungsrechten treten noch besondere Absonderungs- und Vorzugsrechte, die sich aus anderen Reichsgesetzen ergeben, z. B. das Absonderungsrecht der Innungsgläubiger aus § 85 Gewerbeordnung u. a.

Erlöst der absonderungsberechtigte Gläubiger mehr als er zu beanspruchen hat, so ist der Überschuß an den Verwalter abzuliefern. Dieser Rest unterliegt dem Konkursverfahren.

II. Die aufrechnungsberechtigten Gläubiger.

Im Konkursverfahren ist bei Vorhandensein einer Forderung des Gemeinschuldners an einen seiner Gläubiger die Aufrechnung grundsätzlich insoweit zulässig, als sie auch außerhalb des Konkursverfahrens zulässig sein würde. In erster Linie haben also bezüglich der Aufrechnung die Grundsätze des BGB. zu gelten. (Vergl. oben § 13 S. 31.) Die Konkurseröffnung gibt aber noch besondere Vorschriften, die teils erweiternd, teils beschränkend auf die Aufrechnungsbefugnis wirken, und zwar erweiternd, indem in gewisser Richtung die Erfordernisse der Gleichartigkeit der aufzurechnenden Forderung, sowie der Fälligkeit und Unbedingtheit beseitigt wird, einschränkend insofern, als die Gegenseitigkeit der Forderung bereits im Augenblick der Konkurseröffnung bestehen muß. Diese besonderen Vorschriften der Konkursordnung gelten nur für die Dauer des Konkurses und beziehen sich lediglich auf die Aufrechnung seitens eines Gläubigers des Gemeinschuldners, nicht etwa auf die Aufrechnung des Gemeinschuldners gegenüber Forderungen seiner Gläubiger.

Insoweit ein Gläubiger des Gemeinschuldners zur Aufrechnung befugt ist, braucht er seine Forderungen im Verfahren nicht geltend zu machen (§ 53 KO.). Er muß dem Verwalter gegenüber die Aufrechnung erklären. Wird die Aufrechnungsbefugnis vom Verwalter nicht anerkannt, so muß im Prozeßwege außerhalb des Konkurses hierüber entschieden werden. Der aufrechnungsberechtigte Gläubiger *braucht* zwar seine Forderung nicht anzumelden, er *kann* es aber tun. Meldet er sie nicht an, so geht er damit seines Aufrechnungsrechts noch nicht verlustig. Hat der Aufrechnungsberechtigte seine Forderungen nicht angemeldet, und klagt der Verwalter die Gegenforderung, gegen die der Gläubiger aufrechnen kann, ein, so kann der Konkursgläubiger auch dann noch aufrechnen.

Die besonderen, durch die Konkursordnung getroffenen Modifikationen der Aufrechnungsbefugnis sind folgende:

Ein Gläubiger ist befugt, auch eine betagte, eine aufschiebend bedingte, sowie auch eine dem Geldbetrag nach unbestimmte bezw. ungewisse oder nicht in Reichswährung festgesetzte Forderung zur Aufrechnung zu bringen. Bei Aufrechnung einer betagten Forderung wird die Schuld stets in voller Höhe berechnet. Die aufzurechnende Forderung wird, wenn sie verzinslich ist, ebenfalls in voller Höhe berechnet. Ist sie unverzinslich, so wird sie um den Zwischenzins vermindert, d. h. um den Betrag, welcher mit Hinzurechnung der gesetzlichen Zinsen für die Zeit von der Eröffnung des Verfahrens bis zur Fälligkeit dem vollen Betrag der Forderung gleichkommt. Wird eine aufschiebend bedingte Forderung gegen eine Schuld aufgerechnet, so muß der aufrechnende Gläubiger zunächst seine Schuld voll einzahlen, er kann aber Sicherstellung dafür verlangen, daß beim Eintritt der Bedingung der eingezahlte Betrag, soweit er der Forderung gleichkommt, an ihn zum Zweck der Aufrechnung zurückgezahlt wird. Ist die aufzurechnende Forderung nicht auf einen Geldbetrag gerichtet, dem Betrag nach unbestimmt oder ungewiß oder nicht in Reichswährung festgesetzt, so wird ihr geschätzter Wert aufgerechnet.

Unzulässig ist die Aufrechnung (§ 55 KO.):

a) wenn jemand (z. B. der Mieter des Gemeinschuldners) vor oder nach der Eröffnung des Verfahrens eine Forderung an den Gemeinschuldner erworben hat und nach der Eröffnung etwas (z. B. den Mietzins) zur Masse schuldig geworden ist,

b) wenn jemand dem Gemeinschuldner vor der Eröffnung etwas schuldig war und nach der Eröffnung eine Forderung an den Gemeinschuldner erworben hat, auch wenn diese Forderung vor der Eröffnung für einen anderen Gläubiger entstanden war,

c) wenn jemand vor der Eröffnung dem Gemeinschuldner etwas schuldig war und eine Forderung an ihn durch ein Rechtsgeschäft mit demselben oder durch Rechtsabtretung oder Befriedigung eines Gläubigers erworben hat, falls ihm zur Zeit des Erwerbs die Zahlungseinstellung oder der Eröffnungsantrag bekannt war. Die Aufrechnung ist in diesem Falle jedoch zulässig, wenn der Erwerber zur Übernahme der Forderung oder zur Befriedigung des Gläubigers verpflichtet war und zu der Zeit, als er die Verpflichtung einging, weder von der Zahlungseinstellung noch von dem Eröffnungsantrage Kenntnis hatte.

Von Wichtigkeit ist für die Genossenschaft insbesondere, inwiefern sie gegenüber einem in Konkurs geratenen Mitglied ein Aufrechnungsrecht geltend machen kann, wenn sie selbst Forderungen gegen das Mitglied hat (z. B. aus Kreditgewährung) und die — wie dies häufig der Fall sein wird — einzige Gegenforderung des Mitglieds in dem Anspruche auf demnächstige Rückzahlung des Geschäftsguthabens besteht. Wir müssen hierbei unterscheiden:

1. Der Gemeinschuldner ist bei Eröffnung des Verfahrens nicht mehr Mitglied, er hat aber sein Geschäftsguthaben noch nicht erhalten. In diesem Falle muß die Auseinandersetzung nach § 73 GenG. erfolgen. Der Verwalter ist von der Höhe des Geschäftsguthabens zu benachrichtigen und die Forderung der Genossenschaft anzumelden unter gleichzeitiger Mitteilung an den Verwalter, daß in Höhe der Forderung mit dem Geschäftsguthaben aufgerechnet werde. Nur der die Forderung der Genossenschaft übersteigende Betrag ist an die Konkursmasse auszuzahlen; ist aber die Forderung größer als das Geschäftsguthaben, so wird der überschießende Betrag als Konkursforderung angemeldet, falls nicht etwa besondere, die Forderung deckende Sicherungen (z. B. Verpfändung einer Hypothek) vorhanden sind, und dementsprechend ein Absonderungsrecht geltend gemacht werden kann.

2. Der Gemeinschuldner ist bei Eröffnung des Konkurses noch Mitglied, ein Grund der Beendigung der Mitgliedschaft ist aber bereits eingetreten, es ist z. B. auf Grund des Statuts sein Ausschluß beschlossen. In diesem Falle gilt das gleiche wie zu 1. Nur kann die Aufrechnung und die Auszahlung eines etwaigen überschießenden Rests des Geschäftsguthabens erst nach Schluß des Geschäftsjahres nach geschehener Auseinandersetzung (§ 73 GenG.) erfolgen. Die Genossenschaft darf aber nicht ihre Forderung in voller Höhe im Konkurse geltend machen und die Konkursquoten für die Forderung entgegennehmen und dann erst wegen ihres Ausfalls sich ans Geschäftsguthaben halten (vergl. auch unter 3). Hat die Genossenschaft für die Forderung an den Gemeinschuldner einen Bürgen, so wird sie am besten tun, in gleicher Weise vorzugehen und den Bürgen nur wegen desjenigen Betrags in Anspruch zu nehmen, mit dem sie bei der Aufrechnung ausgefallen ist. Dem Bürgen muß es dann überlassen bleiben, seinerseits den Betrag, den er gezahlt hat, im Konkurse anzumelden.

3. Der Gemeinschuldner ist Mitglied, ein das Ende der Mitgliedschaft herbeiführender Grund ist aber noch nicht eingetreten. Hat die Genossenschaft nach ihrem Statut die Möglichkeit in der Hand, die Mitgliedschaft (z. B. durch Ausschluß des Mitglieds) zu beendigen, so

wird sich dieser Weg empfehlen. Dann entsteht die gleiche Sach- und Rechtslage wie zu 2. Kann die Beendigung der Mitgliedschaft nicht herbeigeführt werden, so ist gleichwohl die Höhe des Geschäftsguthabens dem Verwalter anzuzeigen. Im übrigen darf die Genossenschaft jedenfalls nicht ihre Forderung als Konkursforderung geltend machen und dann für den Ausfall, d. h. für den durch die Konkursquote nicht gedeckten Teil die Aufrechnung mit dem Geschäftsguthaben verlangen. Sie kann vielmehr höchstens ihre Forderung als Konkursforderung anmelden und sich dabei wegen der ganzen Forderung — also unter Berücksichtigung der inzwischen erhaltenen Konkursquote — die demnächstige Aufrechnung vorbehalten. Dieser Weg wird sich stets dann empfehlen, wenn die Genossenschaft nach ihrem Statut nicht in der Lage ist, die Mitgliedschaft des in Konkurs geratenen Genossen zu beendigen. Hat aber die Genossenschaft eine dementsprechende Vorschrift im Statut, so wird sie gut tun, das Ende der Mitgliedschaft durch Ausschluß herbeizuführen und dann wie zu 2 zu verfahren; man könnte anderenfalls — nämlich wenn sie, trotzdem sie das Mitglied ausschließen und die Aufrechnung erklären konnte, dies nicht tut, sondern die Forderung im Konkurs anmeldet — dies als Verzicht der Genossenschaft auf die Aufrechnung ansehen.

III. Die Massegläubiger.

Unter Massegläubigern sind diejenigen Gläubiger zu verstehen, welche — im Gegensatz zu den an einzelnen Massegegenständen ein Absonderungsrecht beanspruchenden Gläubigern — aus der Gesamtmasse vor allen anderen Konkursgläubigern zu befriedigen sind, weil ihre Forderungen Geschäfte betreffen, die im Interesse der Masse, mithin auch im Interesse aller Konkursgläubiger, erfolgt sind. Auch die Befriedigung der Massegläubiger erfolgt außerhalb des Konkursverfahrens und unabhängig vom Gang der Verteilung in diesem Verfahren. Sie werden aber erst nach den absonderungsberechtigten Gläubigern aus dem verbleibenden Rest der Masse befriedigt.

Wir haben zu unterscheiden zwischen Masseschulden und Massekosten (§ 59, 58 KO.).

Masseschulden sind (§ 59 KO.):

1. die Ansprüche aus Geschäften oder Handlungen des Verwalters,

2. die Ansprüche aus zweiseitigen Verträgen, deren Erfüllung zur Konkursmasse verlangt wird oder für die Zeit nach der Eröffnung des Verfahrens erfolgen muß,

3. die Ansprüche aus rechtloser Bereicherung der Masse.

Massekosten sind (§ 58 KO.):

1. die Gerichtskosten des Verfahrens,

2. die Ausgaben für Verwaltung, Verwertung und Verteilung der Masse,

3. die dem Gemeinschuldner und dessen Familie bewilligte Unterstützung.

Sobald sich herausstellt, daß die Konkursmasse zur vollständigen Befriedigung aller Massegläubiger nicht ausreicht, werden diese nur verhältnismäßig befriedigt, nämlich zunächst die Masseschulden und dann die Massekosten berichtigt, und zwar von den Massekosten in erster Linie die baren Auslagen und zuletzt die dem Gemeinschuldner bewilligte Unterstützung (§ 60 KO.).

IV. Die einfachen Konkursgläubiger.

Nachdem die absonderungsberechtigten Gläubiger und die Massegläubiger befriedigt sind, und auch die aufrechnungsberechtigten Gläubiger ihre Befriedigung gefunden haben, bleibt der nunmehrige Rest der Konkursmasse zur Verteilung an diejenigen Konkursgläubiger vorbehalten, welche kein derartiges Vorzugsrecht genießen. Für sie gilt aber nach § 61 KO. wiederum eine besondere Rangordnung in 6 Rangklassen. Eine vorhergehende Klasse von Gläubigern muß immer erst in dem gesetzlich bestimmten Umfang vollkommen befriedigt sein, ehe eine Verteilung an die nächste Klasse erfolgen kann. Reicht die Konkursmasse nicht aus, um eine Klasse voll zu befriedigen, so erfolgt die Verteilung nach Verhältnis der Beträge der einzelnen Forderungen; die nachfolgenden Klassen gehen dann natürlich leer aus.

Die Rangordnung der 6 Klassen ist folgende (§ 61 KO.):

1. die rückständigen Forderungen an Lohn, Kostgeld und sonstigen Dienstbezügen der Personen, die sich dem Gemeinschuldner für dessen Haushalt, Wirtschaftsbetrieb oder Erwerbsgeschäft zur Leistung von Diensten verdungen hatten, aus dem letzten Jahr vor der Konkurseröffnung oder dem Ableben des Gemeinschuldners,

2. die im letzten Jahr fällig gewordenen öffentlichen Abgaben,

3. aus der gleichen Zeit die Forderungen der Kirchen, Schulen, öffentlichen Verbände und öffentlichen, zur Annahme der Versicherung verpflichteten Feuerversicherungsanstalten wegen der zu entrichtenden Abgaben und Leistungen,

4. aus der gleichen Zeit die Forderungen der Ärzte, Tierärzte, Apotheker, Hebammen und Krankenpfleger wegen der taxmäßigen Kur- und Pflegekosten,

5. die Forderungen der Kinder, Mündel und Pflegebefohlenen des Gemeinschuldners in Ansehung ihres gesetzlich der Verwaltung des Gemeinschuldners unterworfenen Vermögens, sofern die Forderungen binnen 2 Jahren nach Beendigung der Vermögensverwaltung gerichtlich geltend gemacht und bis zur Eröffnung des Verfahrens verfolgt worden sind,

6. alle übrigen Konkursforderungen.

Den gleichen Rang wie die Hauptforderungen haben gewisse Nebenforderungen, nämlich:

a) die Kosten, welche dem Gläubiger vor der Eröffnung des Verfahrens erwachsen sind (z. B. Zustellungs-, Prozeß-, Zwangsvollstreckungskosten ꝛc.),

b) die etwa vereinbarten Vertragsstrafen;

c) die bis zur Eröffnung des Verfahrens aufgelaufenen Zinsen.

Jede dieser Nebenforderungen genießt also beispielsweise den Vorzug, in der 2. Klasse der Konkursgläubiger befriedigt zu werden, wenn die Hauptforderung den Rang der 2. Klasse hatte (§ 62 KO.).

Dagegen können im Konkursverfahren nicht geltend gemacht werden (§ 63 KO.):

a) die seit Eröffnung des Verfahrens laufenden Zinsen, die auch nicht als bedingte Konkursforderung angemeldet werden können,

b) die Kosten, welche den einzelnen Gläubigern durch ihre Teilnahme an dem Verfahren erwachsen (z. B. die Kosten der Forderungsanmeldung, der Vertretung durch einen Rechtsanwalt im Verfahren ꝛc.),

c) Geldstrafen, d. h. die von einem ordentlichen oder Disziplinargericht erkannten Strafen (nicht aber, wie bereits erwähnt, auf Vertrag beruhenden Geldstrafen),

d) Forderungen aus einer Freigebigkeit des Gemeinschuldners oder von Todes wegen, also insbesondere Schenkungsversprechen unter Lebenden.

Der Grund dafür, daß die genannten 4 Forderungsarten im Konkurs nicht geltend gemacht werden können, liegt darin, daß die Forderungen keine Konkursforderungen im Sinne des Gesetzes sind. Von absonderungsberechtigten Gläubigern können die Forderungen aber geltend gemacht werden; denn die absonderungsberechtigten Gläubiger nehmen ja nicht am Konkursverfahren teil, und nur im Konkursverfahren ist die Geltendmachung ausgeschlossen.

Wird über das Vermögen mehrerer Personen oder einer von mehreren Personen, welche nebeneinander für dieselbe Leistung auf das Ganze haften, das Konkursverfahren eröffnet, so kann der Gläubiger bis zu seiner vollen Befriedigung in jedem Verfahren den Betrag geltend machen, den er zur Zeit der Eröffnung des Verfahrens zu fordern hatte (§ 68 KO.). Hat z. B. die Genossenschaft für einen nicht zahlenden Darlehnsschuldner mehrere Bürgen, die bekanntlich als Gesamtschuldner haften, und geraten sämtliche Bürgen in Konkurs, so kann die Genossenschaft bei jedem Konkurs die ganze Forderung geltend machen. Erhält sie durch die Beteiligung an den mehreren Konkursen mehr, als ihre Forderung beträgt, so muß sie den Mehrerlös natürlich herausgeben.

C. Formelles Konkursrecht.

Konkursverfahren.

§ 69.

Der Gang des Verfahrens.

Das Konkursverfahren bildet ein besonderes Gebiet der streitigen Gerichtsbarkeit, des Zivilprozesses. Auf das Verfahren finden daher, insoweit sich nicht Abweichungen aus der Konkursordnung selbst ergeben, die Vorschriften der Zivilprozeßordnung entsprechende Anwendung (§ 72 KO.).

Zuständig für das Konkursverfahren ist ausschließlich das Amtsgericht (K o n k u r s g e r i c h t), bei welchem der Gemeinschuldner seine gewerbliche Niederlassung oder in Ermangelung einer solchen seinen allgemeinen Gerichtsstand hat. Sind hiernach mehrere Gerichte zuständig, so schließt dasjenige, bei welchem zuerst die Eröffnung des Verfahrens beantragt worden ist, die übrigen aus (§ 71 KO.). Die Entscheidungen im Konkursverfahren erfolgen ohne vorgängige mündliche Verhandlung;

die Zustellungen erfolgen von Amts wegen. Gegen die Entscheidungen — soweit sie nicht unanfechtbar sind, wie z. B. der Beschluß über die Aufhebung des Konkursverfahrens nach erfolgter Schlußverteilung — ist die sofortige Beschwerde zulässig (§ 73 KO.). Die Entscheidung des Beschwerdegerichts wird erst mit der Rechtskraft wirksam. Das Beschwerdegericht ist jedoch befugt, die sofortige Wirksamkeit anzuordnen (§ 74 KO.).

Ist der Antrag auf Konkurseröffnung gestellt (vergl. oben § 63), so hat das Gericht den Antrag zu prüfen, wobei es, wie überhaupt in jedem Stadium des Konkursverfahrens, die erforderlichen Ermittelungen, insbesondere die Vernehmung von Zeugen und Sachverständigen anordnen kann (§ 75 KO.).

Beantragt der Gemeinschuldner die Eröffnung des Verfahrens, so hat er ein Verzeichnis der Gläubiger und Schuldner, sowie eine Übersicht der Vermögensmasse bei Stellung des Antrags einzureichen. Wird der Antrag von einem Gläubiger gestellt, so hat dieser seine Forderung und die Zahlungsunfähigkeit glaubhaft zu machen, worauf der Gemeinschuldner vom Gericht gehört wird (§§ 104, 105 KO.). Hiernach beschließt das Gericht die Eröffnung des Verfahrens oder die Ablehnung des Antrags. Wird eröffnet, so muß in dem Eröffnungsbeschluß mit Rücksicht auf die Wirkungen der Eröffnung die Stunde der Eröffnung genau angegeben werden. Ist dies im Beschluß nicht geschehen, so gilt die Mittagsstunde des Tages, an dem der Beschluß erlassen ist, als Zeitpunkt der Eröffnung. Die sofortige Beschwerde gegen den Eröffnungsbeschluß steht nur dem Gemeinschuldner, gegen den abweisenden Beschluß nur dem abgewiesenen Antragsteller zu (§§ 108, 109 KO.).

Gleichzeitig mit dem Beschluß über die Eröffnung ernennt das Gericht den Konkursverwalter, bestimmt einen Termin zur Beschlußfassung über die etwaige Wahl eines anderen Verwalters und eines Gläubigerausschusses, setzt ferner die Anmeldefrist und den allgemeinen Prüfungstermin fest, und erläßt den sog. „offenen Arrest“, d. h. es macht öffentlich ein Verbot bekannt, etwaige Schulden an den Gemeinschuldner noch zu zahlen, und bestimmt hierbei eine Frist, binnen welcher etwaige Absonderungsberechtigte von ihren Ansprüchen dem Konkursverwalter Anzeige machen müssen (§§ 110, 118 KO). Das Konkursgericht kann auch sonstige ihm gut dünkende Anordnungen zur Sicherung der Masse treffen, insbesondere auch ein allgemeines Veräußerungsverbot an den Gemeinschuldner erlassen, welches ebenso wie die Konkurseröffnung selbst im Grundbuch — und zwar im Grundbuchblatt des Gemeinschuldners und bei den zu seinen Gunsten eingetragenen Rechten — eingetragen wird (§ 113 KO.).

Innerhalb der Anmeldefrist müssen die Konkursgläubiger ihre Forderung schriftlich oder zu Protokoll des Gerichtsschreibers anmelden. Die Anmeldung muß die Angabe des Betrags und des Grundes der Forderung, sowie des etwa beanspruchten Vorrechts enthalten. Beweisstücke, z. B. Rechnungen, Kontoauszüge 2c. sind beizufügen. Wird die Forderung erst nach Ablauf der angegebenen Frist angemeldet und hierdurch die Abhaltung eines besonderen Prüfungstermins notwendig, so muß der säumige Gläubiger die hierdurch entstehenden Kosten tragen (§§ 139, 142 KO.). Die Forderungen werden vom Gerichtsschreiber in eine Tabelle eingetragen, welche dem Prüfungstermin als Grundlage dient. In diesem Termin, zu welchem die Gläubiger Zutritt haben, werden sämtliche angemeldete Forderungen erörtert. Wird gegen eine Forderung oder ein beanspruchtes Vorrecht kein Widerspruch im Termin erhoben, oder wird ein Widerspruch beseitigt, so gilt die Forderung oder das Vorrecht nunmehr als festgestellt (§ 144 KO.). Bleibt eine Forderung streitig, so muß der Gläubiger im ordentlichen Prozeßverfahren gegen die Bestreitenden Klage auf Feststellung erheben und zwar bei beim Amtsgericht, bei welchem das Konkursverfahren anhängig ist bezw. wenn der Streitgegenstand zur Zuständigkeit des Landgerichts gehört, bei dem übergeordneten Landgericht. Die Feststellungsklage kann aber nur auf den Grund gestützt und nur auf den Betrag gerichtet werden, welcher in der Anmeldung oder im Prüfungstermin angegeben ist (§ 146 KO.).

Nach Abhaltung des Prüfungstermins läßt, so oft hinreichende bare Masse vorhanden ist, der Verwalter den Konkursgläubigern nach vorheriger öffentlicher Bekanntmachung eines Abschlagsverteilungsverzeichnisses, gegen das von den Gläubigern Einwendungen erhoben werden können (§ 158 KO.), eine Abschlagsverteilung zukommen, deren Prozentsatz er — gegebenenfalls nach vorheriger Einholung der Genehmigung des Gläubigerausschusses — bestimmt. Konkursgläubiger, deren Forderungen nicht festgestellt sind, müssen binnen einer Ausschlußfrist von zwei Wochen nach der öffentlichen Bekanntmachung dem Verwalter den Nachweis führen, daß sie die Feststellungsklage erhoben haben; anderenfalls werden sie bei der Verteilung nicht berücksichtigt und können nur, wenn noch Masse vorhanden ist, eine nachträgliche Zuteilung verlangen. Der gleiche Nachteil droht den absonderungsberechtigten Gläubigern, wenn sie nicht binnen der gleichen Frist den Nachweis führen, in welchem Betrag sie bei Ausübung ihres Absonderungsrechts oder infolge Verzichts auf ihr Recht ausgefallen sind (§§ 149 ff. KO.).

Sobald die Verwertung der Masse beendigt ist, erfolgt die vom Gericht zu genehmigende Schlußverteilung. Der Verwalter muß Schlußrechnung legen, worauf von dem Gericht ein Termin zur Abnahme der Schlußrechnung und zur Erhebung etwaiger Einwendungen gegen das Schlußverzeichnis bestimmt wird (Schlußtermin), nach dessen Abhaltung das Gericht den unanfechtbaren Beschluß der Konkursaufhebung erläßt und ihn öffentlich bekannt macht (§§ 161 ff. KO.).

Nach der Aufhebung des Konkursverfahrens können die nicht befriedigten Konkursgläubiger ihre Forderung gegen den Schuldner unbeschränkt geltend machen. Dabei können diejenigen Konkursgläubiger, deren Forderungen festgestellt und vom Gemeinschuldner im Prüfungstermin nicht ausdrücklich bestritten worden sind, ohne weiteres aus der Eintragung in die Tabelle die Zwangsvollstreckung nach den Vorschriften der Zivilprozeßordnung betreiben (§ 164 KO.).

Das Konkursverfahren kann auch in der Weise beendigt werden, daß der Gemeinschuldner die Zustimmung aller Konkursgläubiger zur Aufhebung des Verfahrens beibringt, worauf das Gericht das Verfahren einstellen muß.

§ 70.

Beendigung des Konkursverfahrens durch Zwangsvergleich.

Eine besondere Art der Beendigung des Konkursverfahrens ist der Zwangsvergleich (§§ 173 ff. KO.). Er kann nach dem allgemeinen Prüfungstermin, aber vor der Genehmigung der Schlußverteilung auf Vorschlag des Gemeinschuldners zwischen diesem und den nicht bevorrechtigten Konkursgläubigern abgeschlossen werden. Der Zwangsvergleich muß allen nicht bevorrechtigten Konkursgläubigern gleiche Rechte gewähren. Eine ungleiche Bestimmung der Rechte ist nur mit ausdrücklicher Einwilligung der zurückgesetzten Gläubiger zulässig. Jedes andere Abkommen des Gemeinschuldners oder anderer Personen mit einzelnen Gläubigern, durch welches diese bevorzugt werden sollen, ist nichtig (§ 181 KO.), selbst wenn das Abkommen ohne Einfluß auf das Zustandekommen des Zwangsvergleichs geblieben ist.

Geht ein Zwangsvergleichsvorschlag bei Gericht ein, so beraumt das Gericht — nach erfolgter Niederlegung des Vorschlags auf der Gerichtsschreiberei zur Einsicht — einen Vergleichstermin an, in welchem über die Annahme Beschluß gefaßt wird. Zur Annahme ist erforderlich, daß

1. die Mehrzahl der im Termin anwesenden stimmberechtigten Gläubiger dem Vergleich ausdrücklich zustimmt, und daß

2. die Gesamtsumme der Forderungen der zustimmenden Gläubiger wenigstens $^3/_4$ der Gesamtsumme aller zum Stimmen berechtigten Forderungen beträgt.

Bei Berechnung dieser beiden Mehrheiten wird der Ehegatte des Gemeinschuldners, wenn er dem Vergleich zugestimmt hat, sowie unter gewissen Voraussetzungen der Zessionar des Ehegatten nicht mitgerechnet. Der Vergleich bedarf der Bestätigung des Gerichts. Ist eine Verfahrensvorschrift nicht beachtet, oder der Zwangsvergleich nachträglich unzulässig geworden, so muß er von Amts wegen vom Gericht verworfen werden. Ebenso dann, wenn er den Gläubigern nicht mindestens 20 Proz. ihrer Forderungen gewährt und dieses Ergebnis auf ein unredliches Verhalten des Gemeinschuldners, insbesondere darauf zurückzuführen ist, daß der Gemeinschuldner durch ein solches Verhalten die Eröffnung des Konkursverfahrens verzögert hat. Der Vergleich kann auch verworfen werden, wenn das gleiche Ergebnis auf ein leichtsinniges Verhalten des Gemeinschuldners zurückzuführen ist (§§ 186, 187 KO.). Wird von einem nicht bevorrechtigten Konkursgläubiger glaubhaft gemacht, daß der Vergleich in unlauterer Weise zustande gekommen ist oder den gemeinsamen Interessen der Gläubiger widerspricht, so ist er auf Antrag vom Gericht gleichfalls zu verwerfen (§ 188 KO.). Ein Zwangsvergleich ist von vornherein unzulässig, solange der Gemeinschuldner flüchtig ist oder die Leistung des Offenbarungseides verweigert, und solange gegen den Gemeinschuldner wegen betrüglichen Bankerotts eine gerichtliche Untersuchung oder ein Wiederaufnahmeverfahren anhängig ist, bezw. wenn er rechtskräftig wegen dieses Delikts verurteilt worden ist (§ 175 KO.).

Sobald der Vergleich rechtskräftig geworden ist — also nach Ablauf der 14-tägigen Beschwerdefrist bezw. nach Erlaß der Entscheidung des Beschwerdegerichts, gegen die es kein weiteres Rechtsmittel gibt (§ 189 KO.) — hebt das Gericht das Verfahren auf.

Der rechtskräftig bestätigte Vergleich hat Wirkung für und gegen alle nicht bevorrechtigten Konkursgläubiger, selbst wenn sie dem Vergleich nicht zugestimmt oder an der Abstimmung sich gar nicht beteiligt oder überhaupt nicht am Konkursverfahren teilgenommen haben, es sei denn, daß der Vergleich erfolgreich angefochten wird, was aber nur wegen Betrugs oder nach rechtskräftiger Verurteilung des Gemeinschuldners wegen betrügerischen Bankerotts möglich ist. Im letzteren Falle kann auf Antrag eines Konkursgläubigers das Konkursverfahren wieder aufgenommen werden.

Aus dem rechtskräftig bestätigten Zwangsvergleich findet für die Konkursgläubiger, deren Forderungen festgestellt und nicht vom Gemeinschuldner im Prüfungstermin ausdrücklich bestritten worden sind, die Zwangsvollstreckung statt (§ 194 KO.).

D. Besondere Arten des Konkursverfahrens.

§ 71.

Über das Vermögen einer Aktiengesellschaft, einer Kommanditgesellschaft auf Aktien, einer juristischen Person, sowie eines nicht rechtsfähigen Vereins, der aber als solcher verklagt werden kann, findet das Konkursverfahren außer dem Falle der Zahlungsunfähigkeit auch im Falle der Überschuldung statt (§§ 207 ff. KO.).

Bei dem Konkurs über das Vermögen einer offenen Handelsgesellschaft, einer Kommanditgesellschaft und einer Kommanditgesellschaft auf Aktien kann ein Zwangsvergleichsvorschlag nur von allen persönlich haftenden Gesellschaftern gemacht werden. Wird ein Vergleich abgeschlossen, so begrenzt dieser gleichzeitig den Umfang der persönlichen Haftung der Gesellschafter. Wird neben dem

Konkursverfahren über das Vermögen der Gesellschaft auch über das Vermögen eines persönlich haftenden Gesellschafters der Konkurs eröffnet, so können die Gesellschaftsgläubiger nur wegen ihres Ausfalls im Gesellschaftskonkurs Befriedigung im Konkursverfahren über das Privatvermögen des Gesellschafters suchen (§§ 209 ff. KO.).

Über einen Nachlaß kann nur im Ganzen der Konkurs eröffnet werden; nicht aber über einen Erbteil. Voraussetzung für die Eröffnung ist Überschuldung des Nachlasses. Die Nachlaßgläubiger sind in ihrer Antragsbefugnis insofern beschränkt, als sie den Konkurs nach Ablauf von 2 Jahren seit der Annahme der Erbschaft durch den Erben nicht mehr beantragen können. Der Erbe kann im Konkurs auch als Gläubiger insofern auftreten, als er seine ihm gegen den Erblasser zustehenden Ansprüche als Konkursgläubiger geltend machen und den Ersatz der für die Verwaltung des Nachlasses gemachten Aufwendungen verlangen kann. Im übrigen sind durch die Fülle der gesetzlichen erbrechtlichen Bestimmungen auch noch eine größere Anzahl von Detailbestimmungen für den Nachlaßkonkurs notwendig geworden, auf die hier im einzelnen nicht eingegangen werden kann. Bemerkt sei nur, daß der Kreis der Masseschulden gegenüber dem § 59 KO. nicht unerheblich erweitert ist (§ 224 KO.). Ein Zwangsvergleich kann nur auf Vorschlag aller Erben geschlossen werden.

E. Das Konkursverfahren über das Vermögen einer eingetragenen Genossenschaft.

§ 72.

Materielle Bestimmungen.

Der Genossenschaftskonkurs ist nicht in der Konkursordnung, sondern im Genossenschaftsgesetz geregelt (§§ 98—118, 122—125, 128—130, 140, 141).

Das Konkursverfahren findet bei bestehender Genossenschaft im Falle der Zahlungsunfähigkeit, nach Auflösung der Genossenschaft — und zwar so lange, als die Vermögensverteilung nicht vollzogen ist — auch im Falle der Überschuldung statt. Bei einer Genossenschaft mit beschränkter Haftpflicht genügt auch während des Bestehens die Überschuldung, falls diese $^1/_4$ des Gesamtbetrags der Haftsummen aller Genossen übersteigt. Durch die Eröffnung des Verfahrens wird die Genossenschaft aufgelöst. Ein Gläubigerausschuß muß stets bestellt werden. Ein Zwangsvergleich ist stets unzulässig. Eine Einstellung des Verfahrens ist erst dann möglich, wenn mit dem Vollzug der Schlußverteilung begonnen ist. Eine Ablehnung der Eröffnung des Konkursverfahrens wegen unzulänglicher Konkursmasse ist ausgeschlossen.

Sobald bei bestehender Genossenschaft die Zahlungsunfähigkeit eintritt, bezw. bei oder nach Auflösung der Genossenschaft aus der Jahresbilanz oder aus einer im Laufe des Jahres aufgestellten Bilanz sich Überschuldung ergibt, muß der Vorstand den Konkurs beantragen. Bei der Genossenschaft mit beschränkter Haftpflicht tritt diese Verpflichtung auch dann ein, wenn bei bestehender Genossenschaft eine über $^1/_4$ des Betrags der Haftsummen aller Genossen herausgehende Überschuldung sich aus einer Bilanz ergibt. Unterlassungen sind mit Strafe bedroht. Selbstverständlich kann der Konkursantrag auch von einem Gläubiger der Genossenschaft ausgehen.

Von besonderer Wichtigkeit ist, daß, soweit die Konkursgläubiger wegen ihrer bei der Schlußverteilung berücksichtigten Forderungen aus dem zur Zeit der Eröffnung des Verfahrens vorhandenen Vermögen der Genossenschaft nicht befriedigt werden, die Genossen zur Leistung von Nachschüssen zur Konkursmasse verpflichtet sind, welche, wenn das Statut nicht ein anderes Beitragsverhältnis festsetzt, nach Köpfen von den Genossen zu leisten sind. Diese persönliche Haftpflicht der Genossen ist bei der Genossenschaft mit unbeschränkter Haftpflicht bezw. mit unbeschränkter Nachschußpflicht unbegrenzt, während sie bei der Genossenschaft mit beschränkter Haftpflicht auf die Haftsumme beschränkt ist. Dabei ist noch zu bemerken, daß ein Genosse gegen die Nachschüsse eine Forderung an die Genossenschaft nur dann aufrechnen kann, wenn er sie angemeldet hat und wenn im Schlußverzeichnis die Höhe seines Ausfalles vermerkt ist.

§ 73.

Das Verfahren.

Wir müssen unterscheiden zwischen der eingetragenen Genossenschaft mit unbeschränkter oder beschränkter Haftpflicht einerseits und mit unbeschränkter Nachschußpflicht andererseits.

a) Konkurs bei unbeschränkter und beschränkter Haftpflicht.

Der Konkursverwalter hat sofort nach Eröffnung des Verfahrens zu berechnen, wieviel die Genossen zur Deckung des sich aus der Konkursbefassung ergebenen Fehlbetrags vorschußweise beizutragen haben. In der Berechnung muß jeder Genosse mit Namen genannt und der auf ihn fallende Betrag bezeichnet sein. Diese Berechnung reicht der Verwalter dem Konkursgericht ein, welches zur Verhandlung über die Berechnung einen Termin bestimmt, in welchem über die inzwischen erhobenen Einwendungen verhandelt wird. Ist keine Berichtigung der Berechnung erforderlich, so wird die Berechnung vom Gericht für vollstreckbar erklärt. Auf Grund dieser für vollstreckbar erklärten Berechnung zieht der Verwalter die festgesetzten Beträge von den Genossen ein. Ist die Beitreibung bei einzelnen Genossen nicht möglich, so wird der Ausfall auf die übrigen Genossen umgelegt. Sobald mit dem Vollzug der Schlußverteilung im Verfahren begonnen wird, hat der Verwalter endgültig festzustellen, wieviel die Genossen zur vollständigen Befriedigung der Konkursgläubiger aufbringen müssen, sog. Nachschußberechnung im Gegensatz zur Vorschußberechnung. Diese Nachschußberechnung wird wieder bei Gericht eingereicht und für vollstreckbar erklärt. Die von den Genossen eingezogenen Beträge werden nunmehr an die Konkursgläubiger zur Verteilung gebracht. Geht später noch Geld ein, so erfolgt die Nachtragsverteilung.

Diejenigen Gläubiger, welche nach Ablauf von 3 Monaten, nachdem die Nachschußberechnung für vollstreckbar erklärt worden ist, noch nicht befriedigt sind, können nunmehr wegen ihres Ausfalles die einzelnen Genossen in Anspruch nehmen. Gegen Genossen, die in den letzten 2 Jahren vor der Konkurseröffnung aus der Genossenschaft ausgeschieden sind, können die Gläubiger wegen ihres erlittenen Ausfalles gleichfalls vorgehen, jedoch nicht vor Ablauf von 6 Monaten, nachdem die Nachschußberechnung für vollstreckbar erklärt worden ist. Diese Genossen können auch nur wegen Verbindlichkeiten, welche vor ihrem Ausscheiden aus der Genossenschaft eingegangen worden sind, belangt werden.

Bei der Genossenschaft mit beschränkter Haftpflicht kann der Genosse nicht über den Betrag seiner Haftsumme hinaus in Anspruch genommen werden.

b) Konkurs bei unbeschränkter Nachschußpflicht.

Das Umlageverfahren gegen die Genossen ist das gleiche wie bei den Genossenschaften der beiden anderen Haftarten. Die Gläubiger aber sind nicht berechtigt, gegen die einzelnen Genossen vorzugehen, vielmehr müssen, wenn nach Ablauf von 3 Monaten nach der Vollstreckbarerklärung der Nachschußberechnung die Konkursgläubiger noch nicht befriedigt oder sichergestellt sind, im Wege eines neuen Umlageverfahrens die zur Befriedigung erforderlichen Beiträge von denjenigen Genossen eingezogen werden, die innerhalb der letzten 18 Monate vor der Eröffnung des Verfahrens aus der Genossenschaft ausgeschieden sind.

Vierter Abschnitt.

Das Zivilprozeßrecht.

Erster Teil: Einleitung.

§ 74.

Allgemeines.

Das Verfahren für alle bürgerlichen Rechtsstreitigkeiten, welche vor die ordentlichen Gerichte gehören, wird durch die Vorschriften der Zivilprozeßordnung — in der Fassung des Gesetzes vom 17. Mai 1898 nebst der Novelle vom 5. Juni 1905 — geregelt. Die Organisation der ordentlichen Gerichte bestimmt das Gerichtsverfassungsgesetz vom gleichen Datum. Ein Gesetzentwurf zur Reform des Zivilprozeßrechts, der das Parlament noch eingehend beschäftigen wird, sieht nicht unbedeutende Abänderungen der beiden genannten Gesetze vor, auf die, soweit erforderlich, in der nachfolgenden Darstellung eingegangen werden wird.

Vor die ordentlichen Gerichte gehören diejenigen bürgerlichen Rechtsstreitigkeiten, für welche nicht gesetzlich die Zuständigkeit von Verwaltungsbehörden, Verwaltungsgerichten, oder von besonderen Gerichten (z. B. Gewerbe-, Kaufmannsgerichten rc.) begründet ist.

§ 75.

Die Organisation der ordentlichen Gerichte.

Ordentliche Gerichte sind die Amtsgerichte, die Landgerichte, die Oberlandesgerichte und das Reichsgericht, bezw. in Bayern das Oberste Landesgericht. Das Kammergericht ist ein preußisches Oberlandesgericht, das noch den alten historischen Namen trägt und insofern besondere Bedeutung hat, als ihm in gewissen Fällen, in denen sonst ein anderes preußisches Oberlandesgericht zuständig sein würde, die Entscheidung in letzter Instanz zugewiesen ist, was der Einheitlichkeit der Rechtsprechung zu gute kommt.

Zu jedem ordentlichen Gericht gehören wesentlich zweierlei Gerichtspersonen: der Richter und der Gerichtsschreiber. Der Richter hat die eigentlich richterliche, entscheidende Tätigkeit, während der Gerichtsschreiber mehr den geschäftlichen Teil der gerichtlichen Aufgaben besorgt und den Verkehr des Publikums mit dem Gericht vermittelt. Die Ausübung dieser Tätigkeit kann in einzelnen Fällen auf Veranlassung einer Prozeßpartei ausgeschlossen werden, nämlich dann, wenn begründete Besorgnis vorliegt, daß der Richter oder Gerichtsschreiber befangen, d. h. in seinem Urteil voreingenommen erscheint. Über das Ablehnungsgesuch, in dem der Ablehnungsgrund glaubhaft gemacht werden muß, wird vom Gericht entschieden; über die Ablehnung eines Amtsrichters entscheidet das übergeordnete Landgericht. Der die Ablehnung für begründet erklärende Beschluß ist unanfechtbar; gegen den Beschluß, durch den das Gesuch für unbegründet erklärt wird, ist die sofortige Beschwerde gegeben. In gewissen Fällen (z. B. wenn der Richter selbst, seine Ehefrau oder ein naher Verwandter von ihm Partei ist, wenn er in derselben Sache als Zeuge oder Sachverständiger vernommen wurde oder in einer früheren Instanz bei der Erlassung der angefochtenen Entscheidung mitgewirkt hat 2c., vergl. §§ 41, 49 ZPO.) bedarf es nicht einmal einer Ablehnung, sondern Richter und Gerichtsschreiber sind kraft Gesetzes von der Amtsausübung ausgeschlossen.

Bei den Amtsgerichten spricht stets nur ein einzelner Richter Recht (Einzelgerichte), während bei den übrigen ordentlichen Gerichten eine im Gesetz bestimmte Mehrheit von Richtern Entscheidung trifft (Kollegialgerichte). Gehören mehrere Amtsrichter zu demselben Amtsgericht, so zerfällt dieses in Abteilungen, die von je einem Amtsrichter verwaltet werden. Bei den Landgerichten werden „Kammern" (Zivil- und Strafkammern, sowie Kammern für Handelssachen), bei den Oberlandesgerichten und dem Reichsgericht „Senate" (Zivil- und Strafsenate) gebildet. Die Kammern für Handelssachen bestehen aus einem Richter als Vorsitzenden und zwei Laien, nämlich Angehörigen des Handelsstandes, als Handelsrichtern.

Gerichte erster Instanz sind für den Zivilprozeß die Amtsgerichte und die Landgerichte. In zweiter Instanz wird ein Amtsgerichtsprozeß bei dem Landgericht verhandelt (das für ihn gleichzeitig die letzte Instanz bildet), ein Landgerichtsprozeß vor dem Oberlandesgericht. Das Reichsgericht, bezw. in Bayern das Oberste Landesgericht bildet unter gewissen Voraussetzungen die dritte und letzte Instanz für erstinstanzliche Landgerichtssachen.

§ 76.

Die im Prozeß auftretenden Personen.

Diejenigen Personen, welche sich im Rechtsstreit als „Kläger" und „Beklagter" bezw. als „Gläubiger" und „Schuldner" gegenüberstehen, nennt man „Parteien". Fähig, in einem Rechtsstreit Partei zu sein, ist jede rechtsfähige Person, sowohl die physische wie die juristische Person, insbesondere also auch die Genossenschaft. Etwas ganz anderes als die Parteifähigkeit ist die Prozeßfähigkeit, d. h. die Fähigkeit, vor Gericht zu stehen. Diese Fähigkeit hat nur, wer sich durch Verträge wirksam verpflichten kann. Ein minderjähriges Kind ist also ebenso wie eine Genossenschaft parteifähig, beide sind aber nicht prozeßfähig. Diese Fähigkeit besitzt nur ihr gesetzlicher Vertreter, also bei der Genossenschaft der Vorstand.

Jede Partei kann, je nachdem es sich um die prozessuale Verfolgung eines Rechtsanspruchs durch bezw. gegen eine Einzelperson oder eine Personenmehrheit handelt, aus einer Person oder aus mehreren Personen bestehen. Im letzteren Falle spricht man von Streitgenossenschaft (§§ 59 ff. ZPO.).

Wer die Sache oder das Recht, worüber zwischen anderen Personen ein Rechtsstreit anhängig geworden ist, ganz oder teilweise für sich in Anspruch nimmt, ist bis zur rechtskräftigen Entscheidung dieses Rechtsstreites berechtigt, seinen Anspruch durch eine gegen beide Parteien gerichtete Klage bei demjenigen Gericht geltend zu machen, vor welchem der Rechtsstreit in erster Instanz anhängig wurde. Dies ist der Fall der sog. Hauptintervention (§ 64 ZPO.).

Zu unterscheiden hiervon ist die sogenannte Nebenintervention, d. h. die Teilnahme an einem zwischen anderen Parteien anhängigen Rechtsstreit, um als Nebenpartei eine der Parteien zu unterstützen

Hierzu ist jeder berechtigt, der ein rechtliches Interesse daran hat, daß die von ihm unterstützte Partei im Rechtsstreit obsiegt, und dieses Interesse glaubhaft macht (§§ 66 ff. ZPO.).

Eine Prozeßpartei, welche für den Fall des ihr ungünstigen Ausgangs des Rechtsstreits einen Anspruch auf Gewährleistung oder Schadloshaltung gegen einen Dritten erheben zu können glaubt, oder den Anspruch eines Dritten befürchtet, kann bis zur rechtskräftigen Entscheidung des Rechtsstreits dem Dritten „den Streit verkünden". Tritt der Dritte dem Prozeß bei, so hat er die Stellung eines Nebenintervenienten (§§ 72 ff. ZPO.).

Die Parteien sind befugt, dritte Personen mit der Führung ihres Prozesses zu bevollmächtigen. Diese Befugnis wird sogar zur Pflicht in sämtlichen Prozessen mit Ausnahme der vor einem Amtsgericht anhängigen infolge des Anwaltszwangs (Anwaltsprozesse und Parteiprozesse). In allen nicht amtsgerichtlichen Prozessen muß jede Partei daher zur Durchführung des Prozesses einen Rechtsanwalt bevollmächtigen, welcher zur Partei in ein Auftragsverhältnis tritt, von ihr einen angemessenen Vorschuß, sowie nach Erledigung seiner Vollmacht in der Gebührenordnung für Rechtsanwälte gesetzlich festgelegte, nach dem Wert des Streitgegenstandes sich richtende Gebühren und den Ersatz seiner Auslagen verlangen kann. Findet in einem Anwaltsprozeß eine Partei keinen Rechtsanwalt, der sie vertreten will, so muß das Prozeßgericht auf Antrag ihr einen Rechtsanwalt beiordnen, falls es nicht der Ansicht ist, daß der Rechtsstreit für die Partei von vornherein aussichtslos ist.

Erwähnt sei hier gleichzeitig eine weitere zur Partei in ein Auftragsverhältnis tretende Person: der Gerichtsvollzieher. Derselbe wird sowohl im Laufe des Verfahrens zur Regelung der Zustellungen als auch insbesondere nach rechtskräftiger Beendigung des Rechtsstreits bei der Durchführung der Zwangsvollstreckung tätig.

§ 77.

Zuständigkeit.

Ein Rechtsstreit kann nur vor dem Gericht zum Austrag kommen, welches für die Entscheidung zuständig ist. Wir müssen die sachliche und die örtliche Zuständigkeit unterscheiden.

Die sachliche Zuständigkeit der Amtsgerichte umfaßt die bürgerlichen Rechtsstreitigkeiten, soweit dieselben nicht ohne Rücksicht auf den Wert des Streitgegenstandes den Landgerichten zugewiesen sind, insbesondere (vergl. des Näheren § 23 GVG.):

1. Streitigkeiten über vermögensrechtliche Ansprüche von höchstens 300 M (der Entwurf einer Novelle zum Gerichtsverfassungsgesetz sieht als Höchstgrenze 800 M vor);

2. ohne Rücksicht auf den Wert des Streitgegenstandes: Streitigkeiten zwischen dem Vermieter und dem Mieter oder Untermieter von Wohn- oder anderen Räumen oder zwischen dem Mieter und Untermieter solcher Räume wegen Überlassung, Benutzung oder Räumung sowie wegen Zurückbehaltung der eingebrachten Sachen, ferner Streitigkeiten zwischen Dienstherrschaft und Gesinde, sowie Arbeitgebern und Arbeitern aus dem Dienst- und Arbeitsverhältnisse.

Vor die Landgerichte gehören alle bürgerlichen Rechtsstreitigkeiten, die nicht den Amtsgerichten zugewiesen sind. In gewissen, hier nicht näher interessierenden Fällen sind die Landgerichte in erster Instanz ohne Rücksicht auf den Wert des Streitgegenstandes ausschließlich zuständig. Vor den Kammern für Handelssachen werden — aber nur auf Parteiantrag — unter anderem (vergl. im übrigen § 101 GVG.) diejenigen bürgerlichen Rechtsstreitigkeiten verhandelt, welche an sich dem Landgericht in erster Instanz zugewiesen sind, wenn in ihnen durch die Klage ein Anspruch geltend gemacht wird gegen einen Kaufmann im Sinne des Handelsgesetzbuchs (also auch gegen eine eingetragene Genossenschaft) aus Geschäften, welche für beide Teile Handelsgeschäfte sind, sowie aus einem Wechsel oder einer der im § 363 HGB. bezeichneten Urkunden. Klagt also z. B. die Genossenschaft aus einem Wechsel, der auf mehr als 300 M lautet, so kann sie die Klage bei der Kammer für Handelssachen anbringen.

Ist die sachliche Zuständigkeit von dem Wert des Streitgegenstandes abhängig, so wird dieser Wert nach dem Stande zur Zeit der Klageerhebung vom Gericht nach freiem Ermessen festgesetzt.

Mit Rücksicht auf die große Zahl von Rechtsstreitigkeiten, die die wirtschaftliche Entwicklung eines Landes mit sich bringt, bedarf es einer großen Zahl sachlich zuständiger Gerichte, die über das ganze Land zerstreut sind. Es würde zu unhaltbaren Zuständen führen, wenn der Kläger berechtigt sein sollte, an jedem der vielen sachlich zuständigen Gerichte nach seiner Wahl seinen Anspruch geltend zu machen. Die Ordnung allein schon gebietet daher, daß auch eine örtliche Zuständigkeit beobachtet werden muß, so daß jedermann nur da vor Gericht gezogen werden kann, wo er seinen Gerichtsstand hat. Wir müssen zwischen den allgemeinen und den besonderen Gerichtsständen unterscheiden (§§ 12 ff. ZPO.). Zu den allgemeinen Gerichtsständen gehören der Gerichtsstand des Wohnsitzes (d. h. jeder ist an dem Ort, an dem er seinen Wohnsitz hat, zu verklagen) und des Aufenthalts (d. h. wer keinen Wohnsitz hat, wird an dem Aufenthaltsort zur Zeit der Klageerhebung verklagt). Der allgemeine Gerichtsstand für Gemeinden, juristische Personen und insbesondere auch Genossenschaften wird durch den Sitz der Verwaltung bestimmt. Als besondere Gerichtsstände nennt die Zivilprozeßordnung unter anderem den Gerichtsstand des Orts der Beschäftigung, der Niederlassung, des Vermögens, der Erbschaft 2c. Besonders erwähnt sei nur noch der dingliche Gerichtsstand. Er besteht als ausschließlicher Gerichtsstand für die Klagen, durch welche das Eigentum an einer unbeweglichen Sache, eine dingliche Belastung oder die Freiheit von einer solchen Belastung, sowie Grenzscheidungs-, Teilungs- und Besitzansprüche geltend gemacht werden sollen.

Zulässig ist, daß die Parteien vereinbaren, ein sachlich oder örtlich unzuständiges Gericht solle ihren Rechtsstreit entscheiden (sog. vereinbarter Gerichtsstand). Das Gericht ist an eine solche Vereinbarung gebunden. Der Rechtsstreit muß jedoch vermögensrechtliche Ansprüche betreffen, und es darf für die Klage kein ausschließlicher Gerichtsstand begründet sein (§§ 38—40 ZPO.).

Erwähnt sei an dieser Stelle kurz, daß bei Rechtsstreitigkeiten der Genossenschaft häufig nicht die Zuständigkeit der ordentlichen Gerichte, sondern besonderer Gerichte in Frage kommen wird, nämlich vor allem der Gewerbe- und Kaufmannsgerichte. Das Gewerbegerichtsgesetz in der Fassung des Gesetzes vom 29. September 1901 und das Gesetz, betr. die Kaufmannsgerichte vom 6. Juli 1904 bestimmen, daß für die Entscheidung von gewerblichen Streitigkeiten zwischen Arbeitern einerseits und ihren Arbeitgebern andererseits bezw.

zur Entscheidung von Streitigkeiten aus dem Dienst- und Lehrverhältnisse zwischen Kaufleuten einerseits und ihren Handlungsgehilfen und Handlungslehrlingen andererseits Gewerbe- bezw. Kaufmannsgerichte gebildet werden können. Da die eingetragenen Genossenschaften nach § 17 GenG. als Kaufleute gelten und der Betrieb fast aller Genossenschaftsarten auch als Gewerbebetrieb angesehen wird, so kann, soweit Gewerbe- und Kaufmannsgerichte errichtet sind, deren Zuständigkeit häufig begründet sein, wenn z. B. Streitigkeiten eines Konsumvereins mit einem seiner gewerblichen Arbeiter seines Bäckereibetriebs oder eines Vorschußvereins mit einem seiner Handlungsgehilfen vorliegen. Die Gewerbegerichte bezw. die Kaufmannsgerichte sind nämlich ohne Rücksicht auf den Wert des Streitgegenstands ausschließlich zuständig insbesondere für Streitigkeiten über den Eintritt, die Fortsetzung oder die Auflösung des Arbeitsverhältnisses, über die Aushändigung oder den Inhalt des Arbeitsbuchs, über die Leistung aus dem Arbeitsverhältnisse, über die Rückgabe von Zeugnissen, Legitimationspapieren u. a. m. (vergl. § 4 des Gewerbe- und § 5 des Kaufmannsgerichtsgesetzes).

§ 78.

Zustellungen, Ladungen, Fristen, Wiedereinsetzung in den vorigen Stand.

Besonderer Erörterung bedürfen an dieser Stelle noch kurz die in der Überschrift genannten Begriffe nach ihrer Bedeutung und Anwendung im Prozeß.

Unter Zustellung eines Schriftstücks (§§ 166—213 ZPO.) versteht man die im Verfahren gebräuchliche Form der Mitteilung des Inhalts eines Schriftstücks an den Beteiligten. Dies geschieht in der Regel in der Weise, daß eine Ausfertigung oder eine beglaubigte Abschrift des Schriftstücks mitgeteilt wird.

Die von den Parteien betriebenen Zustellungen erfolgen entweder durch den Gerichtsvollzieher oder durch die Post oder, wenn beide Parteien durch Rechtsanwälte vertreten sind, unmittelbar von Anwalt zu Anwalt. Soll durch die Post zugestellt werden, so muß die Zustellung durch den Gerichtsvollzieher oder den Gerichtsschreiber vermittelt werden, indem diese das zuzustellende Schriftstück der Post übergeben, welche die Zustellung ausführt. Die Zustellung unmittelbar von Anwalt zu Anwalt geschieht in beliebiger Form der Übermittlung gegen Empfangsbescheinigung. Im amtsgerichtlichen Verfahren kann die Partei den Gerichtsvollzieher unter Vermittlung des Gerichtsschreibers des Prozeßgerichts mit der Zustellung beauftragen.

Die Zustellung von Amts wegen besorgt der Gerichtsschreiber, indem er die Zustellung entweder in vereinfachter Form durch den Gerichtsdiener oder durch die Post ausführen läßt.

Der zustellende Beamte muß versuchen, die Zustellung in erster Linie an den Zustellungsempfänger selbst zu bewirken. Ist dies nicht möglich, so findet Ersatzzustellung an andere Personen nach Maßgabe der näheren Bestimmungen der §§ 181 ff. ZPO. statt. Auf eine Zustellung zur Nachtzeit (im Sommerhalbjahr zwischen 9 und 4 Uhr, im Winterhalbjahr zwischen 9 und 6 Uhr) braucht sich der Zustellungsempfänger nicht einzulassen, falls nicht das Gericht ausdrücklich Erlaubnis erteilt hat.

Bei unbekanntem Aufenthalt des Zustellungsempfängers kann öffentliche Zustellung erfolgen, d. h. Zustellung durch öffentliche Bekanntmachung und Anheften an die Gerichtstafel nach Maßgabe der §§ 204 ff. ZPO.

Unter Ladung versteht man die Aufforderung, zu einem Termin vor Gericht zu erscheinen. Außer dem Termin muß der Zweck der Ladung in der Ladung angegeben sein; es muß deshalb, wenn z. B. eine Klageschrift zugestellt wird, die Klageschrift auch die Ladung enthalten. Die Ladung wird zum Zweck der Terminsbestimmung bei Gericht eingereicht und nach Festsetzung des Termins zugestellt. Bei der Zustellung muß die Einlassungsfrist gewahrt sein, damit der Geladene zur Vorbereitung genügend Zeit behält; sie beträgt im Anwaltsprozeß zwei Wochen, im Amtsgerichtsprozeß mindestens drei Tage, jedoch eine Woche, wenn die Zustellung außerhalb des Bezirks des Prozeßgerichts im Deutschen Reich erfolgt, und 24 Stunden in Meß- und Marktsachen. Ist die Rechtssache schon anhängig, so muß zwar nicht die Einlassungsfrist, wohl aber die Ladungsfrist gewahrt werden. Sie beträgt in Anwaltsprozessen mindestens eine Woche, in anderen Prozessen mindestens drei Tage, in Meß- und Marktsachen 24 Stunden. Einlassungs- und Ladefristen können auf Parteiantrag auch abgekürzt werden (über die Fristen im Wechselprozeß vergl. S. 241).

Die Dauer der Fristen, d. h. des Zwischenraumes zwischen zwei prozessualen Momenten, ist teils gesetzlich festgelegt — wie z. B. bei der eben genannten Einlassungs- bezw. Ladungsfrist — teils wird sie vom Richter nach freiem Ermessen bestimmt (z. B. wenn eine Zustellung im Auslande erforderlich ist). Besonderer Erwähnung bedürfen die sogenannten Notfristen. Notfristen sind nur diejenigen Fristen, die vom Gesetz als solche bezeichnet werden. Ihre Dauer kann durch Parteivereinbarung nicht verlängert oder abgekürzt werden. Ihr Lauf wird auch durch die Gerichtsferien (s. S. 218) nicht gehemmt. Notfristen sind z. B. die Frist von einem Monat zur Einlegung der Berufung und Revision sowie die zweiwöchige Frist zur Einlegung der sofortigen Beschwerde.

Wird eine Notfrist von einer Partei nicht eingehalten, so ist, falls die Partei durch Naturereignisse oder andere unabwendbare Zufälle an Einhaltung der Notfrist verhindert war, die Wiedereinsetzung in den vorigen Stand möglich, d. h. es wird der Rechtszustand wieder hergestellt, wie er vor der Versäumnis lag. Die Wiedereinsetzung muß innerhalb einer zweiwöchigen Frist — die mit dem Tag beginnt, an dem das Hindernis gehoben ist — beantragt werden. Nach Ablauf eines Jahres, von dem Ende der versäumten Notfrist an gerechnet, kann die Wiedereinsetzung nicht mehr beantragt werden (vergl. des Näheren §§ 233 ff. ZPO.).

Zweiter Teil: Das Verfahren.

A. Allgemeines.

§ 79.

Grundsätze.

Das Zivilprozeßverfahren wird beherrscht von dem Grundsatz des unmittelbaren Prozeßbetriebes durch die Parteien sowie der Mündlichkeit und Öffentlichkeit des Verfahrens. Im engsten Zusammenhang hiermit stehen die weiteren Grundsätze, daß beide Parteien zu hören sind (wechselseitiges Gehör), und daß das Gericht bei seiner Entscheidung an die Vorträge und Anträge der Parteien gebunden ist (Verhandlungsmaxime). Aus diesen Grundsätzen ergibt sich: die Verhandlung muß öffentlich sein, d. h. jedermann muß freien Zutritt haben; in der Verhandlung sind die Erklärungen und Anträge von den Parteien, bezw. ihren Bevollmächtigten unmittelbar vor dem erkennenden Gericht in seiner vollen Besetzung mündlich vorzutragen; es müssen beide Parteien gehört werden, und nur das, was die Parteien mündlich vorgetragen haben, darf und muß bei der Fällung der Entscheidung vom Gericht berücksichtigt werden. Diese Prinzipien werden allerdings vielfach durchbrochen. Die Öffentlichkeit der Verhandlung kann z. B. unter anderem ausgeschlossen werden, wenn sie eine Gefährdung der öffentlichen Ordnung, insbesondere der Staatssicherheit, oder eine Gefährdung der Sittlichkeit besorgen läßt; ebenso kann der Zutritt unerwachsenen Personen, oder solchen, die nicht in einer der Würde des Gerichts entsprechenden Weise erscheinen, versagt werden. Die Unmittelbarkeit des Verfahrens bleibt insofern nicht gewahrt, als z. B. die mit drei Richtern besetzte Zivilkammer des Landgerichts eine Beweisaufnahme vor einem ihrer Mitglieder oder vor einem auswärtigen ersuchten Amtsrichter stattfinden lassen kann. Der Grundsatz der Verhandlungsmaxime erleidet unter anderem insofern eine Einbuße, als z. B. im Amtsgerichtsverfahren nicht nur die ohne Einwirkung des Gerichts gestellten Anträge für die Entscheidung maßgebend sind, sondern der Amtsrichter vielmehr verpflichtet ist, auf die Stellung sachdienlicher Anträge durch die Partei hinzuwirken; die Vernehmung von Sachverständigen, die Einnahme eines Augenscheines, die Vorlage von Handelsbüchern 2c. kann auch ohne Parteiantrag vom Gericht gültig beschlossen werden. Die Mündlichkeit des Verfahrens wird nur scheinbar durch die Vorschrift beeinträchtigt, daß im Anwaltsprozeß die Verhandlungen durch vorbereitende Schriftsätze vorbereitet werden müssen und im Amtsgerichtsprozeß unter Umständen Schriftsätze verlangt werden können; denn für die Entscheidung ist nicht der Inhalt der bei den Akten befindlichen Schriftsätze maßgebend, sondern nur das, was auf Grund dieser Schriftsätze von den Parteien zum Vortrag gebracht wird. Im übrigen gilt aber die Mündlichkeit des Verfahrens in vollem Umfange nur da, wo eine Entscheidung durch Urteil ergehen muß. Beschlüsse sind vielfach ohne voraufgegangene mündliche Verhandlung zulässig.

§ 80.

Stillstand des Verfahrens.

In gewissen Fällen (z. B. die eine Partei stirbt, gerät in Konkurs, vergl. §§ 239—250 ZPO.) findet eine Unterbrechung bezw. Aussetzung des Verfahrens mit insbesondere der Wirkung statt, daß der Lauf einer jeden Frist (also auch der Notfristen) aufhört und nach Beendigung der Unterbrechung oder Aussetzung die volle Frist von neuem zu laufen beginnt. Die Parteien können auch ein Ruhen des Verfahrens vereinbaren, das aber auf den Lauf der Notfristen keinen Einfluß hat (§ 251 ZPO.).

Während der alljährlich vom 15. Juli bis 15. September dauernden Gerichtsferien wird das Gericht nur in Feriensachen tätig. Als solche bezeichnet das Gesetz (§§ 201—204 GVG.) insbesondere die Arrestsachen und einstweiligen Verfügungen, Meß- und Marktsachen, die den Amtsgerichten ohne Rücksicht auf den Wert des Streitgegenstands zugewiesenen Mietstreitigkeiten zwischen Vermieter und Mieter (s. oben S. 212), Wechselsachen und Bausachen, wenn über die Fortsetzung eines angefangenen Baues gestritten wird. Ferner sind die Ferien auf das Mahnverfahren, das Zwangsvollstreckungsverfahren und das Konkursverfahren ohne Einfluß. Es können außerdem auch andere, der Beschleunigung bedürftige Sachen als Feriensachen vom Gericht auf Antrag bezeichnet werden.

Die demnächst das Parlament beschäftigende Novelle zum Gerichtsverfassungsgesetz sieht insofern eine Erweiterung der Feriensachen vor, als bestimmt werden soll, daß im amtsgerichtlichen Verfahren das Gericht auch andere Sachen, unabhängig davon, ob sie besonderer Beschleunigung bedürfen oder nicht, zunächst als Feriensachen bezeichnen muß und diesen Beschluß nur dann wieder aufheben kann, wenn im Verhandlungstermine streitig verhandelt wird und die Sache sich als nicht beschleunigungsbedürftig herausstellt.

B. Das ordentliche Verfahren.

I. Verfahren in erster Instanz.

a) Verfahren vor den Landgerichten.

§ 81.
Allgemeines.

Die Zivilprozeßordnung regelt als Normalfall des ordentlichen Verfahrens das Verfahren vor dem Landgericht, dessen Vorschriften — mit einer Reihe von Abweichungen, auch für den Amtsgerichtsprozeß gelten. Neben dem ordentlichen Verfahren werden eine Reihe besonderer Verfahren geregelt.

Im Verfahren vor dem Landgericht erfolgt die Erhebung der Klage durch Zustellung eines Schriftsatzes an den Gegner. Der Schriftsatz (Klageschrift), welcher von einem Rechtsanwalt zu unterschreiben ist, muß enthalten (§ 253 ZPO.):

a) die Bezeichnung der Parteien und des Gerichts,
b) die bestimmte Angabe des Gegenstandes und des Grundes des erhobenen Klageanspruchs (Klagegrund) sowie einen bestimmten Antrag, und
c) die Ladung des Beklagten vor das Prozeßgericht zur mündlichen Verhandlung des Rechtsstreits.

Fehlt es der Klageschrift an einem dieser wesentlichen Bestandteile, oder ist sie dem Beklagten nicht in vorgeschriebener Form zugestellt, so treten die Wirkungen der Klageerhebung nicht ein.

Der in der Klageschrift gestellte Antrag kann verschiedenster Art sein. In den weitaus meisten Fällen wird eine Verurteilung gefordert werden, sei es zu einem Tun (Zahlung, Leistung ꝛc.) oder zu einem Unterlassen oder zu einem Dulden (z. B. Duldung der Zwangsvollstreckung in das Vermögen der Ehefrau); der Antrag kann aber auch eine andere Richtung haben, auf Feststellung gehen. Dies ist der Fall der Feststellungsklage, die aber nur unter den Voraussetzungen des § 256 ZPO. zulässig ist, welcher bestimmt, daß auf Feststellung des Bestehens oder Nichtbestehens eines Rechtsverhältnisses, auf Anerkennung einer Urkunde, oder auf Feststellung der Unechtheit derselben nur dann Klage erhoben werden kann, wenn der Kläger ein rechtliches Interesse daran hat, daß das Rechtsverhältnis oder die Echtheit oder Unechtheit der Urkunde durch richterliche Entscheidung alsbald festgestellt werde.

Der Klageantrag muß genau bestimmt sein, d. h. die Art und den Umfang der geforderten gerichtlichen Entscheidung genau bezeichnen. Der in der Klageschrift geforderte Klagegrund muß die rechtlichen Gesichtspunkte klären, aus denen heraus das Klagebegehren gestellt wird.

Ist die Klage ordnungsgemäß erhoben, so wird damit der Rechtsstreit bei dem angerufenen Gericht rechtshängig. Die Rechtshängigkeit hat wichtige materielle Folgen, die vom bürgerlichen Recht an ihren Eintritt geknüpft sind; eine Geldschuld muß z. B. von diesem Moment an vom Schuldner verzinst werden, auch wenn der Schuldner nicht im Verzug ist, die Verjährung des mit der Klage geltend gemachten Anspruchs wird unterbrochen ꝛc. Das Zivilprozeßrecht läßt aber auch prozessuale Folgen eintreten, nämlich (§ 263 ZPO.):

1. der Gegner kann die Einrede der Rechtshängigkeit erheben, wenn während der Dauer der Rechtshängigkeit von einer Partei die Streitsache anderweitig anhängig gemacht wird;

2. die einmal begründete Zuständigkeit des Prozeßgerichts bleibt selbst dann bestehen, wenn die Umstände, die die Zuständigkeit begründet haben, sich ändern;

3. eine Klageänderung ist unzulässig, d. h. der Beklagte braucht sich nicht darauf einzulassen, wenn der Kläger nunmehr seinen Anspruch auf einen anderen rechtlichen Gesichtspunkt stützt, es sei denn, daß die Verteidigung des Beklagten durch die Klageänderung nicht wesentlich erschwert wird, was das Gericht nach freiem Ermessen zu beurteilen hat. Als eine Klageänderung wird aber nicht angesehen, wenn die tatsächlichen oder rechtlichen Ausführungen ergänzt oder berichtigt werden, wenn der Klagantrag ohne Änderung des Klaggrundes erweitert oder beschränkt wird, oder wenn wegen einer später eingetretenen Veränderung ein anderer Gegenstand oder das Interesse gefordert wird (§ 268 ZPO.).

Wird die Klage vom Kläger zurückgenommen, so erlischt damit der Zustand der Rechtshängigkeit; erfolgt aber die Zurücknahme nicht, so bleibt die einmal begründete Rechtshängigkeit, bis das Gericht rechtskräftig entschieden hat, oder bis vor ihm ein rechtskräftiger Vergleich von den Parteien über den Streitgegenstand geschlossen worden ist.

Der formelle Gang des Verfahrens ist der, daß zunächst die Klage bei Gericht zur Terminsbestimmung eingereicht wird. Darauf erfolgt die Zustellung, die so zeitig erfolgen muß, daß die gesetzliche Einlassungsfrist von 2 Wochen gewahrt wird. Auf die Klageschrift entgegnet der Beklagte — falls er nicht etwa ohne weiteres den Klageanspruch als berechtigt ansieht und sich durch Anerkenntnisurteil oder im Wege des Versäumnisverfahrens (s. unten S. 228) verurteilen lassen will — mit einem an den Rechtsanwalt des Klägers zugestellten Schriftsatz, der Klagebeantwortung, in welcher er seine Gegengründe geltend macht. Hierauf kann der Kläger wieder mit einem Schriftsatz antworten, auf diesen wiederum der Beklagte, und so können beliebig viele Schriftsätze aufeinander folgen.

Die Gegengründe des Beklagten können entweder Einwendungen gegen die Berechtigung des Klageanspruchs sein, oder es können Prozeßhindernisse geltend gemacht werden, durch welche eine Verhandlung über den Klageanspruch überhaupt ausgeschlossen wird.

Die Einwendungen des Beklagten gegen die Berechtigung des Klageanspruchs können von verschiedener Art sein. Entweder er bestreitet die vom Kläger behaupteten Tatsachen (er bestreitet z. B., das von der Genossenschaft eingeklagte Darlehen erhalten zu haben), oder er macht rechtliche Einwendungen (er bestreitet z. B., daß ein gültiger Darlehensvertrag zustande gekommen sei), oder er macht eine Einrede gegen den Anspruch geltend (z. B. die Einrede der Stundung des eingeklagten Darlehens). Diese Verteidigungsmittel des Beklagten können aber auf Antrag des Klägers vom Gericht zurückgewiesen werden, wenn sie die Erledigung des Rechtsstreits verzögern und das Gericht der Überzeugung ist, daß der Beklagte den Prozeß verschleppen will.

Was die vom Kläger vorgebrachten Prozeßhindernisse angeht, so macht die Zivilprozeßordnung einige dieser Prozeßhindernisse unter der Bezeichnung „Prozeßhindernde Einreden", besonders namhaft und bestimmt, daß der Beklagte, solange über diese von ihm vorgebrachten prozeßhindernden Einreden nicht vom Gericht entschieden ist, die Einlassung zur Hauptsache verweigern darf. Diese prozeßhindernden Einreden sind (§ 274 ZPO.):

1. die Einrede der Unzuständigkeit des Gerichts;
2. die Einrede der Unzulässigkeit des Rechtswegs;
3. die Einrede, daß die Entscheidung des Rechtsstreits durch Schiedsrichter zu erfolgen habe;
4. die Einrede der Rechtshängigkeit;
5. die Einrede der mangelnden Sicherheit für die Prozeßkosten;
6. die Einrede, daß die zur Erneuerung des Rechtsstreits erforderliche Erstattung der Kosten des früheren Verfahrens noch nicht erfolgt sei;
7. die Einrede der mangelnden Parteifähigkeit, der mangelnden Prozeßfähigkeit oder der mangelnden gesetzlichen Vertretung.

Von diesen Einreden kann der Beklagte auf die Einrede der Unzulässigkeit des Rechtswegs, sowie der mangelnden Partei- bezw. Prozeßfähigkeit und der mangelnden gesetzlichen Vertretung überhaupt nicht verzichten, ebenso nicht auf die Einrede der Unzuständigkeit des Gerichts, wenn die Vereinbarung der Zuständigkeit eines an sich unzuständigen Gerichts unzulässig ist (s. oben S. 213). Diese unverzichtbaren Einreden kann er in jeder Lage des Rechtsstreits vorbringen. Auf die übrigen prozeßhindernden Einreden kann er verzichten. Will er sie vorbringen, so muß er dies tun, bevor er zur Hauptsache mündlich verhandelt; später kann er sie nur noch vorbringen, wenn er glaubhaft macht, daß er ohne sein Verschulden nicht im stande war, sie vor der Verhandlung zur Hauptsache geltend zu machen.

In erster Instanz — in späterer Instanz nur mit Einwilligung des Klägers — kann der Beklagte unter gewissen Voraussetzungen auch eine Widerklage erheben, d. h. eine an sich selbständige Klage gegen den Kläger, die aber im gleichen Verfahren zum Austrag kommt. Der mit der Widerklage geltend gemachte Anspruch muß aber mit dem in der Klage geforderten Anspruch oder mit den gegen denselben vorgebrachten Verteidigungsmitteln in rechtlichem Zusammenhang stehen.

§ 82.

Der Gang der mündlichen Verhandlung.

In der mündlichen Verhandlung müssen die beiderseitigen Anträge verlesen werden, worauf die mündlichen Vorträge der beiden Rechtsanwälte folgen. Für die aufgestellten Behauptungen muß Beweis angetreten werden, worauf das Gericht den **Beweisbeschluß** erläßt, in welchem die Beweisaufnahme angeordnet wird. Als Beweismittel kommen hierbei in Frage: Beweis durch Augenschein, durch Zeugen, durch Sachverständige, durch Urkunden und durch Eid. Die Beweisaufnahme erfolgt in der Regel durch das vollbesetzte Prozeßgericht. Bei Erhebung auswärtigen Beweises kann das örtlich zuständige Amtsgericht um Erledigung der Beweisaufnahme ersucht werden. Ein Kollegialgericht kann die Beweisaufnahme auch einem einzelnen Mitglied übertragen.

Die Verpflichtung zur **Zeugnisabgabe** ist eine gesetzliche Pflicht, der man sich grundsätzlich nicht entziehen kann. Einige Ausnahmen von dieser Regel sind jedoch zugelassen, nämlich (§§ 376, 383—385 ZPO.):

1. Öffentliche Beamte, auch wenn sie nicht mehr im Dienste sind, dürfen über Umstände, worüber sie zur Amtsverschwiegenheit verpflichtet sind, nur mit Genehmigung ihrer vorgesetzten bezw. zuletzt vorgesetzt gewesenen Dienstbehörde als Zeugen vernommen werden.

2. Geistliche dürfen über das ihnen bei der Seelsorge Anvertraute die Aussage verweigern, falls sie nicht von der Verpflichtung zur Verschwiegenheit entbunden sind.

3. Zur Zeugnisverweigerung sind berechtigt und vor ihrer Vernehmung über dieses Recht zu belehren: der Verlobte und der Ehegatte einer Partei, auch wenn die Ehe nicht mehr besteht, sowie die Verwandten und Verschwägerten in gerader Linie und bis zum dritten Grad bezw. zweiten Grad der Seitenlinie und ferner die mit einer Partei durch Adoption Verbundenen. Sie können aber das Zeugnis in mehreren Fällen nicht verweigern, und zwar insbesondere nicht über solche Handlungen, die sich auf das streitige Rechtsverhältnis beziehen und welche sie selbst als Rechtsvorgänger oder Vertreter einer Partei vorgenommen haben sollen, sowie ferner nicht über die Errichtung und den Inhalt eines Rechtsgeschäfts, bei dessen Errichtung sie als Zeuge zugezogen waren (vgl. § 385 ZPO.).

4. Jeder Zeuge kann das Zeugnis verweigern

a) über Fragen, deren Beantwortung dem Zeugen oder einer Person, zu welcher er in einem der unter 3 bezeichneten Verhältnisse steht, einen unmittelbaren vermögensrechtlichen Schaden verursachen oder zur Unehre gereichen oder die Gefahr strafgerichtlicher Verfolgung zuziehen würde;

b) ferner über solche Fragen, durch deren Beantwortung ein Kunst- oder Gewerbegeheimnis offenbart werden müßte.

5. Das Zeugnis können verweigern diejenigen Personen, welchen kraft ihres Amts, Standes oder Gewerbes Tatsachen anvertraut sind, deren Geheimhaltung durch die Natur derselben oder durch gesetzliche Vorschrift geboten ist, inbetreff der Tatsachen, auf welche sich die Verpflichtung zur Verschwiegenheit bezieht. Diese Vorschrift ist von Wichtigkeit für die Kreditgenossenschaften. Der Vorstand wird in einem Prozeß eines Mitgliedes mit einem Dritten das Zeugnis darüber verweigern können, ob der dem Mitglied von der Genossenschaft gewährte Kredit in vollem Umfang ausgenützt ist; denn zwischen der Genossenschaft und dem Mitglied besteht in dieser Hinsicht ein Vertrauensverhältnis, und die Aussage des Vorstandes würde als Vertrauensmißbrauch aufgefaßt werden müssen.

Die Vernehmung eines Zeugen erfolgt regelmäßig nach voraufgegangener Vereidigung, falls nicht beide Parteien auf die Beeidigung verzichten. Es sind jedoch unbeeidigt zu vernehmen (§ 393 ZPO.):

a) Personen, die noch nicht sechzehn Jahre alt sind, oder von dem Wesen und der Bedeutung des Eides mangels Verstandesreife keine genügende Vorstellung haben;

b) Personen, denen auf Grund rechtskräftiger Verurteilung wegen Meineids die Fähigkeit, Zeuge zu sein, aberkannt worden ist;

c) die oben unter 3 und 4a genannten, zur Zeugnisverweigerung berechtigten Personen, falls sie das Zeugnis nicht verweigern;

d) die am Ausgang des Rechtsstreits unmittelbar beteiligten Personen.

Die unter c und d genannten Personen können jedoch nachträglich vereidigt werden.

Die ordnungsmäßig geladenen Zeugen, welche nicht zum Termin erscheinen bezw. grundlos ihr Zeugnis verweigern, haben Geldstrafen und Verurteilung in die durch ihr Ausbleiben bezw. ihre Weigerung verursachten Kosten, sowie bei wiederholtem Ausbleiben oder wiederholter Weigerung zwangsweise Vorführung bezw. Verhaftung zu gewärtigen.

Vorstandsmitglieder einer eingetragenen Genossenschaft können in Zivilprozessen, in denen die Genossenschaft Partei ist, nicht als Zeugen vernommen werden; denn ein Zeugnis ist die Aussage einer dritten von den Prozeßparteien verschiedenen Person, während der Vorstand gesetzlicher Vertreter der Prozeßpartei, der Genossenschaft, ist (vergl. Parisius-Crüger, Komment. z. GenGes., 5. Aufl., Erl. 1 zu § 24).

Die Bestimmungen über die Vernehmung von Sachverständigen (§§ 402 ff. ZPO.) sind im wesentlichen die gleichen wie diejenigen über die Vernehmung von Zeugen, insbesondere ist der Umfang, der Berechtigung, das Gutachten zu verweigern, der gleiche. Nur ist die allgemeine Verpflichtung, als Sachverständiger vor Gericht sein Gutachten abzugeben, insofern eingeschränkt, als nur diejenigen Personen hierzu verpflichtet sind, welche sich zur Gutachtenerstattung bereit erklärt haben oder zur Erstattung von Gutachten der erforderten Art öffentlich bestellt sind, oder die Wissenschaft, die Kunst oder das Gewerbe, deren Kenntnis Voraussetzung der Begutachtung ist, öffentlich zum Erwerbe ausüben, oder wenn sie zur Ausübung derselben öffentlich bestellt oder ermächtigt sind. Vorführung oder Haft sind bei Nichterscheinen und Gutachtenverweigerung unzulässig. Ein Sachverständiger kann aus denselben Gründen, die zur Ablehnung eines Richters berechtigen, abgelehnt werden (s. oben S. 209); die vorherige Vernehmung des Sachverständigen im Prozeß als Zeugen hindert jedoch nicht seine Vernehmung als Sachverständiger.

Die Einnahme des Augenscheins und die Vernehmung von Zeugen und Sachverständigen kann auch schon vor Beginn des Prozesses zur Sicherung des Beweises erfolgen, wenn zu besorgen ist, daß das Beweismittel verloren geht (z. B. ein wichtiger Zeuge ist schwer erkrankt), oder seine Benutzung erschwert wird (z. B. der Zeuge steht vor einer längeren Auslandsreise). Auch ohne diese Voraussetzungen ist eine solche Beweisaufnahme zulässig, wenn Mängel einer Sache oder eines Werks festzustellen sind, oder wenn der Zustand eines Gutes festzustellen ist, für dessen Beweis ein Kommissionär, Spediteur oder Frachtführer zu sorgen verpflichtet ist (§§ 485 ff. ZPO.).

Was den Beweis durch Urkunden (§§ 415 ff. ZPO.) angeht, so muß unterschieden werden zwischen öffentlichen und Privaturkunden. Öffentliche Urkunden sind solche, welche von einer öffentlichen

Behörde innerhalb der Grenze ihrer Amtsbefugnisse (z. B. Gericht) oder von einer mit öffentlichem Glauben versehenen Person innerhalb des ihr zugewiesenen Geschäftskreises (z. B. Notar) in vorgeschriebener Form aufgenommen sind. Sie begründen, wenn sie über eine vor der Behörde oder Urkundsperson abgegebenen Erklärung errichtet sind, vollen Beweis des durch die Behörde oder die Urkundsperson beurkundeten Vorgangs. Gegenbeweis ist zulässig. Privaturkunden sind solche, welche von dem Aussteller unterschrieben, oder mittels gerichtlich oder notariell beglaubigter Handzeichen unterzeichnet sind.

Der Beweis durch Urkunden wird angetreten, indem die Urkunde vorgelegt wird oder aber, wenn die Urkunde sich in den Händen des Gegners befindet, indem der Antrag gestellt wird, die Vorlage der Urkunde dem Gegner aufzugeben. Der Gegner muß die Urkunde vorlegen, wenn der Beweisführer nach den Vorschriften des bürgerlichen Rechts die Herausgabe oder Vorlegung der Urkunde verlangen kann, d. h. wenn die Urkunde in seinem Interesse errichtet ist, oder wenn in der Urkunde ein zwischen ihm und einem anderen bestehendes Rechtsverhältnis beurkundet ist, oder wenn die Urkunde Verhandlungen über ein Rechtsgeschäft enthält, die zwischen ihm und einem anderen oder zwischen einem von beiden und einem gemeinschaftlichen Vermittler gepflogen worden sind (§ 810 BGB.). Der Gegner muß ferner alle diejenigen in seinen Händen befindlichen Urkunden vorlegen, auf die er im Prozeß — wenn auch nur in einem Schriftsatz — Bezug genommen hat. Bestreitet der Gegner, daß die geforderte Urkunde sich in seinem Besitz befindet, so muß er den Offenbarungseid leisten (§ 426 ZPO.).

Der Eid als Beweismittel (§§ 445 ff. ZPO.), — d. h. die eidliche Erklärung einer der beiden Parteien — kommt in zwei Formen vor: dem zugeschobenen Eid und dem richterlichen Eid. Im ersteren Falle schiebt die beweispflichtige Partei der anderen Partei (die Zuschiebung an einen Dritten ist unzulässig) den Eid über eine streitige Tatsache zu, d. h. sie verlangt; daß der Gegner den Eid leistet; im zweiten Falle legt das Gericht den Eid einer Partei auf. Ein Eid ist nur über Tatsachen zulässig, welche in Handlungen des Gegners, seiner Rechtsvorgänger oder Vertreter bestehen, oder welche Gegenstand der Wahrnehmung dieser Personen gewesen sind. Grundsätzlich ist der Eid ein sogenannter Wahrheitseid; d. h. der Schwurpflichtige muß den Eid dahin leisten, daß eine Tatsache wahr oder unwahr sei. Kann ihm nach der Sachlage nicht zugemutet werden, daß er einen solchen bestimmten Wahrheitseid leistet (insbesondere z. B. wenn Handlungen seines Rechtsvorgängers in Frage kommen), so kann ihm der Eid in Überzeugungsform auferlegt werden. In diesem Falle muß er den Eid dahin leisten, daß er die Überzeugung erlangt bezw. nicht erlangt habe, daß die streitige Tatsache wahr sei.

Der Gegner muß sich über die Eideszuschiebung erklären; er kann den Eid annehmen oder auch wieder zurückschieben, aber nur unter den Voraussetzungen, in denen die Eideszuschiebung zulässig ist. Gibt die Partei trotz Aufforderung des Gerichts keine Erklärung ab, oder schiebt sie in einem unzulässigen Falle den Eid zurück, so wird der Eid als verweigert angesehen. Werden nach der Eideszuschiebung andere Beweismittel geltend gemacht, so ist die Partei, der der Eid zugeschoben wurde, nicht verpflichtet, sich vor Erledigung dieser Beweismittel über die Eideszuschiebung zu erklären.

Der Eid, den der Schwurpflichtige mit erhobener rechter Hand zu leisten hat, beginnt mit den Worten: „Ich schwöre bei Gott, dem Allmächtigen und Allwissenden" und endet mit den Worten: „So wahr mir Gott helfe". Dies ist die sogenannte Eidesformel, zwischen deren Anfang und Ende die Eidesnorm eingefügt wird, d. h. die formulierte Tatsache, die beschworen werden soll.

Grundsätzlich wird der Eid dem Schwurpflichtigen durch bedingtes Endurteil auferlegt, d. h. durch ein Urteil, welches die Eidesnorm festsetzt und die Folge der Leistung bezw. Nichtleistung des Eides ausspricht; in gewissen Fällen, z. B. im Urkunden- und Wechselprozeß, wird der Eid durch Beweisbeschluß auferlegt. Wenn der Schwurpflichtige im Eidestermin nicht erscheint und auch nicht binnen einer Notfrist von einer Woche bei dem Gericht die Eidesabnahme beantragt, ist der Eid auf Antrag des Gegners als verweigert anzusehen. Durch die Leistung des Eides wird voller Beweis der beschworenen Tatsachen begründet, es sei denn, daß dem Eidespflichtigen nachgewiesen wird, daß er seine Eidespflicht verletzt hat. Der Eid muß vom Schwurpflichtigen immer in Person geleistet werden; wenn aber die schwurpflichtige Person nicht prozeßfähig ist, muß der gesetzliche Vertreter schwören, bei der eingetragenen Genossenschaft also der Vorstand.

Ist aller Beweis erhoben, dann ergeht das Urteil. Dasselbe ist entweder Endurteil — d. h. es beendet den Rechtsstreit für diese Instanz seinem ganzen Umfang nach oder doch wenigstens für einen Teil (sogenanntes Teilurteil) — oder Zwischenurteil, in welchem über ein einzelnes Angriffs- oder Verteidigungsmittel oder über einen Zwischenstreit zwischen den Parteien entschieden wird. Die Urteile können entweder unbedingt sein oder bedingt (vergl. oben bezüglich der Auferlegung des Eides).

Erwähnt sei an dieser Stelle die Ausnahme von der Regel, daß eine tatsächliche Behauptung einer richterlichen Entscheidung nur zu Grunde gelegt werden kann, wenn sie bewiesen wird. In gewissen, im Gesetz genannten Fällen genügt die Glaubhaftmachung. Die Partei, die eine tatsächliche Behauptung glaubhaft zu machen hat, kann sich hierbei aller Beweismittel, mit Ausnahme der Eideszuschiebung bedienen; sie kann insbesondere die Wahrheit der behaupteten Tatsache an Eidesstatt versichern (§ 294 ZPO.).

§ 83.

Das Versäumnisverfahren.

Für den Fall, daß im Prozeß eine Partei ohne gesetzlichen Entschuldigungsgrund im Verhandlungstermin nicht erscheint oder zwar erscheint aber nicht verhandelt, ist das Versäumnisverfahren zugelassen (§§ 330 ff. ZPO.). Erscheint oder verhandelt trotz Ladung der Beklagte nicht, so gilt das tatsächliche mündliche Vorbringen des Klägers als zugestanden; soweit diese Vorbringen den Klagantrag rechtfertigt, wird ein Versäumnisurteil erlassen und der Beklagte nach Antrag verurteilt. Erscheint oder verhandelt der Kläger nicht, so wird auf Antrag des Beklagten die Klage abgewiesen. Gegen das Versäumnisurteil kann die verurteilte Partei binnen einer Notfrist von 2 Wochen seit Zustellung des Versäumnisurteils durch Zustellung eines Schriftsatzes Einspruch einlegen. Der Rechtsstreit wird dann in die Lage zurückversetzt, als wenn ein Versäumnisurteil überhaupt nicht ergangen wäre. Erscheint oder verhandelt die verurteilte Partei in dem neuen Termin wiederum nicht, so hat sie keinen weiteren Einspruch gegen das ergehende Urteil.

§ 84.
Das vorbereitende Verfahren in Rechnungssachen ꝛc.

Wenn in Prozessen über Rechnungssachen, Auseinandersetzungen und in ähnlichen Prozessen eine erhebliche Zahl streitiger Ansprüche geltend gemacht, z. B. bestrittene umfangreiche Rechnungsauszüge und Gegenrechnungen eingereicht werden, kann ein vorbereitendes Verfahren vor einem beauftragten Richter stattfinden, in welchem alle Erklärungen über vorgebrachte Tatsachen, Urkunden und Eideszuschiebungen abgegeben werden müssen, so daß nach Beendigung dieses vorbereitenden Verfahrens das Prozeßgericht hinsichtlich der streitigen Punkte eine geklärte Sachlage vorfindet und ohne weiteres einen Beweisbeschluß erlassen kann (§§ 348—354 ZPO.).

b) Verfahren vor den Amtsgerichten.

§ 85.

Für das Verfahren vor den Amtsgerichten gelten im allgemeinen dieselben Grundsätze wie beim landgerichtlichen Verfahren (§§ 495 ff. ZPO.). Die Hauptverschiedenheiten sind: der Wegfall des Anwaltszwangs — es kann also jede prozeßfähige Partei selbst erscheinen und verhandeln — und die größere Formlosigkeit des Verfahrens.

Erhoben wird die Klage wie beim Landgericht durch Zustellung der Klageschrift. Dieselbe kann zwecks Terminsbestimmung entweder von der klagenden Partei schriftlich eingereicht oder mündlich zu Protokoll des Gerichtsschreibers erklärt werden. In beiden Fällen veranlaßt die Zustellung der Klage der Gerichtsschreiber, falls nicht der Kläger dies selbst zu tun wünscht. Die Einlassungsfrist beträgt 3 Tage, wenn die Zustellung im Bezirke des Prozeßgerichts, eine Woche, wenn sie außerhalb des Prozeßgerichts im Deutschen Reiche erfolgt, und 24 Stunden in Meß- und Marktsachen.

An ordentlichen Gerichtstagen können die streitenden Parteien aber auch ohne Ladung und Terminsbestimmung vor Gericht erscheinen, um den Rechtsstreit mündlich zu verhandeln. In diesem Fall wird die Klage durch den mündlichen Vortrag derselben erhoben. Ferner kann derjenige, der eine Klage zu erheben beabsichtigt, unter Angabe des Gegenstandes seines Anspruchs den Gegner zum Zwecke eines Sühneversuchs vor das Amtsgericht laden, vor welchem der Gegner seinen allgemeinen Gerichtsstand hat. Erscheinen beide Parteien und wird ein Vergleich geschlossen, so wird derselbe vom Gericht protokolliert. Kommt ein Vergleich nicht zustande, so wird auf Antrag beider Parteien der Rechtsstreit sofort verhandelt. Auch in diesem Falle erfolgt die Erhebung der Klage durch den mündlichen Vortrag derselben.

In der mündlichen Verhandlung brauchen die Anträge nicht aus einem Schriftsatz verlesen zu werden. Das Prinzip der Verhandlungsmaxime wird insofern durchbrochen, als der Amtsrichter verpflichtet ist, weitgehend das Fragerecht auszuüben und auf die Stellung sachdienlicher Anträge hinzuwirken. Von den prozeßhindernden Einreden ist nur die Einrede der Unzuständigkeit des Gerichts vor der Verhandlung zur Hauptsache vorzubringen. Im übrigen darf die Verhandlung zur Hauptsache auf Grund prozeßhindernder Einreden nicht verweigert werden. Das Gericht kann jedoch die abgesonderte Verhandlung über diese Einreden auch von Amts wegen anordnen. Auf die sachliche Unzuständigkeit muß das Gericht den Beklagten vor der Verhandlung zur Hauptsache hinweisen.

Die Gesetznovelle zur Reform des Zivilprozesses sieht eine umfangreiche Vereinfachung des Amtsgerichtsprozesses vor, indem sie insbesondere den Prozeßgrundsatz des Parteibetriebs vielfach durchbricht und größtmögliche Vereinfachung des Verfahrens anstrebt, wie dies bereits jetzt im Verfahren vor dem Gewerbe- und Kaufmannsgericht durchgeführt ist. Zustellungen und Ladungen sollen von Amts wegen erfolgen; eine durch Zustellung eines Schriftsatzes zu wahrende Frist soll schon dann als gewahrt gelten, wenn der Schriftsatz rechtzeitig bei Gericht zur Zustellung eingereicht ist, sofern die Zustellung binnen 2 Wochen geschieht. In gewisser Hinsicht wird auch das Prinzip der mündlichen Verhandlung durchbrochen, indem das Amtsgericht unter anderem die Befugnis haben soll, schon vor der mündlichen Verhandlung den Parteien die Vorlage von Urkunden 2c., auf die sie sich in Schriftsätzen bezogen haben, aufzugeben, ja selbst unter gewissen Voraussetzungen Zeugen und Sachverständige zum Verhandlungstermine zu laden sowie Augenscheinseinnahmen und Begutachtungen durch Sachverständige anzuordnen.

Notwendige Beweisaufnahmen sollen möglichst beschleunigt, Zeugen und Sachverständige insbesondere, wenn angängig, sofort, nachdem die Beweiserhebung beschlossen ist, vernommen werden, und zwar soll die Beeidigung unterbleiben, wenn sie nicht von den Parteien besonders beantragt oder zur Herbeiführung einer wahrheitsgemäßen Aussage vom Gericht für notwendig erachtet wird. — Im Versäumnisverfahren soll die Einspruchsfrist auf eine Woche abgekürzt werden.

II. Rechtsmittel.

Einleitung.

Die Rechtsmittel dienen dazu, derjenigen Partei, die sich durch eine Entscheidung des Gerichts beschwert fühlt, die Möglichkeit zu geben, ihre Rechtsangelegenheit zur erneuten Verhandlung und Entscheidung vor ein dem erkennenden Gericht übergeordnetes Gericht zu bringen. Wir haben zu unterscheiden: die Berufung, die Revision und die Beschwerde.

§ 86.

Berufung.

Die Berufung (§§ 511 ff. ZPO.) findet gegen die in erster Instanz erlassenen Endurteile statt. Ist das angefochtene Urteil vom Amtsgericht gesprochen, so geht die Berufung ans Landgericht. Über ein landgerichtliches Urteil entscheidet das Oberlandesgericht. Ein Zwischenurteil kann nicht selbständig mit der Berufung angefochten werden; wird jedoch gegen das Endurteil Berufung eingelegt, so erstreckt sich diese auch auf alle vor dem Endurteil ergangenen Entscheidungen (also auch auf die Zwischenurteile), sofern die Entscheidungen nicht unanfechtbar sind oder selbständig mit der Beschwerde angefochten werden müssen. Das einzige Endurteil, das nicht mit der Berufung anfechtbar ist, ist das Versäumnisurteil, gegen das, wie oben erwähnt, der Einspruch zulässig ist. Ein Versäumnisurteil, gegen welches an sich der Einspruch nicht stattfindet (s. oben S. 228) unterliegt der Berufung insoweit, als diese darauf gestützt wird, daß der Fall der Versäumnis nicht vorgelegen habe. Eine Berufung lediglich wegen der Kostenentscheidung eines Urteils ist unzulässig, es sei denn, daß in der Vorinstanz die Hauptsache durch Anerkenntnisurteil erledigt ist.

Die Berufung muß binnen einer Notfrist von einem Monat nach Zustellung des Urteils eingelegt werden; die Einlegung kann frühestens gleichzeitig mit der Zustellung erfolgen. Sie erfolgt durch Zustellung eines Schriftsatzes, der von einem beim Berufungsgericht zugelassenen Rechtsanwalt unterschrieben sein muß, an den Gegner, nachdem der Schriftsatz vorher zur Terminsbestimmung beim Berufungsgericht eingereicht worden war. Der Gerichtsschreiber veranlaßt die Aktenübersendung an das Berufungsgericht.

Infolge der ordnungsmäßigen Einlegung der Berufung kann die Entscheidung der ersten Instanz nicht in Rechtskraft übergehen, sondern der Rechtsstreit wird nunmehr beim Berufungsgericht anhängig. Die Parteien stehen sich als Berufungskläger und Berufungsbeklagter gegenüber. Der Berufungsbeklagte kann sich der eingelegten Berufung auch anschließen, um ein für ihn noch günstigeres Urteil zu erzielen (z. B. die Genossenschaft, welche auf Zahlung eines Darlehens von 1000 M klagt, hat in Höhe von 500 M ein obsiegendes Urteil erstritten und ist mit dem Rest abgewiesen worden. Der beklagte Genosse hat Berufung eingelegt, um völlige Klagabweisung zu erreichen, während die Genossenschaft sich der Berufung anschließt, um ihrerseits ein obsiegendes Urteil in voller Höhe zu erringen). Die Anschließung des Berufungsbeklagten an die Berufung (Anschlußberufung) ist auch nach Ablauf der Berufungsfrist und selbst wenn er auf die Berufung verzichtet hat zulässig. Die Anschließung wird wirkungslos, wenn der Berufungskläger die Berufung zurücknimmt, oder wenn die Berufung als unzulässig verworfen wird. Hat aber der Berufungsbeklagte innerhalb der Berufungsfrist sich der erhobenen Berufung angeschlossen, so wird es so angesehen, als habe er die Berufung selbständig eingelegt. Die Zurücknahme der Berufung ist ohne Einwilligung des Gegners nur bis zur mündlichen Verhandlung zulässig.

Für das Verfahren vor dem Berufungsgericht sind grundsätzlich die Bestimmungen für das landgerichtliche Verfahren maßgebend. Der Rechtsstreit wird vor dem Berufungsgericht erneut verhandelt, und es wird über ihn in dem Umfange entschieden, als eine Abänderung beantragt ist. Die in erster Instanz abgegebenen Erklärungen, das abgelegte gerichtliche Geständnis, die erfolgte Beweisaufnahme, die erfolgte Annahme oder Zurückschiebung eines Eides, die Verweigerung oder die Leistung eines Eides — sie alle behalten auch für die zweite Instanz ihre Bedeutung; das Berufungsgericht hat sie aber zu prüfen und neu zu würdigen, es kann also z. B. auf das eidliche Zeugnis eines in erster Instanz vernommenen, einwandfreien Zeugen sein Urteil stützen, es kann aber auch eine erneute Vernehmung dieses Zeugen beschließen. Wesentlich ist, daß die Parteien alle in erster Instanz nicht vorgebrachten tatsächlichen Behauptungen und neue Beweisantretungen nachbringen können, so daß also ein vollkommen neues tatsächliches Prozeßbild geschaffen werden kann. Auch prozeßhindernde Einreden, die in erster Instanz nicht vorgebracht wurden, können nachgebracht werden (Ausnahmen: § 528 ZPO.). Eine Klageänderung (also eine Änderung des Klaggrundes) bedarf aber stets der Zustimmung des Gegners.

Das Berufungsgericht muß prüfen, ob die Berufung an sich statthaft und ob sie in der gesetzlichen Form und Frist eingelegt ist. Ist einem dieser Erfordernisse nicht genügt, so wird die Berufung durch Urteil als unzulässig verworfen. Wird die Berufung zurückgenommen, so wird, falls der Gegner dies beantragt, die Partei durch Urteil des Rechtsmittels für verlustig erklärt. Ist gegen die Zulässigkeit der Berufung und die Art ihrer Einlegung nichts einzuwenden, so hat grundsätzlich das Berufungsgericht in der Sache selbst zu entscheiden, indem es entweder unter Aufhebung bezw. Abänderung des Urteils nach dem Berufungsantrag ganz oder teilweise erkennt oder die Berufung zurückweist. In Ausnahmefällen muß das Berufungsgericht — um die Parteien nicht in unbilliger Weise um eine Instanz zu bringen — falls eine weitere Verhandlung des Rechtsstreits erforderlich wird, die Sache an das Gericht erster Instanz zurückweisen (vergl. hierüber § 538 ZPO.). Eine Zurückweisung an das erstinstanzliche Gericht kann auch erfolgen, wenn wesentliche Verfahrensmängel vorliegen (z. B. wenn das erkennende Gericht nicht vorschriftsmäßig besetzt war, eine Partei nicht nach Vorschrift des Gesetzes vertreten war ꝛc.).

Ein Versäumnisverfahren ist wie in erster Instanz und grundsätzlich auch nach den für die erste Instanz geltenden Vorschriften zulässig.

Die Gesetznovelle zur Reform des Zivilprozesses will die Zulässigkeit der Berufung beschränken; das Rechtsmittel soll in allen

Fällen, in denen nicht das Landgericht ohne Rücksicht auf den Wert des Streitgegenstands ausschließlich zuständig ist, nur gegeben sein, wenn der Beschwerdegegenstand über 50 M beträgt.

§ 87.

Revision.

Das Rechtsmittel der Revision ist gegen die in der Berufungsinstanz von den Oberlandesgerichten erlassenen Endurteile (nicht Zwischenurteile) statthaft (§ 545 ZPO.).

Zuständig für die Revisionsverhandlung und Entscheidung ist das Reichsgericht, in Bayern das Oberste Landesgericht. Wie bei der Berufung, werden die dem Berufungsurteil voraufgegangenen Zwischenurteile und sonstigen Entscheidungen von der Revision mit ergriffen, insofern sie nicht unanfechtbar sind oder selbständig mit der Beschwerde angefochten werden müßten. Gegen die von den Landgerichten in der Berufungsinstanz erlassenen Urteile gibt es keine Revision. Ebenso würde, wenn man gegen alle oberlandesgerichtlichen Berufungsurteile vermögensrechtlichen Inhalts die Revision zulassen wollte, das Reichsgericht stark überlastet werden, oder aber, wenn man sich hiergegen durch eine erhebliche Vermehrung der Senate des Reichsgerichts helfen wollte, die Einheitlichkeit der Rechtsprechung Einbuße erleiden. In Rechtsstreitigkeiten über vermögensrechtliche Ansprüche ist deshalb die Zulässigkeit der Revision durch einen den Betrag von 2500 M übersteigenden Wert des Beschwerdegegenstands bedingt, d. h. der Betrag, um den sich der Revisionskläger durch das Berufungsurteil in seinen Ansprüchen gekürzt glaubt, muß mindestens 2500 M betragen (sog. Revisionssumme). Ohne Rücksicht auf diese Revisionssumme ist jedoch die Revision zulässig: 1) insoweit es sich um die sachliche Unzuständigkeit des Gerichts, die Unzulässigkeit des Rechtswegs oder die Unzulässigkeit der Berufung handelt, 2) in den Rechtsstreitigkeiten über Ansprüche, für welche die Landgerichte ohne Rücksicht auf den Wert des Streitgegenstands ausschließlich zuständig sind (z. B. im Verfahren in Ehesachen).

Wie bei der Berufung, unterliegt ein Versäumnisurteil der Revision nur insoweit, als die Revision auf die Behauptung gestützt wird, daß der Fall der Versäumnis nicht vorgelegen habe. In gleicher Weise finden die für die Berufung geltenden Vorschriften über den Anschluß an die Revision des Gegners, über den Verzicht auf das Rechtsmittel und die Zurücknahme desselben, sowie über die Verhandlung prozeßhindernder Einreden entsprechende Anwendung. Auch kann ebenso wie bei der Berufung die Revision nicht bloß wegen der Kostenentscheidung eingelegt werden, es sei denn, daß in der Vorinstanz die Hauptsache durch Anerkenntnisurteil erledigt ist.

Wie bei der Berufung, hat das Gericht auch bei der Revision das Urteil, soweit es angefochten und seine Aufhebung beantragt wird, auf seine Richtigkeit hin zu prüfen. Diese Prüfung erstreckt sich aber im Gegensatz zum Berufungsverfahren nicht auf die im Urteil der Vorinstanz getroffene tatsächliche Feststellung, sondern beschränkt sich lediglich darauf, zu untersuchen, ob eine Gesetzesverletzung vorliegt. Die Revision ist nur statthaft, wenn sie auf die Behauptung gestützt wird, daß ein Reichsgesetz verletzt sei oder wenigstens ein Gesetz, dessen Geltungsbereich sich über den Bezirk des Berufungsgerichts hinaus erstreckt, also ein Gesetz, das im Bezirk des Berufungsgerichts und außerdem noch mindestens im Bezirk eines anderen Oberlandesgerichts Geltung hat. Als Gesetzesverletzung gilt die Nichtanwendung oder unrichtige Anwendung einer Rechtsnorm. Als eine Gesetzesverletzung werden von vornherein eine in § 551 ZPO. angegebene Reihe von Verstößen gegen das Verfahren angesehen (z. B. die unvorschriftsmäßige Besetzung eines Gerichts, die ordnungswidrige Vertretung einer Partei ꝛc.).

Die Frist für die Einlegung der Revision ist eine Notfrist und beträgt wie bei der Berufung einen Monat vom Tage der Zustellung des Berufungsurteils an gerechnet. Die Einlegung erfolgt durch Einreichung der Revisionsschrift beim Revisionsgericht. Sie muß von einem beim Revisionsgericht zugelassenen Rechtsanwalt unterschrieben sein und wird von Amts wegen nach erfolgter Terminsbestimmung der Partei zugestellt. Eine Besonderheit gegenüber der Berufung ist die Vorschrift, daß binnen einer weiteren Frist von einem Monat, die mit dem Ablauf der Revisionsfrist beginnt, die Revision begründet werden muß. Diese Begründung muß die Revisionsanträge und die Revisionsgründe genau enthalten.

Das Revisionsgericht prüft zunächst, ob die Revision an sich statthaft und ob die Einlegung und Begründung form- und fristgemäß erfolgt ist. Mangelt es an einem dieser Erfordernisse, so wird die Revision als unbegründet verworfen; dies kann im Gegensatz zum Berufungsverfahren auch ohne mündliche Verhandlung durch Beschluß erfolgen. Wird die Revision zurückgenommen, so wird, wenn der Gegner dies beantragt, die Partei durch Urteil des Rechtsmittels für verlustig erklärt. Ergibt sich, daß das angefochtene Urteil zwar auf einer Gesetzesverletzung beruht, daß aber die Entscheidung selbst aus anderen Gründen richtig ist, so wird die Revision zurückgewiesen. Wird die Revision für begründet erachtet, so wird das angefochtene Urteil aufgehoben und — im Gegensatz zum Berufungsverfahren — die Sache grundsätzlich zur anderweiten Verhandlung und Entscheidung an das Berufungsgericht zurückverwiesen, wobei das Berufungsgericht verpflichtet ist, die rechtliche Beurteilung, welche der Aufhebung zu Grunde gelegt ist, auch seiner neuen Entscheidung zu Grunde zu legen. Ausnahmsweise entscheidet jedoch das Revisionsgericht in der Sache selbst, nämlich wenn die Aufhebung des Urteils wegen Unzuständigkeit des Gerichts oder wegen Unzulässigkeit des Rechtswegs erfolgte, und ferner, wenn in dem angefochtenen Urteil alle tatsächlichen Grundlagen vollkommen gegeben sind, so daß das Revisionsgericht keiner Ergänzung des Tatbestands bedarf, sondern lediglich die von der Vorinstanz getroffene falsche Gesetzesanwendung zu rektifizieren braucht.

§ 88.
Beschwerde.

Die Beschwerde (§§ 567 ff. ZPO.) findet in einer größeren Zahl von Fällen statt, die in der Zivilprozeßordnung hervorgehoben sind, z. B. gegen den vom Gericht erlassenen Kostenfestsetzungsbeschluß, den Beschluß über Versagung des Armenrechts, gegen die Beschlüsse im Zwangsvollstreckungsverfahren u. a. m. Außerdem ist sie gegen solche Entscheidungen des Gerichts gegeben, die einer vorhergehenden mündlichen Verhandlung nicht bedürfen und durch welche ein das Verfahren betreffendes Gesuch zurückgewiesen worden ist, z. B. gegen die Ablehnung des Gesuchs um Kostenfestsetzung, um Bestimmung eines Verhandlungstermins, auf Beeidigung eines Zeugen 2c. Natürlich darf die Entscheidung im Gesetz nicht etwa als unanfechtbar bezeichnet sein (wie z. B. die Zurückweisung einer von den Prozeßparteien beantragten Terminsverlegung (§ 227 ZPO.). Zum Zwecke der Entlastung des Reichsgerichts ist ferner bestimmt, daß gegen die in Betreff der Prozeßkosten erlassenen Entscheidungen der Oberlandesgerichte eine Beschwerde nicht zulässig ist.

Über die Beschwerde entscheidet das im Instanzenzug nächsthöhere Gericht. Gegen die Entscheidung des Beschwerdegerichts kann die weitere Beschwerde eingelegt werden, jedoch nur dann, wenn in ihr ein neuer und selbständiger Beschwerdegrund enthalten ist, d. h. der Beschwerdegrund darf nicht schon in der Entscheidung der Vorinstanz gegeben sein, und die Entscheidung des Beschwerdegerichts muß ihrem Inhalt nach so geartet sein, daß sie auch als erstinstanzliche Entscheidung gesetzlich mit der Beschwerde angefochten werden könnte. Die Entscheidungen der Landgerichte über Prozeßkosten unterliegen einer weiteren Beschwerde nur, wenn die Beschwerdesumme den Betrag von 50 M übersteigt. Gegen die Entscheidungen der Oberlandesgerichte findet keine weitere Beschwerde statt.

Wir müssen unterscheiden zwischen der einfachen Beschwerde und der sofortigen Beschwerde. Die einfache Beschwerde — im Gesetz kurz Beschwerde genannt — bildet die Regel; ihre Einlegung ist an keine Frist gebunden. Die Beschwerde wird bei dem Gericht eingelegt, von welchem die angefochtene Entscheidung erlassen ist; in dringenden Fällen können Beschwerden gegen Entscheidungen der Amts- und Landgerichte auch beim Beschwerdegericht direkt eingelegt werden. Die Einlegung erfolgt in der Regel durch Einreichung einer Beschwerdeschrift, in Ausnahmefällen (namentlich im Amtsgerichtsprozeß, vergl. § 569 Abs. 2 ZPO.) auch durch Erklärung zu Protokoll des Gerichtsschreibers. Wenn das Gericht die Beschwerde für begründet hält, so ändert es seine Entscheidung durch Beschluß selbst wieder ab, andernfalls gibt es die Beschwerde an das Beschwerdegericht zur Entscheidung. Durch die Beschwerde wird jedoch der Vollzug der angefochtenen Entscheidung in der Regel nicht gehemmt; eine Ausnahme bilden einige Fälle, in denen der Vollzug für den Beschwerdeführer eine besondere Härte sein würde (z. B. beim Vollzug einer Geld- oder Haftstrafe gegen einen trotz Ladung ausgebliebenen

Zeugen). Eine mündliche Verhandlung ist vor Erlaß der Entscheidung unnötig.

Die sofortige Beschwerde (§ 577 ZPO.) muß binnen einer Notfrist von zwei Wochen seit Zustellung der Entscheidung eingelegt werden. Richtet sich die Beschwerde gegen die Entscheidung eines Amts- oder Landgerichts, so genügt die Einlegung beim Beschwerdegericht zur Wahrung der Notfrist, auch wenn der Fall als dringlich nicht erachtet wird. Das Gericht, dessen Entscheidung angefochten wird, darf seine Entscheidung nicht mehr selbst abändern (Ausnahme bei der sofortigen Beschwerde gegen den Kostenfestsetzungsbeschluß), sondern muß das übergeordnete Gericht entscheiden lassen. Die sofortige Beschwerde findet nur in den ausdrücklich im Gesetz bestimmten Fällen statt (z. B. Kostenfestsetzungsbeschluß, Beschluß über Aussetzung des Verfahrens, Zurückweisung des Antrags auf Versäumnisurteil, die Entscheidungen im Zwangsvollstreckungsverfahren u. a. m.).

III. Wiederaufnahme des Verfahrens.

§ 89.

Die Vorschriften über die Wiederaufnahme des Verfahrens ermöglichen es, unter gewissen Voraussetzungen selbst noch gegen ein rechtskräftiges Endurteil, das also mit Rechtsmitteln nicht mehr angefochten werden kann, vorzugehen. Die Wiederaufnahme kann erfolgen durch die Nichtigkeitsklage und durch die Restitutionsklage.

Die Nichtigkeitsklage findet statt beim Vorliegen gewisser grober Verfahrensmängel, nämlich (§ 579 ZPO.): bei unvorschriftsmäßiger Besetzung des Gerichts, ferner wenn ein von der Ausübung des Richteramts kraft Gesetzes ausgeschlossener Richter oder ein wegen Befangenheit abgelehnter Richter bei der Entscheidung mitgewirkt hat, und endlich wenn eine Partei nicht gesetzmäßig vertreten war.

Die Restitutionsklage hat gewisse grobe materielle Mängel zur Voraussetzung. Sie ist zulässig (§ 580 ZPO.) insbesondere, wenn das Urteil auf einen falschen Parteieid, ein falsches Zeugnis, eine verfälschte Urkunde oder auf eine strafrechtlich bedrohte Verletzung der Amtspflicht eines mitwirkenden Richters aufgebaut ist und wegen der genannten Gesetzesverletzungen eine rechtskräftige Verurteilung stattgefunden hat.

Die Restitutionsklage ist zudem überhaupt nur dann zulässig, wenn die Partei ohne ihr Verschulden außer Stande war, den Restitutionsgrund in dem früheren Verfahren geltend zu machen.

Das Gericht, das in erster Instanz erkannt hat, ist für beide Klagen ausschließlich zuständig. Die Klagen müssen vor Ablauf einer Notfrist von einem Monat erhoben werden. Die Frist beginnt mit dem Tage, an welchem die Partei von dem Anfechtungsgrund Kenntnis erhält, jedoch nicht vor eingetretener Rechtskraft des Urteils. Sind 5 Jahre seit der Rechtskraft verstrichen, so sind die Klagen überhaupt unzulässig. Die Klage muß die Bezeichnung des Urteils, gegen welches die Wiederaufnahme angestrebt wird, enthalten und angeben, welche der beiden Klagen erhoben werden soll. In dem neuen Verfahren wird die Hauptsache, insoweit sie vom Anfechtungsgrund betroffen wird, wieder von neuem verhandelt. Gegen das im neuen Verfahren ergehende Urteil sind die Rechtsmittel in demselben Umfang zulässig, als sie gegen die Entscheidung in dem früheren Verfahren statthaft gewesen sein würden.

C. Besondere Prozeßarten.

Einleitung.

Neben dem ordentlichen Verfahren besteht eine Reihe besonderer Verfahrensarten, die teils mit Rücksicht auf die Eigenart des zu behandelnden Prozeßstoffs (z. B. Ehe- und Entmündigungssachen) erforderlich wurden, teils zum Zweck möglichster Vereinfachung und Beschleunigung des Verfahrens (z. B. Urkundenprozeß und Mahnverfahren) dienen.

§ 90.

Der Urkundenprozeß.

Im Urkundenprozeß kann ein Anspruch unter folgenden Voraussetzungen geltend gemacht werden (§§ 592 ff. ZPO.):

1. Der Anspruch muß die Zahlung einer bestimmten Geldsumme oder die Leistung einer bestimmten Quantität Wertpapiere oder vertretbarer Sachen zum Gegenstand haben, d. h. (vergl. § 91 BGB.) solcher beweglicher Sachen, die im Verkehr nach Maß, Zahl oder Gewicht bestimmt zu werden pflegen. Als ein Anspruch auf Zahlung

einer Geldsumme gilt auch der Anspruch aus einer Hypothek, einer Grundschuld oder einer Rentenschuld.

2. Die sämtlichen zur Begründung des Anspruchs erforderlichen Tatsachen müssen durch Urkunden bewiesen werden. Hinsichtlich anderer Tatsachen, sowie bezüglich der Echtheit oder Unechtheit von Urkunden sind als Beweismittel nur Urkunden oder Eideszuschiebung zugelassen. Die Urkunden müssen bei der Beweisantretung vorgelegt werden; der Eid wird stets durch Beweisbeschluß auferlegt.

Die Klage, die im übrigen wie jede andere Klage erhoben wird, muß die Erklärung enthalten, daß im Urkundenprozeß geklagt werde. Auf Grund prozeßhindernder Einreden darf die Verhandlung zur Hauptsache selbst dann nicht verweigert werden, wenn der Urkundenprozeß vor dem Landgericht schwebt. Widerklagen sind unstatthaft. Bis zum Schluß der mündlichen Verhandlung kann der Kläger auch gegen den Willen des Beklagten erklären, daß er vom Urkundenprozeß abstehe; der Prozeß bleibt dann im ordentlichen Verfahren anhängig.

Ist der in der Klage geltend gemachte Anspruch unbegründet, so wird die Klage abgewiesen. Ist der Urkundenprozeß unstatthaft, hat insbesondere der Kläger den Beweis nicht durch Urkunden oder Eid angetreten, so wird die Klage als in der gewählten Prozeßart unstatthaft abgewiesen, selbst wenn der Beklagte im Termin überhaupt nicht erschienen ist. Ist die Klage im Urkundenprozeß statthaft, und hat der Beklagte dem geltend gemachten Anspruch widersprochen, so wird der Beklagte unter Vorbehalt seiner Rechte verurteilt; ist er im Termin jedoch nicht erschienen oder hat er nicht verhandelt, so ergeht vorbehaltloses Versäumnisurteil. Wird dem Beklagten die Ausführung seiner Rechte vorbehalten, so bleibt der Rechtsstreit im ordentlichen Verfahren anhängig; ergibt sich dann in diesem Verfahren, daß der Anspruch des Klägers unbegründet war, so muß der Kläger dem Beklagten den Schaden ersetzen, der ihm durch Vollstreckung des Vorbehaltsurteils oder durch die zur Abwendung der Vollstreckung erforderlichen Aufwendungen erwachsen ist.

§ 91.

Der Wechselprozeß.

Der Wechselprozeß ist eine Abart des Urkundenprozesses zum Zwecke der Geltendmachung von Ansprüchen aus Wechseln, für den — abgesehen von den nachstehenden Abweichungen — die Vorschriften des Urkundenprozesses gelten.

Die Klage muß die Erklärung enthalten, daß im Wechselprozeß geklagt werde. Zur Beschleunigung des Verfahrens ist die Einlassungsfrist abgekürzt; sie beträgt 24 Stunden, wenn die Klage am Sitze des Prozeßgerichts zuzustellen ist, 3 Tage, wenn sie an einem anderen Orte innerhalb des Landgerichtsbezirkes, in welchem das Prozeßgericht seinen Sitz hat, und eine Woche, wenn sie an einem anderen deutschen Orte zugestellt werden muß. Das gleiche gilt von den Ladungsfristen, soweit sie nicht nach den allgemeinen Bestimmungen kürzer sind. Die Ladungsfrist in einem vor dem Amtsgericht anhängigen Wechselprozeß beträgt also, wenn die Zustellung an einem deutschen Orte außerhalb des Landgerichtsbezirks zu erfolgen hat, nicht eine Woche sondern nur 3 Tage. Soweit es zur Erhaltung des wechselmäßigen Anspruchs der rechtzeitigen Protesterhebung nicht bedarf (also bei der Klage gegen den Akzeptanten eines nicht domizilierten Wechsels, bei der Klage gegen den Aussteller des eigenen Wechsels, sowie, wenn auf Protesterhebung verzichtet worden ist), kann als Beweismittel für die erfolgte Präsentation des Wechsels dem Gegner der Eid zugeschoben werden. Nebenforderungen (also Porti, Provision, Kosten rc.) brauchen nur glaubhaft gemacht zu werden. Aber nur die Ansprüche „aus dem Wechsel" können im Wechselprozeß geltend gemacht werden, also z. B. der Anspruch auf Zahlung der Wechselsumme oder der Regreßsumme, der Anspruch des Wechselinhabers auf Sicherheitsleistung u. a. Kein Anspruch aus dem Wechsel — und deshalb nur im ordentlichen Prozeß einklagbar — ist aber z. B. der Anspruch auf Auslieferung des Wechsels und des Protests gegen Zahlung der Wechselsumme, der Anspruch aus der Bereicherungsklage nach Art. 83 WO., der Anspruch auf Schadensersatz gegen den Nachmann wegen nicht erfolgter Benachrichtigung rc.

§ 92.

Mahnverfahren.

Das Mahnverfahren (§§ 688 ff. ZPO.) soll dem Bedürfnis Rechnung tragen, Ansprüche einfacher Art, die vermutlich vom Gegner überhaupt nicht bestritten werden, zur Erledigung zu bringen und dem

Gläubiger für diese Forderungen rasch und billig einen vollstreckbaren Titel in die Hand zu geben. Das Verfahren besteht darin, daß auf Antrag des Gläubigers gegen den Schuldner ein bedingter Zahlungsbefehl erlassen wird, d. h. das Gericht gibt dem Schuldner auf, zu zahlen oder binnen einer bestimmten Frist gegen den Zahlungsbefehl Widerspruch zu erheben, widrigenfalls der Zahlungsbefehl auf Antrag des Gläubigers für vollstreckbar erklärt, d. h. zu einem Schuldtitel wird, auf Grund dessen die Zwangsvollstreckung betrieben werden kann.

Das Mahnverfahren ist nur statthaft wegen eines Anspruchs, welcher die Zahlung einer bestimmten Geldsumme oder die Leistung einer bestimmten Quantität anderer vertretbarer Sachen (vergl. oben S. 239 beim Urkundenprozeß), oder Wertpapiere zum Gegenstand hat. Als Anspruch auf Zahlung einer Geldsumme gilt auch der Anspruch aus einer Hypothek, einer Grundschuld oder Rentenschuld. Der Anspruch muß ferner fällig sein und darf nicht durch eine noch nicht erfolgte Gegenleistung von seiten des Gläubigers bedingt sein; auch darf die Zustellung an den Schuldner nicht im Auslande oder durch öffentliche Bekanntmachung erfolgen müssen. Ausschließlich zuständig ist — mag auch der Anspruch auf mehr als 300 Mark lauten — das Amtsgericht, bei welchem der allgemeine persönliche Gerichtsstand, der Gerichtsstand des Aufenthalts oder der dingliche Gerichtsstand für die im ordentlichen Verfahren erhobene Klage begründet sein würde, wenn die Amtsgerichte in erster Instanz sachlich unbeschränkt zuständig wären.

Das Verfahren wird in Lauf gesetzt durch ein Gesuch des Gläubigers um Erlaß des Zahlungsbefehls. In dem Gesuch, welches schriftlich eingereicht oder auch beim Gerichtsschreiber mündlich erklärt werden kann, müssen die Parteien, das Gericht, der Betrag und der Grund des Anspruchs sowie der Antrag auf Erlaß des Zahlungsbefehls angegeben sein.

Findet das Gericht, daß es nicht zuständig ist, daß das Mahnverfahren überhaupt nicht zulässig ist, daß der Anspruch nicht oder wenigstens zur Zeit nicht begründet ist, daß das Gesuch nicht den genannten Erfordernissen entspricht, oder endlich, daß der Zahlungsbefehl nur in Ansehung eines Teils des geltend gemachten Anspruchs erlassen werden kann, so weist es das Gesuch zurück. Diese Entscheidung ist unanfechtbar. Sind jedoch alle Voraussetzungen gewahrt, so wird der Zahlungsbefehl erlassen.

Der Widerspruch gegen den Anspruch oder einen Teil desselben ist zulässig, solange der Vollstreckungsbefehl noch nicht verfügt ist. Wird rechtzeitig Widerspruch erhoben, so teilt dies das Gericht dem Gläubiger mit. Gehört die wegen des Anspruchs zu erhebende Klage zur Zuständigkeit des Amtsgerichts, so wird die Klage als mit der Zustellung des Zahlungsbefehls bei dem Amtsgericht, das den Zahlungsbefehl erlassen hat, erhoben angesehen. Jede Partei kann den Gegner unter Wahrung einer Ladungsfrist von mindestens 3 Tagen zur mündlichen Verhandlung laden. Gehört die Klage vor das Landgericht, so muß der Gläubiger binnen 6 Monaten, vom Tage der Benachrichtigung über die Erhebung des Widerspruchs gerechnet, Klage beim zuständigen Landgericht erheben.

Ist eine Woche seit der Zustellung des Zahlungsbefehls verstrichen, ohne daß der Schuldner Widerspruch erhoben hat, so kann der Gläubiger den Antrag stellen, den Zahlungsbefehl für vorläufig vollstreckbar zu erklären. Dies geschieht dadurch, daß das Gericht auf den Zahlungsbefehl den sogenannten Vollstreckungsbefehl setzt. Entspricht das Gericht dem Gesuch um Erlaß des Vollstreckungsbefehls nicht, so hat der Gläubiger das Rechtsmittel der sofortigen Beschwerde. Der Vollstreckungsbefehl wird einem für vorläufig vollstreckbar erklärten Versäumnisurteil gleich geachtet; der Schuldner kann also Einspruch erheben, wodurch das Verfahren wieder in den Stand versetzt wird, als ob der Vollstreckungsbefehl nicht ergangen wäre. Der Vollstreckungsbefehl muß binnen 6 Monaten nach Ablauf der dem Schuldner im Zahlungsbefehl gesetzten Frist von einer Woche beantragt werden, andernfalls verliert der Zahlungsbefehl völlig seine Kraft, selbst wenn der Schuldner Widerspruch nicht erhoben hat.

Wenn ein Bevollmächtigter des Gläubigers den Zahlungsbefehl beantragt, oder ein Bevollmächtigter des Schuldners Widerspruch erhebt, so bedarf es nicht der Vorlage der Vollmacht; beantragt jedoch ein Bevollmächtigter des Gläubigers den Erlaß des Vollstreckungsbefehls, so muß er seine Vollmacht zur Prüfung vorlegen.

§ 93.

Aufgebotsverfahren.

Unter dem gerichtlichen Aufgebot ist eine gerichtliche öffentliche Aufforderung zur Anmeldung von Ansprüchen oder Rechten zu verstehen, unter der Androhung, daß bei nicht erfolgender Anmeldung Rechtsnachteile zu gewärtigen sind. Ein solches Aufgebot ist nur in den durch Reichs- oder Landesgesetz bestimmten Fällen zulässig. Mit dem Aufgebotsverfahren können die verschiedensten Zwecke verfolgt werden. Die Zivilprozeßordnung regelt die Hauptfälle, z. B. das Aufgebotsverfahren zum Zweck der Todeserklärung, zum Zweck der Ausschließung eines Grundstückseigentümers u. a. Von größerer Bedeutung für die Genossenschaften ist höchstens das Aufgebotsverfahren zum Zwecke der Kraftloserklärung von Urkunden, welche für die Genossenschaften beim Abhandenkommen von Urkunden von Wichtigkeit werden kann. Aber auch hier wird sehr häufig das umständliche Aufgebotsverfahren unnötig sein, insoweit die in Verlust geratene Urkunde ein sogenanntes qualifiziertes Legitimationspapier im Sinne des § 808 BGB. ist, wie z. B. das Sparkassenbuch einer Kreditgenossenschaft, das in seinen Bestimmungen der Mustersparordnung (Musterformulare S. 10 § 10) entspricht (vergl. oben S. 53).

Im allgemeinen ist über das Aufgebotsverfahren (§ 946 ZPO.) zu bemerken:

Sachlich zuständig ist das Amtsgericht. Das Aufgebot wird vom Gericht nach Maßgabe der gesetzlichen Vorschriften öffentlich bekannt gemacht; es wird darin ein auf mindestens 6 Wochen hinaus anberaumter Aufgebotstermin festgesetzt. Erfolgt vor oder im Aufgebotstermin keine Anmeldung, so wird auf Antrag des Antragstellers das Ausschlußurteil verkündet, durch welches die Rechtsnachteile der Nichtanmeldung ausgesprochen werden. Erfolgt jedoch rechtzeitig eine Anmeldung, so wird im Aufgebotsverfahren über die Berechtigung des angemeldeten Anspruchs selbst nicht entschieden, sondern entweder das Aufgebotsverfahren bis zur rechtskräftigen Entscheidung über das angemeldete Recht ausgesetzt oder das Ausschlußurteil unter Vorbehalt des angemeldeten Rechts erlassen. Ein Rechtsmittel gibt es gegen das Ausschlußurteil nicht; es kann jedoch aus bestimmten Gründen (z. B.

weil die Verfahrensvorschriften nicht gewahrt sind, weil das Aufgebotsverfahren überhaupt nicht zulässig war ꝛc.) im Wege der Klage gegen den Antragsteller, die binnen einer vom Tage der Kenntnis des Ausschlußurteils laufenden Notfrist von einem Monat — spätestens aber binnen 10 Jahren seit Verkündung des Ausschlußurteils — zu erheben ist, beim übergeordneten Landgericht angefochten werden (§ 957 ZPO.).

Für die Kraftloserklärung von Urkunden gelten kurz folgende besondere Vorschriften (§§ 1003 ff. ZPO.):

Das Aufgebotsverfahren kann beim Verlust solcher Urkunden beantragt werden, für welche nach Reichs- oder Landesrecht das Aufgebotsverfahren zugelassen ist. Zu diesen Urkunden gehören hauptsächlich: die Wechsel, Hypotheken-, Grundschuld- und Rentenschuldbriefe, Aktien, kaufmännischen Anweisungen oder Verpflichtungsscheine im Sinne des § 363 HGB., Reichsschuldverschreibungen auf den Inhaber, Reichsschatzanweisungen, Reichsbankanteilscheine u. a. m.. Ausgeschlossen von der Kraftloserklärung im Aufgebotsverfahren sind die nach dem 1. Januar 1900 ausgegebenen Zins-, Renten- und Gewinnanteilscheine, sowie die auf Sicht zahlbaren, unverzinslichen Schuldverschreibungen (z. B. Banknoten). Bei Papieren, welche auf den Inhaber lauten, oder welche durch Indossament übertragen werden können und mit einem Blankoindossament versehen sind, ist der bisherige Inhaber des abhanden gekommenen Papiers zum Antrag berechtigt, bei anderen Urkunden derjenige, der das Recht aus der Urkunde geltend machen kann.

Für das Aufgebotsverfahren ist das Amtsgericht des Orts zuständig, welchen die Urkunde als Erfüllungsort bezeichnet. Der Antragsteller muß entweder eine Abschrift der verlorenen Urkunde beibringen, oder alle Merkmale angeben, die zu ihrer Erkennbarkeit nötig sind. Er muß ferner den Verlust der Urkunde sowie diejenigen Tatsachen, von welchen seine Berechtigung, das Aufgebotsverfahren zu beantragen, abhängt, glaubhaft machen und sich zur Versicherung der Wahrheit seiner Angaben an Eidesstatt erbieten. Die Aufgebotsfrist beträgt 6 Monate, im Ausschlußurteil wird die Urkunde für kraftlos erklärt. Derjenige, welcher das Urteil erwirkt hat, ist dem aus der Urkunde Verpflichteten gegenüber berechtigt, nunmehr die Rechte aus der Urkunde geltend zu machen, wie wenn er zur Vorlegung der Urkunde imstande wäre.

Wenn durch das Aufgebotsverfahren die Kraftloserklärung eines auf den Inhaber lautenden Papiers bezweckt wird, hat das Gericht auf Antrag auch die sogenannte Zahlungssperre zu erlassen, d. h. es wird dem Aussteller der Urkunde, sowie den in der Urkunde genannten Zahlstellen verboten, an den Inhaber des Papiers eine Leistung zu bewirken, insbesondere neue Zinsscheine und Kupons auszugeben.

§ 94.
Schiedsrichterliches Verfahren.

Streitende Parteien können, anstatt im ordentlichen Prozeßverfahren als Kläger und Beklagter sich gegenüberzutreten, vereinbaren, daß ihr Rechtsstreit durch einen oder mehrere Schiedsrichter entschieden werden solle (§§ 1025 ff. ZPO.).

Der Abschluß eines Schiedsvertrags ist nur dann zulässig, wenn die Parteien berechtigt sein würden, über den Gegenstand des Streites einen Vergleich abzuschließen. Es muß also objektiv über den Streitgegenstand überhaupt ein Vergleich abschließbar sein, und subjektiv müssen die den Schiedsvertrag Schließenden befugt sein, über den Gegenstand des Rechtsstreits im Vergleichswege zu verfügen. Einer schriftlichen Abfassung des Schiedsvertrags bedarf es nicht; im Zweifelfall ernennt jede Partei einen Schiedsrichter. Jeder Schiedsrichter kann aus denselben Gründen wie ein ordentlicher Richter abgelehnt werden. Die Schiedsrichter können die Parteien über den Streitgegenstand hören, sie können zur Aufklärung des Sachverhalts Zeugen und Sachverständige vernehmen, ohne jedoch einen Zwang zum Erscheinen der Zeugen und Sachverständigen ausüben zu dürfen, und ohne befugt zu sein, ihnen den Eid abzunehmen. Nach Klärung der Sachlage fällen die Schiedsrichter den von ihnen zu unterzeichnenden Schiedsspruch, stellen ihnen den Parteien zu und legen ihn unter Beifügung der Zustellungsurkunden auf der Gerichtsschreiberei des zuständigen Gerichts nieder, d. h. bei dem Gericht, das im Schiedsvertrag bezeichnet ist oder mangels einer solchen Bestimmung für die gerichtliche Geltendmachung des Anspuchs zuständig sein würde. Der ordnungsmäßig zugestellte Schiedsspruch hat unter den Parteien die gleiche Wirkung wie ein rechtskräftiges gerichtliches Urteil. Im Wege der Klage kann jedoch aus gewissen, in § 1041 ZPO. angegebenen formellen Gründen seine Aufhebung herbeigeführt werden, insbesondere wenn das Schiedsverfahren unzulässig war, eine Partei nicht nach Vorschrift der Gesetze vertreten war, der Schiedsspruch nicht mit Gründen versehen ist u. a. m. Die Klage auf Aufhebung ist an keine Frist gebunden.

Eine Zwangsvollstreckung aus dem Schiedsspruch findet aber nur dann statt, wenn die Zulässigkeit der Zwangsvollstreckung durch ein Vollstreckungsurteil des Gerichts (§ 1042 ZPO.) ausgesprochen ist, welches durch Klage bei dem zuständigen Gericht zu beantragen ist.

Dritter Teil: Zwangsvollstreckung.

I. Einleitung.

§ 95.

Ein sehr wichtiges Stadium des Verfahrens ist das Zwangsvollstreckungsverfahren (§§ 704ff. ZPO.); denn durch die Zwangsvollstreckung soll die Realisierung der Ansprüche erfolgen, deren Rechtsgültigkeit festgestellt ist.

Der Grundsatz des unmittelbaren Prozeßbetriebes durch die Parteien gilt auch für die Zwangsvollstreckung. Die Zwangsvollstreckung wird daher grundsätzlich — von einigen später zu erörternden Ausnahmen, in denen das Gericht selbst tätig wird, abgesehen — nicht vom Gericht durchgeführt, sondern durch die im Auftrage der Parteien handelnden Gerichtsvollzieher. Dieselben können auch durch Vermittlung des Gerichtsschreibers tätig werden und zwar des Gerichtsschreibers des Vollstreckungsgerichts. Soweit nämlich die Zwangsvollstreckung durch Vermittlung oder Mitwirkung des Gerichts erfolgt, ist nicht das Prozeßgericht sondern das Vollstreckungsgericht zuständig, d. h. im Regelfall dasjenige Amtsgericht, in dessen Bezirk das Vollstreckungsverfahren stattzufinden hat. Die Entscheidungen dieses Vollstreckungsgerichts können ohne vorgängige mündliche Verhandlung erfolgen. Sie sind wie alle derartigen richterlichen Entscheidungen im Zwangsvollstreckungsverfahren mit der sofortigen Beschwerde anfechtbar.

Der Auftrag an den Gerichtsvollzieher zur Vornahme der Zwangsvollstreckung ist nur dann wirksam, wenn ihm eine vollstreckbare

Ausfertigung des Schuldtitels übergeben ist, auf Grund deren die Zwangsvollstreckung vorgenommen werden soll. Die Ausfertigung wird dadurch „vollstreckbar“, daß die sog. Vollstreckungsklausel („Vorstehende Ausfertigung wird dem ...... zum Zwecke der Zwangsvollstreckung erteilt“) auf den Schuldtitel gesetzt wird (durch den Gerichtsschreiber bezw. Notar, eventuell nur auf richterliche Anordnung, vergl. §§ 724—734, 795, 797 ZPO.). Vollstreckungsbefehle im Mahnverfahren bedürfen der Vollstreckungsklausel nur, wenn gegen einen anderen Schuldner oder für einen anderen Gläubiger vollstreckt werden soll (§ 796 ZPO.); das Gleiche gilt für Arrestbefehle (s. unten § 105 S. 267).

Durch den Besitz der vollstreckbaren Ausfertigung ist der Gerichtsvollzieher dem Schuldner gegenüber genügend legitimiert. Die Zwangsvollstreckung, über die ein Protokoll aufzunehmen ist, darf vom Gerichtsvollzieher ohne besondere gerichtliche Ermächtigung nur Werktags vorgenommen werden. Sie ist unter Umständen unter Anwendung von Zwangsmitteln durchzuführen, insbesondere ist der Gerichtsvollzieher berechtigt, verschlossene Türen und Behältnisse zu öffnen, und er darf auch nötigenfalls die Unterstützung der Polizei anrufen, wenn er Widerstand findet (§§ 758, 759 ZPO.).

II. Voraussetzungen der Zwangsvollstreckung.

§ 96.

Die wichtigste Voraussetzung für die Zwangsvollstreckung ist, daß dem Gläubiger gegen den Schuldner ein vollstreckbarer Schuldtitel zusteht. Vollstreckbare Schuldtitel sind nach der Zivilprozeßordnung die folgenden (§§ 704, 794 ZPO.):

1. die rechtskräftigen oder für vorläufig vollstreckbar erklärten Endurteile;

2. die nach Erhebung der Klage geschlossenen Vergleiche;

3. die Vergleiche im Sühneverfahren (§ 510 ZPO., s. oben § 85 S. 229);

4. die Entscheidungen, gegen welche das Rechtsmittel der Beschwerde stattfindet;

5. die Vollstreckungsbefehle;

6. die Urkunden, welche vor Gericht oder vor dem Notar innerhalb der Grenzen seiner Amtsbefugnisse in der vorgeschriebenen Form aufgenommen sind, sofern die Urkunde über einen Anspruch errichtet ist, welcher die Zahlung einer bestimmten Geldsumme oder die Leistung einer bestimmten Quantität anderer vertretbarer Sachen oder Wertpapiere zum Gegenstand hat, und der Schuldner sich in der Urkunde der sofortigen Zwangsvollstreckung unterworfen hat. Der Anspruch aus einer Hypothek, Grund- oder Rentenschuld wird dem Anspruch auf Zahlung einer Geldsumme gleichgeachtet.

Was insbesondere die vorläufig vollstreckbaren Endurteile angeht, so erfolgt die Erklärung der vorläufigen Vollstreckbarkeit im Prinzip nur auf Antrag des Gläubigers und zwar nur dann, wenn er entweder glaubhaft macht, daß ihm die Aussetzung der Vollstreckung einen schwer zu ersetzenden oder schwer zu ermittelnden Nachteil bringen würde, oder wenn er sich vor der Vollstreckung zur Leistung von Sicherheit erbietet (§ 710 ZPO.). Ohne diese Voraussetzungen sind Urteile auf Antrag für vorläufig vollstreckbar zu erklären im Amtsgerichtsprozeß bei den Klagen über einen vermögensrechtlichen Anspruch von höchstens 300 M., sowie bei den dem Amtsgericht nach § 23 GVG. ohne Rücksicht auf die Höhe des Streitgegenstandes zugewiesenen Klagen zwischen Vermieter und Mieter, zwischen Dienstherrschaften und Gesinde 2c., § 709 ZPO. (vergl. oben § 77 S. 212). Urteile der Oberlandesgerichte sind auf Antrag auch ohne Sicherheitsleistung für vorläufig vollstreckbar zu erklären, wenn nach dem Ermessen des Gerichts unzweifelhaft die Voraussetzungen der Zulässigkeit der Revision nicht vorliegen. Endlich müssen gewisse Urteile auch ohne Antrag für vorläufig vollstreckbar erklärt werden, nämlich insbesondere die Anerkenntnisurteile, die Versäumnisurteile des Revisionsgerichts bezw. die zweiten und ferneren in derselben Instanz erlassenen Versäumnisurteile, die Urteile im Urkunden- und Wechselprozeß und die Urteile, durch welche Arreste oder einstweilige Verfügungen aufgehoben werden (§ 708 ZPO.).

In sämtlichen Fällen kann das Gericht auf Antrag des Schuldners die vorläufige Vollstreckbarkeit von einer vorgängigen Sicherheitsleistung des Gläubigers abhängig machen. Erbietet sich der Schuldner, Sicherheit zu leisten, so hat das Gericht auf seinen Antrag auszusprechen, daß die Vollstreckung durch Sicherheitsleistung abgewendet werde, es sei denn, daß der Gläubiger sich erbietet, vor der Vollstreckung die Sicherheit zu leisten. Macht der Schuldner glaubhaft, daß die Vollstreckung ihm einen nicht zu ersetzenden Nachteil bringen würde, so ist in keinem der obengenannten Fälle der §§ 708, 709 und 710 ZPO. die vorläufige Vollstreckbarkeit auszusprechen (§ 712 ZPO.).

Bei der Klage auf Räumung einer Wohnung kann das Gericht dem Schuldner auf Antrag im Urteil eine angemessene Frist zur Räumung gewähren (§ 721 ZPO.).

Wird gegen das für vorläufig vollstreckbar erklärte Urteil ein Rechtsmittel eingelegt, und das nunmehr ergehende Urteil trifft in der Hauptsache oder in der Vollstreckbarkeitserklärung eine andere Entscheidung als die erste Instanz, so tritt die vorläufige Vollstreckbarkeit insoweit außer Kraft. Hat inzwischen aus dem erstinstanzlichen für vorläufig vollstreckbar erklärten Urteil die Vollstreckung stattgefunden, oder hat der Schuldner zur Abwendung der Vollstreckung Sicherheit geleistet, so ist der Kläger dem Beklagten gegenüber zum Ersatz des Schadens verpflichtet; der Beklagte kann diesen Schaden in dem anhängigen Rechtsstreit selbst geltend machen (§ 717 ZPO.).

Der zur Zwangsvollstreckung erforderliche vollstreckbare Schuldtitel muß genau die Namen des Gläubigers und Schuldners angeben. Der Schuldtitel muß bereits vor oder spätestens gleichzeitig mit Beginn der Zwangsvollstreckung zugestellt werden (§ 750 ZPO.). Aus Kostenfestsetzungsbeschlüssen und aus gerichtlichen oder notariellen Urkunden, in denen sich der Schuldner der sofortigen Zwangsvollstreckung unterworfen hat (§ 794 Nr. 5 ZPO.), darf die Zwangsvollstreckung nur beginnen, wenn der Schuldtitel mindestens einen Tag vorher zugestellt worden ist (§ 798 ZPO.). Wenn die Geltendmachung des Anspruchs von dem Eintritt eines Kalendertags abhängig ist, darf die Vollstreckung erst nach Ablauf dieses Tags beginnen. Hängt die Vollstreckung von einer dem Gläubiger obliegenden Sicherheitsleistung ab, so darf mit der Zwangsvollstreckung erst begonnen werden, wenn die erfolgte Sicherheitsleistung durch eine öffentliche oder öffentlich beglaubigte Urkunde nachgewiesen ist und eine Abschrift dieser Urkunde dem Schuldner zugestellt ist oder gleichzeitig zugestellt wird (§ 751 ZPO.). Haben Gläubiger und Schuldner sich gegenseitig Zug um Zug zu leisten, so darf der Gläubiger die Zwangsvollstreckung erst dann beginnen lassen, wenn er die ihm obliegende Leistung in einer Weise angeboten hat, daß der Schuldner in Annahmeverzug kommt; hat der Gläubiger den Schuldner bereits befriedigt, oder ist der Schuldner im Verzug der Annahme, so muß der Gläubiger den Beweis hierfür durch öffentliche oder öffentlich beglaubigte Urkunden führen und eine Abschrift dieser Urkunde spätestens gleichzeitig mit dem Beginn der Vollstreckung zustellen lassen (§ 756 ZPO.). Ist der Schuldner nach Beginn der Zwangsvollstreckung gestorben, so wird die Vollstreckung in seinen Nachlaß fortgesetzt; ist er vor der Zwangsvollstreckung gestorben, so ist, solange der Erbe die Erbschaft nicht angenommen hat, die Vollstreckung nur in den Nachlaß gegeben, nicht aber gegen den Erben (§ 778 ZPO.). Wenn der Erbe die Erbschaft aber angenommen hat, kann auf Antrag des Gläubigers eine vollstreckbare Ausfertigung des ergangenen Urteils gegen den Erben erteilt werden, wenn durch öffentliche oder öffentlich beglaubigte Urkunden die Erbfolge nachgewiesen wird; dann ist die Vollstreckung auch gegen den Erben zulässig.

III. Einwendungen im Zwangsvollstreckungsverfahren. Einstellung und Einschränkung der Zwangsvollstreckung.

§ 97.

Über Anträge, Einwendungen und Erinnerungen gegen die Art und Weise der Vollstreckung oder das hierbei vom Gerichtsvollzieher zu beobachtende Verfahren entscheidet das Vollstreckungsgericht, welches vor seiner endgültigen Entscheidung einstweilige Anordnungen erlassen und die Zwangsvollstreckung einstweilig einstellen kann. Solche Einwendungen jedoch, welche den durch das Urteil festgesetzten Anspruch selbst betreffen (z. B. der Einwand, der Gläubiger sei bereits befriedigt, habe die Zahlung gestundet u. dergl.), müssen beim Prozeßgericht erster Instanz im Klagewege geltend gemacht werden. Ist der der Vollstreckung zu Grunde liegende Vollstreckungstitel ein Urteil, so sind solche Einwendungen überhaupt nur zulässig, wenn die Gründe, auf denen die Einwendungen beruhen, erst nach Schluß derjenigen mündlichen Verhandlung, in der die Einwendungen spätestens hätten geltend gemacht werden können, entstanden sind (wenn also z. B. der

Schuldner nach Erlaß des Urteils an den Gläubiger gezahlt hat). Liegt ein Vollstreckungsbefehl als Schuldtitel zu Grunde, so darf der Grund zu der Einwendung erst nach Zustellung des Vollstreckungsbefehls entstanden sein (§§ 766, 767 ZPO.).

Das Prozeßgericht kann bei genügender Glaubhaftmachung der vom Schuldner geltend gemachten Gründe die Zwangsvollstreckung einstellen bezw. die Fortsetzung der Vollstreckung von Sicherheitsleistung abhängig machen; in dringenden Fällen kann auch das Vollstreckungsgericht eine solche Anordnung erlassen, wobei es jedoch eine Frist setzen muß, innerhalb welcher der Schuldner die Entscheidung des Prozeßgerichts beizubringen hat, widrigenfalls die Zwangsvollstreckung wieder in Lauf gesetzt wird (§ 769 ZPO.).

Im Wege der Klage kann auch ein Dritter Widerspruch gegen die Zwangsvollstreckung erheben, wenn er behauptet, daß ihm an dem Gegenstande der Zwangsvollstreckung ein die Veräußerung hinderndes Recht, z. B. Eigentum, zustehe (sog. Interventionsklage). Die Klage muß bei dem sachlich zuständigen Gericht erhoben werden, in dessen Bezirk die Zwangsvollstreckung erfolgt (§ 771 ZPO.).

Der Gerichtsvollzieher muß, da seine Tätigkeit von der Auftragerteilung des Gläubigers abhängt, auf entsprechende Aufforderung des Gläubigers auch die Zwangsvollstreckung einstellen oder einschränken. Einwendungen des Schuldners oder eines Dritten hat er grundsätzlich unbeachtet zu lassen. Er muß jedoch mit der Zwangsvollstreckung innehalten, wenn ihm die Aufhebung des der Vollstreckung zu Grunde liegenden Urteils bezw. die Aufhebung der Vollstreckbarkeit, die zur Abwendung der Vollstreckung erfolgte Sicherheitsleistung oder ein Schulderlaß bezw. eine Stundungsbewilligung des Gläubigers urkundlich nachgewiesen wird; ebenso, wenn der Schuldner durch Postquittung nachweist, daß er nach Erlaß des Urteils den fraglichen Betrag an den Gläubiger abgesandt hat (§ 775 ZPO.).

Hat der Gläubiger eine bewegliche Sache des Schuldners im Besitz, in Ansehung deren ihm ein Pfandrecht oder Zurückhaltungsrecht für seine Forderung zusteht, so kann der Schuldner der Zwangsvollstreckung in sein übriges Vermögen durch Einwendung beim Vollstreckungsgericht widersprechen, soweit die Forderung durch den Wert der Sache gedeckt ist (§ 777 ZPO., vergl. auch oben § 28 S. 83). Für die Kreditgenossenschaften dürfte es sich empfehlen, von dem Mitglied, das zur Sicherung für gewährten Kredit z. B. Wertpapiere verpfändet hat, den Verzicht auf dieses Recht aus § 777 ZPO. zu fordern [1]).

IV. Verschiedene Arten der Zwangsvollstreckung.

A. Einleitung.

§ 98.

Die Verschiedenheit der Arten und des Inhalts der zu vollstreckenden Ansprüche erfordert auch eine Verschiedenheit in der Art und Weise der Zwangsvollstreckung. Hat der Schuldner einen bestimmten Geldbetrag zu leisten, so muß sich die Zwangsvollstreckung gegen das bare Geld des Schuldners oder, wenn er solches nicht hat, gegen andere Vermögensstücke richten, die in Geld umgesetzt werden können. Die Art und Weise der Zwangsvollstreckung ist hierbei verschieden, je nachdem es sich um die Vollstreckung in bewegliches oder unbewegliches Vermögen handelt. Ist der Schuldner verurteilt, eine bestimmte Sache herauszugeben, so muß durch die Zwangsvollstreckung die Sache dem Schuldner zwangsweise weggenommen werden. Soll mit der Vollstreckung ein Erfolg herbeigeführt werden (z. B. der Schuldner hat ein Bauwerk zu errichten oder einen Zaun, der den Weg des Nachbars versperrt, zu entfernen), so muß die Vollstreckung in der Weise erfolgen, daß der Gläubiger ermächtigt wird, den Erfolg entweder selbst herbeizuführen oder durch einen Dritten bewerkstelligen zu lassen, es sei denn, daß überhaupt nur der Schuldner imstande ist, den Erfolg herbeizuführen (z. B. der Schuldner ist Vormund des Gläubigers und legt keine Vormundschaftsrechnung). In solchen Fällen müssen Geld- oder Freiheitsstrafen zur Erzwingung der Handlung gegen den Schuldner eintreten.

Bemerkt sei hierzu, daß durch § 15 EG. z. ZPO. aufrecht erhalten sind: die landesgesetzlichen Vorschriften über die Zwangsvollstreckung wegen Geldforderungen gegen den Fiskus, eine Körperschaft, Stiftung oder Anstalt des öffentlichen Rechtes oder eine unter der Verwaltung einer öffentlichen Behörde stehende Körperschaft oder Stiftung.

---

1) Vergl. Musterformulare S. 30 Formular 32.

B. Zwangsvollstreckung wegen Geldforderungen.

a) Zwangsvollstreckung in bewegliches Vermögen.

§ 99.

Allgemeines.

Voraus bemerkt sei, daß die im Schiffsregister eingetragenen Schiffe hinsichtlich der Zwangsvollstreckung nicht zum beweglichen, sondern zum unbeweglichen Vermögen gerechnet werden.

Die Zwangsvollstreckung in das bewegliche Vermögen des Schuldners erfolgt durch Pfändung. Dieselbe darf nicht weiter ausgedehnt werden, als zur Befriedigung des Gläubigers und zur Deckung der Vollstreckungskosten erforderlich ist, und muß unterbleiben, wenn zu erwarten ist, daß nur die Vollstreckungskosten gedeckt werden. Durch die Pfändung erwirkt der Gläubiger ein Pfandrecht an dem Gegenstand, das ihm im Verhältnisse zu anderen Gläubigern dieselben Rechte wie ein durch Vertrag erworbenes Faustpfandrecht gewährt. Haben mehrere Gläubiger denselben Gegenstand pfänden lassen, so hat derjenige das bessere Pfandrecht, der zuerst pfänden ließ. Hat ein Dritter, der nicht im Besitz des Pfandgegenstands ist, an dem Pfandgegenstand ein vorgehendes Pfand- oder Vorzugsrecht, so kann er der Pfändung zwar nicht widersprechen, er kann aber bei dem Vollstreckungsgericht oder — falls das Amtsgericht nicht sachlich zuständig ist — beim übergeordneten Landgericht Klage auf vorzugsweise Befriedigung aus dem Erlöse erheben (§ 805 ZPO.), und zwar ohne Rücksicht darauf, ob seine Forderung fällig ist oder nicht. Wenn der Pfandgegenstand auf Grund der Pfändung veräußert wird, hat der Erwerber weder gegen den Gläubiger noch gegen den Schuldner einen Anspruch auf Gewährleistung wegen Mängel im Recht oder wegen Mängel der veräußerten Sache (§ 806 ZPO.).

Ist der Gläubiger durch die Zwangsvollstreckung nicht vollkommen befriedigt worden, so ist der Schuldner auf Antrag des Gläubigers verpflichtet, vor Gericht ein Vermögensverzeichnis vorzulegen und die Richtigkeit desselben zu beschwören (Offenbarungseid, § 807 ZPO.; s. unten § 104 S. 265).

§ 100.

Zwangsvollstreckung in körperliche Sachen.

Bewegliche körperliche Sachen, die im Gewahrsam des Schuldners oder eines zur Herausgabe bereiten Dritten sich befinden, werden in der Weise gepfändet, daß sie der Gerichtsvollzieher in Besitz nimmt, sie aber, nachdem er die Pfändung durch Anlegung von Siegeln oder auf andere Weise kenntlich gemacht hat, im Gewahrsam des Schuldners beläßt, sofern nicht etwa hierdurch die Befriedigung der Gläubiger gefährdet wird. Geld, Kostbarkeiten und Wertpapiere müssen stets aus dem Gewahrsam des Schuldners entfernt werden (§§ 808, 809 ZPO.).

Nicht alle beweglichen Sachen können gepfändet werden. Das Gesetz will vorbeugen, daß der Schuldner infolge der Pfändung der Not preisgegeben wird und seiner Erwerbstätigkeit nicht mehr nachgehen kann. In dieser Erwägung bestimmt § 811 ZPO. den Kreis der unpfändbaren Sachen. Es sind dies insbesondere: die für einen angemessenen Hausstand unentbehrlichen Kleidungsstücke, Betten, Wäsche, Haus- und Küchengerät, Nahrungs-, Feuerungs- und Beleuchtungsmittel; bei Personen, die Landwirtschaft betreiben, das zum Wirtschaftsbetriebe erforderliche Gerät und Vieh; bei Künstlern, Handwerkern und gewerblichen Arbeitern, Beamten, Geistlichen, Lehrern, Rechtsanwälten und Notaren die zur persönlichen Fortsetzung ihrer Erwerbstätigkeit unentbehrlichen Gegenstände u. a. m.

Gegenstände, die zum gewöhnlichen Hausrate gehören und im Haushalt des Schuldners gebraucht werden, sollen nicht gepfändet werden, wenn ohne weiteres ersichtlich ist, daß durch deren Verwertung nur ein Erlös erzielt werden würde, welcher zu dem Werte außer allem Verhältnisse steht. Früchte auf dem Halm können gepfändet werden, solange nicht die Beschlagnahme des Grundstücks im Wege der Zwangsvollstreckung erfolgt ist und die Früchte von dieser Beschlagnahme mit ergriffen worden sind; die Pfändung darf jedoch frühestens einen Monat vor der gewöhnlichen Reife erfolgen (§§ 812, 810 ZPO.).

Hat der Gerichtsvollzieher Geld gepfändet, so muß er es an den Gläubiger abliefern, es sei denn, daß ihm das Recht eines Dritten an dem Geld glaubhaft gemacht wird; in diesem Falle wird das Geld hinterlegt. Alle anderen verpfändeten beweglichen Sachen werden vom

Gerichtsvollzieher — nachdem er den Wert gepfändeter Kostbarkeiten vorher von einem Sachverständigen hat abschätzen lassen — öffentlich an den Meistbietenden versteigert. Gepfändete Wertpapiere, die einen Börsen- oder Marktpreis haben, müssen vom Gerichtsvollzieher aus freier Hand zum Tagespreis verkauft werden. Die Versteigerung gepfändeter Früchte auf dem Halm darf erst nach eingetretener Reife erfolgen (§§ 814ff. ZPO.).

Bereits gepfändete Sachen können nochmals für einen anderen Gläubiger gepfändet werden (sogenannte Anschlußpfändung, § 826 ZPO.).

Ist der Erlös der mehrfach gepfändeten Sachen zur Deckung der Forderungen nicht ausreichend, und verlangt der Gläubiger, für welchen die zweite oder spätere Pfändung erfolgt ist, ohne Zustimmung der übrigen beteiligten Gläubiger eine andere Verteilung, als nach der Reihenfolge der Pfändungen, so hat der Gerichtsvollzieher den Erlös zu hinterlegen und die Sachlage dem Vollstreckungsgericht mitzuteilen; es wird dann das sogenannte Verteilungsverfahren eingeleitet (s. unten § 102 S. 262). Das gleiche gilt, wenn die Pfändung gleichzeitig für mehrere Gläubiger bewirkt wird.

§ 101.
Zwangsvollstreckung in Forderungen und andere (unkörperliche) Vermögensstücke.

Hier erfolgt die Zwangsvollstreckung unter umfangreicher Mitwirkung des Gerichts und zwar des Vollstreckungsgerichts, d. h. in diesem Falle desjenigen Amtsgerichts, bei welchem der Schuldner im Deutschen Reich seinen allgemeinen Gerichtsstand hat, oder — in Ermangelung eines solchen — des Amtsgerichts, in dessen Bezirk sich Vermögen des Schuldners befindet und wo daher wegen vermögensrechtlicher Ansprüche Klage gegen den Schuldner erhoben werden kann (§ 828 ZPO.).

1. Zwangsvollstreckung in Geldforderungen.

Beantragt der Gläubiger (schriftlich oder zu Protokoll des Gerichtsschreibers) eine Geldforderung des Schuldners zu pfänden, so muß er seinen Vollstreckungstitel vorlegen und die zu pfändende Forderung bezeichnen. Das Gericht erläßt dann, ohne den Schuldner vorher zu hören, einen Beschluß, in welchem es dem Schuldner des Schuldners (dem sog. Drittschuldner) verbietet, an den Schuldner zu zahlen, und gleichzeitig den Schuldner anweist, sich jeder Verfügung über die Forderung, insbesondere ihrer Einziehung, zu enthalten. Diesen Pfändungsbeschluß muß der Gläubiger dem Drittschuldner und dem Schuldner zustellen lassen; mit der Zustellung an den Drittschuldner gilt die Pfändung der Forderung als bewirkt (§ 829 ZPO.). Auf Antrag des Gläubigers kann mit diesem Pfändungsbeschluß gleichzeitig der sog. Überweisungsbeschluß verbunden werden, in dem vom Gericht ausgesprochen wird, daß die gepfändete Forderung dem Gläubiger überwiesen wird, und zwar nach Wahl des Gläubigers „zur Einziehung" oder „an Zahlungsstatt zum Nennwert". Im ersteren Falle, der für den Gläubiger günstiger ist, wird die Forderung des Gläubigers nur insoweit getilgt, als er durch die Einziehung der gepfändeten Forderung befriedigt wird, so daß ihm also eine etwaige Nichtrealisierbarkeit der Forderung nicht schadet. Im zweiten Falle geht dagegen die Forderung mit der Wirkung auf ihn über, daß er, soweit die Forderung besteht, wegen seiner Forderung an den Schuldner für befriedigt gilt; die Überweisung an Zahlungsstatt hat also vollkommen die Wirkung einer Abtretung der Forderung (§ 835 ZPO.).

Zur Pfändung einer Forderung, für welche eine Hypothek besteht, ist außer dem Pfändungsbeschluß die Übergabe des Hypothekenbriefs an den Gläubiger erforderlich; der Gerichtsvollzieher hat den Brief zwecks Ablieferung an den Gläubiger beim Schuldner wegzunehmen. War kein Hypothekenbrief erteilt, so ist die Eintragung der Pfändung in das Grundbuch erforderlich, die auf Grund des Pfändungsbeschlusses erfolgt (§ 830 ZPO.).

Forderungen aus Wechseln und anderen Papieren, welche durch Indossament übertragen werden können, werden wie körperliche Gegenstände gepfändet, also einfach durch Wegnahme durch den Gerichtsvollzieher.

Wird die Überweisung einer gepfändeten Forderung, für welche eine Hypothek besteht, beantragt, so genügt lediglich die Aushändigung des Überweisungsbeschlusses an den Pfandgläubiger. Die Pfändung muß aber vorher erfolgt sein. Wird deshalb, wie dies häufig geschieht, gleich=

zeitig die Pfändung und Überweisung der Hypothekenforderung beantragt und vom Gericht auch ausgesprochen, so bleibt die Wirkung der Übergabe des Überweisungsbeschlusses an den Pfandgläubiger so lange in der Schwebe, bis die Pfändung vollendet ist, also bis der Brief vom Gerichtsvollzieher weggenommen bezw. die Eintragung der Pfändung der Buchhypothek erfolgt ist (§ 837 ZPO.).

Für die sog. Höchstbetragshypothek (Kautions-, Maximalhypothek, § 1190 BGB.) gilt — da hier ausnahmsweise die zu Grunde liegende Forderung ohne die Hypothek abgetreten werden kann — die Besonderheit, daß die Hauptforderung nach den allgemeinen Vorschriften gepfändet und überwiesen werden kann, wenn der Gläubiger Überweisung der Forderung ohne die Hypothek an Zahlungsstatt beantragt (§ 837 Abs. 3 ZPO.).

Auf Verlangen des Gläubigers muß — bei Vermeidung der Verpflichtung zum Ersatz etwaigen Schadens — der Drittschuldner, falls er bei Zustellung des Pfändungsbeschlusses hierzu aufgefordert wird, binnen 2 Wochen nach der Zustellung dem Gläubiger erklären, ob er die Forderung anerkennt und zahlen will und ob andere Personen Ansprüche an die Forderung erheben, insbesondere ob die Forderung bereits gepfändet ist (§ 840 ZPO.).

Wenn der Gläubiger die ihm überwiesene Forderung gegen den Drittschuldner einklagt, so ist er nach § 841 ZPO. verpflichtet, dem Schuldner (also dem Gläubiger des Drittschuldners) den Streit zu verkünden (s. oben § 76 S. 211). Auch schon vor der Pfändung kann der Gläubiger den Drittschuldner und den Schuldner von der bevorstehenden Pfändung benachrichtigen (durch Zustellung). Diese Benachrichtigung hat die Wirkung, daß der Drittschuldner an den Schuldner nicht mehr zahlen und der Schuldner über seine Forderung nicht mehr verfügen darf. Erfolgt aber innerhalb von 3 Wochen nicht die ordnungsmäßige Pfändung der Forderung, dann erlöschen diese Wirkungen (§ 845 ZPO.).

Forderungen, die nicht übertragbar sind, können auch nicht gepfändet werden. Solche Forderungen, die deswegen nicht übertragbar sind, weil die Leistung an einen anderen als den ursprünglichen Gläubiger nicht ohne Veränderung ihres Inhalts möglich ist (§ 339 BGB., z. B. Altenteilsforderungen) können insoweit gepfändet und zur Einziehung überwiesen werden, als der geschuldete Gegenstand der Pfändung unterworfen ist (also z. B. bei den Altenteilsforderungen die Geldleistung, sofern diese nicht etwa wegen Unentbehrlichkeit unpfändbar sein sollte). Der Pflichtteilsanspruch ist nur dann, wenn er durch Vertrag anerkannt oder rechtshängig geworden ist, der Pfändung unterworfen.

Unpfändbar sind eine größere Anzahl von Forderungen, die in § 850 ZPO. aufgezählt sind. Die wichtigsten hiervon sind folgende:

1. der Arbeits- oder Dienstlohn der im Privatdienst angestellten Personen (also auch der Angestellten einer Genossenschaft), insoweit er den Betrag von jährlich 1500 M nicht übersteigt (für den überschießenden Betrag ist die Pfändung zulässig);

2. die auf gesetzlicher Vorschrift beruhenden Alimentenforderungen;

3. die aus Kranken-, Hilfs- und Sterbekassen zu beziehenden Beträge;

4. der Sold und die Invalidenpensionen der Unteroffiziere und Soldaten.

Die Pensionen der Witwen und Waisen, die Erziehungsgelder und Studienstipendien, sowie die Pensionen invalider Arbeiter, ferner das Diensteinkommen der Offiziere und Militärärzte, der Beamten, der Geistlichen, sowie der Ärzte und Lehrer an öffentlichen Anstalten und endlich die Pensionen dieser Personen sind (abgesehen von einigen hier nicht interessierenden Fällen) nur zu $1/3$ des über den Betrag von jährlich 1500 M hinausgehenden Betrags pfändbar.

2. Zwangsvollstreckung in Ansprüche auf Herausgabe oder Leistung körperlicher Sachen.

Die Zwangsvollstreckung in Ansprüche, welche die Herausgabe oder Leistung körperlicher Sachen zum Gegenstand haben, geschieht in der gleichen Weise wie die Zwangsvollstreckung in Forderungen, jedoch mit folgenden Abweichungen (§§ 846 ff. ZPO.): Betrifft der Anspruch eine bewegliche körperliche Sache, so hat das Gericht im Pfändungsbeschluß den Drittschuldner aufzufordern, die Sache an den Gerichtsvollzieher des Pfandgläubigers herauszugeben. Ist der Anspruch auf eine unbewegliche Sache gerichtet, so ordnet das Gericht im Beschluß an, daß die Sache an einen Sequester herauszugeben sei; besteht der Anspruch in der Forderung auf Übertragung des Eigentums, so erfolgt die Auflassung des Eigentums an den Sequester als Vertreter des Schuldners. Mit dem Übergang des Eigentums auf den Schuldner erlangt der Gläubiger kraft positiver Gesetzesvorschrift (§ 848 ZPO.) ine Sicherungshypothek für seine Forderung.

In allen Fällen ist nur eine Überweisung zur Einziehung, nicht aber an Zahlungsstatt zulässig, weil die Ansprüche auf Herausgabe körperlicher Sachen keinen Nennwert haben.

3. Zwangsvollstreckung in sonstige Vermögensrechte.

Der Anteil eines Gesellschafters an dem Gesellschaftsvermögen einer nach § 705 BGB. eingegangenen Gesellschaft ist der Pfändung unterworfen, nicht aber der Anteil des Gesellschafters an den einzelnen zu dem Gesellschaftsvermögen gehörenden Gegenständen; denn über diesen Anteil ist der Gesellschafter nicht zu verfügen berechtigt (§ 859 ZPO.).

Gepfändet kann auch das Geschäftsguthaben eines Mitglieds einer eingetragenen Genossenschaft werden. Für die Genossenschaft ist das insofern von besonderer Bedeutung, als auf Grund dieser Pfändung die Kündigung der Mitgliedschaft des Genossen durch dessen Gläubiger erfolgen kann. Voraussetzung hierfür ist, daß innerhalb der letzten 6 Monate vor der Pfändung und Überweisung des Geschäftsguthabens eine Zwangsvollstreckung (auch wenn sie nicht von demselben Gläubiger betrieben worden ist) fruchtlos ausgefallen ist und der vollstreckbare Schuldtitel gegen den Genossen nicht bloß vorläufig vollstreckbar ist (§ 66 GenGes.) [1]).

Nicht pfändbar ist das Recht, welches bei dem Güterstande der Verwaltung und Nutznießung (also in den Ehen, die seit 1900 ohne Errichtung eines Gütervertrags geschlossen sind) dem Ehemann am eingebrachten Gut der Frau zusteht. Die vom Ehemann erworbenen Früchte des eingebrachten Guts gehen zwar mit dem Erwerb ins Vermögen des Ehemanns über, sie sind aber nur insoweit pfändbar, als sie nicht zur Erfüllung der in den §§ 1384—1387 BGB. genannten Verpflichtungen des Ehemanns (z. B. zur Leistung der Ab-

[1]) Bestehen bleibt in diesem Falle aber das Aufrechnungsrecht der Genossenschaft wegen ihrer etwaigen, vor der Pfändung entstandenen Forderungen an das Mitglied. Vergl. oben § 13 S. 34.

gaben und Unterhaltsleistungen, der Prozeß- und Verteidigungskosten der Frau u. a. m.), sowie zur Erfüllung der dem Mann gegenüber seiner Ehefrau, seiner früheren Ehefrau oder seinen Verwandten gesetzlich obliegenden Unterhaltungspflicht und zur Bestreitung seines eigenen standesmäßigen Unterhalts erforderlich sind (§ 861 ZPO.).

Gleichfalls unpfändbar ist das dem Vater oder der Mutter am Vermögen des Kindes zustehende Nutzungsrecht. Die Früchte des Kindesvermögens sind nur im gleichen Umfange pfändbar wie die oben erwähnten Früchte des eingebrachten Guts der Ehefrau beim Güterstand der Verwaltung und Nutznießung. Zu den Früchten des Kindesvermögens gehört auch der Anspruch, den der Vater nach §§ 1655 und 1656 BGB. auf den Reingewinn eines zum Kindesvermögen gehörenden Erwerbsgeschäfts hat, das er im Namen des Kindes betreibt (§ 862 ZPO.).

§ 102.
Verteilungsverfahren.

Wenn bei der Zwangsvollstreckung in das bewegliche Vermögen der Gelderlös nicht ausreicht, um sämtliche, die Vollstreckung betreibenden Gläubiger zu befriedigen, und ist der Betrag deshalb vom Gerichtsvollzieher hinterlegt worden, so wird das Verteilungsverfahren eröffnet. Das zuständige Amtsgericht erläßt an die beteiligten Gläubiger die Aufforderung, binnen zwei Wochen eine Berechnung ihrer Forderung einzureichen. Nach Ablauf der Frist wird ein Teilungsplan ausgearbeitet und ein Termin zur Erklärung über ihn bestimmt. Wird gegen den Plan kein Widerspruch erhoben, so erfolgt die Verteilung entsprechend dem Plane. Erhebt dagegen ein Gläubiger Widerspruch, so muß er gegen die beteiligten Gläubiger im ordentlichen Verfahren Klage erheben, widrigenfalls sein Widerspruch bei der Durchführung des Verteilungsplans nicht berücksichtigt wird. In dem hierauf ergehenden Urteil wird alsdann festgesetzt, in welcher Weise die Verteilung zu erfolgen hat (§§ 872 ff. ZPO.)

b) Zwangsvollstreckung in unbewegliches Vermögen.

Die Bestimmungen über die Zwangsvollstreckung in das unbewegliche Vermögen sind nur zum geringsten Teil durch die Zivilprozeßordnung geregelt (§§ 864—871). Im übrigen treten die Bestimmungen des Reichsgesetzes über die Zwangsversteigerung und Zwangsverwaltung vom 24. März 1897 ein.

Der Zwangsvollstreckung in das unbewegliche Vermögen unterliegen:

1. die Grundstücke;

2. diejenigen Berechtigungen an Grundstücken, für welche die sich auf Grundstücke beziehenden Vorschriften gelten (z. B. das Erbbaurecht);

3. die im Schiffsregister eingetragenen Schiffe.

In einen Bruchteil eines Grundstückes oder einer Berechtigung ist die Zwangsvollstreckung nur zulässig, wenn der Bruchteil in dem Anteil eines Miteigentümers steht, oder wenn der Anspruch des Gläubigers auf einem Rechte beruht (z. B. Hypothek), womit der Bruchteil als solcher belastet ist. Sind also z. B. zwei Personen als Miteigentümer eines Grundstücks zu je $1/2$ im Grundbuch eingetragen, so kann die Zwangsvollstreckung in einen der beiden Bruchteile betrieben werden. Der Erwerber des Bruchteils im Zwangsversteigerungsverfahren wird alsdann Miteigentümer zu $1/2$ an Stelle des Ausgeschiedenen.

Von der Zwangsvollstreckung in das unbewegliche Vermögen werden auch die zum beweglichen Vermögen gehörenden Gegenstände ergriffen, auf welche sich bei Grundstücken die Hypothek erstreckt. Dies sind die Fälle der §§ 1120—1130 BGB.; also insbesondere die vom Grundstücke getrennten Erzeugnisse und sonstigen Bestandteile (wenigstens dem Grundsatz nach). Soweit solche Gegenstände Zubehör im Sinne der §§ 97—98 BGB. sind, können sie nicht gepfändet werden, d. h. sie können nicht Gegenstand einer selbständigen Zwangsvollstreckung sein, sondern sie unterliegen nur der Zwangsvollstreckung in Verbindung mit dem Grundstück. Solange aber ihre Beschlagnahme im Wege der Vollstreckung in das unbewegliche Vermögen, also in Verbindung mit der Vollstreckung in das Grundstück, noch nicht erfolgt ist, unterliegen sie der Zwangsvollstreckung in das bewegliche Vermögen.

Die Zwangsvollstreckung in ein Grundstück kann erfolgen:

1. durch Eintragung einer Sicherungshypothek,

2. durch Zwangsversteigerung und

3. durch Zwangsverwaltung.

Das Nähere über diese drei Zwangsvollstreckungsarten ist oben in § 33 Nr. 3, S. 97 (Zwangshypothek), sowie in § 39, S. 114 ff., dargestellt, worauf hiermit Bezug genommen wird. Bemerkt sei hier nur noch, daß den Genossenschaften, die zur Rettung einer Forderung an einem Zwangsversteigerungsverfahren sich zu beteiligen genötigt sind, stets zu empfehlen ist, die Wahrung ihrer Interessen in rechtskundige Hände zu legen, damit sie sich vor Schaden sichern. Das Verfahren bietet häufig zu Schwierigkeiten Anlaß.

Für die Zwangsvollstreckung in eingetragene Schiffe ist das Amtsgericht zuständig, in dessen Bezirk sich das Schiff befindet. Nur dann, wenn die Zwangsvollstreckung in das Schiff als ungeteiltes Ganzes betrieben wird, gelten die Vorschriften der Zwangsvollstreckung ins unbewegliche Vermögen. Handelt es sich um die Zwangsvollstreckung in einen Anteil an einem Schiff (sog. Schiffspart), so gelten die Regeln der Zwangsvollstreckung in das bewegliche Vermögen. Als Vollstreckungsgericht gilt in diesem Falle dasjenige Amtsgericht, in dessen Bezirke sich der Heimatshafen oder der Heimatsort des Schiffes befindet (vergl. § 858 ZPO.).

Beteiligte bei dem Vollstreckungsverfahren in ein Schiff als ungeteiltes Ganzes sind:

1. der Gläubiger;
2. der Schuldner;
3. diejenigen, denen ein der Zwangsversteigerung entgegenstehendes Recht zusteht;
4. diejenigen, für welche ein Pfandrecht am Schiff ins Schiffsregister eingetragen ist, und
5. die Schiffsgläubiger im Sinne des § 102 des Binnenschiffahrtsgesetzes vom 15. Juni 1895.

Die Schiffsgläubiger gehen mit ihrem gesetzlichen Pfandrecht den anderen Pfandgläubigern und sonstigen Gläubigern vor. Ein geringstes Gebot wird nicht festgestellt. Das Meistgebot ist in seinem ganzen Betrag durch Zahlung zu berichtigen (§§ 162—171 ZVG.).

C. Zwangsvollstreckung zur Erwirkung der Herausgabe von Sachen sowie zur Erwirkung von Handlungen und Unterlassungen.

§ 103.

Wenn der Schuldner eine bestimmte bewegliche Sache herauszugeben hat, so geschieht die Zwangsvollstreckung in der Weise, daß ihm die Sache vom Gerichtsvollzieher weggenommen wird. Findet der Gerichtsvollzieher die Sache nicht vor, so muß der Schuldner auf Antrag den Offenbarungseid dahin leisten, daß er die Sache nicht besitze und auch nicht wisse, wo sie sich befinde (§ 883 ZPO.). Hat er eine bestimmte Quantität vertretbarer Sachen oder Wertpapiere zu leisten, so geschieht die Zwangsvollstreckung in der gleichen Weise; die Verpflichtung zur Leistung des Offenbarungseids besteht in diesen Fällen jedoch nicht (§ 884 ZPO.). Ist eine unbewegliche Sache oder ein bewohntes Schiff herauszugeben oder zu räumen, so wird der Schuldner durch den Gerichtsvollzieher aus dem Besitz gesetzt und der Gläubiger in den Besitz eingewiesen. Befindet sich die herauszugebende Sache nicht im Besitz des Schuldners, sondern eines Dritten, so ist dem Gläubiger der Anspruch des Schuldners auf Herausgabe der Sache zu überweisen, entsprechend den Vorschriften über die Pfändung und Überweisung einer Geldforderung (§ 886 ZPO.).

Erfüllt der Schuldner die Verpflichtung nicht, eine Handlung vorzunehmen, deren Vornahme durch einen Dritten erfolgen kann (z. B. die Entfernung eines den Verkehr störenden Zauns), so ist der Gläubiger auf Antrag vom Prozeßgericht erster Instanz zu ermächtigen, auf Kosten des Schuldners die Handlung durch einen Dritten vornehmen zu lassen. Kann die Handlung nur durch den Schuldner vorgenommen werden und ist die Vornahme lediglich von seinem Willen abhängig (z. B. die Rechnungslegung des Vormundes), so kann der Schuldner durch Geldstrafen und Haft gezwungen werden (§§ 887, 888 ZPO.). Das gleiche gilt, wenn der Schuldner der Verpflichtung zuwider handelt, eine Handlung zu unterlassen (z. B. er geht trotz Verbots über das Grundstück seines Nachbarn) oder die Vornahme einer Handlung zu dulden (z. B. er verhindert das Betreten seines Grundstücks, wozu der Nachbar auf Grund rechtskräftigen Erkenntnisses berechtigt ist, § 890 ZPO.).

Ist der Schuldner zur Abgabe einer Willenserklärung verurteilt (z. B. der Erklärung der Abtretung einer Forderung an die Genossenschaft), so gilt die Erklärung als abgegeben, wenn das Urteil rechtskräftig geworden ist. Ist durch ein vorläufig vollstreckbares Urteil der Schuldner zur Abgabe einer Willenserklärung verurteilt, auf Grund deren eine Eintragung ins Grundbuch erfolgen soll (z. B. betr. die

Löschung einer Hypothek), so gilt die Eintragung einer Vormerkung oder eines Widerspruchs als bewilligt (§§ 894, 895 ZPO.).

V. Offenbarungseid und Haft.

§ 104.

Hat die Pfändung nicht zur vollkommenen Befriedigung des Gläubigers geführt, oder ist eine vom Schuldner herauszugebende bewegliche Sache nicht vorgefunden worden, so muß der Schuldner auf Antrag den Offenbarungseid leisten (§§ 899 ff. ZPO.).

Zuständig für die Eidesabnahme ist das Amtsgericht des Wohnsitzes bezw. Aufenthaltsorts des Schuldners. Der Gläubiger muß den Schuldner zum Eidestermin laden, braucht aber selbst im Termin nicht anwesend oder vertreten zu sein. Bestreitet der Schuldner seine Eidespflicht, so hat das Gericht zu entscheiden. Erscheint der Schuldner trotz Ladung im Termin nicht oder verweigert er grundlos den Eid, so wird auf Antrag des Gläubigers Haftbefehl erlassen. Die Verhaftung erfolgt durch den Gerichtsvollzieher, aber nur auf Betreiben des Gläubigers. Die Haft, die 6 Monate nicht übersteigen darf, wird nur vollstreckt, wenn der Gläubiger die Haftkosten von Monat zu Monat vorausbezahlt; sie muß sofort aufgehoben werden, wenn der Schuldner sich zur Eidesleistung erbietet und den Eid leistet.

Hat der Schuldner den Offenbarungseid geleistet, weil die Pfändung zur vollständigen Befriedigung des Gläubigers nicht geführt hat, so ist er zur nochmaligen Eidesleistung — auch einem anderen Gläubiger gegenüber — nur dann verpflichtet, wenn entweder 5 Jahre seit der Eidesleistung verstrichen sind oder der Gläubiger glaubhaft macht, daß der Schuldner seit der Eidesleistung neues Vermögen erworben hat.

Bei den Amtsgerichten wird ein Verzeichnis derjenigen Personen geführt, die den Offenbarungseid geleistet haben, weil eine Pfändung gegen sie zur Befriedigung ihrer Gläubiger nicht führte. Dieses Verzeichnis darf jedermann einsehen, ohne daß er ein Interesse glaubhaft zu machen braucht, worauf insbesondere die Kreditgenossenschaften hingewiesen seien. Nach 5 Jahren seit der Eidesleistung wird der Name des Schuldners im Verzeichnis unkenntlich gemacht.

VI. Die Sicherung der zukünftigen Zwangsvollstreckung durch Arrest und einstweilige Verfügung.

§ 105.

Häufig tritt der Fall ein, daß der Gläubiger überhaupt noch keinen vollstreckbaren Schuldtitel, auf Grund dessen er wegen seiner Forderung die Zwangsvollstreckung betreiben könnte, in Händen hat, und daß den Umständen nach die zukünftige Zwangsvollstreckung gefährdet oder besonders erschwert erscheint. Für derartige Fälle gibt es zwei Hilfsmittel, den Arrest und die einstweilige Verfügung. Das Anwendungsgebiet der einstweiligen Verfügung ist insofern ziemlich weit begrenzt, als sie nach § 940 ZPO. außerdem auch zum Zweck der Regelung eines einstweiligen Zustandes in Bezug auf ein streitiges Rechtsverhältnis zugelassen ist.

1. Der Arrest.

Der Arrest findet zur Sicherung der Zwangsvollstreckung in das bewegliche oder unbewegliche Vermögen wegen einer Geldforderung statt oder wegen eines Anspruchs, der in eine Geldforderung übergehen kann (§§ 916 ff. ZPO.). Er kann als „dinglicher" Arrest verhängt werden, wodurch der Schuldner in der freien Verfügung über sein Vermögen beschränkt wird, oder als „persönlicher" Arrest, wodurch der persönlichen Freiheit des Schuldners Grenzen gezogen werden. Der persönliche Arrest ist nur subsidiär zulässig, wenn der dingliche Arrest nicht ausreicht (z. B. der Schuldner will unter Mitnahme von Vermögensstücken flüchten).

Für die Anordnung des Arrests ist sowohl das Gericht der Hauptsache zuständig als auch das Amtsgericht, in dessen Bezirk der mit Arrest zu belegende Gegenstand oder — beim persönlichen Arrest — der Schuldner sich befindet. Im Gesuch soll der Anspruch und der Arrestgrund (d. h. der Grund, aus dem sich die Anlegung des Arrests nach Ansicht des Gläubigers rechtfertigt) angegeben und glaubhaft gemacht werden. Die Notwendigkeit einer Zwangsvollstreckung im Auslande gilt ohne weiteres als Arrestgrund. Die Glaubhaftmachung kann auch erlassen werden, wenn der Gläubiger Sicherheit leistet.

Das Gericht kann eine mündliche Verhandlung anberaumen und auch ohne sie entscheiden; im ersteren Falle ergeht die Entscheidung durch Urteil, anderenfalls durch Beschluß. Wird der Arrest verhängt (Arrestbefehl), so setzt das Gericht gleichzeitig einen Geldbetrag fest, durch dessen Hinterlegung die Vollziehung des Arrests gehemmt wird.

Ist der Arrest durch Beschluß angeordnet (also ohne mündliche Verhandlung), so kann der Schuldner Widerspruch erheben, wodurch aber die Vollziehung des Arrests nicht gehemmt wird. Der Schuldner muß dann den Gläubiger zur mündlichen Verhandlung über die Rechtmäßigkeit des Arrests vor das Gericht, das den Arrest erlassen hat (Arrestgericht), laden. Dieses entscheidet dann durch Urteil, wobei es freie Hand hat, den Arrest zu bestätigen, abzuändern oder aufzuheben (§§ 924 ff. ZPO.).

Wenn die Hauptsache noch nicht anhängig ist, muß das Arrestgericht auf Antrag eine Frist bestimmen, innerhalb welcher die Partei, die den Arrestbefehl erwirkt hat, Klage zu erheben hat, widrigenfalls auf Antrag die Aufhebung des Arrests durch Endurteil ausgesprochen werden muß (§ 925 ZPO.).

Da der Arrest nur eine vorläufige Sicherungsmaßregel ist, so kann der Schuldner selbst bei rechtskräftig bestätigtem Arrestbefehl dessen Aufhebung durchsetzen, wenn sich die Umstände geändert haben, insbesondere der Arrestgrund weggefallen ist, oder wenn er genügende Sicherheit leistet.

Für die Vollziehung des Arrests sind im allgemeinen die Vorschriften über die Zwangsvollstreckung wegen Befriedigung einer Geldforderung maßgebend. Mit einer Vollstreckungsklausel braucht der Arrestbefehl aber nicht versehen zu werden (Ausnahme: wenn die Vollziehung für einen anderen Gläubiger oder gegen einen anderen Schuldner erfolgen soll). Der Gläubiger muß aber die Vollziehung binnen 2 Wochen seit der Verkündung bezw. Zustellung des Arrestbefehls bewirken; die Vollziehung kann auch schon vor der Zustellung des Arrestbefehls an den Schuldner geschehen, die Zustellung muß jedoch alsdann innerhalb einer Woche nach der Vollziehung und vor Ablauf der eben genannten Frist von zwei Wochen geschehen (§ 929 ZPO.).

Die Vollziehung des Arrests in bewegliches Vermögen geschieht durch Pfändung, in unbewegliches Vermögen durch Einlegung einer Sicherungshypothek. Der persönliche Arrest wird durch Inhaftnahme des Schuldners vollzogen, wobei dieselben Bestimmungen gelten wie bei der Inhaftierung wegen Verweigerung des Offenbarungseides (s. oben § 104 S. 265).

2. Die einstweilige Verfügung.

Der Unterschied gegenüber dem Arrest besteht darin, daß nicht die Vollstreckung wegen einer Geldforderung sondern wegen eines Anspruchs auf eine individuelle Leistung gefährdet sein muß (z. B. auf Herausgabe einer bestimmten Sache).

Einstweilige Verfügungen sind zulässig (und zwar ohne Unterschied, ob der Rechtsstreit über ein bestrittenes Rechtsverhältnis schon anhängig ist oder nicht:

1. Wenn in Beziehung auf den Streitgegenstand zu besorgen ist, daß durch eine Veränderung des bestehenden Zustandes die Verwirklichung des Rechts einer Partei vereitelt oder wesentlich erschwert werden würde (§ 935 ZPO.).

2. Zum Zweck der Regelung eines einstweiligen Zustandes in Bezug auf ein streitiges Rechtsverhältnis, sofern diese Regelung zur Abwendung wesentlicher Nachteile oder zur Verhinderung drohender Gewalt oder aus anderen Gründen nötig erscheint (§ 940 ZPO.).

Für den Erlaß der einstweiligen Verfügung ist grundsätzlich das Gericht der Hauptsache zuständig, das nach mündlicher Verhandlung durch Urteil zu entscheiden hat. In dringenden Fällen kann jedoch die Entscheidung ohne mündliche Verhandlung durch Beschluß erfolgen, und es kann auch das Amtsgericht, in dessen Bezirk sich der Streitgegenstand befindet, eine einstweilige Verfügung erlassen, unter Bestimmung einer Frist, innerhalb derer der Gegner zur mündlichen Verhandlung über die Rechtmäßigkeit der einstweiligen Verfügung vor das Gericht der Hauptsache zu laden ist. Soll auf Grund einer einstweiligen Verfügung eine Vormerkung oder ein Widerspruch gegen die Richtigkeit des Grundbuchs eingetragen werden, so kann, auch ohne daß Dringlichkeit vorliegt, die einstweilige Verfügung von dem Amtsgericht, in dessen Bezirk das Grundstück liegt, erlassen werden.

Welche Anordnungen das Gericht zur Erreichung des Zwecks der einstweiligen Verfügung treffen will, steht völlig in seinem Ermessen. Im übrigen gelten die Vorschriften des Arrestverfahrens.

Vierter Teil: Prozeßkosten und Armenrecht.

Die Prozeßkosten zerfallen in die Gerichtskosten, d. h. diejenigen Kosten, welche an die Staatskasse zu zahlen sind, und die außergerichtlichen Kosten, d. h. die sonstigen Prozeßkosten, z. B. die Gebühren und Auslagen der Prozeßbevollmächtigten.

Die Gerichtskosten zerfallen in Gebühren und Auslagen. Die Gebühren sind diejenigen Beträge, die für die Inanspruchnahme der Tätigkeit des Gerichts zu zahlen sind; ihre Höhe wird durch das Gerichtskostengesetz nach dem Werte des Streitgegenstands genau geregelt. Die Auslagen sind die Aufwendungen, die aus der Staatskasse (z. B. für die Entschädigung der Zeugen und Sachverständigen) gemacht sind und dieser zurückerstattet werden müssen.

Wenn dem Kostenschuldner der vom Gericht angesetzte Betrag von Gebühren und Auslagen zu hoch erscheint, kann er gegen den Ansatz eine Erinnerung bei dem Gericht anbringen, worüber kostenfrei entschieden wird. Gegen diese Entscheidung steht ihm die Beschwerde an das übergeordnete Gericht zu. Hat das Gericht die Kosten irrigerweise zu niedrig angesetzt, so kann es nur bis spätestens zum Ablauf des auf die endgültige Erledigung der Rechtssache folgenden Jahres seine Nachforderung gegenüber dem Kostenschuldner geltend machen. Gebühren, die durch unrichtige Behandlung der Rechtssache seitens des Gerichts ohne Verschulden der Parteien entstanden sind, kann das Gericht niederschlagen.

Das Gericht ist zur Erhebung eines Gebührenvorschusses berechtigt, den derjenige zu leisten hat, infolge dessen Antrags das Gericht tätig wurde, also z. B. der Kläger. Im übrigen werden die Gebühren und Auslagen in der Regel erst dann erhoben, wenn das Verfahren oder wenigstens die Instanz beendet ist.

Über die Verpflichtung zur Kostentragung wird vom Gericht auch ohne Antrag entschieden. Verpflichtet, die Kosten eines Rechtsstreits — die gerichtlichen wie die außergerichtlichen — zu tragen, ist im Regelfall die unterlegene Partei. Insbesondere muß auch der obsiegende Gegner für die durch notwendige Reisen oder durch die notwendige Wahrnehmung von Terminen entstandene Zeitversäumnis entschädigt werden. Besteht der unterliegende Teil aus mehreren Personen, so haften diese für die Kostenerstattung nach Kopfteilen, es sei denn, daß sie als „Gesamtschuldner“ (z. B. mehrere Bürgen, s. § 21 S. 59) verurteilt werden. Wenn jede Partei teils obsiegt, teils unterliegt, so findet entsprechende Kostenverteilung statt. Die obsiegende Partei kann auch alle Kosten aufgebürdet bekommen, wenn der Gegner keinen Anlaß zur Klage gegeben hat und den Anspruch sofort anerkennt.

Die Anfechtung der Entscheidung über den Kostenpunkt kann durch ein Rechtsmittel nur gleichzeitig mit der Anfechtung der Entscheidung in der Hauptsache erfolgen, ausgenommen, wenn die Hauptsache durch Anerkenntnisurteil erledigt ist. Ist keine Entscheidung in der Hauptsache ergangen (z. B. ein Vergleich abgeschlossen worden), so kann die Kostenentscheidung mit der sofortigen Beschwerde (s. oben § 88 S. 238) angefochten werden.

Der Anspruch auf Erstattung der Prozeßkosten wird auf Grund des Kostenfestsetzungsbeschlusses geltend gemacht. Dieser Beschluß wird auf Antrag vom Prozeßgericht erster Instanz erlassen.

Wer durch ein von der obrigkeitlichen Behörde ausgestelltes Zeugnis nachweist, daß er ohne Beeinträchtigung des für ihn und seine Familie notwendigen Unterhalts zur Bestreitung der Prozeßkosten außer stande ist, kann zum Armenrecht zugelassen werden (§§ 114ff. ZPO.). Das Armenrecht wird vom Prozeßgericht dann bewilligt, wenn die beabsichtigte Rechtsverfolgung oder Rechtsverteidigung nicht mutwillig oder aussichtslos erscheint. Durch die Bewilligung erlangt die Partei die einstweilige Befreiung von der Zahlung der Gerichtskosten und Auslagen, sowie das Recht, daß ihr ein Gerichtsvollzieher und nötigenfalls ein Rechtsanwalt unentgeltlich beigeordnet wird. Die Partei muß aber nachträglich Zahlung leisten, wenn sie später dazu in der Lage ist. Wird dem Kläger das Armenrecht bewilligt, so ist aus Billigkeitsrücksichten auch der Beklagte von der Zahlung der Gerichtskosten und Auslagen einstweilen befreit.

Der Beschluß, durch den das Armenrecht bewilligt wird, ist unanfechtbar; der mit seinem Gesuch abgewiesene Antragsteller hat das Recht der Beschwerde.

Fünfter Abschnitt.

Gewerberechtliche Bestimmungen.

§ 106.

Einleitung.

Die gewerberechtlichen Bestimmungen, die für die Genossenschaften von Interesse sind, finden sich zerstreut teils in der Gewerbeordnung für das Deutsche Reich in der Fassung vom 26. Juli 1900, teils in anderen Reichsgesetzen und landesgesetzlichen Vorschriften. Sie werden zu einem Teil (z. B. die Bestimmungen über die Sonntagsruhe) für fast alle Genossenschaftsarten von Wichtigkeit sein; weitaus am meisten wird ihre Kenntnis allerdings für die Konsumvereine Bedeutung haben, wenn auch nicht von vornherein zugegeben werden kann, daß der Betrieb eines Konsumvereins ein Gewerbebetrieb ist, und daß somit gewerberechtliche Bestimmungen ohne weiteres für den Betrieb der Konsumvereine Geltung haben müssen. Die Entscheidung für die Beurteilung dieser Frage, ob der Geschäftsbetrieb eines Konsumvereins ein Gewerbebetrieb ist oder nicht, wird davon abhängen, ob der Geschäftsbetrieb der Konsumvereine auf Erwerb, auf Gewinn gerichtet ist. Das Preußische Oberverwaltungsgericht hat in seiner früheren Rechtsprechung anerkannt, daß der Geschäftsbetrieb der Konsumvereine kein Gewerbebetrieb sei, es hat aber in den letzten Jahren ständig einen andern Standpunkt eingenommen. Es hat sogar aus dem Umstande, daß die Konsumvereine einen Reservefonds bilden, und selbst aus der statutarischen Befugnis, außer der Bildung von Reserven auch „zu anderen Zwecken" — also z. B. zu gemeinnützigen Zwecken — Gewinn zu verwenden, den gewerblichen Betrieb der Konsumvereine gefolgert (vergl. die wiederholten Abhandlungen in den Blättern für Genossenschaftswesen, z. B. auf S. 25 und 295, Jahrgang 1905). Andere höhere

Gerichte haben sich auf einen andern Standpunkt gestellt, z. B. das Oberlandesgericht Hamm. Dieses Gericht hat in einem Falle anerkannt, daß der Betrieb der Konsumvereine kein Gewerbebetrieb sei, indem es den Lagerhalter eines Konsumvereins, der wegen Übertretung des Margarinegesetzes angeklagt war, freigesprochen hat unter der ausdrücklichen Begründung, daß man bei einem Konsumvereine, der in erster Linie den Mitgliedern den billigen Einkauf ihrer Bedürfnisse zu ermöglichen bezwecke, nicht von einem „Gewerbebetrieb“ sprechen könne; denn selbst wenn auch ein Reingewinn erzielt und statutengemäßig verwendet werde, so bleibe doch der erstgenannte Zweck der ausschlaggebende (vergl. Blätter für Genossenschaftswesen 1905, S. 545).

Nicht uninteressant ist, folgendes feststellen zu können. Vor dem Jahre 1889, also vor dem Inkrafttreten des neuen Genossenschaftsgesetzes, war den Konsumvereinen der Verkauf an Nichtmitglieder gestattet; erst die Novelle des Jahres 1889 beschränkte den Verkauf auf die Mitglieder. Vor diesem Zeitpunkt hätte man allenfalls von einem „Gewerbebetrieb“ der Konsumvereine sprechen können, und es würde bis zum Erlaß des Gesetzes von 1889 sich die Anwendung gewerberechtlicher Bestimmungen bei Konsumvereinen eher haben rechtfertigen lassen. Damals war die Anwendung solcher Bestimmungen aber viel beschränkter. Erst nachdem der Warenverkauf an Nichtmitglieder gesetzlich verboten war, ging man daran, die Konsumvereine ausdrücklich einer Reihe von gewerberechtlichen Bestimmungen zu unterwerfen, offenbar in der Erkenntnis, daß man von einem „Gewerbebetrieb“ bei dem Geschäftsbetrieb eines Konsumvereins nicht reden könne, und daß es daher einer ausdrücklichen Unterstellung der Konsumvereine unter die in Frage kommenden Bestimmungen bedürfe, wenn man die letzteren auf die Konsumvereine angewendet wissen wollte. So läßt z. B. das preußische Gewerbesteuergesetz die Gewerbesteuerfreiheit nur unter Voraussetzungen zu, deren völlige Erfüllung für Konsumvereine von vornherein ausgeschlossen ist (vergl. S. 292). Ferner sind beispielsweise die Bestimmungen über die Konzession zum Kleinhandel mit Branntwein im Jahre 1896 durch die Novelle zur Gewerbeordnung ausdrücklich auf Konsumvereine ausgedehnt worden.

Über den inneren Widerspruch, der in der Anwendung gewerberechtlicher Bestimmungen auf die Konsumvereine liegt, läßt sich jedoch leicht hinwegkommen; denn es ist selbstverständlich, daß die Konsumvereine durchaus keinen Anspruch erheben sollen und wollen, in den Genuß von Privilegien zu kommen.

§ 107.

Die einzelnen die Genossenschaften interessierenden gewerberechtlichen Bestimmungen.

I. Bestimmungen über die Sonntagsruhe.

In Betracht kommen die Bestimmungen der Gewerbeordnung. § 105 b ordnet in Abs. 2 an, daß Gehilfen, Lehrlinge und Arbeiter im Handelsgewerbe am ersten Weihnachts-, Oster- und Pfingstfeiertage überhaupt nicht, im übrigen an Sonn- und Festtagen nicht länger als fünf Stunden beschäftigt werden dürfen. Diese letztere Bestimmung kann durch die Polizeibehörde für die letzten vier Wochen vor Weihnachten, sowie für einzelne Sonn- und Festtage, an welchen örtliche Verhältnisse einen erweiterten Geschäftsverkehr nötig machen, dahin abgeändert werden, daß die Beschäftigungsdauer bis zu zehn Stunden erweitert wird. Die höhere Verwaltungsbehörde kann nach § 105 e hierzu Abänderungen treffen. Es soll aber gemäß Nr. 1 der Bekanntmachung des Reichskanzlers vom 3. April 1901 nur so viel Sonntagsarbeit gestattet werden, „als nach den örtlichen Verhältnissen geboten erscheint.“ In der Regel soll ein Bedürfnis für Sonntagsarbeit nicht anerkannt werden, „wenn und insoweit sie bisher nicht üblich war“. Für den ersten Weihnachts-, Oster- und Pfingstfeiertag sollen Ausnahmen überhaupt nicht oder nur in tunlichster Beschränkung zugelassen werden.

Diese Vorschriften finden ihre Einschränkung in den Bestimmungen der Gewerbeordnung über die gesetzliche Inventur. Es ist zulässig, daß bei gesetzlich vorgeschriebenen Inventurarbeiten auch an Sonntagen Gehilfen, Lehrlinge, Arbeiter ꝛc. länger als fünf Stunden beschäftigt werden. Es muß aber in solchen Fällen ein Verzeichnis angelegt werden, in welches die Zahl der beschäftigten Arbeiter, die Dauer ihrer Beschäftigung und die Art der vorgenommenen Arbeiten einzutragen ist, und welches der Ortspolizeibehörde sowie dem gemäß § 139 b der Gewerbeordnung von der Landesregierung ernannten Aufsichtsbeamten vorgelegt werden muß.

II. Bestimmungen über die Ruhezeit der Angestellten und über den Ladenschluß.

Nach § 139c der Gewerbeordnung muß den Angestellten in offenen Verkaufslokalen eine ununterbrochene Ruhezeit von mindestens zehn Stunden gewährt werden. In Gemeinden von mehr als 20000 Einwohnern muß die Ruhezeit mindestens 11 Stunden betragen; die gleiche Ruhezeit kann auch für kleinere Gemeinden durch Ortsstatut vorgeschrieben werden. Außerdem muß für Angestellte, die außerhalb der Verkaufsstelle ihre Hauptmahlzeit einnehmen, eine Mittagspause von mindestens $1^1/_2$ Stunden gewährt werden.

Ausnahmen hiervon läßt der § 139d der Gewerbeordnung zu, nämlich

a) bei Arbeiten, die zur Verhütung des Verderbens von Waren unverzüglich vorgenommen werden müssen,

b) bei der Aufnahme der gesetzlich vorgeschriebenen Inventur sowie bei Neueinrichtungen und Umzügen,

c) außerdem an jährlich höchstens 30 von der Ortspolizeibehörde allgemein oder für einzelne Geschäftszweige zu bestimmenden Tagen.

Was den Ladenschluß angeht, so bestimmt § 139e der Gewerbeordnung, daß von 9 Uhr abends bis 5 Uhr morgens die Verkaufsstellen für den geschäftlichen Verkehr geschlossen sein müssen; die beim Ladenschluß im Laden schon anwesenden Kunden dürfen noch bedient werden.

Über 9 Uhr abends dürfen Verkaufsstellen für den geschäftlichen Verkehr geöffnet sein:

a) für unvorhergesehene Notfälle,

b) an höchstens 40 von der Ortspolizeibehörde zu bestimmenden Tagen, jedoch bis spätestens 10 Uhr abends,

c) nach näherer Bestimmung der höheren Verwaltungsbehörde in Städten, welche nach der jeweilig letzten Volkszählung weniger als 2000 Einwohner haben, sowie in ländlichen Gemeinden, sofern in denselben der Geschäftsverkehr sich vornehmlich auf einzelne Tage der Woche oder auf einzelne Stunden des Tages beschränkt.

Gemäß § 139f kann auf Antrag von mindestens zwei Dritteln der beteiligten Geschäftsinhaber für eine Gemeinde oder mehrere örtlich zusammenhängende Gemeinden durch Anordnung der höheren Verwaltungsbehörde nach Anhörung der Gemeindebehörden für alle oder einzelne Geschäftszweige angeordnet werden, daß die offenen Verkaufsstellen während bestimmter Zeiträume oder während des ganzen Jahres auch in der Zeit zwischen 8 und 9 Uhr abends und zwischen 5 und 7 Uhr morgens für bestimmte Zeiträume oder für das ganze Jahr für den geschäftlichen Verkehr geschlossen sein müssen. — Gemäß § 139f hat auf Antrag von mindestens einem Drittel der beteiligten Geschäftsinhaber die höhere Verwaltungsbehörde die beteiligten Geschäftsinhaber zu einer Äußerung für oder gegen die Einführung des Ladenschlusses aufzufordern. Erklären sich zwei Drittel der Abstimmenden für die Einführung, so kann die höhere Verwaltungsbehörde die entsprechende Anordnung treffen.

Was die Abfertigung der beim Ladenschluß im Geschäftslokale schon anwesenden Kunden angeht, so dürfen, wie erwähnt, nach § 139e beim Ladenschluß schon im Laden anwesende Kunden noch bedient werden. Wer also bis 9 Uhr den Laden betritt, darf noch abgefertigt werden; die nach 9 Uhr eintretenden Kunden müssen jedoch unter Hinweis auf den gesetzlichen Ladenschluß zurückgewiesen werden. Diese klare Gesetzesbestimmung wird aber nicht unbedeutend beeinflußt durch die im § 139c und § 105b der Gewerbeordnung getroffenen Bestimmungen über die Ruhezeit der Angestellten.

Wie erwähnt, muß nach § 139c in offenen Verkaufsstellen den Gehilfen und Lehrlingen nach Beendigung der täglichen Arbeitszeit eine ununterbrochene Ruhezeit von mindestens zehn bezw. — unter den Voraussetzungen des Abs. 2 — mindestens elf Stunden gewährt werden. Ist also bei vorgeschriebener zehnstündiger Ruhezeit ein Laden z. B. von 9 Uhr abends bis 7 Uhr morgens geschlossen, so darf trotz der Bestimmung des § 139e Satz 2 ein Lehrling oder Gehilfe nach 9 Uhr abends die rechtzeitig eingetretenen Kunden nicht mehr bedienen, da andernfalls die gesetzliche Ruhezeit verkürzt werden würde. In diesem Falle darf also nur der Geschäftsinhaber selbst weiter bedienen, während, wenn im Geschäftslokal nur Angestellte als Verkäufer tätig sind, nach 9 Uhr überhaupt kein Käufer mehr abgefertigt werden darf.

Das ist besonders für die Konsumvereine mit Rücksicht auf die von ihnen angestellten Lagerhalter, welche „Gehilfen“ im Sinne des § 139 c sind, von Bedeutung. Hier muß in geeigneter Weise dem Gesetz Rechnung getragen werden, etwa dadurch, daß bereits einige Minuten vor 9 Uhr kein Käufer mehr zugelassen wird.

Nach § 105 b Abs. 2 der Gewerbeordnung darf im Handelsgewerbe die Beschäftigung von Gehilfen und Lehrlingen am Sonntag nur während der durch Gemeindestatut bezw. die Polizeibehörde mit Rücksicht auf den Gottesdienst bestimmten Stunden stattfinden. Diese gleichfalls im Interesse der gewerblichen Angestellten geschaffene Gesetzesvorschrift bezweckt also, den Angestellten am Sonntag eine bestimmte Ruhezeit zu gewähren und ihnen insbesondere Gelegenheit zum Kirchenbesuch zu geben. Hieraus ergibt sich schon, daß es gesetzlich unzulässig ist, wenn die Angestellten nach Eintritt der Sonntagsruhezeit zur Bedienung der noch rechtzeitig eingetretenen Kunden verwandt werden, da dies ebenso wie in dem vorher erwähnten Falle eine Verkürzung der Ruhezeit bedeuten würde. Diese Ansicht hat auch das Oberlandesgericht in Hamburg in einem in der Deutschen Juristenzeitung (1905, Nr. 2) mitgeteilten Erkenntnis zum Ausdruck gebracht, in welchem zur Begründung insbesondere ausgeführt ist, daß man bei den Verhandlungen über den werktäglichen Ladenschluß der Bestimmungen über die Sonntagsruhe in keiner Weise gedacht habe und eine Andeutung, daß diese Bestimmung entsprechende Anwendung auf § 105 b Abs. 2 zu finden habe, nicht erfolgt sei.

Das Statut mancher Gemeinden läßt Sonntags die Beschäftigung der Angestellten z. B. von 8 bis $9^1/_2$ Uhr und darnach nochmals von $11^1/_2$ bis 2 Uhr zu. Es könnte sich fragen, ob nicht in diesem Falle gestattet ist, die Angestellten auch nach $9^1/_2$ Uhr zur Abfertigung der bis $9^1/_2$ Uhr erschienenen Kunden zu verwenden, da ja die Möglichkeit gegeben ist, den Angestellten bereits vor 2 Uhr entsprechend früher zu entlassen und so die Dauer der Sonntagsruhezeit trotzdem zu wahren. Es wird hierbei aber stets davon auszugehen sein, daß die Zweiteilung mit Rücksicht auf die dazwischenliegende Zeit des Gottesdienstes erfolgt ist. Eine Beschäftigung des Angestellten in der ebengenannten Art würde also den Zweck des Gesetzes, dem Angestellten auch den rechtzeitigen Kirchenbesuch zu ermöglichen, zuwiderlaufen und ist daher nicht angängig. Hierbei ist aber noch besonders zu beachten, daß gemäß § 41a der Gewerbeordnung, soweit nach § 105b Gehilfen und Lehrlinge Sonntags nicht beschäftigt werden dürfen, in offenen Verkaufsstellen ein Gewerbebetrieb überhaupt nicht stattfinden darf. Im Gegensatz zu dem erst besprochenen Falle des werktäglichen Ladenschlusses ist es hier also auch unzulässig, daß der Geschäftsinhaber die rechtzeitig eingetretenen Kunden selbst bedient; vielmehr läuft jede nach Beginn der Sonntagsruhezeit erfolgende Abfertigung eines Kaufliebhabers dem Gesetz zuwider.

Die Übertretung der Bestimmungen ist mit nicht unerheblicher Strafe bedroht. Denkbar sind allerdings Fälle, die auf des Messers Schneide liegen, z. B. wenn der Beginn der Sonntagsruhezeit gerade während der Abfertigung des Käufers eintritt. Hier ist es die Aufgabe einer gesunden Rechtsprechung, im Einzelfalle die richtige und dem Rechtsgefühl entsprechende Entscheidung zu treffen.

Bezüglich der

Bestimmungen über die Verhängung von Schaufenstern an Sonntagen

hat eine reichsrechtliche Regelung nicht stattgefunden, die Bundesstaaten haben Sondervorschriften erlassen (vergl. die Ausführungen in der Zeitschrift für Handel und Gewerbe, Nummer vom 10. Dezember 1904).

III. Die Bestimmungen über die Beschäftigung von Kindern in gewerblichen Betrieben.

In Betracht kommt das Gesetz betr. Kinderarbeit in gewerblichen Betrieben vom 30. März 1903. Nach § 5 dürfen im Handelsgewerbe Kinder unter 12 Jahren nicht beschäftigt werden, solche über 12 Jahre täglich nicht länger als drei Stunden und zwar nur zwischen 8 Uhr morgens und 8 Uhr abends und nicht vor dem Vormittagsunterricht, nachmittags aber auch erst eine Stunde nach beendigtem Unterricht. Während der Ferien darf die Beschäftigung vier Stunden währen. Diese Bestimmungen finden nach § 8 desselben Gesetzes auch Anwendung auf das Austragen von Waren und auf die Botengänge, die Kinder leisten. Sonntags und an Festtagen soll überhaupt keine Beschäftigung von Kindern stattfinden. Hiervon sind jedoch Botengänge und Warenaustragen ausgenommen. Dies darf aber nicht mehr als zwei Stunden dauern und nicht über ein Uhr mittags ausgedehnt werden, auch nicht auf die letzte halbe Stunde vor dem Gottesdienst und nicht auf die Zeit während des Gottesdienstes. Wer Kinder beschäftigen will, muß der Ortspolizeibehörde hiervon Kenntnis geben und erhält von dieser eine Arbeitskarte ausgehändigt.

Von Wichtigkeit sind speziell für die Konsumvereine:

IV. Die Bestimmungen über den Betrieb von Bäckereien, da gerade der Bäckereibetrieb sich vielfach als ein lohnender Geschäftszweig der Konsumvereine erwiesen hat. Maßgebend hierfür ist die Bundesratsverordnung vom 4. März 1896. Die Arbeitsschicht darf, sofern in der Bäckerei zur Nachtzeit zwischen $8^1/_2$ Uhr abends und $5^1/_2$ Uhr morgens Gehilfen oder Lehrlinge beschäftigt werden, nicht mehr als 12 Stunden bezw. — bei Unterbrechung durch eine mindestens einstündige Pause — nicht mehr als 13 Stunden betragen. Die Zahl der Arbeitsschichten darf für jeden Gehilfen wöchentlich 7 nicht überschreiten. Außerhalb der Arbeitsschichten dürfen die Gehilfen nur zu gelegentlichen Dienstleistungen und höchstens eine halbe Stunde lang bei der Herstellung des Vorteigs (Hefestücks, Sauerteigs), im übrigen aber nicht bei der Herstellung von Waren verwendet werden. Zwischen je zwei Arbeitsschichten muß dem Gehilfen eine ununterbrochene Ruhe von mindestens 8 Stunden gewährt werden. Bei Lehrlingen im ersten Lehrjahre muß die Arbeitsschicht zwei Stunden, bei solchen im zweiten Lehrjahre eine Stunde kürzer und dafür die Ruhezeit zwischen den Arbeitsschichten entsprechend länger sein.

Ausnahmen von diesen Bestimmungen sind bei Festen und sonstigen besonderen Gelegenheiten zulässig, wenn die untere Verwaltungsbehörde die Überarbeit für zulässig erklärt hat, und außerdem an jährlich 20 Tagen, die der Arbeitgeber nach eigenem Ermessen bestimmen darf. In der Betriebsstätte der Bäckerei ist eine Kalendertafel, mit polizeilichem Stempel versehen, anzubringen, auf der jeder Tag der Überarbeit mittels Durchlochung oder Durchstreichung mit Tinte kenntlich zu machen ist. Außerdem ist eine Tafel anzubringen, die die gesetzlichen Vorschriften der genannten Bundesratsverordnung enthält.

V. Bestimmungen der Maß- und Gewichtsordnung.

Die Maß- und Gewichtsordnung vom 17. August 1868 besteht zur Zeit der Bearbeitung dieses Buchs noch zu Recht; ein neuer Entwurf liegt dem Reichstag vor, dessen Annahme gesichert erscheint. Die Maß- und Gewichtsordnung in der neuen Fassung bestimmt, daß zum Messen und Wägen im öffentlichen Verkehr, sofern dadurch der Umfang von Leistungen bestimmt werden soll, nur die ordnungsmäßig geeichten Maße, Wagen und Gewichte angewendet und bereit gehalten werden dürfen. Die früher häufig erörterte Streitfrage, ob der Geschäftsverkehr der Konsumvereine als „öffentlicher" Verkehr zu betrachten ist und ob man daher die Konsumvereine überhaupt unter diese Vorschriften stellen kann, ist durch die neue Maß- und Gewichtsordnung entschieden; sie bestimmt ausdrücklich, daß zum öffentlichen Verkehr der Handelsverkehr auch dann gehört, wenn er nicht in offenen Verkaufsstellen stattfindet, und daß der Ausübung eines Gewerbes im Sinne des Gesetzes der Geschäftsbetrieb von Vereinen auch insoweit gleichsteht, als er sich auf die Mitglieder beschränkt.

Die dem eichpflichtigen Verkehr dienenden Maßgeräte sind innerhalb bestimmter Fristen zur Nacheichung zu bringen. Die Fristen betragen bei den Längenmaßen, den Flüssigkeitsmaßen, den Hohlmaßen und den Meßwerkzeugen und Gewichten, sowie Wagen für eine größere zulässige Last von 3000 kg und den Bierfässern zwei Jahre, für Wagen über 3000 kg und für Weinfässer drei Jahre.

Die Übertretung der Vorschriften der Maß- und Gewichtsordnung ist mit Strafe sowie mit Einziehung bezw. Unbrauchbarmachung der vorschriftswidrigen Meßgeräte bedroht, und zwar ohne Rücksicht darauf, ob die Geräte dem Verurteilten gehören oder nicht.

VI. Bestimmungen über den Verkehr mit Nahrungsmitteln.

In Betracht kommt das Reichsgesetz vom 14. Mai 1879 betreffend den Verkehr mit Nahrungsmitteln, Genußmitteln und Gebrauchsgegenständen. Die Konsumvereine unterliegen auch diesem Gesetz nach Maßgabe der dort getroffenen Bestimmungen. Die Polizeibeamten sind danach befugt, in die Verkaufsräume der Konsumvereine während der üblichen Geschäftsstunden einzutreten und nach ihrer Wahl Proben zum Zwecke der Untersuchung gegen Empfangsbescheinigung zu entnehmen. Auf Verlangen muß dem Konsumverein ein Teil der Probe amtlich verschlossen oder versiegelt zurückgelassen werden. Für die entnommene Probe ist eine Entschädigung in Höhe des üblichen Kaufpreises zu leisten. Es ist selbstverständlich, daß die Konsumvereine bestrebt sein müssen, zu verhüten, daß derartige Untersuchungen mit der Beanstandung von Waren enden. Es ergibt sich hieraus für die Konsumvereine die Notwendigkeit regelmäßiger Warenuntersuchungen durch vom Verein beauftragte Sachverständige.

Mit erheblicher Strafe wird bedroht:

1. wer zum Zwecke der Täuschung im Handel und Verkehr Nahrungs- oder Genußmittel nachmacht oder verfälscht;

2. wer wissentlich Nahrungs- oder Genußmittel, welche verdorben oder nachgemacht oder verfälscht sind, unter Verschweigung dieses Umstands verkauft oder unter einer zur Täuschung geeigneten Bezeichnung feilhält. Zur Strafbarkeit genügt also selbst ein Feilhalten unter einer zur Täuschung geeigneten Bezeichnung. Es darf also z. B. nicht künstlicher Honig unter der Bezeichnung „Bienenhonig“ feilgehalten werden &c.

VII. Bestimmungen über die Verwendung gesundheitsschädlicher Farben bei Herstellung von Nahrungs- und Genußmitteln und von Gebrauchsgegenständen.

In Betracht kommen die Bestimmungen des Reichsgesetzes vom 5. Juli 1887. Es dürfen danach gesundheitsschädliche Farben zur Herstellung von Nahrungs- und Genußmitteln, welche zum Verkauf bestimmt sind, nicht verwendet werden. Gesundheitsschädliche Farben im Sinne dieser Bestimmung sind diejenigen Farbstoffe und Farbzubereitungen, welche Antimon, Arsen, Baryum, Blei, Cadmium, Chrom, Kupfer, Quecksilber, Uran, Zink, Zinn, Gummigutti, Korallin oder Pikrinsäure enthalten. —

VIII. Bestimmungen über den Verkauf von Margarine.

In Betracht kommt hierfür das Reichsgesetz vom 15. Juni 1897 betreffend den Verkehr mit Butter, Käse, Schmalz und deren Ersatzmittel, dessen wichtigste Bestimmungen folgende sind (vergl. auch Oppermann-Häntschke-Schneider, Handbuch für Konsumvereine, 3. Aufl., S. 126 ff., dem das Nachfolgende entnommen ist):

Die Geschäftsräume und sonstigen Verkaufsstellen, in denen Margarine, Margarinekäse oder Kunstspeisefett gewerbsmäßig verkauft oder feilgehalten werden, müssen an in die Augen fallender Stelle die deutliche, nicht verwischbare Inschrift „Verkauf von Margarine", „Verkauf von Margarinekäse", „Verkauf von Kunstspeisefett" tragen, die Gefäße und äußeren Umhüllungen die deutliche, nicht verwischbare Inschrift „Margarine", „Margarinekäse", „Kunstspeisefett". Die Gefäße müssen außerdem mit einem stets sichtbaren, bandförmigen Streifen von roter Farbe versehen sein, welcher bei Gefäßen bis zu 35 cm Höhe mindestens 2 cm, bei höheren Gefäßen mindestens 5 cm breit sein muß.

Im gewerbsmäßigen Einzelverkaufe müssen Margarine, Margarinekäse und Kunstspeisefett an den Käufer mit einer Umhüllung abgegeben werden, auf welcher die Inschrift „Margarine", „Margarinekäse", „Kunstspeisefett" mit dem Namen oder der Firma des Verkäufers angebracht ist.

Wird Margarine oder Margarinekäse in regelmäßig geformten Stücken gewerbsmäßig verkauft oder feilgehalten, so müssen dieselben von Würfelform sein, auch muß denselben die Inschrift „Margarine", „Margarinekäse" eingepreßt sein.

In Räumen, woselbst Butter oder Butterschmalz gewerbsmäßig hergestellt, aufbewahrt, verpackt oder feilgehalten wird, ist die Herstellung, Aufbewahrung, Verpackung oder das Feilhalten von Margarine oder Kunstspeisefett verboten. Ebenso ist in Räumen, woselbst Käse gewerbsmäßig hergestellt, aufbewahrt, verpackt oder feilgehalten wird, die Herstellung, Aufbewahrung, Verpackung oder das Feilhalten von Margarinekäse untersagt. Für die Abtrennung der Räume, in welchen der Verkauf von Margarine rc. stattfindet, von denen der Butter= rc. Verkaufsräume sind die vom Reichskanzleramt aufgestellten Grundsätze maßgebend (siehe unten S. 282).

In Orten, welche nach dem endgültigen Ergebnis der letztmaligen Volkszählung weniger als 5000 Einwohner hatten, findet die Bestimmung des vorstehenden Absatzes auf den Kleinhandel und das Aufbewahren der für den Kleinhandel erforderlichen Bedarfsmengen in öffentlichen Verkaufsstätten, sowie auf das Verpacken der daselbst im Kleinhandel zum Verkauf gelangenden Waren keine Anwendung. Jedoch müssen Margarine, Margarinekäse und Kunstspeisefett innerhalb der Verkaufsräume in besonderen Vorratsgefäßen und an besonderen Lager=

stellen, welche von den zur Aufbewahrung von Butter, Butterschmalz und Käse dienenden Lagerstellen getrennt sind, aufbewahrt werden.

Für Orte, deren Einwohnerzahl erst nach dem endgültigen Ergebnis einer späteren Volkszählung die angegebene Grenze überschreitet, wird der Zeitpunkt, von welchem ab die Vorschrift des vorhergehenden Absatzes nicht mehr Anwendung findet, durch die nach Anordnung der Landeszentralbehörde zuständigen Verwaltungsstellen bestimmt. Mit Genehmigung der Landeszentralbehörde können diese Verwaltungsstellen bestimmen, daß die Vorschrift des vorhergehenden Absatzes von einem bestimmten Zeitpunkt ab ausnahmsweise in einzelnen Orten mit weniger als 5000 Einwohnern nicht Anwendung findet, sofern der unmittelbare räumliche Zusammenhang mit einer Ortschaft von mehr als 5000 Einwohnern ein Bedürfnis hierfür begründet.

Die Beamten der Polizei und die von der Polizeibehörde beauftragten Sachverständigen sind befugt, in die Räume, in denen Butter, Margarine, Margarinekäse oder Kunstspeisefett gewerbsmäßig hergestellt werden, jederzeit, in die Räume, in denen Butter, Margarine, Margarinekäse oder Kunstspeisefett aufbewahrt, feilgehalten oder verpackt werden, während der Geschäftszeit einzutreten und daselbst Revisionen vorzunehmen, und nach ihrer Auswahl Proben zum Zwecke der Untersuchung gegen Empfangsbescheinigung zu entnehmen. Auf Verlangen ist ein Teil der Probe amtlich verschlossen oder versiegelt zurückzulassen und für die entnommene Probe eine angemessene Entschädigung zu leisten.

Die vorhin erwähnten, vom Reichskanzleramt aufgestellten Grundsätze sind die folgenden:

Die Verkaufsstätten für Butter oder Butterschmalz einerseits und für Margarine oder Kunstspeisefett andererseits müssen, falls diese Waren nebeneinander in einem Geschäftsbetriebe feilgehalten werden, derart getrennt sein, daß ein unauffälliges Hinüber- und Herüberschaffen der Ware während des Geschäftsbetriebes verhindert und insbesondere die Möglichkeit, an Stelle von Butter oder Butterschmalz unbemerkt Margarine oder Kunstspeisefett dem kaufenden Publikum zu verabreichen, tunlichst ausgeschlossen wird. Die Entscheidung darüber, in welcher Weise diesen Anforderungen entsprochen wird, kann nur unter Berücksichtigung der besonderen Verhältnisse jedes Einzelfalles und namentlich der Beschaffenheit der in Betracht kommenden Räume erfolgen.

Doch werden im allgemeinen folgende Grundsätze zur Richtschnur dienen können:

1. Es ist nicht erforderlich, daß die Räume je einen besonderen Zugang für das Publikum besitzen. Es ist vielmehr zulässig, daß ein gemeinschaftlicher Eingang für die verschiedenen Räume besteht.
2. Wenn auch die Scheidewände nicht aus feuerfestem Material hergestellt zu sein brauchen, so müssen sie immerhin einen so dichten Abschluß bilden, daß jeder unmittelbare Zusammenhang der Räume, soweit er nicht durch Durchgangsöffnungen hergestellt ist, ausgeschlossen wird. Als ausreichend sind beispielsweise zu betrachten, abschließende Wände aus Brettern, Glas, Zement- oder Gipsplatten. Dagegen können Lattenverschläge, Vorhänge, weitmaschige Gitterwände, verstellbare Abschlußvorrichtungen nicht als genügend betrachtet werden. Bei offenen Verkaufsständen auf Märkten, können jedoch auch Einrichtungen der letzteren Art geduldet werden. Die Scheidewände müssen in der Regel vom Fußboden bis zur Decke reichen und den Raum auch in seiner ganzen Breite und Tiefe abschließen.
3. Die Verbindung zwischen den abgetrennten Räumen darf mittels einer oder mehrerer Durchgangsöffnungen hergestellt sein. Derartige Öffnungen sind in der Regel mit Türverschluß zu versehen.

Die vorstehenden Grundsätze finden sinngemäße Anwendung auf die Räume zur Aufbewahrung und Verpackung der bezeichneten Waren.

Nach den gleichen Gesichtspunkten ist die Trennung der Geschäftsräume für Käse und Margarinekäse zu beurteilen.

IX. Bestimmungen, betr. den Fett- und Wassergehalt der Butter, Verordnung vom 1. März 1902.

Diese Verordnung ist erlassen auf Grund des § 11 des Margarinegesetzes und bestimmt:

„Butter, welche in 100 Gewichtsteilen weniger als 80 Gewichtsteile Fett oder in ungesalzenem Zustande mehr als 18 Gewichtsteile, in gesalzenem Zustande mehr als 16 Gewichtsteile Wasser enthält, darf nicht verkauft oder feilgehalten werden."

X. Bestimmungen über den Verkauf von „Süßstoffen".

Das „Süßstoffgesetz" vom 7. Juli 1902 bestimmt, daß Süßstoffe, d. h. „alle auf künstlichem Wege gewonnenen Stoffe, die als Süßmittel dienen können und höhere Süßkraft als raffinierter Rohr- und Rübenzucker, aber nicht entsprechenden Nährwert besitzen", nur von Apothekern und besonders konzessionierten Personen verkauft werden dürfen. Für die Konsumvereine ist also die Einholung der amtlichen Erlaubnis zum Bezug und Verkauf des Süßstoffes erforderlich.

XI. Verordnung, betr. den Verkehr mit Arzneimitteln vom 22. Oktober 1901 nebst Ergänzung vom 1. Oktober 1903.

Dieser Verordnung sind ausführliche Verzeichnisse derjenigen Arzneimittel, die bloß von Apothekern verkauft werden dürfen, beigegeben, auf die hier im einzelnen nicht eingegangen werden kann. Die in diesem Verzeichnis aufgeführten Arzneimittel dürfen von Konsumvereinen nicht geführt werden, widrigenfalls die Vereine sich strafbar machen.

Eng in Zusammenhang hiermit steht die Bestimmung des § 34 der Gewerbeordnung, daß die Landesgesetze zum Handel mit Giften die Erteilung einer besonderen Genehmigung verlangen können. So z. B. wird das Kupfervitriol vielfach in der Landwirtschaft zum sogenannten „Einkalken" des Weizens verwendet. Bei landwirtschaftlichen Konsumvereinen wird das Kupfervitriol deshalb häufig gekauft; Konsumvereine, die diesen Artikel verkaufen wollen, müssen die behördliche Konzession einholen.

XII. Bestimmungen über Verkehr mit blei- und zinkhaltigen Gegenständen.

Nach § 1 des Reichsgesetzes vom 25. Juni 1887 dürfen Eß-, Trink- und Kochgeschirre, sowie Flüssigkeitsmaße nicht

1. ganz oder teilweise aus Blei oder einer in 100 Gewichtsteilen mehr als 10 Gewichtsteile Blei enthaltenden Metallegierung hergestellt,

2. an der Innenseite mit einer in 100 Gewichtsteilen mehr als einen Gewichtsteil Blei enthaltenden Metallegierung verzinnt oder mit einer in 100 Gewichtsteilen mehr als 10 Gewichtsteile enthaltenden Metallegierung gelötet,
3. mit Emaille oder Glasur versehen sein, welche bei halbstündigem Kochen mit einem in 100 Gewichtsteilen 4 Gewichtsteile Essigsäure enthaltenden Essig an den letzteren Blei abgeben.

Zu Leitungen für Bier, Wein oder Essig dürfen bleihaltige Kautschukschläuche nicht verwendet werden. Es müssen ferner den obengenannten Bestimmungen des § 1 die Konservenbüchsen auf der Innenseite entsprechen.

Zur Aufbewahrung von Getränken dürfen Gefäße nicht verwendet werden, in welchen sich Rückstände von bleihaltigem Schrote befinden.

Zur Packung von Schnupf- und Kautabak sowie Käse dürfen Metallfolien nicht verwendet werden, welche in 100 Gewichtsteilen mehr als einen Gewichtsteil Blei enthalten.

XIII. Bestimmungen über den Verkauf von denaturiertem Spiritus.

Dieser unterliegt nach dem Beschluß des Bundesrats vom 27. Februar 1896 betr. Konzessionsfreiheit des Verkaufs von denaturiertem Spiritus nicht der Konzessionspflicht aus § 33 der Gewerbeordnung, aber es muß 14 Tage vor Eröffnung des Handels mit denaturiertem Spiritus der zuständigen Steuer- und Ortspolizeibehörde Anzeige gemacht werden, worauf die Steuerbehörde eine Bescheinigung über die Anzeige erteilt. Außerdem muß im Verkaufslokale eine Bekanntmachung aushängen, aus welcher sich ergibt, daß es verboten ist, denaturierten Spiritus zu verkaufen, dessen Stärke weniger als 80 Proz. beträgt, und daß das Denaturierungsmittel nicht aus dem Spiritus ausgezogen werden darf.

Die Beamten der Zollverwaltung und der Polizeibehörde sind befugt, die Verkaufslokale der Konsumvereine zu betreten, Proben des feilgehaltenen denaturierten Spiritus gegen Empfangsbescheinigung und Bezahlung zum Zwecke der Untersuchung zu entnehmen. Auf Verlangen muß dem Verein ein Teil der Probe amtlich versiegelt oder verschlossen zurückgelassen werden. — Bei Zuwiderhandlungen wird der Verein nach § 43e des Branntweinsteuergesetzes straffällig.

XIV. Bestimmungen, betr. den Kleinhandel mit Branntwein.

Nach § 33 der Gewerbeordnung bedarf derjenige, der Gastwirtschaft, Schankwirtschaft oder Kleinhandel mit Branntwein, d. h. mit geistigen Getränken, die auf dem Wege des Brennens hergestellt sind, betreibt, der behördlichen Erlaubnis. Auch die Konsumvereine müssen gemäß den Bestimmungen der Novelle vom 6. August 1896 die Konzession nachsuchen. Die zur Erteilung der Konzession zuständigen Behörden sind in den einzelnen Bundesstaaten verschieden. In Preußen ist bei Landgemeinden und Städten unter 10000 Einwohnern das Konzessionsgesuch an den Kreisausschuß, bei größeren Gemeinden an den Magistrat, in kreisausgeschlossenen Städten von mehr als 25000 Einwohnern an den Stadtausschuß zu richten. Gegen den ablehnenden Bescheid ist die Reklamation an die höheren Instanzen gegeben. Landesgesetzlich geregelt ist auch die Grenze, bis zu der der Kleinhandel reicht. Sie ist in den einzelnen Bundesstaaten sehr verschieden; so wird z. B. im Königreich Sachsen schon die Abgabe geringerer Quantitäten als $33^1/_3$ Liter als Kleinhandel angesehen. In Preußen beträgt diese Grenze 17,175 Liter, in Bayern, Württemberg und Baden dagegen nur 2 Liter. Es würde zu weit führen, hier auf diese Einzelheiten einzugehen.

Die Konzession wird nicht an den Verein als juristische Person, sondern nur an physische Personen erteilt, also meist an ein Vorstandsmitglied oder an den Lagerhalter.

Der Verkauf von Bier in Flaschen ist nicht konzessionspflichtig, es bedarf lediglich einer Anzeige an die Polizeibehörde. Verboten ist jedoch der Genuß von Flaschenbier — und ebenso natürlich von Branntwein — im Geschäftslokale des Konsumvereins. Hierzu würde es der Erteilung der Schankkonzession bedürfen. Die Lagerhalter dürfen deshalb nie dulden, daß Bier oder Branntwein vom Käufer im Geschäftslokal sofort getrunken werden.

XV. Gesetz, betr. den Verkehr mit Wein, weinhaltigen und weinähnlichen Getränken vom 24. Mai 1901 nebst den Ausführungsbestimmungen der Bekanntmachung vom 2. Juli 1901.

Das Gesetz gestattet im § 2 Nr. 4 den Zusatz von technisch reinem Rohr-, Rüben- oder Invertzucker, technisch reinem Stärkezucker, auch in wässeriger Lösung, sofern ein solcher Zusatz nur erfolgt, „um den Wein zu verbessern, ohne seine Menge erheblich zu vermehren". Es darf ferner nach § 3 zur vollen Rotweintraubenmaische zu dem eben genannten Zweck ein Zusatz von wässeriger Zuckerlösung gemacht werden; verboten ist aber, Wein mit derartigen Zusätzen als Naturwein oder unter anderen Bezeichnungen zu verkaufen, durch welche die Annahme hervorgerufen werden kann, daß ein derartiger Zusatz nicht gemacht ist.

Schaumwein muß nach § 6 desselben Gesetzes, wenn er gewerbsmäßig verkauft wird, eine Bezeichnung tragen, welche das Land und den Ort erkennbar macht, wo er auf Flaschen gefüllt ist. Schaumwein aus Fruchtwein, z. B. der in einigen Gegenden sehr beliebte Apfelweinsekt, muß ebenfalls einen entsprechenden Zusatz tragen.

In engem Zusammenhang hiermit stehen die

XVI. Bestimmungen des Schaumweinsteuergesetzes vom 9. Mai 1902.

Das Gesetz bestimmt, daß Händler, die Schaumweine in Gewahrsam haben, welche den Vorschriften dieses Gesetzes zuwider nicht mit dem erforderlichen Steuerzeichen versehen sind, sich der Defraudation schuldig machen. Nach dem Gesetz wird die ganze Flasche Schaumwein mit 50 Pf., die halbe mit 25 Pf. Steuer belegt. Die Versteuerung wird auf der Flasche durch Anbringung eines Papierbandes kenntlich gemacht; wird der Schaumwein vom Konsumverein ohne dieses Zeichen verkauft, so macht sich der Verein der Defraudation schuldig.

XVII. Bestimmungen, betr. den Kleinhandel mit Zigaretten.

Das auf Grund des Gesetzes betr. die Ordnung des Reichhaushalts und die Tilgung der Reichsschuld vom 3. Juni 1906 erlassene

Zigarettensteuergesetz sieht eine Besteuerung der Zigaretten, des Zigarettentabaks, der Zigarettenhülsen und der zugeschnittenen Zigarettenblättchen vor. Diese Artikel dürfen nach § 5 vom Hersteller und Großhändler nur in vollständig geschlossenen Packungen abgegeben werden, auf denen der Inhalt nach Art und Menge, sowie bei Zigaretten und Tabak auch der Kleinverkaufspreis oder die Preisgrenzen der Steuerklassen in Druckschrift angegeben sind. Jede Packung wird zum Zeichen der erfolgten Versteuerung mit einem Steuerzeichen (Papierband) versehen, das so lange unverletzt bleiben muß, bis die Packung geöffnet wird. Geöffnete und ganz oder teilweise entleerte Packungen dürfen nicht nachgefüllt werden. Der Einzelverkauf darf nur aus den zugehörigen Umschließungen erfolgen. Geleerte Umschließungen müssen vernichtet werden. Zuwiderhandlungen werden als Defraudation bestraft und zwar mit einer dem vierfachen Betrag der vorenthaltenen Steuer entsprechenden Geldstrafe, die aber mindestens 50 M. für den Einzelfall beträgt. Außerdem wird die betreffende Ware eingezogen. Erhält ein Konsumverein von seinen Lieferanten Zigaretten 2c., bei denen die Vorschriften des Gesetzes nicht gewahrt sind, so ist er gemäß § 16 verpflichtet, binnen drei Tagen der Steuerbehörde Anzeige zu machen.

XVIII. Bestimmungen für den Kleinhandel mit Kerzen.

Nach der Verordnung vom 4. Dezember 1901 dürfen Packungen von Stearin- und Paraffinkerzen, sowie von sogenannten Kompositionskerzen, d. h. von Kerzen, die überwiegend aus diesen Stoffen hergestellt sind, im Einzelverkehr nur in bestimmten Einheiten des Gewichts und unter Angabe der Gewichtsmenge gewerbsmäßig verkauft oder feilgehalten werden.

Als Einheiten für das Rohgewicht der Packungen werden 500 g, 330 g und für Packungen, bei welchen die einzelne Kerze 25 g oder weniger wiegt, auch 250 g zugelassen.

Das Reingewicht der in den Packungen enthaltenen Kerzen muß bei einem Rohgewicht von 500 g mindestens 470 g, von 330 g mindestens 305 g, von 250 g mindestens 225 g betragen. Auf der Außenseite der Packungen muß das Roh- und Reingewicht in Gramm oder Bruchteilen von Kilogramm angegeben sein. Das Roh- und das

Reingewicht dürfen um nicht mehr als 10 g hinter dem angegebenen Betrage zurückbleiben.

XIX. Bestimmungen für den Kleinhandel mit Garn.

In Betracht kommt die Verordnung vom 20. November 1900 nebst der Ergänzung vom 17. November 1902.

Nach § 1 dürfen zum Einzelverkauf aufgemachte baumwollene, wollene und halbwollene Garne aller Art nur in bestimmten Einheiten des Gewichts und unter Angabe der Gewichtsmenge im Einzelverkehr gewerbsmäßig verkauft oder feilgehalten werden, baumwollene Garne bis zur Gesamtlänge von 100 m jedoch auch in bestimmten Einheiten der Länge und unter Angabe der Länge.

Die Vorschriften finden keine Anwendung

1. auf Garne, die zum Zwecke der Fertigstellung von halbfertigen Waren in Verbindung mit diesen feilgehalten werden,
2. auf baumwollene Nähgarne, die auf Holzrollen oder auf Papierhülsen aufgemacht sind,
3. auf Garne, die dem Käufer zugemessen oder zugewogen werden.

Als Mengeneinheiten sind zugelassen

1. Gewichtseinheiten von 1, 5, 10, 20 und 50 g und den Vielfachen von 50 g,
2. Längeneinheiten zu 5, 10, 20, 30 ꝛc. bis 100 m.

XX. Bestimmungen über das gewerbsmäßige Verkaufen und Feilhalten von Petroleum.

Es kommt in Betracht die Verordnung vom 24. Februar 1882, die sich speziell auf den Verkauf des besonders feuergefährlichen Rohpetroleums bezieht, das schon bei Erwärmung auf weniger als 21° C entflammbare Dämpfe entweichen läßt. Auf Grund dieser Verordnung sind in den einzelnen Bundesstaaten über die Lagerung des Petroleums aus Sicherheitsrücksichten Vorschriften erlassen, auf die der Vielgestaltigkeit wegen hier nicht eingegangen werden kann.

Bemerkt sei nur noch, daß die Bestimmungen der Verordnung auch auf die Destillationsprodukte des Rohpetroleums Anwendung finden, also z. B. auf das Benzin.

XXI. Bestimmungen des Gesetzes, betr. Phosphorzündwaren vom 10. Mai 1903.

Nach § 1 dieses Gesetzes darf weißer oder gelber Phosphor zur Herstellung von Zündhölzern und anderen Zündwaren nicht verwendet werden. Solche Zündwaren, die entgegen der Vorschrift hergestellt sind, dürfen nicht gewerbsmäßig feilgehalten, verkauft oder sonst in Verkehr gebracht werden.

XXII. Das Gesetz, betr. die Bekämpfung der Reblaus vom 6. Juli 1904

bestimmt unter anderem: wer mit Reben oder Rebteilen Handel treibt, ist verpflichtet, Bücher zu führen, aus welchen die Herkunft, die Abgabe und der Versand der Reben oder Rebteile zu ersehen ist; diese Bücher sind zehn Jahre lang aufzubewahren. Sollte ein landwirtschaftlicher Konsumverein in die Lage kommen, Handel mit Reben oder Rebteilen zu treiben, so ist er verpflichtet, diese Bestimmungen zu beachten.

Sechster Abschnitt.

Die staatliche Besteuerung der Genossenschaften.

Bei der Verschiedenheit der steuergesetzlichen Bestimmungen in den deutschen Bundesstaaten würde ein näheres Eingehen auf diese Gesetzgebung den Rahmen dieses Buchs überschreiten. Die Darstellung muß daher auf die Feststellung beschränkt werden, für welche Steuerarten die Genossenschaften in den einzelnen Bundesstaaten herangezogen werden können. Die Höhe der Steuern und die Art ihrer Berechnung kann um so eher unerörtert bleiben, als, wenn erst das Bestehen der Steuerpflicht für eine Genossenschaft festgestellt ist, die Berechnung nach Kenntnisnahme der maßgebenden Bestimmungen der — in der folgenden Zusammenstellung dem Datum nach genau bezeichneten — Gesetze unschwer erfolgen kann. Hinsichtlich der vielfachen Streitfragen, die in den Steuerprozessen von Genossenschaften zur Erörterung und zum Austrag gekommen sind, sei auf die häufigen Besprechungen in den Blättern für Genossenschaftswesen verwiesen. Nur ein Punkt soll kurz Erwähnung finden.

In mehreren Bundesstaaten ist die Heranziehung der eingetragenen Genossenschaften zu Steuern von der Feststellung abhängig, daß die Genossenschaft mit ihrem Geschäftsbetrieb „über den Kreis ihrer Mitglieder hinausgegangen“ sei. Dies will besagen, daß eingetragene Genossenschaften dann nicht von der betr. Steuer befreit sein sollen, wenn sie auch *Nichtmitglieder an den Zwecken der Genossenschaft teilnehmen* lassen. In Übereinstimmung mit der gleichmäßigen Rechtsprechung des preußischen Oberverwaltungsgerichts dürfte darüber Einstimmigkeit herrschen, daß die *Annahme fremder Gelder an sich nicht* schon eine Überschreitung des Geschäftsbetriebs über den Mitgliederkreis bedeutet. An sich dürfen also Spareinlagen, Depositen rc. auch von Nichtmitgliedern ohne Befürchtung steuerlicher Nachteile angenommen werden. Die Genossenschaften seien aber darauf hingewiesen, daß sehr wohl dann eine Steuerpflicht begründet werden könnte, wenn die Genossenschaft mehr fremdes Geld annimmt, als sie zur Erreichung ihres Zwecks, nämlich zur Befriedigung des Kreditbedürfnisses der Mitglieder, bedarf. Dies festzustellen, ist Gegenstand der Prüfung im Einzelfall.

Mit Rücksicht auf die außerordentliche Mannigfaltigkeit der Bestimmungen, die hinsichtlich der Heranziehung zu Gemeindesteuern bestehen, bleibt die Darstellung auf die Staatssteuern beschränkt. Zu diesen werden die Genossenschaften in den verschiedenen Bundesstaaten wie folgt herangezogen.

Preußen.

Einkommensteuerpflichtig sind nach § 1 des Einkommensteuergesetzes vom 24. Juni 1891 in der Fassung vom 19. Juni 1906 diejenigen eingetragenen Genossenschaften, deren Geschäftsbetrieb über den Kreis ihrer Mitglieder hinausgeht, und im übrigen „Vereine, einschließlich eingetragener Genossenschaften, zum gemeinsamen Einkauf von Lebensbedürfnissen im großen und Ablaß im kleinen, auch wenn ihr Geschäftsbetrieb nicht über den Kreis ihrer Mitglieder hinausgeht". Es werden also, im Gegensatz zur Gesetzgebung vor 1906, alle Konsumvereine, mögen sie eingetragen sein oder nicht, einen offenen Laden haben oder nicht, und ohne Rücksicht darauf, ob sie den Geschäftsbetrieb auf den Kreis ihrer Mitglieder beschränken, wozu sie übrigens das Genossenschaftsgesetz zwingt, von der Einkommensteuer betroffen. Zur Ergänzungssteuer werden die Genossenschaften nicht herangezogen, da das Ergänzungssteuergesetz vom 14. Juli 1893 nur eine Besteuerung physischer Personen vorsieht. Dagegen fällt ihnen die Gewerbesteuer zur Last; der letzteren sind nach § 5 des Gewerbesteuergesetzes vom 24. Juni 1891 lediglich diejenigen Vereine, eingetragenen Genossenschaften und Korporationen nicht unterworfen, welche nur die eigenen Bedürfnisse ihrer Mitglieder an Geld, Lebensmitteln und anderen Gegenständen zu beschaffen bezwecken, wenn sie satzungsgemäß und tatsächlich ihren Verkehr auf die Mitglieder beschränken und keinen Gewinn unter die Mitglieder verteilen, auch eine Verteilung des aus dem Gewinn angesammelten Vermögens ausschließen. Konsumvereine — eingetragene oder nicht eingetragene — mit offenem Laden unterliegen der Besteuerung stets; ebenso unter derselben Voraussetzung Konsumanstalten, welche von gewerblichen Unternehmern im Nebenbetriebe unterhalten werden. Molkereigenossenschaften, Winzervereine und andere Vereinigungen zur Bearbeitung und Verwertung der selbstgewonnenen Erzeugnisse der Teilnehmer unterliegen der Gewerbesteuer nur unter denselben Voraussetzungen, unter welchen auch der gleiche Geschäftsbetrieb des einzelnen Mitglieds hinsichtlich seiner selbstgewonnenen Erzeugnisse der Gewerbesteuer unterworfen ist. — Eingetragene Genossenschaften, die lediglich den Bau, den Erwerb und die Vermietung von Wohnhäusern an Genossen, wie die Annahme und Verwaltung von Spareinlagen der Genossen bezwecken, sind vom Preußischen Oberverwaltungsgericht (Entscheidungen in Staatssteuersachen Bd. 11 S. 396) als keine gewerbetreibenden Vereine anerkannt worden und unterliegen daher nicht der Gewerbesteuer. Auch die Vermietung von Wohnungen an Nichtmitglieder stellt keinen Gewerbebetrieb dar, sofern diese Vermietung nicht in der Absicht der Gewinnerzielung, sondern lediglich zwecks Ausnutzung der nicht von Genossen gemieteten Wohnungen geschieht. Ebensowenig macht eine in geringfügigen Grenzen sich haltende Verteilung von Gewinn oder die den Geldbedarf der Genossenschaft nicht übersteigende Annahme von Spareinlagen das Unternehmen eines gemeinnützigen Bauvereins zum Gewerbebetrieb. Bei den Konsumvereinen ist auch noch die Besteuerung nach dem Gesetz betr. die Warenhaussteuer vom 18. Juli 1900 möglich, vorausgesetzt, daß der Konsumverein den Kleinhandel mit mehr als einer der in § 6 des Warenhaussteuergesetzes unterschiedenen Warengruppen betreibt, daß der Jahresumsatz in diesen Gruppen 400000 M. übersteigt, und nicht die Voraussetzungen der Befreiung von der Gewerbesteuer nach § 5 des Gewerbesteuergesetzes vorliegen (§ 1 a. a. O.).

Bayern.

Der Gewerbesteuer sind nach Art. 21 Abs. I des Gewerbesteuergesetzes vom 9. Juni 1899 nicht zu unterziehen diejenigen Erwerbs- und Wirtschaftsgenossenschaften, welche auf dem Grundsatz der

Selbsthilfe beruhen, die ihrem Zwecke entsprechende Tätigkeit nur auf den Kreis ihrer Mitglieder beschränken und nicht die Erzielung eines gewerblichen Gewinnes anstreben. Der Absatz III nimmt jedoch von dieser Steuerbefreiung aus: a) Konsumvereine mit Ausnahme derjenigen landwirtschaftlichen Konsumvereine, welche ohne Haltung eines offenen Ladens die Vermittlung des Bezuges von ihrer Natur nach ausschließlich für den landwirtschaftlichen Betrieb bestimmten Waren besorgen, und b) Vorschuß- und Kreditvereine mit „ausgedehnten bankähnlichen Betrieben". Von der Einkommensteuer sind die Genossenschaften befreit, da nach Art. 1 des Einkommensteuergesetzes vom 6. Juni 1899 die Heranziehung zur Einkommensteuer davon abhängig gemacht ist, daß nicht bereits eine Heranziehung zur Grund-, Haus-, Gewerbe- oder Kapitalrentensteuer erfolgt. Von der Kapitalrentensteuer sind nach Art. 4 Nr. 6 des Kapitalrentensteuergesetzes vom 9. Juni 1899 die „genossenschaftlichen Darlehnskassen, deren Kapitalrenten — abgesehen von einer den gesetzlichen Darlehnszinsfuß nicht übersteigenden Verzinsung der Geschäftsanteile — statutengemäß zur Begründung eines Fonds für gemeinnützige Zwecke zu dienen bestimmt sind", nach Nr. 8 desselben Artikels „Genossenschaften, welche fremdes Kapital in Erwerbsgeschäften verwalten, insoweit die hieraus fließende Rente an die Teilnehmer verabfolgt, und daher von diesen versteuert wird", und endlich nach Nr. 9 „der Rentenertrag des Gewerbeinhabers aus den in seinem Gewerbe angelegten Betriebskapitalien oder zum Zwecke des gewerbsmäßigen Umsatzes erworbenen umlaufenden Papieren oder Wechseln" befreit. Diejenigen Genossenschaften, welche zur Gewerbesteuer herangezogen werden, sind von der Kapitalrentensteuer in der Regel befreit, weil zumeist die Reserven im Geschäftsbetriebe verwendet werden, ihr Erträgnis also einen Bestandteil eines besonderen gewerblichen Ertrages bildet. Nur wo die Reserven gesondert vom eigentlichen Geschäftsbetriebe verwaltet, z. B. in Wertpapieren angelegt sind, die nicht zum Geschäftsbetriebe verwendet werden, ist bei solchen Vereinen eine Veranlagung zur Kapitalrentensteuer möglich.

Sachsen.

Der Einkommensteuer unterliegen die Genossenschaften nach § 4 des Einkommensteuergesetzes vom 24. Juli 1900 nebst Nachtrag vom 1. Juli 1902, welcher bestimmt, daß Personenvereine, welche Überschüsse als Aktienzinsen oder Dividenden, gleichviel unter welcher Benennung, unter die Mitglieder verteilen, steuerpflichtig sind. Von der Ergänzungssteuer sind die Genossenschaften nach § 7 Nr. 4 in Verbindung mit § 3 des Ergänzungssteuergesetzes vom 2. Juli 1902 befreit. Eine staatliche Gewerbesteuer besteht nicht.

Württemberg.

Die Erwerbs- und Wirtschaftsgenossenschaften sind — mögen sie eingetragen sein oder nicht — sowohl nach Art. 2 Nr. 4 des Einkommensteuergesetzes vom 8. August 1903 einkommensteuerpflichtig, als nach Art. 3 Nr. 4 des Kapitalsteuergesetzes vom gleichen Datum kapitalsteuerpflichtig. Das letztere Gesetz sieht in Art. 7 eine in das Ermessen des Steuerkollegiums gestellte Befreiung von der Kapitalsteuer für die auf Gegenseitigkeit gegründeten Vorschuß- und Kreditvereine hinsichtlich des Zinsertrags aus den bei ihren Mitgliedern ausstehenden Darlehen vor. Auch zur Gewerbesteuer werden die Genossenschaften nach Art. 1 des Gesetzes betreffend die Grund-, Gebäude- und Gewerbesteuer vom 28. April 1873 in der Fassung vom 8. August 1903 herangezogen. Steuerfrei bleibt lediglich nach Art. 2 Nr. 9 und 10 a. a. O. der Geschäftsbetrieb von Vereinen, welche ausschließlich die gemeinschaftliche Verwertung landwirtschaftlicher Produkte der Vereinsmitglieder bezwecken, unter denselben Voraussetzungen, unter welchen der gleiche Geschäftsbetrieb des einzelnen Mitglieds hinsichtlich seiner selbstgewonnenen Produkte von der Gewerbesteuer frei bleibt, sowie der Geschäftsbetrieb von Vereinen, welche den gemeinschaftlichen Einkauf von Wirtschaftsbedürfnissen des landwirtschaftlichen oder gewerblichen Betriebes für die Vereinsmitglieder oder die gemeinschaftliche Beschaffung und Benutzung landwirtschaftlicher oder gewerblicher Gebrauchsgegenstände durch die Vereinsmitglieder bezwecken, sowie endlich der Geschäftsbetrieb der Vorschuß- und Kreditvereine, soweit das Betriebskapital dieser Vereine die Höhe von 50000 M. nicht erreicht.

Baden.

Von der Einkommensteuer sind lediglich die Konsumvereine betroffen — die eingetragenen wie die nichteingetragenen — mit Ausnahme derjenigen, welche vorwiegend den gemeinschaftlichen Einkauf von Wirtschaftsbedürfnissen des landwirtschaftlichen Betriebes für die Vereinsmitglieder bezwecken (Art. 5 des Einkommensteuergesetzes vom 20. September 1900).

Bisher waren die Erwerbs- und Wirtschaftsgenossenschaften auch der Gewerbesteuer unterworfen. Diese Steuer ist seit dem 1. Januar 1908 fortgefallen. An ihre Stelle ist durch die Steuerreform der letzten Jahre die Vermögenssteuer getreten, die die bisherige Ertragssteuer (Waldsteuer, Steuer aus sonstigen Grundstücken, Gebäude-, Gewerbe- und Kapitalrentensteuer) ersetzt. Das Vermögenssteuergesetz vom 28. September 1906, das mit dem 1. Januar 1908 in Kraft getreten ist und nach dessen Vorschriften bereits die Veranlagungen für 1908 erfolgt sind, sieht in nicht unerheblich größerem Umfang die Heranziehung der Genossenschaften zur Besteuerung vor. Alle Genossenschaften unterliegen nach § 4 des Gesetzes grundsätzlich der Vermögenssteuerpflicht. Die Höhe der zu entrichtenden Steuer richtet sich nach der Höhe des Vermögenssteueranschlags. Der für je 100 M. Vermögenssteueranschlag zu entrichtende Steuerbetrag bildet den Steuerfuß der Vermögenssteuer, welcher durch das für jede Budgetperiode zu erlassende Finanzgesetz bestimmt wird (§ 9).

Vorschuß- und Kreditvereine mit weniger als 50000 M. Betriebskapital bleiben, wie früher, bei der Gewerbesteuer, steuerfrei, während die übrigen -- nicht wie bisher mit den halben sondern — mit dem vollen Betriebskapital herangezogen werden. Die landwirtschaftlichen Ein- und Verkaufsgenossenschaften bleiben auch dann steuerfrei, wenn sie nicht „ausschließlich“, sondern nur „vorwiegend“ den gemeinschaftschaftlichen Ein- und Verkauf bezwecken. Ferner sind auch die kleingewerblichen und Handwerkervereinigungen, die vorwiegend den gemeinschaftlichen Verkauf gewerblicher Erzeugnisse der Mitglieder oder den gemeinschaftlichen Einkauf von Rohstoffen und Arbeitsmaterialien für die Mitglieder oder die gemeinschaftliche Beschaffung oder Benutzung von Arbeitsgerätschaften und Maschinen durch die Mitglieder bezwecken, von der Steuer befreit (§ 51).

Mit Rücksicht auf eine im Entwurf für alle Gewerbebetriebe vorgesehene, mit der Höhe des Betriebskapitals entsprechend steigende Erhöhung des festgestellten Steuerwerts des Betriebskapitals ist für die Genossenschaften im Gegensatz zu früher eine nicht unerhebliche Mehrbelastung eingetreten.

Hessen.

Einkommensteuer haben nach Art. 2 des Einkommensteuergesetzes vom 12. August 1899 nur diejenigen eingetragenen Genossenschaften, deren Geschäftsbetrieb über den Kreis ihrer Mitglieder hinausgeht, und unter der gleichen Voraussetzung Konsumvereine, die Rechtsfähigkeit besitzen, zu zahlen. Von Vermögenssteuer sind die Genossenschaften frei, da das Vermögenssteuergesetz vom 12. August 1899 (Art. 3) nur eine Besteuerung physischer Personen vorsieht. Unter der Voraussetzung, daß der Geschäftsbetrieb nicht auf den Mitgliederkreis beschränkt wird, werden die Genossenschaften auch gewerbesteuerpflichtig, da nach Art. 2 Nr. 10 des Gesetzes, betr. die gleichmäßige Besteuerung der Gewerbe vom 8. Juli 1884 nur diejenigen Erwerbs- und Wirtschaftsgenossenschaften von der Steuer befreit sind, welche, unbeschadet der Freiheit auch von Nichtmitgliedern Kapitalien oder Spareinlagen entgegenzunehmen, um Wirtschaftsbedürfnisse einzukaufen und Wirtschaftserzeugnisse ihrer Mitglieder an Dritte abzusetzen, die ihrem Zweck entsprechende Tätigkeit statutengemäß und tatsächlich auf den Kreis ihrer Vereinsgenossen beschränken.

Mecklenburg-Schwerin und Mecklenburg-Strelitz.

Die staatliche Besteuerung der Genossenschaften ist in beiden Staaten gleichmäßig geregelt. Für Mecklenburg-Schwerin kommt § 30 des Kontributionsedikts vom 12. Mai 1903, für Mecklenburg-Strelitz § 30 des Kontributionsedikts vom 19. Mai 1903 in Betracht. Es sind hiernach „Erwerbsgesellschaften“ — mit Ausnahme der Molkereigenossenschaften —, welche Aktiendividenden oder Zinsen, gleichviel unter welcher Benennung, unter ihre Mitglieder verteilen, insbesondere Vorschußvereine, Darlehnskassen und sonstige Kreditanstalten verpflichtet, einen nach der Höhe des Geschäftseinkommens wachsenden Prozentsatz des Einkommens als Steuer zu zahlen. Darlehnskassen und Vorschußvereine, deren steuerpflichtiges Geschäftseinkommen den Betrag von 1000 M. nicht übersteigt, steuern nur 2 Proz. dieses Einkommens.

Sachsen-Weimar.

Das Einkommensteuergesetz vom 2. Juni 1897 (nebst mehreren Nachträgen) unterstellt in § 4 Nr. 4—6 die Genossenschaften und die Konsumvereine der Einkommensteuerpflicht, die auf Gegenseitigkeit beruhenden und ihren Geschäftsbetrieb ausschließlich auf ihre Mitglieder beschränkenden Genossenschaften jedoch nur hinsichtlich ihres Einkommens aus Grundbesitz im Großherzogtum. Ein Vermögenssteuergesetz sowie ein Gewerbesteuergesetz ist nicht erlassen.

Oldenburg.

Hinsichtlich der Steuergesetzgebung gelten das Herzogtum Oldenburg und die Fürstentümer Lübeck und Birkenfeld als besondere Bundesstaaten.

In Oldenburg sind die eingetragenen Genossenschaften nach Art. 1 Nr. 4 des Einkommensteuergesetzes vom 12. Mai 1906 sämtlich einkommensteuerpflichtig. Zur Vermögenssteuer werden nach Art. 2 des Vermögenssteuergesetzes vom gleichen Datum nur physische Personen herangezogen. Ein Gewerbesteuergesetz besteht nicht. Für diejenigen Konsumvereine, die Kleinhandel mit Branntwein betreiben, ist jedoch die Vorschrift des Art. 69 des Gewerbegesetzes vom 11. Juli 1861 in der Fassung vom 20. März 1900 von Wichtigkeit, welche den Kleinhandel mit Branntwein und sonstigen gebrannten Wassern mit einer jährlichen „Rekognition" in Höhe von 4 Proz. des Ertrags, mindestens aber von 3 M., belegt. Durch das Gesetz vom 26. April 1906, betr. Abänderung des Gewerbegesetzes vom 11. Juli 1861/20. März 1900 ist seit dem 1. Mai 1907 die Rekognition auf 3 Proz. ermäßigt; der Mindestsatz von 3 M. ist geblieben.

Im Fürstentum Birkenfeld werden nach dem Gesetz vom 13. März 1891, betr. Abänderung des Einkommensteuergesetzes vom 1. Mai 1865 eingetragene Genossenschaften, welche die ihrem Zweck entsprechende Tätigkeit nicht auf den Kreis der Mitglieder beschränken, zur Einkommensteuer herangezogen. Sonstige Steuern bestehen nicht.

Im Fürstentum Lübeck ist die Besteuerung wie in Birkenfeld geregelt (Art. 1 des Gesetzes vom 12. März 1891, betr. Abänderung des Einkommensteuergesetzes vom 3. Juli 1865).

Dem Landtag liegt zur Zeit für die Fürstentümer Birkenfeld und Lübeck eine Gesetzesvorlage zur Beratung vor, die die Einführung eines dem oldenburgischen Einkommensteuergesetz analogen Gesetzes vorsieht. Da die Annahme der Gesetzesvorlage mit Sicherheit zu erwarten ist, werden in Zukunft auch in Birkenfeld und Lübeck sämtliche eingetragenen Genossenschaften einkommensteuerpflichtig sein.

Braunschweig.

Einkommensteuerpflichtig sind eingetragene Genossenschaften, deren Geschäftsbetrieb über den Kreis ihrer Mitglieder hinausgeht, sowie Konsumvereine mit offenem Laden, sofern sie die Rechte juristischer Personen haben (§ 2 Nr. 4 und 5 des Einkommensteuergesetzes vom 16. April 1896). Zur Ergänzungssteuer werden die Genossenschaften nicht herangezogen; das Ergänzungssteuergesetz vom 11. März 1899 kennt nur die Besteuerung physischer Personen. Zur Zahlung von Gewerbesteuer sind die Genossenschaften verpflichtet, da nach § 3 Nr. 7 des Gewerbesteuergesetzes vom 27. März 1893 nur diejenigen Vereine, eingetragenen Genossenschaften und Korporationen, welche lediglich die eigenen Bedürfnisse ihrer Mitglieder an Geld, Lebensmitteln und anderen Gegenständen zu beschaffen bezwecken, falls sie satzungsgemäß und tatsächlich ihren Verkehr auf ihre Mitglieder beschränken und keinen Gewinn unter die Mitglieder verteilen, auch eine Verteilung des aus dem Gewinn angesammelten Vermögens unter die Mitglieder für den Fall der Auflösung ausschließen, steuerfrei bleiben. Die Besteuerung der Konsumvereine mit offenem Laden ist ausdrücklich ausgesprochen. Die Produktivgenossenschaften und die Konsumvereine können zudem zu einer besonderen Gewerbesteuer (Umsatzsteuer) herangezogen werden. Das Gesetz, die Heranziehung der Warenhäuser 2c. zu einer besonderen Gewerbesteuer (Umsatzsteuer) betr., vom 28. März 1904, gibt den Gemeinden die Befugnis, „stehende gewerbliche Unternehmungen, welche von den Grundsätzen und Formen, unter welchen der Geschäftsbetrieb steuerpflichtiger Gewerbe regelmäßig ausgeübt wird, wesentlich abweichen und welche geeignet erscheinen, die in der Gemeinde ansässigen Betriebe des Kleinhandels oder des Kleingewerbes erheblich zu benachteiligen", noch zu einer besonderen Gemeindegewerbesteuer (Umsatzsteuer) heranzuziehen. Als solche stehende gewerbliche Unternehmung im Sinne dieser Bestimmung sind in § 1 a. a. O. ausdrücklich die Produktivgenossenschaften und Konsumvereine genannt.

Sachsen-Meiningen.

Die Erwerbs- und Wirtschaftsgenossenschaften, sofern sie eingetragen sind, unterliegen nach Art. 3 Nr. 2 des Einkommensteuergesetzes vom 18. März 1890 der Einkommensteuer. Eine Ergänzungssteuer bezw. Gewerbesteuer besteht nicht.

Sachsen-Altenburg.

Zur Einkommensteuer werden die eingetragenen Genossenschaften nach § 2 Nr. 5 des Einkommensteuergesetzes vom 24. April 1896 herangezogen, sofern ihr Geschäftsbetrieb über den Kreis ihrer Mitglieder hinausgeht, und die Konsumvereine, wenn sie ein offenes Ladengeschäft betreiben. Das Gesetz vom 20. Juni 1902 sieht eine Ergänzungssteuer in der Form der Gewerbesteuer von dem Ertrage des im Gewerbe angelegten Anlage- und Betriebskapitals, sowie der Kapitalrentensteuer von dem Ertrage alles sonstigen Kapitalvermögens vor (§ 2 a. a. O.). Für Genossenschaften besteht keine Sondervorschrift.

Sachsen-Coburg.

In Betracht kommt das Gesetz, die Einkommen- und Klassensteuer betr., vom 16. Juni 1874. Die Genossenschaften werden gemäß Art. 2 zur Steuer herangezogen, welcher alle „Vereine, Kommandite- und Aktiengesellschaften, welche ihren Sitz im Herzogtum haben, oder eine Zweigniederlassung in demselben unterhalten", der Besteuerung unterwirft. Der Art. 4 gibt dem Staatsministerium die Befugnis, auf Ansuchen Vereine, deren Mitglieder mit ihrem ganzen Vermögen für die Vereinsverbindlichkeiten haften, von der Einkommensteuer zu befreien. Eine Ergänzungssteuer bezw. Gewerbesteuer existiert nicht.

Sachsen-Gotha.

Der Einkommensteuer sind nach Art. 3 des Einkommensteuergesetzes vom 12. März 1902 diejenigen Genossenschaften unterworfen, deren Geschäftsbetrieb über den Kreis ihrer Mitglieder hinausgeht. Unter der gleichen Voraussetzung sind die Genossenschaften auch zur Zahlung einer Ergänzungssteuer gemäß § 2 des Ergänzungssteuergesetzes vom gleichen Datum verpflichtet. Eine Gewerbesteuer ist nicht vorhanden.

Anhalt.

Die eingetragenen Genossenschaften sind sämtlich einkommensteuerpflichtig (§ 4 Nr. 2 des Einkommensteuergesetzes vom 20. Juni 1904) und zwar hinsichtlich der Überschüsse, welche als Dividenden unter die Mitglieder verteilt oder zur Bildung oder Verstärkung von Reservefonds, zur Schuldentilgung oder zu einer Kapitalanlage behufs Erweiterung des Geschäfts verwendet werden. Nach § 2 des Kapitalrentensteuergesetzes vom 1. Mai 1905 ist von der Besteuerung nach diesem Gesetz dasjenige Einkommen der Genossenschaften ausgeschlossen, welches nach der Bestimmung des § 21 als Einkommen aus Handel und Gewerbe zu betrachten ist. Die Kapitalrentensteuer wird deshalb nicht für Genossenschaften in Betracht kommen. Das Gewerbesteuergesetz vom 1. Mai 1905 gibt den juristischen Personen kein Vorrecht vor den physischen Personen (§ 10).

Schwarzburg-Sondershausen.

Die Erwerbs- und Wirtschaftsgenossenschaften und nach ausdrücklicher Bestimmung sämtliche Konsumvereine unterliegen nach Art. 1 des Gesetzes vom 17. Januar 1904 betreffend die Abänderung des Einkommensteuergesetzes vom 11. Dezember 1897 der Einkommensteuer. Eine Ergänzungs- bezw. Gewerbesteuer besteht nicht.

Schwarzburg-Rudolstadt.

Hinsichtlich der Einkommensteuer besteht gemäß § 2 des Einkommensteuergesetzes vom 31. Mai 1902 die gleiche Bestimmung, wie in Schwarzburg-Sondershausen. Auch zur Gewerbesteuer werden die Genossenschaften nach dem Gesetz vom 7. März 1893 herangezogen. Die Ausnahmen sind in § 5 ebenso wie in Preußen geregelt. Konsumvereine mit offenem Laden unterliegen der Steuer stets. Eine Ergänzungssteuer besteht nicht.

Waldeck.

Das Klassensteuergesetz vom 20. März 1893 unterwirft alle mit ihrem Geschäftsbetrieb über den Kreis ihrer Mitglieder hinausgehenden eingetragenen Genossenschaften, sowie Konsumvereine mit offenem Laden, falls sie die Rechte juristischer Personen haben, der Klassen-(Einkommen-)steuer. Hinsichtlich der Gewerbesteuer besteht nach § 2 des Gewerbesteuergesetzes vom 6. März 1893 dieselbe Vorschrift wie in Schwarzburg-Rudolstadt bezw. Preußen, jedoch mit der Erweiterung, daß Molkereigenossenschaften, welche nicht nur die von den Mitgliedern, sondern auch die von Nichtmitgliedern gelieferte Milch verarbeiten und verwerten, der Gewerbesteuer nur in dem Umfange der Verarbeitung der von den Nichtmitgliedern gelieferten Milch unterliegen. Eine Ergänzungssteuer ist nicht vorhanden.

Reuß, ältere Linie.

Das Einkommensteuergesetz vom 4. Januar 1893 unterwirft alle Erwerbs- und Wirtschaftsgenossenschaften einschließlich der Konsumvereine der Einkommensteuer (§ 2 Nr. 5). Ergänzungs- und Gewerbesteuer bestehen nicht.

Reuß, jüngere Linie.

Auch hier werden sämtliche Genossenschaften zur Einkommensteuer herangezogen (§ 3 des Einkommensteuergesetzes vom 4. Juni 1898). Ergänzungs- und Gewerbesteuer bestehen gleichfalls nicht.

Schaumburg-Lippe.

Das Einkommensteuergesetz vom 3. Mai 1901 unterwirft in § 1 Nr. 4 und 5 alle Genossenschaften und Konsumvereine der Einkommensteuer. Das Vermögenssteuergesetz vom 9. Mai 1906 macht in § 2 zwischen juristischen und physischen Personen keinen Unterschied. Auch zur Gewerbesteuer werden die Genossenschaften nach § 2 des Gewerbesteuergesetzes vom 9. Mai 1906 herangezogen. Hinsichtlich der Befreiung von der Gewerbesteuer trifft das Gesetz in § 6 die gleichen Bestimmungen wie das Gewerbesteuergesetz von Schwarzburg-Rudolstadt bezw. Preußen.

Lippe-Detmold.

Das Einkommensteuergesetz vom 28. August 1894 sieht in § 1 Nr. 2 und 3 die Besteuerung aller eingetragenen Genossenschaften, welche in ihrem Geschäftsbetrieb über den Kreis der Mitglieder hinausgehen, und aller Konsumvereine vor, welche ihre Waren auch an Nichtmitglieder absetzen, sofern sie die Rechte juristischer Personen haben. Hinsichtlich der Heranziehung zur Gewerbesteuer ist die Vorschrift des § 8 der Anweisung betreffend die Veranlagung der Steuer vom stehenden Gewerbebetriebe vom 1. April 1878 von Wichtigkeit. Dieselbe bestimmt, daß „Vereine, welche nur die eigenen Bedürfnisse der Mitglieder an Geld, Lebensmitteln und anderen Waren leicht und billig zu beschaffen bezwecken und ihren Verkehr nicht auf Nichtmitglieder ausdehnen, indem sie weder mit dem Publikum Geschäfte machen, noch Nichtmitgliedern in der Form von Zinsen und Dividenden einen Gewinn zuzuwenden streben", von der Gewerbesteuer freibleiben. Eine Ergänzungssteuer besteht nicht.

Hamburg.

Alle eingetragenen Genossenschaften werden nach § 1 Nr. 5 des Einkommensteuergesetzes vom 2. Februar 1903 nebst Nachträgen vom 18. Januar 1904 und 23. Februar 1906 der Einkommensteuer unterworfen. Weitere Steuern bestehen nicht.

Lübeck.

Das Einkommensteuergesetz vom 14. Juni 1889 nebst verschiedenen Nachträgen unterwirft alle eingetragenen Genossenschaften der Einkommensteuer (§ 2). Sonstige Steuern sind nicht vorhanden.

Bremen.

Der Einkommensteuer unterliegen sämtliche Genossenschaften nach § 2 des Einkommensteuergesetzes vom 20. April 1905. Außerdem werden die Genossenschaften nach dem Gesetz betreffend die Firmensteuer vom 23. Juli 1899 mit Änderung vom 24. Juli 1900 und vom 21. Juli 1901 einer Firmensteuer unterworfen, welche nach Maßgabe des Umfangs des Geschäfts erhoben wird. Sonstige Steuern bestehen nicht.

Reichslande.

Das Gewerbesteuergesetz vom 8. Juni 1896 unterwirft in § 1 die Erwerbs- und Wirtschaftsgenossenschaften der Gewerbebesteuerung. Steuerfrei sind nach § 5 nur

1. diejenigen Vereine, eingetragenen Genossenschaften und Körperschaften, welche
   a) ausschließlich die gemeinschaftliche Verwertung landwirtschaftlicher Erzeugnisse der Mitglieder bezwecken, unter denselben Voraussetzungen, unter welchen der gleiche Geschäftsbetrieb des einzelnen Mitglieds hinsichtlich seiner selbstgewonnenen Erzeugnisse von der Gewerbesteuer frei bleibt (§ 4 Ziffer 1),
   b) den auf vorherige Bestellung erfolgenden gemeinschaftlichen Einkauf von Wirtschaftsbedürfnissen des landwirtschaftlichen Betriebes für die Mitglieder oder die gemeinschaftliche Beschaffung und Benutzung landwirtschaftlicher Gebrauchsgegenstände durch die Mitglieder bezwecken;
2. die nicht öffentlichen Vorschuß- und Kreditvereine, deren Betriebskapital einschließlich der Reserve- oder sonstigen Ansammlungsfonds die Höhe von 50000 M. nicht erreicht.

Das Kapitalsteuergesetz vom 13. Juli 1901 unterwirft in § 3 Nr. 1 prinzipiell auch die Genossenschaften der Kapitalsteuer, läßt aber in § 5 von der Besteuerung frei die Erträge aus Kapital und Renten

1. der Gewerbetreibenden aus den in ihrem Gewerbe angelegten und zu deren Betriebe erforderlichen Kapitalien oder zum Zweck des gewerbsmäßigen Umsatzes erworbenen umlaufenden Wertpapieren und Wechseln, und
2. der unter § 3 bezeichneten Steuerpflichtigen (also auch der Genossenschaften), aus dem von ihnen verwalteten fremden Kapital, soweit diese Erträge an die Bezugsberechtigten verabfolgt und daher von diesen zu versteuern sind.

Von der Kapitalsteuer werden somit die Genossenschaften jedenfalls dann nicht berührt werden, wenn die Reserven im Geschäftsbetrieb verwendet werden, ihr Erträgnis also einen Bestandteil eines besonderen gewerblichen Ertrages bildet. — Das Gesetz betr. die Lohn- und Besoldungssteuer vom 13. Juli 1901 kommt für Genossenschaften nicht in Betracht.

Siebenter Abschnitt.

Die Invaliditäts-, Kranken- und Unfallversicherung.

Die sogenannte „soziale Gesetzgebung" beeinflußt die Verhältnisse der Genossenschaften nur insoweit, als sie sich zur Ausübung ihrer Verpflichtungen der Tätigkeit von Angestellten und Arbeitern bedienen. Soweit dies der Fall ist, muß es jedoch als ernste Pflicht der Vorstände sowohl der Genossenschaft als den Angestellten gegenüber betrachtet werden, die Frage der Versicherungspflicht der letzteren in jedem Falle genau zu prüfen. Auch darüber hinaus wird man aus sozialen Gründen den Genossenschaften empfehlen dürfen, ihre Angestellten auf die — unten näher erörterten — Möglichkeiten der Selbstversicherung und der Weiterversicherung in ihrem eigensten Interesse nachdrücklich hinzuweisen. Für die einzelnen Versicherungsarten gelten im wesentlichen folgende Grundsätze:

§ 108.

Invalidenversicherung.

Nach dem Reichsgesetze vom 13. Juli 1899 unterliegen der Versicherungspflicht vom vollendeten 16. Lebensjahre ab:

1. alle Lohnarbeiter, einschließlich der Lehrlinge und Dienstboten;
2. Betriebsbeamte (Werkmeister, Techniker), Handlungsgehilfen (-Lehrlinge) und sonstige im Hauptberuf Angestellte,

sowie Lehrer und Erzieher, sämtlich, sofern ihr regelmäßiger Jahresverdienst 2000 M. nicht übersteigt.

Ferner ist die Ausdehnung der Versicherungspflicht durch Beschluß des Bundesrats möglich auf:

3. kleinere Betriebsunternehmer (mit 1 Lohnarbeiter) und Hausgewerbetreibende.

Das Recht zur Selbstversicherung haben (bis zum 40. Lebensjahr):

1. Angestellte mit Jahresverdienst zwischen 2000 und 3000 M.;
2. kleinere Betriebsunternehmer (mit höchstens 2 Lohnarbeitern) und Hausgewerbetreibende, soweit sie nicht versicherungspflichtig sind;
3. Personen, welche wegen nicht bar gelohnter oder nur gelegentlicher Dienstleistung von der Versicherungspflicht befreit sind.

Das Recht zur freiwilligen Fortsetzung oder Erneuerung des Versicherungsverhältnisses haben Personen der beiden bisher genannten Kategorien dann, wenn die Voraussetzungen des bisherigen Versicherungsverhältnisses fortfallen oder dieses erlischt.

Gegenstand der Versicherung ist die Gewährung einer Invaliden- oder Altersrente. Invalidenrente erhält ohne Rücksicht auf das Lebensalter jeder Versicherte, welcher dauernd erwerbsunfähig ist; Altersrente ohne Rücksicht auf Erwerbsfähigkeit jeder Versicherte, der das 70. Lebensjahr vollendet hat. Voraussetzung der Gewährung einer Invalidenrente ist ferner noch die Zurücklegung einer Wartezeit von 200 Beitragswochen, bei der Altersrente von 1200 Beitragswochen. Als Ersatz der Rentengewährung treten ferner in besonderen Fällen die Ansprüche auf Rückerstattung der geleisteten Beiträge ein; der häufigste Fall ist der der Rückerstattung an weibliche Versicherte, die vor der Erlangung einer Rente sich verheiraten. — Voraussetzung ist jedoch, daß sie für mindestens 200 Beitragswochen die Beiträge geleistet haben.

Die Beiträge sind nach der Höhe des jährlichen Arbeitsverdienstes in 5 Klassen abgestuft (Klasse I bis 350 M., II bis 550 M., III bis

850 M., IV bis 1150 M., V über 1150 M.). Als Jahresarbeitsverdienst gilt hierbei nicht der tatsächliche Verdienst des Versicherten, sondern der für seinen Beruf maßgebende Durchschnittslohn bezw. der 300-fache Betrag des ortsüblichen Tagelohns. Die Höhe der Beiträge wird durch den Bundesrat für je 10 Jahre einheitlich festgesetzt und beträgt zur Zeit in Lohnklasse I 14 Pfg., II 20 Pfg., III 24 Pfg., IV 30 Pfg., V 36 Pfg. Die Beiträge sind von dem Versicherten und dem Arbeitgeber zu gleichen Teilen aufzubringen. Ihre Entrichtung — die durch wöchentliches Einkleben von entsprechenden Versicherungsmarken in die Quittungskarte des Versicherten erfolgt — hat der Arbeitgeber zu besorgen, der seinerseits berechtigt ist, dem Versicherten bei der Lohnzahlung die Hälfte der Beiträge (aber nur für die beiden letzten Lohnzahlungsperioden) abzuziehen.

Die Verpflichtung des Arbeitgebers zur Verwendung der Marken geht soweit, daß Versäumnisse in dieser Beziehung einen Schadensersatzanspruch des Versicherten begründen. Nach feststehender Rechtsprechung ist der Arbeitgeber, durch dessen rechtswidrige Unterlassung der rechtzeitigen Verwendung von Beitragsmarken der Verlust der Rente für den Versicherten herbeigeführt wird, dem Versicherten in vollem Umfange schadensersatzpflichtig, d. h. er muß ihm das gewähren, was der Staat an Rente hätte zahlen müssen, wenn die Versäumnis nicht eingetreten wäre.

Für die Genossenschaften und ihre Angestellten ergibt sich wegen der Invalidenversicherungspflicht im einzelnen folgendes:

Ob Vorstandsmitglieder zu der Genossenschaft in einem versicherungspflichtigen Dienstverhältnis stehen können — vorausgesetzt immer, daß ihr Jahresverdienst 2000 M. nicht übersteigt —, ist nach allgemeiner Rechtsanschauung zum mindesten zweifelhaft; die gegenwärtige Spruchpraxis des Reichsversicherungsamtes bejaht jedoch in den meisten Fällen die Versicherungspflicht. Das Reichsversicherungsamt steht auf dem Standpunkte, daß einmal das Geschäft einer eingetragenen Genossenschaft als „Betrieb" im Sinne des Invalidenversicherungsgesetzes (§ 1) anzusehen sei, und daß andererseits die Stellung eines Vorstandsmitgliedes als gesetzlicher Vertreter der Genossenschaft die Annahme eines versicherungspflichtigen Lohnverhältnisses nicht ausschließe.

In Einzelfällen ist der Kassierer eines Kreditvereins und der Rechnungsführer einer Spar- und Darlehnskasse für versicherungspflichtig[1]), dagegen der Direktor eines Vorschußvereins — weil er eine Stellung habe, die ihn über den Kreis der Betriebsbeamten hinaushebt, — für versicherungsfrei[2]) erklärt worden. Die neueste „Anleitung, betreffend den Kreis der nach dem Invalidenversicherungsgesetze vom 13. Juli 1899 versicherten Personen“ vom 6. Dezember 1905 steht jedenfalls im allgemeinen auf dem Standpunkte, daß Vorstandsmitglieder einer Genossenschaft, wenn sonst die Voraussetzungen des Gesetzes vorhanden sind, der Versicherungspflicht unterliegen[3]).

Ein versicherungspflichtiges Arbeitsverhältnis zwischen Eheleuten und Familienangehörigen erkennt das Reichsversicherungsamt prinzipiell nicht an (anders das Oberverwaltungsgericht, Entsch. vom 25. September 1902). Hieraus folgt nur, daß die Ehefrau des Lagerhalters eines Konsumvereins dann nicht als versicherungspflichtig betrachtet werden darf, wenn nicht direkt oder indirekt — etwa durch Gewährung höheren Lohnes an den Mann mit Rücksicht auf die Mitarbeit der Frau — die Genossenschaft selbst als Arbeitgeber erscheint. Da das letztere aber meist der Fall sein wird, so kann den Konsumvereinen im allgemeinen nur geraten werden, die im Geschäft mittätige Ehefrau des Lagerhalters zu versichern[4]).

Bezüglich der Frage, ob eine Versicherungspflicht deshalb zu verneinen sei, weil die Tätigkeit gegen „geringfügiges Entgelt“ oder als „nur nebenher“ verrichtet im Sinne des Invalidenversicherungsgesetzes angesehen werden müsse, hat das Reichsversicherungsamt in Einzelfällen festgestellt:

---

[1]) Entsch. des R.-Vers.-A. vom 29. September 1898 und 13. Oktober 1900 (vergl. Blätter für Genossenschaftswesen 1899 S. 99 bezw. 1901 S. 21).

[2]) Entsch. vom 4. Oktober 1901 (Blätter für Genossenschaftswesen 1902 S. 156).

[3]) Vergl. Blätter für Genossenschaftswesen 1906 S. 30 und 161 ff.

[4]) Vergl. Blätter für Genossenschaftswesen 1905 S. 506, 1906 S. 30, 163.

a) ein Jahresgehalt von 600 M. nebst Gewinnanteil von 20 M. kann auch dann nicht als „geringfügiges Entgelt“ aufgefaßt werden, wenn der Lebensunterhalt vorzugsweise aus Privatvermögen bestritten wird;

b) die Tätigkeit des Kassierers einer Kreditgenossenschaft — auch einer kleineren — kann im allgemeinen nicht als eine „nur nebenher verrichtete“ gelten [1]).

Die bei einer Genossenschaft angestellten Handlungsgehilfen und Handlungslehrlinge — hierzu gehören auch z. B. Buchhalter bei einer Kreditgenossenschaft, Lagerhalter eines Konsumvereins —, ferner etwa beschäftigte Betriebsbeamte, Werkmeister, Techniker sind nach den oben erörterten Grundsätzen zu versichern, wenn ihr Arbeitsverdienst 2000 M. nicht übersteigt. Doch ist ihre freiwillige Versicherung auch dann zulässig, wenn der Jahresverdienst zwischen 2000 und 3000 M. beträgt. Von diesem Rechte, sowie von der Möglichkeit der Fortsetzung des Versicherungsverhältnisses sollten die Angestellten der Genossenschaften möglichst Gebrauch machen; die Genossenschaften selbst sollten durch Hinweis darauf und eventuell durch Übernahme der Beträge das Bestreben unterstützen.

Alle sonstigen Angestellten einer Genossenschaft — also etwa Kassenboten, Portiers — sind ohne Rücksicht auf die Löhne versicherungspflichtig.

§ 109.

Krankenversicherung.

Das Krankenversicherungsgesetz vom 15. Juni 1883 (Abänderungsgesetze vom 10. April 1892 und 25. Mai 1903) bezeichnet in § 1 als versicherungspflichtig im wesentlichen folgende Personen:

1. die in bestimmten Betrieben tätigen Lohnarbeiter;

2. die im Handelsgewerbe, im Handwerk und in sonstigen stehenden Gewerbebetrieben tätigen Personen; Betriebsbeamte, Werkmeister, Techniker, Handlungsgehilfen und -Lehrlinge, jedoch nur,

---

[1]) Vergl. Blätter für Genossenschaftswesen 1906 S. 30.

wenn ihr Arbeitsverdienst $6^2/_3$ M. für den Tag oder 2000 M. für das Jahr nicht übersteigt.

Voraussetzung der Versicherungspflicht ist ferner, daß die Beschäftigung nicht im voraus auf weniger als eine Woche beschränkt ist; doch kann in dieser Beziehung durch Ortsstatut eine Änderung eintreten.

Organe der Krankenversicherung sind die verschiedenen Krankenkassen (Orts-, Betriebs-, Bau-, Innungs-, Knappschaftskassen).

Gegenstand der Versicherung ist die Gewährung von Krankenunterstützung für die Dauer der Krankheit (bis zum Ablauf von 26 Wochen). Die Unterstützung besteht im wesentlichen in freier Kur und Krankengeld.

Die Beiträge, die von den Kassen festzusetzen sind, aber einen gewissen gesetzlich festgelegten Höchstbetrag nicht überschreiten dürfen, sind zu zwei Dritteln von den Versicherten, zu einem Drittel vom Arbeitgeber aufzubringen.

Was die Krankenversicherungspflicht in den Genossenschaften betrifft, so sind Vorstandsmitglieder nicht als pflichtig anzusehen. Bemerkt sei hierbei, daß sie bei freiwilliger Mitgliedschaft in einer Krankenkasse sich das Krankengeld nicht etwa auf ihren Gehalt anrechnen zu lassen brauchen; § 616 des Bürgerlichen Gesetzbuches, der hiervon handelt, spricht nur von der auf Grund gesetzlicher Verpflichtung bestehenden Versicherung.

Bezüglich der Versicherungspflicht der Ehefrau gelten dieselben Grundsätze wie bei der Invalidenversicherung.

Handlungsgehilfen und -Lehrlinge sind unter der oben angegebenen Voraussetzung krankenversicherungspflichtig; sie sind nach dem Handelsgesetzbuche nicht verpflichtet, sich die empfangenen Krankengelder auf ihren Gehalt anrechnen zu lassen.

Betriebsbeamte, Werkmeister, Techniker sind unter den obigen Voraussetzungen, alle sonstigen Angestellten der Genossenschaft sind ohne Rücksicht auf die Höhe des Lohnes krankenversicherungspflichtig. Sie alle müssen sich nach § 616 BGB. das Krankengeld auf den Gehalt anrechnen lassen.

§ 110.

Unfallversicherung.

Für die Genossenschaften kommt lediglich das Gewerbe-Unfallversicherungsgesetz vom 30. Juni 1900 in Betracht, nach welchem alle Arbeiter und die niederen Betriebsbeamten (mit Jahresverdienst bis zu 3000 M.) gegen Unfall zu versichern sind, wenn sie in versicherungspflichtigen Betrieben beschäftigt werden.

Als Organe dienen die Berufsgenossenschaften, welche nach Gewerbszweigen für bestimmte Gebiete oder für das ganze Reich gebildet werden. Die Lasten der Unfallversicherung tragen allein die Unternehmer, die von der Genossenschaft dazu besonders herangezogen werden. Die Leistungen bestehen im wesentlichen bei Erwerbsunfähigkeit in einer Rente, bei Tod in Sterbegeld und Hinterbliebenenrente.

Als versicherungspflichtige Betriebe kommen bei Genossenschaften vor: Speichereibetrieb (Zentrallager, Kohlenlager bei Konsumvereinen), Kellereibetrieb (Weinkeller); eigene Produktionsbetriebe, in denen mindestens 10 Arbeiter beschäftigt sind oder mit Maschinenbetrieb gearbeitet wird (Bäckerei eines Konsumvereins mit maschinellem Betrieb).

In Einzelfällen hat das Reichsversicherungsamt bezüglich der gesetzlichen Unfallversicherung der Konsumgenossenschaften unter anderem folgende Grundsätze aufgestellt:

1. Ein Lagerungsbetrieb im Sinne des UVG. liegt dann nicht vor, wenn Waren in geringerem Umfange, oder nicht für einige Dauer, sondern mehr zufällig und gelegentlich gelagert werden.
   Dies wird in den meisten Fällen für die Lager der Konsumvereine zutreffen [1]).

[1]) Vergl. Blätter für Genossenschaftswesen 1902 S. 258.

2. Ein verhältnismäßig geringfügiger Nebenbetrieb kommt für die Versicherungspflicht nicht in Betracht.

Demgemäß wurde ein Konsumverein, der eine kleine Holzspalterei betrieb, von der Versicherung bei der Holzindustrie-Berufsgenossenschaft befreit und der Nahrungsmittel-Industrie-Berufsgenossenschaft überwiesen [1].

---

[1]) Vergl. Blätter für Genossenschaftswesen 1905 S. 229.

Sachregister.

(Die Zahlen geben die Seiten an.)

A.

E.

F.

G.

H.

J.

W.

Z.

Frommannsche Buchdruckerei (Hermann Pohle) in Jena. — 3303

FSC
www.fsc.org
MIX
Papier | Fördert gute Waldnutzung
FSC® C083411

Kolibri 360 GmbH
Ferdinand-Jühlke-Straße 7
99095 Erfurt, Deutschland
produktsicherheit@kolibri360.de